〈政治思想研究　第24号〉

政治思想の国際論的転回

政治思想学会編

風行社

まえがき

二〇二三年五月二七日～二八日に、京都大学吉田キャンパス・法経済学部本館で政治思想学会研究大会が開催された。このときの統一テーマ「政治思想の国際論的転回」が『政治思想研究』第二四号の特集テーマである。研究大会では「近代ヨーロッパの国際論的転回」「戦間期の国際政治思想——国際関係論の台頭」「領有権と市民権をめぐる政治思想」の三つのシンポジウムが設けられ、それぞれ活発な議論が展開された。本号では、その中から五人の登壇者に報告をもとにした論文をご寄稿いただいた。

「国際論的転回」の理解や評価については、執筆者の間でも温度差がある。例えば永見論文では、フランス政治思想史研究の視角から「転回」を相対化する視点が提示されている。このようなスタンスの違いを示すことも、学会誌の役割の一つであろう。会員の間で議論が継続されることを望む。それにしても、ロシアによるウクライナ侵攻、そしてイスラエルによるガザ地区への攻撃が続く状況にあって、いま読まれるべき充実した論文が集まった。締切をしっかりと守ってくださったことも含めて、特集論文執筆者の皆さまに感謝申し上げたい。

研究大会では「国際シンポジウム」として、ハーバード大学教授のデイヴィッド・アーミテイジ氏の報告とそれをめぐる討論も行われた。彼は「政治思想における国際論的転回」という研究領域をリードする研究者として知られている。本号にも論文「ガリヴァー苦悩記——近代世界の形成と破壊における条約」を掲載することができた。オリジナル原稿は英語であったが、本人の希望で邦訳版をお届けすることになった。翻訳は、今回の招聘に尽力してくださった企画委員長の安武真隆会員にお引き受けいただいた。

公募論文については、厳正な審査の結果、六本の論文を掲載している。このうちの三本が政治思想学会研究奨励賞の対象となった。例年のことではあるが、多くの会員に査読をご担当いただいた。会員の問題関心と研究テーマの多様化にともない、政治思想という分野の査読はしだいに難しくなっている。査読を依頼したが、「自分の仕事ではない」とお断りされるケースもあった。査読のコメントや評価に対する不満も聞こえてきた。編集委員会内でも、査読者の選定と査読結果をめぐる議論に多くの時間を費やした。今後も査読のあり方については模索が続くだろう。それでも確実なのは、査読という形式での真摯な意見交換があってこそ、学会誌の水準は保たれるということである。実際に、丁寧かつ建設的な査読コメントが執筆者のリライトを助け、内容の向上につながっていく場面に、この六年間、編集担当者として何度も立ち会うことになった。報われることが少ない査読コメントの執筆でも、決して手を抜くことがない会員に支えられて、この制度は成り立っている。匿名が原則なのでお名前を挙げるわけにはいかないが、査読担当者の皆さまに心からの敬意を表したい。

書評については、会員が執筆した学術的な著作で、過去二年以内に刊行されたものの中から九冊を取り上げた。会員がそれぞれの研究内容と知見を広く共有する場として、学会誌の書評欄はとりわけ重要な意味をもっている。書評者はもちろんのこと、これまでこの欄を支えてきてくださった多くの会員のご尽力に深く感謝申し上げたい。

編集作業では、書評対象書籍のリストアップをはじめてとして、菅原光副主任に多大なご負担をおかけすることになった。彼の厳しいチェックがなければ、注意力散漫な私は致命的なミスをいくつも犯していたはずである。風行社の犬塚満さんには、本号でも、編集のすべての段階で丁寧にご対応いただいた。

本誌の刊行にあたっては、一般財団法人櫻田會から引き続き出版助成を受けることができた。政治思想の研究および学会活動へのご理解とご支援に心より御礼申し上げたい。

編集主任　野口雅弘

政治思想の国際論的転回（『政治思想研究』第24号）〈目　次〉

まえがき……野口雅弘　1

【特集】
「グローバルな視座」は政治思想史に何をもたらすか？――アメリカ建国を見つめる同時代フランスの議論から考える……永見瑞木　7
戦争違法化体制再考――それは暴力をなくすのか……三牧聖子　27
国際論的転回は政治思想史を深め（てい）ない――古典的国際関係論からのポレミック……西村邦行　49
ユーラシア主義と「ウクライナ問題」の原点――思想の循環史の観点から……浜　由樹子　79
領土の一体性・自衛・武力行使――戦争の道義性の一側面に関する若干の考察……白川俊介　109

【国際シンポジウム】
ガリヴァー苦悩記――近代世界の形成と破壊における条約……デイヴィッド・アーミテイジ（訳：安武真隆）　132

【公募論文】
天然資源とグローバルな正義――多層的で限定的な天然資源の正義構想の意義と可能性……上原賢司　156
生と政治をめぐるヘルマン・ヘラーの政治思想――ヴァイマール共和国における国家の正統性と政治的主体像……水谷　仁　186

恒藤法理学における「新カント派」受容の理路――「法の理念」をめぐって……久野譲太郎 217

【政治思想学会研究奨励賞受賞論文】
『黄金の精錬』にみる正義と文明の関係性――鑑文学としての観点から……ウェルズ桜 250
初期フンボルトにおける市民の陶冶と政治――公共的契機としての市民の「結合」に着目して……柳田和哉 282
ウィリアム・コノリーの涵養の倫理について――涵養・豊饒性・悲劇……佐藤竜人 313

【書評】
カント以前の多彩な平和論『平和の追求――18世紀フランスのコスモポリタニズム』（川出良枝）……安藤裕介 344
プルードンの一貫した思想像『プルードン――反「絶対」の探求』（金山準）……髙山裕二 346
現実主義と理想主義の共存『スピノザとフロイト――「不信仰の同志」の政治思想』（河村厚）……松尾哲也 348
「貧民のユートピア」と規律管理権力としての福祉国家『貧民のユートピア――福祉国家の思想史』（金田耕一）……田中拓道 350
規範的政策分析の意義と可能性『3・11の政治理論――原発避難者支援と汚染廃棄物処理をめぐって』（松尾隆佑）……佐野亘 352
認識的デモクラシーとその数理的分析の可能性？『民主主義を数理で擁護する――認識的デモクラシー論のモデル分析の方法』（坂井亮太）……井上彰 354
正義を民主的実践に委ねるグローバルな正義『グローバルな正義と民主主義――実践に基づいた正義論の構想』（山田祥子）……上原賢司 356

戦後歴史学の継承と展開……濱野靖一郎 358
『「幕府」とは何か――武家政権の正当性』（東島誠）
「官学アカデミズム」というSupervillain……水野博太 360
『井上哲次郎と「国体」の光芒――官学の覇権と〈反官〉アカデミズム』（杉山亮）

【二〇二三年度学会研究大会報告】

二〇二三年度研究大会企画について……企画委員長　安武真隆 362
【シンポジウムⅠ】近代ヨーロッパの国際論的転回……司会　木村俊道 364
【シンポジウムⅡ】戦間期の国際政治思想：国際関係論の台頭……司会　安武真隆 366
【シンポジウムⅢ】領有権と市民権をめぐる政治思想……司会　松元雅和 368
【国際シンポジウム】……司会　古田拓也 370
〈自由論題　第1会場〉……司会　辻　康夫 372
〈自由論題　第2会場〉……司会　伊藤恭彦 373
〈自由論題　第3会場〉……司会　重田園江 374

執筆者紹介…… 375
政治思想学会規約…… 379
論文公募のお知らせ…… 380
政治思想学会研究奨励賞…… 381
執筆要領…… 382
二〇二二―二〇二三年度理事および監事…… 384

「グローバルな視座」は政治思想史に何をもたらすか？

――アメリカ建国を見つめる同時代フランスの議論から考える

●――永見瑞木

一　はじめに――問題の所在

近年、以前にもまして多くの書籍が「グローバル・ヒストリー」の視点を打ち出しているのを見かける。歴史学や思想史研究の専門分野でも、それまでの主権国家体制を前提とした解釈の枠組みや一国史的な視点、あるいは西洋中心的な視点に反省を迫る「国際論的転回」が一つの大きな潮流として注目を集め、多くの成果を生み出している。(1)そうした背景には、おそらく国際政治経済環境の変化や学問をめぐる制度的、社会的要因などが指摘されるであろうし、それらを含めてこうした動向をどう捉えるかについては、見方も分かれることだろう。もちろん、そうした研究がもたらす従来の思考枠組みを揺るがすようなダイナミズムは、読者の知的関心を大いに刺激する魅力を備えていることも確かである。

しかし他方で、仮に何にでも「グローバルな視座」を導入しさえすれば、少なくとも新たな問題提起を行なっているかの外観が得られるとすれば、そうした姿勢には慎重さが求められるはずである。「国際論的転回」に限ったことではないが、ある概念や分析枠組みの適用対象が拡散すればするほど、それらが本来有していたはずの切れ味が鈍ることは往々にしてありうる。そうした切れ味を保つためにも、単に流行に棹さすのではなく、従来の視点や方法とは何がどう異なり、そこから何がより明らかになるのか、政治思想史研究にとって何が新たにもたらされるのか、その射程をあえて批判的に精査することは必要な作業となるように思われる。

本稿はこうした問題意識に発するものだが、筆者自身試行錯誤の途上でもあり、暫定的な答えを示すというよりかは、筆者が研究のフィールドとする一八世紀フランスの政治思想史を素材としながら考え、今後の議論の呼び水として問題提起をしようとするものである。そこでまずは、「グローバルな視座」と政治思想史研究の関係について、あえて懐疑的な視点から、筆者の見通しを示しておきたい。

出発点として、容易に思い浮かびうる一つの素朴な疑問を提示しよう。そもそも政治思想史がテキストを介した時空を超えた対話の積み重ねから成り立つものであることを考えたとき、それは一国史的な枠組みを前提としたものではなく、当初からグローバルな性質は備わっていたと見ることができるだろう。古代ギリシアのプラトンをルネサンス期イタリアのマキャヴェリが読み、そのマキャヴェリを一八世紀ジュネーヴおよびフランスのルソーが読み、さらにはそのルソーを一九世紀日本の中江兆民が読むといった具合である。あるいは本稿が主に素材とする一八世紀ヨーロッパは「文芸共和国」とも称され、書物の普及や知識人の交流、各地のアカデミーの相互交流などが活発になされ、国境を越えた知のネットワークが生まれていた。そこでは、カントの「理性の公共的使用」を引くまでもなく、書物は境界線を前提としない広い読者層に向けて書かれた。コスモポリタン（世界市民）の視点に立つ思想が様々に展開されたことは、「啓蒙の世紀」の大きな特徴の一つでもあった。

要するに、あえて挑発的な問いを立てるとすれば、わざわざ「国際論的転回」を主張せずとも、政治思想史研究がこれまで培ってきた方法の枠内でも、グローバルな側面を捉えることは可能ではないだろうか。それでは不十分であるとして、「グローバルな視座」を意義あるものとして中心に据えるとしたら、そうすることで従来のある特定の解釈枠組みの弊害を指摘するか、見逃されてきた主題との関連を明らかにし、さらにそれが思想家の解釈なり概念や議論の系譜のより説得力ある理解に資する場合であるべきではないだろうか。[2]

ここでは近年の政治思想史の方法論をめぐる精緻な議論に立ち入る余裕はないが、政治思想史研究において「グローバルな視座」を扱う際の基本姿勢になると筆者が考えるのは、以下のような見方である（無論あくまで基本姿勢であり、比重の置き方の違いなどに由来するヴァリエーションはありうる）。

政治思想史研究がその拠り所とする大きな関心の一つには、学問伝統の継承と発展を描くことが挙げられよう。その際には、研究対象が個別の思想家であれ概念や議論の系譜であれ、いったんは研究者自身の視座を脇に置き、その研究対象自身の視座に着目することが求められる。すなわち思想家自身がそれまでの伝統から何をどのように継承し、いかに発展させたのか、あるいは議論の系譜がどのような歴史的文脈に移し替えられ、再編されてきたのかが探究される。またそうした作業こそが、一般に前提とされがちな思考枠組みの相対化を可能とし、それを問い直す可能性を開くことにもつながる。

このとき、研究対象自身の視座は同時代の様々な文脈のもとで重層的に形作られたものであり、例えば目前の政治課題や危機的状況、政治社会の条件や環境の変化などがそこに作用しうる。当然ながら、研究対象の視座に着目するがゆえに、グローバルな要素をそうした文脈を構成する要素の一つとして重視し、取り上げることは十分ありうるだろう。

続いて、角度を変えて政治思想史研究における「グローバルな視座」の有効性を考えるために、次節ではフランスの歴史学・政治思想史研究における近年の動向を参照してみたい。というのも、歴史学および政治思想史研究における「国際論的転回」を牽引する研究の多くは英米圏発のものであるのに対し、フランスを主な対象とする研究分野では、こうした潮流に対してやや温度差も感じられるが、とはいえ、しばしばグローバル・ヒストリー等への関心の遅れを指摘される仏語圏の研究においても、近年では徐々に英米圏での議論を意識したものも増えつつあるからである。

二　近年の動向から

1　フランス革命史研究

革命史研究をはじめとして、フランスの歴史学は他の分野と比べてもポスト・コロニアルな関心を含めた「国際論的転回」への反応が遅かったことが指摘され、時に批判も向けられてきた。[3]だがそれだけに、近年の変化の兆しは注目に値するだろう。ただし、だからといって、一気にグローバルな方向性が優勢となるような状況が見られるわけではなく、慎重な見方もあり、従来の議論との関係の再検討を促すなど、本稿の問題関心にとっても示唆的な視点が得られる。

フランスでは二〇〇〇年代に入ってから、二〇世紀半ばにパーマーとゴドゥショによって切り開かれた大西洋革命をめぐる議論が再燃し、フランス版大西洋史（French Atlantic）が登場した。[4]とりわけカリブ海植民地や奴隷交易、ハイチ革命に関する目覚ましい研究の進展などが注目される。こうした中、革命史研究においても、ポスト修正派世代のフランス人研究者の中から、フランス革命を他の諸革命に比べて特別視するフランス革命例外論に対する批判的な視点が出されている。例えば、そうした潮流を牽引する一人であるアニー・ジュルダンは近年、グローバルな観点に立つ新たなフランス革命史の著作を相次いで出版している。[5]また、グローバル時代におけるナショナル・ヒストリーの新たな可能性を探ろうとする『世界の中のフランス史』が、パトリック・ブシュロンとニコラ・ドラランドの編集のもと二〇一七年に出版されて注目を集めたが、[6]この中でジュルダンは「一七八九年　グローバル革命」と題した項目を執筆している。[7]その表題にも明らかなように、彼女はアメリカ革命やオランダの愛国者など亡命外国人の役割に言及し、改めてフランス革命のトランスナショナルな起源と帰結に注意を喚起するなど、フランス革命をグローバルな展望のもとに置いた。

また『フランス革命史年報（*Annales Historiques de la Révolution française*）』でも、二〇一三年と二〇一九年にフランス革命史研究にとってのグローバル・ヒストリーの可能性を問う特集が組まれ、それぞれ「グローバル的転回の時代におけるフランス革命」、「諸革命の時代――トランスナショナルな展開」と題した研究者の座談会を掲載している。[8] そこでの論点の一つには、フランス革命をグローバルな文脈に置く研究の先駆である大西洋革命論との異同が挙げられる。この点に関して、植民地史や帝国史を起源とする今日のグローバル・ヒストリーは、一九五〇年代の「西洋文明」や民主革命に焦点を置いた議論とは全く異なることを多くが指摘しており、ナショナルな枠組みに囚われないという共通項はあるにしても、それ以上の直接の関係は乏しいとされる。[9]

近年のフランス革命史研究の新たな論点を特徴づけるのは、フランスの国内外への視点の移動や空間の多次元化とそれらの相互関係への着目である。例えば奴隷制や奴隷交易をめぐる問題があり（それらの本国への影響やフランス経済全体における役割、奴隷制廃止論など）、空間的にはフランスとカリブ海植民地、さらにはアジアやインド洋、アフリカなど大西洋の枠を越えた広域の空間との関連性が着目されると同時に、ナントやボルドー、マルセイユなど、国内の多様な地域にも光が当てられる。[10]

他方で、こうした動向に対する研究者の姿勢には幅が認められるようである。例えば、すでにグローバル・ヒストリーに関連する著作を何冊も数え、フランス革命史研究におけるグローバル的転回を牽引するリン・ハントは、革命史研究における「帝国」の観点の導入についても、その意義を積極的に認めている。[11] これに対して、革命史研究におけるグローバル的転回の功罪両面を慎重に見極めようとするデイヴィッド・ベルは、近年の「帝国」の枠組みの強調は、かつてはフランス革命に関する最も明らかなグローバル要因であると考えられたアメリカ革命を無視することにつながっているとも指摘する。[12] そのベルによれば、フランス革命が勃発し展開したコンテクストに、グローバルな諸要因が寄与したとしても、それらは国内の他の多くの要因と結びついて作用しており、全体として見れば植民地での出来事の本国の革命への影響は比較的小さく、それを新たなパラダイムと呼ぶに足る支配的な要因と考えるには根拠に乏しいとされる。さらに、グローバルな観点は革命のプロセスが始まる幅広いコンテクストの理解を助けるものの、それに比べるとプロセス自体の理解を助けるものではなく、革命を生み出す要因が多様で複雑なものであっても、これらの要因と革命それ自体は区別されるべきであり、ある特定の時期と場所において生じる革命はそうした要因のみでは説明できないと主張する。[13]

こうして見てくると、様々な複数ある論点のうち「国際論的転回」や「グローバル的転回」に関わる論点が他と比べて有する重要性の問題が肝心のポイントであることが分かる。すなわち、そうした論点を単に新たな論点の発掘として注目するのか、フランス革命を説明するのに不可欠な論点と見るかという解釈の問題である。しかしそうなると結局は、何をどこまで説明しようとするのか、というそもそもの根本的な問題関心に関わってくるように思われる。

2　政治思想史研究

では一八世紀フランスを主な対象とする政治思想史研究において、英米圏の「国際論的転回」の潮流に匹敵するようなグローバルな視座を重視する傾向が現れているかといえば、あくまで筆者が気づいた範囲での印象ではあるが、新たな潮流と言えるほどの関心の高まりは見受けられない。とはいえこの分野でも、政治思想史研究における「国際論的転回」について考える手がかりとなる注目すべき動向は見られるので、その一端に触れておきたい。

一点目は、英米圏の研究動向を意識して、大陸ヨーロッパの思想を視野に入れることで大西洋革命論の刷新を図ろうとする関心であり、例えば思想史・歴史研究者が寄稿した論集として、『大西洋世界の再考：民主革命の時代のヨーロッパとアメリカ』が挙げられる。[14] 表題が示すように、米仏の二つの「民主革命」を軸に据えつつ、商業・交易をめぐる思想、奴隷制や人種問題、ハイチ革命を思想的観点から扱うものが含まれる。こうした大西洋圏を視野に入れた米仏関係をめぐる思想史・歴史研究は、フランスでは「アメリカ研究、英語圏研究（Études Américaines, Études Anglophones）」分野の研究者を中心にして進展が見られる。[15]

こうした動向については、革命史研究について上述した論点とも重なるが、大西洋革命・大西洋史の枠組みを超えて、より英米圏の「国際論的転回」に固有の論点（例えば「帝国」とリベラリズムの関係など）を、フランスを対象とする研究に適用しうるかは、歴史的文脈を踏まえた慎重な分析を必要とするように思われる。[16] 例えばポール・チェイニーは、経済・社会・法の観点からは「ブリテン帝国」的な意味での「フランス帝国」は存在しなかったと指摘する。[17] それによれば、確かに一八世紀のフランスに植民地は存在し、植民地の諸組織やそれらの本国との関係について言及する際に「帝国」という語彙も使用されたが、それはブリテン帝国のように独自の法的統治機構を備えたものではなく、本国のそれ自体多様な法的統治システムに行政区の一つとして、論議を呼ぶことなく柔軟に取り込まれていたという。またフランスにおいて「帝国」として観念されうる本国と植民地の関係についての認識の変化を辿るには、革命期に導入される新たな行政区画と植民地の関係をめぐる、旧体制の統治構造とその革命期の変化を踏まえた分析が必要になるとされる。

二点目として、植民地交易の拡大や列強間の商業上の権益争いといったグローバルなコンテクストを踏まえたポリティカル・エコノミーをめぐる思想史研究が挙げられる。この分野において注目を集めるのが、先のチェイニーによる『革命的商業――グローバリゼーションとフランス君主政』である。同書はいわゆる政治思想の「正典」に数えられる思想家のみならず、実際にグローバルな交易の実践に携わった商人や行政官、植民地官僚にまで対象を広げ、思想史のアプローチと社会経済史や旧体制の歴史研究を統合する形で、一八世紀の「グローバリゼーション」が促した思想の展開を旧体制下の王政改革から革命初期までを視野に入れて描き出そうとする。[18]

三点目として、このようなグローバルなコンテクストと密接に関連しつつも、むしろ伝統的な観念の歴史的展開に着目する研究として、コスモポリタニズムをめぐる思想の一八世紀における展開に関する研究に注目できる。川出良枝著『平和の追求――18世紀フランスのコスモポリタニズム』では、ストア派の「オイケイオーシス」概念に由来する思考枠組みの継承（この枠組みの破綻も含め）を縦糸としつつ、一八世紀フランスの現実政治との対峙の中で練られた平和構想の多様な相貌――祖国愛と人類愛の関係性をめぐる道徳的平和論、法・制度による国家間の秩序構想から商業平和論まで――が描かれる。[19] 国民国家を未だ前提としない時代における万民法やコスモポリタンの視点に立つ秩序構想への注目は、グローバルな思想空間の拡大や国民国家中心の視点の相対化という今日的関心とも共振しつつも、あくまで一八世紀の思想家自身の認識枠組みに則した分析手法を駆使した思想史研究である点で、政治思想史の従来の方法の枠組みでも十分に思想のグローバルな側面を捉えうると考える本稿の問題関心にとって非常に意義深いものと思われる。[20]

最後に個別思想家の研究に関しては、近年ではルソーの政治思想研究における戦争論に関する研究の目覚ましい進展が注目される。その成果として新たに校訂版『戦争法の諸原理』が公刊され、従来考えられてきた以上に、ルソーにおいても国家間関係の問題が法と政治をめぐる考察の重要な部分を占めていることが明らかにされている。(21)

三　フランス革命期におけるアメリカ論

最後に、テキストの受容による議論の継承・発展という、政治思想史研究において従来から実践されてきたオーソドックスな方法も、思想のグローバルな側面の把握にとって依然として有効ではないかとの問題意識から、一つの素材として、一八世紀の最後の四半世紀、特に革命期にアメリカ建国期の書物を参照するフランス人の視点を取り上げたい。

1　フランス革命期におけるアメリカ関連文書の受容とその文脈

一八世紀フランス思想におけるアメリカ・イメージの形成という主題で古くから論じられてきたように、当時のフランス人がアメリカに対して向けた関心は、ヨーロッパの文明・文明人と対比された自然・未開人の社会、クエーカー教徒に代表される信仰の自由や宗教的寛容の社会、農本的社会、圧政や身分制に対して自由や平等などの普遍的価値が具現された社会など多岐にわたり、しばしばそれは理想の自画像を映し出した鏡に喩えられる。(22)また理想を投影するにとどまらず、奴隷制の現実に対して批判が向けられたこともよく知られている。

ここで七年戦争後の時代、とりわけ北米植民地の動向に対する政治的な関心が高まる時期に注目すると、一七七六年の独立宣言以降フランス革命期にかけては、人的な交流による情報の流通に加え、合衆国建国期の政治文書など、様々な出版物が翻訳を介して伝えられた。有名なものでは独立宣言、連合規約、ヴァージニア権利章典、諸邦憲法、連邦憲法、『フェデラリスト』などが挙げられる。当時から国家を後ろ盾とする翻訳事業も盛んであり、その背景には外交戦略や知識の普及、国民の教育、国内の同化主義的政策、「姉妹共和国」への文化の普及など様々な目的があった。(23)

こうした状況の中、アメリカの政治制度が参照される際には、当然ながら受容側の関心の所在により受容される内容は異なり、また受容側の置かれた政治的論争状況などもその理解に作用した。例えば、革命前の時代には、フランクリンを取り巻く親米派の一人であったコンドルセなどは一院制立法府のペンシルヴェニア邦憲法を評価した一方で、マブリは親交のあったジョン・アダムズに宛てた四通の書簡という形式でペンシルヴェニア、マサチューセッツ、ジョージアの各邦憲法を比較検討し、ジョージアの憲法に好意を寄せている。一七八九年以降も、フランスで起きた出来事をアメリカのそれに重ね合わせる視点は健在であり、人権宣言の起草に始まる国民議会における議論においても、アメリカの事例はしばしば参照された。しかしながら、国民公会下では政治抗争の激化や首都に対する地方都市の反乱の動きが広がり、特に一七九三年六月の議会からのジロンド派追放の後には、国内外で危機的な状況に陥る中、「連邦主義(Fédéralisme)」は地方の分離主義や特殊利益の主張と結びつけて捉えられ、成立間もない共和国の不可分一体性を損なうものとして多くの議員からは不審の目が向けられた。そしてこうした状況は、アメリカの政治制度としての連邦制に対する反応にも少なからぬ影響を与えたと考えられる。

他方で、ロベスピエール失墜後の一七九五年になると、状況は大きく変化した。マルク・ラーマーが『フランスの議論におけるアメリカ憲法：一七九五―一八四八』においてこの年を革命期の「アメリカン・モーメント」と評するように、再びアメリカをめぐる議論が活発になるのである[24]。ここで注目できるのは、この時期には革命の混乱をもたらした体制への批判の視点から、アメリカの諸制度が参照された点である。

一七九五年の春から夏にかけて、一七九五年(共和国三年)憲法の制定に向けて議論が重ねられる中、その中心的役割を担った十一人委員会の内外では、同時代のアメリカの政治制度を参照する動きが見られた。革命の急進化による恐怖政治の経験を踏まえ、新たな秩序の再建にあたりあたかもスローガンのように共有されたのが、単一の立法府への立法権の集中こそが愚かなものだとする見方であった。そして一院制立法府に基づいたかつての体制への反省とともに、「賢明なアメリカ人たち(sages Américains)」が参照され[25]、一七九五年憲法では五百人会と元老会から構成された二院制立法府が初めて採用されることとなる。この時、彼らが直接間接に参照する書物や言及する人物には、アメリカ諸邦憲法や連邦憲法、アダムズやハリントンの著作が含まれた。例えば、十一人委員会を代表して議会で新憲法案を報告するボワシー゠ダングラスをはじめ、多くの人に読まれたというルゼー゠マルネジアの『九三年憲法とは何か？』では、ペンシルヴェニア邦憲法とマサチューセッツ邦憲法の比較がなされ、著者自身は立法権の三分割に解決策を見出している(26)。また諸邦憲法のなかでも、ヴァージニア邦憲法の参照が一七九五年憲法の構想に影響を与えたとの指摘もある(27)。

アメリカ建国期の政治文書のなかでも枢要な位置を占める『フェデラリスト』の受容についても、以上に述べた政治的文脈に置くことができる。『フェデラリスト』もまた出版されると程なくフランス人の間に知られ、国民議会での議論の際にも度々言及されるなど高い関心を集めていた。その仏訳は、初版が一七九二年夏の王政廃止直後に公刊された後、時期をあけて一七九五年には第二版が出版されている(28)。

『フェデラリスト』の革命期の仏訳に関しては、訳者による序論が一部を残して失われており、出版の背景についても不明な部分が残るものの、おそらく訳者は複数名存在するとされる(29)。そのうちの一人が、同時期に同じフランソワ・ビュイッソン印刷から出版されたアダムズの著作（『アメリカ諸邦憲法擁護論』）の抄訳にも携わった人物であり、次項で内容を紹介する『均衡論（*Équipondérateur*）』の著者ピエール・ラマールである(30)。

『フェデラリスト』とアダムズの著作の仏訳のいずれの出版にも共通する背景にあるのが、一七九一年憲法の改正という政治的関心である。アダムズの著作の仏訳版に付された訳者による序文によれば、翻訳の動機は、来るべき憲法改正に向けて、アダムズの議論の示す諸原理が、アメリカの立法制度に倣ってフランスでも二院制を導入することを求める根拠として十分かどうかについて、読者に検討を促すことにあるという(31)。ここでは「アリストクラシー」の意味をめぐりアダムズと同時代フランスにおける理解の相違について読者に注意喚起がなされ、イギリスの制度ではなく、アメリカのそれを比較の対象として念頭におくことが強調されている(32)。『フェデラリスト』の仏訳においても、デ・フランチェスコの分析によれば、後に失われた序文の残された数ページには、同様の問題関心が記されているという(33)。すなわち、ここでもアメリカとイギリスの制度の相違が意識されており、とりわけ二院制に関して、貴族政とは区別されたものとして示すことが意図されていた。

フランスでは立法府の二院制をめぐる論争は革命初期からすでにあったが、当時は王党派が英国国制に依拠して二院制を支持したのに対して、ここでは連邦憲法下のアメリカが参照されている点が異なる。そうすることで、貴族政が導入されることを警戒したジャコバン派からの二院制に対する批判をかわしながら、『フェデラリスト』を一七九一年憲法（後には一七九三年憲法）の改正のための土台として提示しようとする意図があったと考えられるのである。[34][35]

そもそもアメリカでの統治機構をめぐる議論においても、その理解が確定していない時代であり、新しい政治構想の着想の源泉（一つとは限らない）を正確にどこに求められるかは、より詳細な分析を必要とするため、本稿ではこれ以上は踏み込めない。ただアメリカとイギリスの政治制度をいずれも混合政体と連続して捉える理解もあった中、それらを切り離す視点が明確に示されたことには注目できるだろう。最後にこの点について、一七九五年憲法案の審議を担った十一人委員会とも関係が深い点で興味を引く、『フェデラリスト』の訳者の一人であるラマールの著作『均衡論』の内容を概観することで確認しておきたい。

2 ラマール『均衡論』[36]

ラマールの『均衡論』は、テルミドールのクーデタ後の政治情勢の中で一七九五年春に執筆されたものであり、十一人委員会で報告された後、同委員会によって印刷され、さらに全国の県に送付されている。こうした事情からも明らかなように、当時の政治状況と密接な関係を有しているが、また同時に、古代ギリシア・ローマから同時代アメリカまでの政体論をめぐる政治思想の伝統や過去の歴史的事例にも多くの言及がなされる。

『均衡論』の概要は次の通りである。「均衡あるいは諸権力のバランス」（強調は原文イタリック、以下同様）こそが自由な政府を編成する唯一最良の方法であると考えるラマールは、諸権力の集中を意味する「行動の統一性（unité d'action）」の観点から一院制立法府を支持する同時代の議論に対して、二院制立法府こそが望ましいとする主張を展開した後、二院制立法府に基づく具体的な統治機構のプランを提示する。彼の批判の的は明確であり、フランスの同時代の憲法、すなわち一七九一年憲法、一七九三年の憲法委員会による憲法（コンドルセが中心となって起草したいわゆるジロンド派憲法）、そして一七九三年憲法のいずれもが権力均衡を実現できていないとして批判される。それらに対して、ラマールは政治思想の伝統を自説の味方につけようと、ルソーすらも含めて多くの思想家は「権力均衡のシステム」に好意的であったとする、やや強引な整理を行う。同時代アメリカの制度については「諸権力の分立および均衡（la séparation & l'équilibre des pouvoirs）」であると述べており、権力の分立と均衡は重ね合わせて理解されている。

他方で、当時のフランスでは二院制といえば英国国制と結びつけた理解が依然として優勢であり、貴族政治や君主の存在、身分制をイメージさせるものであったため、「貴族や王権による専制の公然たる敵」であると自認するラマールは、自らの構想がいかに英国流の二院制を支持する王党派の立場とは一線を画したものであるかを強調する。すなわち「王権と貴族は均衡の形成に全く必要ない」として、「均衡のシステムは民主的平等と完全に両立しうる」という。[37]

一院制立法府への反論の論拠としては、それが「公共の自由」と相容れないことと、党派対立の問題が挙げられる。[38]ラマールによれば、「公共の自由」は人民が同意を与えた法律にのみ従うことにあり、この「明白で普遍的に認められた原理」は、法律の「提議」と「決議」という二重の手続きを前提とする。脚注で引証されるのはハリントンの『オセアナ共和国』である。[39]「賢明さでさえ、監視されることを必要としている」のだから、もしも「提議」と「決議」の二つの権力を一人の手に、あるいは唯一の議会に託してしまえば、「護民官としての監視」の作用が失われ、自由は保障されないという。また「共和国が抱える永遠の災禍」である党派対立に関しては、そもそも人間の情念に由来するため破壊することはできず、政治機構の配置による解決が求められる。特にラマールは意見の相違を生み出す「気質の相違」に注目し、人間は「熱意ある人々（ardens）」と「節度ある人々（modérés）」に大きく二分できるとし、それぞれを二つの議院に制度的に対応させることで抑制を図るしかないと考える。そしてここでもアメリカ人の例が言及される。「私が自由なアメリカ人たちの制度を描き出すことを好むのは、その帰結を目撃したからだが、彼らは立法府において上院の有益な慎慮と下院の有益な熱意とを対抗させた際、以上に述べた論拠のもつ重みを十分に感じ取ったのだ」。[40]ラマールの目には、アメリカ人の採用した二院制立法府はこのような党派対立の抑制という観点からも正当なものと映ったのである。

以上の考えに基づき、民主的平等と両立しうる権力の均衡システムとしてラマールの構想する共和制政府は、エフォロイ評議会（Conseil des Éphores）と元老会（Sénat）、そして二名の執政官（Consul）の三つの柱から成る。いずれも任期を限り、人民によって市民全体の中から選出されることが想定される。

エフォロイ評議会と元老会は対等な関係に置かれるが、上述の通り、性質の違いが前提とされ、前者は「徳の束」、後者は「知性の束」とも呼ばれる。人民との心理的近さを特徴とするエフォロイ評議会は、人民の権利の擁護者であるのに対し、元老会は人民からの敬意の対象であり、法の擁護者、国制の柱とされる。また元老会は諸外国に対して国民を代表する機関でもある。そのため元老会議員にはより一層の教養と成熟した性格が必要とされ、才能や賢明さ、公的事柄に関する知識が求められる。ここから選出方法に違いが生じ、エフォロイ評議会議員が人民により直接選出されるのに対して、元老会議員は人民よりも公的事柄に精通した人物の選出に適しているとされる地区行政府によって選出される[41]。ただしこのような両院の相違は、ローマやイギリスにおける貴族と平民の対立とは異なるものであり、二年ごとに半数が改選される仕組みやエフォロイ評議会からの監視の目があるため、圧制的な貴族政に陥ることを危惧するには及ばないと主張される。

さらに二名の執政官から成る執行府については、執行権力は立法府の権力と完全に対等な関係に置かれるため、立法府は執政官の任命に関わらず、執政官に対する監督権限を握るのみとされる。他方で、執行官による拒否権は共和主義的自由と相容れないとして却下され、その代わりに立法府の法案を再び審議にかける再提出権（droit de représentation）が与えられている。

以上に見てきたように、ラマールの『均衡論』は著者の独自の議論が展開されるものではなく、そもそも著者自身それを意図しているわけでもない。むしろ過去の経験や政治思想の伝統に照らしながら同時代の議論を批判し、新しい政治構想を示そうとしたものであった。ラマールの議論には、君主政的部分と貴族政的部分と民主政的部分の三つを混合させるという混合政体論の伝統的な言い回しを踏襲するところもあるが、彼自身が注意を促すようにあくまでそれは比喩的な表現であり、身分制を前提としない民主的な共和国の制度が念頭に置かれていた。革命期のフランスにおける英国国制の理解やハリントンやアダムズの著作の受容など、[42] 本稿では扱いきれなかった重要な論点は残るものの、『均衡論』の読解からは少なくとも、革命の急進化による混乱を経て新たな秩序の再建を模索するフランスにおいて、アメリカ人に倣い、同時代のアメリカの制度に実現された権力均衡のシステムが参照されたこと、それを明確に英国の制度とは区別されたものとして理解し、民主的な共和国の制度に生かそうとのアイディアがあったことが確認できるだろう。

四　おわりに

以上のような議論は、「国際論的転回」や「グローバル的転回」が切り開く新たな可能性に期待を寄せる読者にとっては、なんとも後ろ向きで西洋中心的な視点、あるいは古めかしい主張と映ったかもしれない。繰り返しになるが、一八世紀フランスを対象とする歴史学や政治思想研究を素材としながら本稿が指摘しようとしたのは、必ずしも英米圏で注目を集める潮流がそのまま仏語圏にも当てはまるわけではなく、問題設定を含めて慎重な検討を要すること、そして政治思想史の従来の問題関心や方法の枠内でも、思想のグローバルな側面を捉えることは十分に可能ではないかということである。言い換えれば、「国際論的転回」や「グローバル的転回」の視点に立ってこそ開拓しうる領域がありうるとしても、そうした潮流に飛びつく前に、従来の方法を最大限に駆使する中で、緻密な論証に基づいた説得力をもって、グローバルな視座の有効性をも示しうることを改めて確認しておくことは必要ではないかと思われるのである。もちろん本稿はその十分な例証となることを目指したわけではなく、あくまでささやかな問題提起を行なったに過ぎない。

この点、もはや筆者が指摘するまでもないとは思われるが、「国際論的転回」をめぐる英米圏での議論を相対化する重要な視点としては、日本政治思想史における近年の研究成果にこそ注目すべきであろう。そうした成果の筆頭に思い浮かぶのは、大久保健晴著『近代日本の政治構想とオランダ』である。[43] 幕末から明治にかけての日本の知識人たちの、同時代オランダを通じた西洋人文社会科学の受容が、いかに旧来の学問への再検討を促し、新たな体制構想や対外政策の実践につながったかを、丹念な一次資料の調査と読解に基づき論証する同書は、まさに研究対象の視座に即して同時代の文脈の中で、一九世紀末の日本と西洋世界との邂逅を通じた知の再編の様子を明らかにするものであり、国境を越えた思想史研究の魅力と可能性を鮮やかに伝えている。こうした研究を前にすれば、それを「国際論的転回」と冠するかどうかなどは、あえて問うこともないように思われないだろうか。

*本稿は科学研究費助成事業（20K13405）による研究成果の一部である。

（1）本稿では「国際論的転回」の定義の問題についてはあえて踏み込まないが、思想史研究においてこの分野を牽引するデイヴィッド・アーミテイジの諸著作やそれらの影響下にある英語圏での研究などを議論の対象として主に念頭に置いている。「国際論的転回」と「グローバル的転回」、「グローバルな視座」の関係についても、概して前者が諸国家の関係性に比重を置くのに対して、後者は国家間関係をより相対化するグローバルな領域や空間の把握を重視するという違いがあるようだが、本稿ではそれらの区別が問題とならない限り厳密な使い分けにはあまり拘らず、むしろ一国史的枠組みの相対化という双方に共通する方向性に目を向けている。アーミテイジ自身も、「歴史に対する多様な非一国的《ノンナショナル》なアプローチ」としての国際史、トランスナショナル史、比較史、グローバル史の間に「家族的類似性」を認めている点に注目したい（デイヴィッド・アーミテイジ『思想のグローバル・ヒストリー』平田雅博ほか訳、法政大学出版局、二〇一五年、二二頁）。とはいえ他方で、本稿の元となる二〇二三年度政治思想学会研究大会シンポジウムI「近代ヨーロッパの国際論的転回」での筆者の報告に対して討論者を務められた犬塚元氏が指摘されたとおり、あくまで主権国家体制を前提とする「国際論的転回」と言いうる研究も存在し、その重要なものとして、リチャード・タック『戦争と平和の権利』（萩原能久監訳、風行社、二〇一五年）が挙げられる。権利を持った個人という自由主義的主体像が、いかに戦争と国際関係をめぐる人文主義者の議論から引き出されたかを論じる同書では、グロティウスやホッブズの自然状態や自然権をめぐる議論が国家間関係の認識に基づくものであることが示される。本稿は「国際論的転回」がすべて「グローバル的転回」に還元されるとまでは前提しておらず、自由主義と戦争論、国際関係論、植民地論の密接な連関を示し、近年注目される新しい分野である「国際政治思想史」への重要な貢献ともされる同書の有する意義を過小評価するつもりもない。

（2）念のため付言しておくと、本稿の趣旨は、ここに示した点において有意義な視座に立つことで得られた研究成果については正当に評価されるべきであると考えており、そのためにも「グローバルな視座」を掲げるにはそうした問いを常に自覚する必要があることを、自戒を込めて確認しておこうというささやかなものに過ぎない。

（3）大西洋の植民地帝国、奴隷交易・奴隷制の歴史を専門とし、フランス北米植民地についての著書があるセシル・ヴィダルは、英米圏由来の新しい大西洋史のフランスにおける受容について、フランスの歴史家の「無知」と「躊躇い」を思想的、制度的、政治的、文化的理由から説明する。とりわけ、普遍主義に立つ共和主義の政治的伝統が、多文化的な過去の直視を妨げてきた側面があると批判する。Cécile Vidal, "The Reluctance of French Historians to Address Atlantic History", *Southern Quarterly*, 43 (4). –"La nouvelle histoire atlantique en France : Ignorance, réticence et reconnaissance tardive", *Nuevo Mundos Mundos Nuevos* [en ligne], 2008.

（4）フランスの歴史学の動向の重要な背景の一つとして、政治的・経済的側面（とりわけ資本主義経済の危機への対応の相違）に着目して一九八〇年代以降の米仏関係の変化を指摘するポール・チェイニーは、一九八〇年代頃より大西洋史がもっぱら英米圏中心に展開されていったと指摘する。Paul Cheney, "The French Revolution's Global Turn and Capitalism's Spatial Fixes", *Journal of Social History*, 2019, pp.1-9.

（5）Annie Jourdan, *La Révolution, une exception française?*, Flammarion, 2005. –*Nouvelle histoire de la révolution française*, Flammarion, 2018.

（6）本書については次を参照のこと。「ナショナル・ヒストリー再考――フランスとの対話から」『思想』岩波書店、二〇二一年、第三号。

（7）アニー・ジュルダン「一七八九年 グローバル革命」三浦信孝訳（同、所収）。

（8）Paul Cheney, Alan Forest, Lynn Hunt et al. "La Révolution française à l'heure du global turn", *Annales historiques de la Révolution française*, n°374, 2013. David A. Bell, Joanna Innes, Annie Jourdan et al. "L'âge des révolutions : Rebonds transnationaux", *Annales Historiques de la révolution française*, n°397, 2019.

（9）フランス版大西洋史の可能性に関しては、パーマー流の大西洋史への追随ではなく、フランスにはフランス革命のグローバルな側面を捉えるための固有の学問的伝統があるとする、前掲論文でのチェイニーの指摘は特に重要に思われる（Cheney, op. cit.）。おそらく念頭に置かれるのは、ジョレスやソブールによるフランス革命史叙述である。この点については次の著作でも指摘がある。Paul Cheney, *Revolutionary Commerce*, Harvard University Press, 2010, pp.190-120.

(10) 例えば、オーストラリアの歴史家、ピーター・マクフィーが描くフランス革命史の特徴の一つは「多様性」にあり、奴隷交易で栄えた大西洋岸の港湾都市とカリブ海との繋がり、あるいは中央政治との繋がりが同時に視野に収められている。ピーター・マクフィー『フランス革命史　自由か死か』永見瑞木・安藤裕介訳、白水社、二〇二二年。

(11) P. Cheney, A. Forest, L. Hunt et al. op. cit.

(12) David A. Bell, "Questioning the Global Turn : The Case of the French Revolution", *French Historical Studies*, vol.37, No.1, 2014.

(13) 例えば、ベルはグローバル要因とは別の国内的要因として、カトリック教会の再編をはじめとするフランス革命における宗教問題の重要性を指摘する。

(14) Manuela Albertone, Antonio de Francesco eds., *Rethinking the Atlantic World – Europe and America in the Age of Democratic Revolutions*, Palgrave Macmillan, 2009.

(15) 例えば近年では、独立宣言の翻訳に関するÉlise Mrienstras et Naomi Wulf, "Traduire, emprunter, adapter la déclaration d'indépendance des États-Unis, Transferts et malentendus dans les traductions françaises", *DIX-HUITIÈME SIÈCLE*, n°33, 2001, アメリカ革命のフランスでの受容に関するCarine Lounissi, "Penser la révolution américaine en France（1778-1788）: enjeux philosophiques et historiographiques", *Cercles*, 16-2, 2006, — "Publier sur la Révolution américaine en France（1778-1788）", *Mémoires du livre Studies in Book Culture*, vol.11, n.1. 2019, 将校でありフィロゾフとして大西洋両岸の架け橋となったシャトリュを伝記的手法で描くIris De Rode, *François-Jean de Chastellux（1734-1788）. Un soldat-philosophe dans le monde atlantique à l'époque des Lumières*, Honoré-Champion, 2022, などに注目できる。

(16) 概して英米圏の研究者の方が「帝国」やグローバルな視点をフランス語圏の対象（例えばフランス啓蒙思想やコンスタン、トクヴィルら一九世紀のフランス自由主義思想）に適用することに熱心な傾向があるように見受けられる。例えば次などを参照。Sankar Muthu, "Conquest, Commerce, and Cosmopolitanism in Enlightenment Political Thought", Jennifer Pitts, "Republicanism, Liberalism, and Empire in Postrevolutionary France" in Sankar Muthu ed., *Empire and Modern Political Thought*, Cambridge University Press, 2014.

(17) Cheney, op. cit., pp.201-202. P. Cheney, A. Forest, L. Hunt et al. op. cit. も参照。

(18) Cheney, op. cit.

（19）川出良枝『平和の追求——18世紀フランスのコスモポリタニズム』、東京大学出版会、二〇二三年。

（20）また川出前掲書でも言及されるが、マルク・ベリッサによる万民法やコスモポリタニズム、一八世紀末のヨーロッパ秩序の変容をめぐる一連の思想史研究にも注目できる。Marc Belissa, *Fraternité universelle et intérêt national*（*1713-1795*）– *Les cosmopolitiques du droit des gens*, Éditions Kimé, 1998 – *Repenser l'ordre européen*（*1795-1802*）– *De la société des rois aux droits des nations*, Édition Kimé, 2006. Marc Belissa et Bernard Cottret eds. *Cosmopolitismes, patriotismes, Europe et Amériques 1773-1802*, Les Perséides, 2005.

（21）Jean-Jacque Rousseau, *Principes du droit de la guerre : Écrits sur la paix perpétuelle*, Blaise Bachofen et Céline Spector dir., Bruno Bernardi et Gabriella Silvestrini éd., Vrin, 2008（ジャン゠ジャック・ルソー『ルソーの戦争／平和論：『戦争法の諸原理』と『永久平和論抜粋・批判』』永見文雄・三浦信孝訳、勁草書房、二〇二〇年）.

（22）この主題に関する古典的な文献としては次が挙げられる。Durand Echeveria, *Mirage in the West. A history of the French image of American Society to 1815*, Princeton University Press, 1957. なお既に半世紀前のこの文献も近年では批判的検討に付されている。「アメリカニスト」という歴史的カテゴリーに着目して同書を批判的に再検討するものとして、Carine Lounissi, "The First French «Américanists» of the 1770s and 1780s, the American Revolution and Atlantic History : Beyond Mirages in the West", *Revue française d'études américaines*. N° 173, 2022.

（23）こうした翻訳事業の重要性から「翻訳の政治学」に注目する研究も多い。本稿が参照したものとして、Jean-Luc Chappey et Virginie Martin, "À la recherche d'une «politique de traduction» : traducteurs et traductions dans le projet républicain du Directoire（1795-1799）"（*La révolution française*, 12｜2017）。なお翻訳には自国の文書の外国語への翻訳普及と外国語文献の輸入の両方向があった。

（24）Marc Lahmer, *La Constitution américaine dans le débat français : 1795-1848*, Harmattan, 2001, p.137.

（25）Ibid., p.195.

（26）Adrien Lezay, *Qu'est-ce que la constitution de 93 ? Constitution de Massachusett*, Migneret, 1794. 彼は立法権については執行府に与えられた拒否権も含めて考えている。

（27）Lahmer, op. cit., pp.196-199.

（28）ただしこのことは、初版の好調な売れ行きを意味するものではなく、実際には印刷業者が第一刷の残部を表紙の著者名に若干の修正を加えて第二版として出回らせたに過ぎないとされる。この点について、デ・フランチェスコによる次の研究を参照。De Francesco, "Traduire pour stabiliser. L'exemple des ouvrages américains parus en français à la veille de la République, printemps-été 1792", *La Révolution française*, 12, 2017.

（29）一九〇二年の仏訳版の訳者ガストン・ジェズによる序文を参照。A. Hamilton, J. Jay et J. Madison, *Le Fédéraliste*, Nouvelle édition française avec une introduction bibliographique et historique par Gaston Jèze, Paris, V. Girard & E. Brière, 1902. 革命期の『フェデラリスト』の仏訳とオリジナルを比較検討したジェズは、原文に忠実な訳かどうかは章によりばらつきが認められることなどから、一人ではなく複数の者が翻訳に携わったと判断している。

（30）アダムズの著作の訳者であることはラマール自身が『均衡論』で明かしている。Pierre-Bernard Lamare, *L'Équipondérateur ou une seule manière d'organiser un gouvernement libre*, Paris, De L'imprimerie nationale (Reprint, Facsimile Publisher, 2018), 1795, p.6.

（31）*Défences des constitutions américaines, ou De la nécessité d'une balance dans les pouvoirs d'un gouvernement libre. Par John Adams... Avec des notes et observations de M. de la Croix.* Paris, Buisson, 1792（Gallica.bnf.fr）, p.xxiii.

（32）アリストクラシーを才能、富、知識、教育において秀でた人々を含む広義の意味で理解するアダムズに対して、同時代のフランスでは旧貴族階級を指す狭義の意味でしか捉えられかねないとする。

（33）De Francesco. op. cit.

（34）翻訳の背景として考えられる当時の党派的関係としては、特にラファイエットを取り巻く親米派の存在が指摘される。それによれば、彼らには、連邦憲法下のアメリカの制度（二院制など）をフランスに導入することで、ジャコバン派を制して政治社会の安定をもたらすという狙いがあったとされる。

（35）なお、Federalist の語に当てられる仏訳語を分析するデ・フランチェスコによれば、訳語の選択において伝統からの区別の意識が見られるという。それによると、モンテスキューの「連邦共和国（république fédérative）」論の影響もあり、当時は一般に fédératif /ve が用いられたのに対して、『フェデラリスト』の仏訳では gouvernement fédératif に比べ、gouvernement fédéral が圧倒的に多く用いられた。De Francesco, op. cit.

（36）正式な表題を直訳すると、『均衡をとるもの、あるいは自由な政府を編成する唯一の方法（*L'Équipondérateur ou une seule manière d'organiser un gouvernement libre*）』。ピエール＝ベルナール・ラマール（Pierre-Bernard Lamare 1753-1809）は英文学

などの翻訳者として知られ、シェークスピア全集の初の仏訳を担った一人でもある。革命初期にはジャーナリストとして経験を積み、一七九二年にはフイヤン派の斡旋により派遣委員としてアンティル諸島に渡った。王政廃止後は共和主義に転じ、ダントン派に近づき、公安委員会には翻訳係官として加わった。Chappey et Martin, op. cit. を参照。なおラマールの『均衡論』については次でも扱った。永見瑞木「ラマール著『均衡論』について」『大阪府立大学紀要（人文・社会科学）』、第六七巻、二〇一九年。

（37）Lamare, *Équipondérateur*, p.8, p.40.

（38）Ibid., pp.14-26.

（39）Ibid., p.16. ラマールはハリントンの議論における「討議（débattre）」と「決議（résoudre）」を「よりはっきりさせるために」、「提議（proposition）」と「決議（décision）」に読み替える。

（40）Ibid., p.22.

（41）エフォロイ評議会は定数五〇〇名、任期二年、被選挙権は二五歳以上で、人民から直接選出される。元老会は定数八五名、任期六年（二年ごとに三分の一を改選）、被選挙権は三五歳以上で、地区行政府（directoires de district réunis）から選出される。

（42）こうした論点に注目する最近の研究として、一八世紀フランスにおける英国共和主義思想の受容に関する次の文献が挙げられる。Rachel Hammersley, *The English Republican Tradition and Eighteenth-century France - Between the Ancients and the Moderns*, Manchester University Press, 2010.

（43）大久保健晴『近代日本の政治構想とオランダ〔増補新装版〕』、東京大学出版会、二〇二二年。

戦争違法化体制再考
——それは暴力をなくすのか

●——三牧聖子

一　ロシアのウクライナ侵攻と「法の支配」の危機

二〇二二年二月のロシアによるウクライナへの軍事侵攻以降、日本外交でも、国際社会でも、武力による一方的な現状変更は認めないという意味をこめて、「法の支配」の重要性が強調されてきた[1]。二〇二三年五月に広島で主要七カ国首脳会議（G7サミット）が開催されたが、岸田首相は、サミットの目的について、「第一は法の支配に基づく国際秩序を守り抜くというG7の決意を力強く示すことだ」と語った[2]。

しかし、「法の支配」という言葉には曖昧さが伴う。それはどのような状態なのか。それを守るために国際社会は何をすべきなのか。ロシアの侵略への対応をめぐっては、欧米や日本がロシアに制裁を加える一方で、グローバルサウスと呼ばれる主に南半球の新興国は、ロシアの侵攻を非難しつつも、ロシアに対する制裁に加わらない立場を貫いている。グローバルサウス諸国が「法の支配」にも平和にも関心がないということなのか。

「法の支配」という目的が諸国家に等しく理解され、共有されているかには、さまざまな疑問符がつく。二〇二三年五月、アフリカ諸国を歴訪した岸田首相は、エジプトでアブドゥルファッターフ・シーシー大統領と会談し、「力による一方的な現状変更」を認めないこと、「法の支配に基づく国際秩序の重要性」を確認しあった。ロシアによるウクライナ侵攻を念頭に置いた言葉だが、シーシー大統領とこの概念が意味するところについて本当に一致があったのか、疑問が残る。

シーシーは、国内で「法の支配」を蹂躙し続けてきた人物だ。二〇一一年、中東・北アフリカに民主化運動「アラブの春」が広がり、エジプトでも三〇年近く続いてきたムバラク独裁政権が倒れ、同国初の自由選挙を通じてモルシー政権が成立した。しかし、二〇一三年国防相だったシーシーが軍事クーデターを起こし、モルシー政権を転覆させた。モルシーは獄死させられ、シーシーの強権体制のもとで、政権に批判的なジャーナリストや活動家は拘束され、言論の自由やデモは厳しく取り締まられた。また、「テロ対策」の名目で多くの超法規的な殺害が起こってきた。国際人権団体ヒューマン・ライツ・ウォッチは、シーシー政権による市民の弾圧を「エジプトの最近の歴史において長期にわたる最悪の人権危機のひとつ」と強く批判している。(3) また、人権団体は国際社会に対し、シーシー政権が人権侵害を改めない限り、エジプトに軍事支援をしたり、武器を輸出しないよう強く求めてきたが、(4) 輸出の多くを占める英米は輸出政策に重大な変更を加えてはいない。シーシーのように、国内で「法の支配」を深刻に蹂躙し、自国民の命や人権を脅かしているような政権とも躊躇なく確認し合える「法の支配」とは、本当に内実を伴ったものなのだろうか。私たちは、現在の国際社会でインフレ状態にある「法の支配」という言葉によって、いったいどのような政策や秩序が正当化されてきたのか、改めて問い直す必要がある。

本稿は、まずは国際社会の歴史において、どのような暴力が違法とされ、禁じられ、どのような暴力が不問に付され、許されてきたのかを検討する。その上で、歴史的に「法の支配」が意味してきたところ、私たちが今後目指していくべき「法の支配」を探っていく。

二　違法とされた武力、違法とされなかった武力

主権国家による武力行使に法的な制限が課せられていったのは、第一次世界大戦後のことである。国際連盟規約（一九一九）やパリ不戦条約（一九二八）によって、侵略を目的とする「違法」な武力と、自衛や侵略国に対する制裁を目的とする「合法」の武力とが区別されていった。国連憲章（一九四五）は、自衛権や国連憲章に基づく強制措置などの例外を除き、武力行使を一般的に禁じている。

この過程において大きな役割を果たしたのは、アメリカの平和主義者や国際法学者だった。第一次世界大戦の惨状に衝撃を受けたシカゴの弁護士サーモン・O・レヴィンソンは、私財を投げ打って戦争違法化運動を立ち上げ、アメリカの官民に「戦争違法化（Outlawry of War）」の思想を普及させた。[5] また、国際法学者たちは「戦争違法化」の理論を発展させ、国際連盟等を通じて世界にも影響を与えた。これらの運動の大きな成果が、一九二八年に成立した不戦条約だった。[6]

大戦間期の戦争違法化の試みは、長い冷戦時代には正当な評価を受けてこなかった。第二次世界大戦の勃発後、国際政治学では、国際政治の本質を国家間の権力闘争に見出す「現実主義」が支配的になり、戦争違法化の試みは「理想主義」と否定的に言及されるか、まったく無視される状況が続いた。こうした知的状況に変化が見られたのは、冷戦終焉後のことだ。冷戦終焉後の国際政治学では、国際関係をパワーと利益の体系に還元する「現実主義」の限界が指摘され、観念や規範といった、従来軽視されてきた要素を取り込んだ、より「理想主義」的な、新たな世界観の追求が活性化した。[7] 第二次世界大戦以前のアメリカは、およそ考察に値するような平和の思想や理論を生み出さなかったという従来の見方に異議が唱えられ、冷戦期にはほとんど注目を集めることがなかった思想家や学派の考察が進められ、大戦間期の戦争違法化の試みの本格的な再評価が始まった。[8]

最新の研究としては、オーナ・ハサウェイとスコット・シャピーロによる『国際主義者たち（*Internationalists*）』[9] がある。タイトルには、度重なる戦争に見舞われた二〇世紀に、それでも平和を諦めず、不戦条約や国連の成立に尽力した「国際主義者たち」がいなければ、戦争が違法化された現在の世界はなかったという意味が込められている。本書が考察の主眼としているのは、不戦条約だ。日本を含む主要大国は、不戦条約に署名し、紛争解決手段としての戦争を放棄したが、そのことは第二次世界大戦を防ぐことにはならなかった。こうした歴史的な経緯から、不戦条約は長らく無意味な条約と批判され、忘却されてきたが、本書はこの主張に真っ向から挑戦する。確かに不戦条約は、戦争や征服を終焉させなかった。しかしその成立は、武力行使一般を禁じた国連憲章に結実し、戦争や征服が合法とされる「旧世界秩序」から、戦争や征服が違法とされた「新世界秩序」への「逆転」をもたらし、国際平和に決定的な影響を与えたというのが本書の主張だ(10)。

こうした再評価は、既に篠原初枝らの先行研究によって進められてきたが、『国際主義者たち』の新しさは、不戦条約の効果の実証に取り組んだところにある。本書のデータ分析によれば、一八一六年から一九二八年までは平均で一〇ヶ月に一度の征服が起こっていたが、一九四八年以降、征服は千年に一～二度の割合へと激減した。確かに二〇一四年のロシアのクリミア併合、そして二〇二二年のロシアのウクライナ侵攻が示すように、今日も征服の試みはなくなっていない。しかし本書の考察によれば、一九二八年以前の世界では一年間にクリミア半島一一個分の領土が征服されていた。確実に大国の領土併合の試みは難しくなっている。また、一九二八年以降の征服は、大半の国によって承認されなかったことにも注目する必要がある。征服が完全に合法とされていたかつての世界であれば、現在も続くロシアの侵略は国際社会の批判を招くことすらなかった。

『国際主義者たち』は日本の分析にも多くの紙幅が割かれている。本書において日本は、「新世界秩序」を目指した欧米の「国際主義者たち」の敵役という位置付けだ。本書によれば、日本は大国の中で最後まで「旧世界秩序」に固執し、満州事変（一九三一）を起こして「新世界秩序」への最初の挑戦者となった。ペリーの砲艦外交によって開国させられた日本は、大急ぎで「旧世界秩序」の作法を学び、日清・日露戦争に勝利して欧米に比肩する大国に成長した。こうした「旧世界秩序」での成功体験も災いし、日本は、不戦条約への参加を単なる外交辞令のように考え、国益の手段としての戦争を手放す必要はないと考えてしまった。侵略という、「旧世界秩序」ではありふれていた行為が、戦争が違法化された「新世界秩序」ではいかなる反発を招くかも予想できずに満州事変を起こし、戦線を拡大して中国との全面的な戦争に乗り出してしまった。

大戦間期の戦争違法化の推進過程を、欧米諸国が体現する「新国際秩序」と日本やドイツが体現する「旧世界秩序」のせめぎあいから描き出す『国際主義者たち』の議論は明快だ。しかし様々な疑問も湧く。確かに一九三〇年代以降、国際連盟に加盟し、さらには不戦条約にも参加しながら、侵略戦争に乗り出し、戦争違法化体制をあからさまに蹂躙したのは日本やドイツである。しかし戦争違法化体制を骨抜きにしたのは、ドイツや日本のみであっただろうか。

不戦条約の締約国でありながら、実質的な軍事行動を行っていたのは、アメリカも同様であった。当時のカルヴィン・クーリッジ政権は、不戦条約の締結交渉と平行して、政情不安が続いていたニカラグアに艦隊を派遣し、軍事占領の規模を漸次拡大していたが、このことは矛盾として意識されなかった。そこには、一九世紀のモンロー・ドクトリン以来のアメリカのラテンアメリカに対するまなざしがあった。すなわち、戦争や帝国主義とは、領土欲を克服できない、アメリカ以外の諸外国が行う害悪であって、西半球でアメリカが行う介入は、帝国主義的な野心とは無縁の、ラテンアメリカの「治安維持」という純粋に利他的な動機に基づくものであり、たとえ軍事力を伴っても、「戦争」ではないという独善的な認識である。[11]当時のアメリカは、国際法上の「戦争」を行ってはいなかったかもしれないが、だからといって他国に対して暴力を振るっていなかったわけではなかった。

こうしたアメリカのダブルスタンダードを鋭く洞察していた一人が、ドイツの法学者・政治学者カール・シュミットであった。世界大戦という凄惨な経験を経て、戦争の違法化への第一歩を踏み出したはずの国際連盟の規約には、モンロー・ドクトリンに関する留保（二一条）が盛り込まれた。不戦条約の締結に際しても、フランク・ケロッグ米国務長官は、モンロー・ドクトリンに基づいてアメリカが西半球で行う行動は、すべて留保されると宣言した。こうしたアメリカの態度は、シュミットに次のような確信を抱かせた。確かに、連盟規約や不戦条約に多くの国々が参加したことで、国家が公式に宣言し、あからさまに行う「戦争」は減っていくかもしれない。しかしそのことは、決して世界から暴力が減ることを意味しない。アメリカがモンロー・ドクトリンによって正当化する軍事介入や、連盟規約で合法とされた侵略国に対する経済制裁は、違法とはみなされず、それを行使したことによって国際社会から罰せられることもなく、それゆえ変わらず行使され続けるからである。[12] イギリス政府も不戦条約締結に際し、「イギリスの平和と安全にとって特別かつ死活的な重要性を持つ地域[13]」における行動の自由を留保していた。

ここに大戦間期に構築された戦争違法化体制の重大な限界があった。当時は、欧米による帝国主義・植民地主義が世界を覆っていた時代であり、戦争違法化の思想や運動は、もっぱら欧米の知識人によって発展させられたものだった。そうした思想や運動が批判の対象とした「戦争」とは、基本的に主権国家同士の戦争であった。第一次世界大戦後に戦争違法化運動を開始し、「戦争違法化」という考えを普及させ、不戦条約の思想的な素地をつくりだしたことで「戦争違法化の父」と呼ばれてきたレヴィンソンですら、アメリカのラテンアメリカへの軍事介入は「警察」行為であり、「戦争」ではないという論理を当然視していた。[14] 不戦条約はあくまで、主権国家同士の「戦争」について規定するものであり、植民地宗主国が植民地に行使する武力を禁ずるものではなかった。そのような武力は、平和な世界に向けて克服すべき課題として認識されることすらなかったのである。

三 「血を流さない戦争」——経済制裁

人間の命を脅かすものは、武力だけではない。二度の世界大戦を経て国際社会は、武力行使を違法化していく一方で、経済力を通じて相手国に影響を与えたり、強制する行為については、同様の規制を発展させてこなかった。むしろ経済制裁は、戦争のように血を流すことなく、相手の行動に変更を迫ることができる手段として、国際社会で許容され、促進すらされてきた。連盟規約も、国連憲章も、侵略国に対する経済制裁の発動について規定していた。[15] このような構造のもとでは、巨大な経済力を保持する国家は、潜在的に巨大なパワーを持ち、その気になれば、合法的に他国に甚大な影響を与えられることになる。

アメリカが大国として台頭していった二〇世紀前半に、この問題を指摘していた人物に、神学者のラインホルド・ニーバーがいる。ニーバーは二〇世紀を「経済の時代」と位置づけ、今後は、軍事力よりも経済力が覇権の条件となり、他を圧倒する経済力を持つアメリカは早晩、世界的な影響力を持つ帝国になると予見した。しかし、こうした洞察にニーバーが込めていたのは悲観的なニュアンスだった。圧倒的な経済力ゆえに、アメリカはあまりに容易に大国としての地位を獲得した。そうした経緯ゆえに、アメリカは国際政治の複雑さを知ることもなく、他国に対する政治的想像力が根本的に欠如しているとニーバーはみた。[16] ニーバーは、アメリカの巨大な力と無邪気さが組み合わさった時に起こりうる悲劇を恐れ、アメリカは、その巨大なパワーを慎重に、責任をもって行使しなければならないと訴え続けた。[17] しかし、その後のアメリカの力の行使は、ニーバーが主張したような慎重さや責任感を伴うものにはならなかった。

ニーバーの洞察は、世界の金融システムにおける特権的な地位を利用して、金融制裁を通じて、他国を威圧する二一世紀のアメリカにいっそう当てはまる。財務省外国資産管理局（ＯＦＡＣ）の制裁リスト（Specially Designated Nationals and Blocked Persons List）には、常時、制裁対象に関連する数千もの名前が掲載され、更新されている。[18] 一九七九年の革命以来、長期にわたって制裁対象とされてきたのはイランである。特に二〇一八年五月、ドナルド・トランプ政権がイラン核合意から離脱した後、制裁は強化された。トランプ政権はイラン政府に対する「最大限の圧力」を掲げ、二〇二〇年一月、米軍を収容するイラクの二つの軍事基地が攻撃されると、報復として制裁をさらに強化した。[19]

二〇一九年末から新型コロナが世界に広まり、大流行を見せる中でも、イランへの経済制裁は続けられた。トランプ政権は、アメリカによる経済制裁は一般のイラン人を苦しめるためのものではなく、イラン政府を対象としたものであること、人道的な取引のための金融ルートには制裁を課していないと繰り返し主張し、制裁を継続させた。しかし、そのような主張とは裏腹に、アメリカの経済制裁は、パンデミックを生きるイラン国民の生活を深刻に阻害した。銀行や企業は、万が一でも、アメリカによる制裁の対象となることを恐れ、理論上は人道目的として認められるはずの取引でも、イランとの取引はできるだけ避けようとしてしまうからだ。イラン政府は、パンデミックの渦中でアメリカが制裁を強化したことを「医療テロ」と呼び、人道上の観点から批判してきた。また、アメリカの経済制裁により、イランは新型コロナに関する最新の情報を入手することも困難な状況に陥った。米ジョンズ・ホプキンス大学が作成した“COVID-19 Global Cases Dashboard”は、新型コロナ感染の最新情報をリアルタイムで追跡する最も信頼性の高いウェブサイトの一つだが、感染が広がる中、イランではこのサイトへのアクセスが遮断された。[20]

アメリカから制裁を受けてきたのは、イランだけではない。トランプ政権は、ベネズエラのニコラス・マドゥロ大統領を退陣させるべく、経済的な圧力を強めた。二〇一九年八月、トランプは「マドゥロのベネズエラ支配を終わらせるためにあらゆる適切な手段を用いる」という大統領令に署名した。[21] アメリカの経済制裁は、ベネズエラ政府の資産だけでなく、ベネズエラ政府と取引している個人、企業、国に対しても行われてきた。ワシントンD.C.にある経済政策研究センターが発表した報告書によると、アメリカの制裁はベネズエラの人命と健康に深刻な被害を与えており、二〇一七年から二〇一八年にかけて四万人以上が死亡し、三〇万人が医薬品へのアクセスができない状況に置かれた。報告書は、アメリカの経済制裁は「民間人に対する集団的懲罰」の定義に当てはまると結論している。[22] 国連難民高等弁務官事務所（UNHCR）が二〇一九年に発表した報告書によると、経済的苦境などが理由で自国を離れざるをえなくなったベネズエラ人の数は四〇〇万人に達し、世界において、最大の難民集団の一つとなっている。こうした経済制裁は、トランプ政権に代わったジョー・バイデン政権でも基本的に変更されることなく、継続されてきた。

さらにこの二〇年間、人々の運命がアメリカによって翻弄され続け、アメリカの制裁の影響で、国全体が人道危機に陥ってきたのがアフガニスタンだ。二〇二一年四月、バイデン大統領は、二〇〇一年九月一一日に起こったアメリカ同時多発テロ事件から二〇周年にあたる同年九月一一日までに、アフガニスタンから米軍を完全撤退させると発表した。その後、撤退期限は八月末に早められた。米軍の撤退過程で、かつて米軍の攻撃で政権の座を追われたイスラム組織タリバンが勢力を回復し、首都カブールを制圧する事態となったが、バイデン政権は撤退を断行した。その後、今に至るまでアフガニスタンの治安は回復していない。二〇二一年の米軍撤退、それに続くタリバン政権成立の混乱の中で、各地の抗争が激化し、新たに約七〇万人の人々が国を追われた。UNHCRによれば、二〇二三年五月の時点で約三二〇万人のアフガン人が、紛争、暴力、貧困によって故郷や国を追われている。[23]

バイデン政権は、新たに権力を握ったタリバン政権に対し、厳しい金融制裁を課してきた。バイデン政権は、あくまで制裁の対象はタリバン政権であり、人道支援は制裁の対象外であると強調してきたが、実際にはアメリカによる制裁は、現地の人道支援に多大な影響を与えてきた。現地の輸送業者や銀行は、万一の可能性としても、米政府に制裁違反を疑われ、財務省のブラックリストに掲載されることを恐れて、国連や人道支援団体と関わること自体を避けようとする。もしブラックリストに掲載されれば、それは企業としての死を意味するからだ(24)。さらにバイデン政権は、ニューヨーク連邦準備銀行に預けられていたアフガニスタン中央銀行の資産約七〇億ドルを凍結し、国際通貨基金からアフガニスタンに送られる予定であった四億ドルの拠出も止めた。これらの一連の措置により、アフガン社会には深刻な現金不足が生じ、市民生活を大きく脅かしてきた。

経済・金融制裁を肯定する議論は、それらがいかに市民生活を破壊しうるか、きちんと議論してきただろうか。現在も続くロシアのウクライナ侵攻に対し、欧米諸国や日本はロシアに対する経済・金融制裁と、ウクライナに対する武器支援で対抗してきた。『国際主義者たち』において、戦争違法化の推進がいかに平和に貢献してきたかを強調したハサウェイとシャピーロは、ロシアに対する経済制裁やウクライナへの武器支援を、国際秩序を支えるものとして力強く擁護する。

もしこの戦争が二〇二二年ではなく一九二二年に起こっていたとしたら……ウクライナに武器を供給することは、紛争の当事者になることだというプーチンの言い分にも法的根拠があったかもしれない。一九二八年以前の旧世界秩序では、交戦国に対する経済制裁や、交戦国の一方だけに武器を供給することは中立義務の違反だった。しかし、一九二八年に戦争を違法化し、一九四五年に国連憲章でその約束を再確認したことによってつくりあげられた新世界秩序において、もはや力は正義ではなく、国家は、不当に攻撃された国家の自衛のために、武器やその他の支援を提供することができる(25)。

ハサウェイとシャピーロからみれば、ロシアの言い分は典型的な「旧世界秩序」の言い分であり、侵略国から自らを守ろうとする国を支援するための武器援助や、侵略国に対して行使される経済制裁は、国際法秩序を守り、支えるための不可欠の要素である。しかし本節で見たように、歴史的に、アメリカは国際秩序を守るという純粋な目的だけを持って経済制裁をしてきたわけではない。また、たとえ目的において正当性のある経済制裁であっても、それによって対象国の市民の命や生活に重大な影響があるような場合、どう考えるべきか。この問題は、その国の指導者が起こした罪について、その国の市民がどれほどの責任を負わされるべきかという問題にもつながる。アメリカの経済制裁が、ウクライナ戦争においては国際秩序や国際法秩序を支えることに貢献していたとしても、イランやベネズエラ、アフガニスタンでは人道危機を悪化・継続させている現状を考えると、経済制裁の正当性の問題はそれほど単純ではない。

四　新興国の立ち位置――「中立」ではなく「非同盟」

今日の世界に目を転ずれば、アメリカの経済制裁への国際的な批判は、新興国を中心にいよいよ高まっている。二〇一九年七月、非同盟運動（Non-Aligned Movement）の閣僚会議がベネズエラのカラカスで開催され、イランやベネズエラなど一二〇カ国の代表者が、アメリカによる恣意的な強制措置にどう立ち向かうかを議論した。冷戦時代の一九六一年に設立された非同盟運動は、旧植民地が米ソの勢力圏から独立し、結束した行動をとるためのフォーラムとしての役割を果たしてきたが、冷戦終焉後には、アメリカ主導の金融システムに対抗し、諸国家のドル依存度を低下させるための多国間枠組みという意義を強めてきた。二〇一九年の閣僚会議では、アメリカによる恣意的な経済制裁について国際司法裁判所に提訴することなどが検討され、参加国が署名した最終文書は、米国による経済制裁を「経済的侵略」と強く批判した(26)。

非同盟諸国は国連加盟国の三分の二を占め、その関心や見解は国連におけるアジェンダ設定に無視できない影響を与えるようになっている。アメリカの恣意的な経済制裁、その無差別性と非人道性に対する国際的な批判は今後もこれらの国によって強く打ち出されていくだろう。

ウクライナ戦争において、新興国の多くは、ロシアの行動を明らかな国際法違反として批判しつつも、対露制裁に加わっていない。欧米や日本では、新興国のこうした態度を、政治的・経済的な思惑からロシアとの関係を断ちたくないご都合主義や国際秩序への無関心とみる向きも強いが、それは一面的な理解である。今日、新興国は自分たちの立場を、道義的な判断をあいまいにする「中立」ではなく、意識的に対立から距離を置き、その克服を目指す「非同盟」とますます言い表すようになっている。この立場の背景には、大国の経済制裁や介入に苦しめられてきたこれらの国々の具体的な歴史と経験がある。ラテンアメリカ諸国についていえば、長年にわたり、アメリカから度重なる軍事的・経済的な介入や支配を受けてきた。そのようなアメリカの行動は、戦争の違法化が確立されていない時代だったために、あるいは経済的な浸透などより非公式的なものであったために、国際法違反とはみなされなかった。あるいは、そうした声があっても、アメリカの力でかき消された。しかし、今日のラテンアメリカ諸国のアメリカや世界を見る目にはしっかり刻まれている。

新興国には、「法の支配」を掲げて力による現状変更の試みに反対することには熱心でも、戦争が長期化する中、世界的な食糧・エネルギー危機が進行し、新興国でも多くの人々の命が脅かされていることには、同様の関心を向けない欧米諸国を冷ややかに見る向きもある。命の危機は戦場だけにあるわけではない。これらの国々は、ウクライナから世界に広がる多層的な危機、それによって脅かされている自分たちの命にも目を向けるべきだと訴えている。二〇二三年一月、前年のインドネシアからG20議長国を受け継いだインドのナレンドラ・モディ首相はオンラインで「グローバルサウス・サミット」を開催し、グローバルサウス諸国の窮状をG7諸国や国際社会に訴える役割を果たしていくことを宣言した。

欧米によって「法の支配」が殊更に強調されることへの新興国の違和感をよく表していたのが、ロシアがウクライナ東部二地域の「独立」を一方的に承認したことを受けて開催された二月二一日の国連安全保障理事会緊急会合でケニアのマーティン・キマニ国連大使が行った演説だった。[27] キマニ大使は、「アフリカでも多くの人が、現在の国境に満足していない」と述べ、国境線を引き直そうとするロシアにいったん寄り添う。その上で、「現在の国境に不満があるからといって、軍事力でそれを変更してよいことには決してならない」とロシアを非難したのだった。欧米が決めた国境によってアフリカの国々が味わってきた歴史的な苦悩を踏まえた上で、なお欧米とともにロシアの力による現状変更に反対するという立場だった。今日のグローバル・サウス諸国の態度はやはり、道義的な問いを回避した「中立」よりも、道義的な問いを考え抜いた上で選択された「非同盟」と呼ばれるべきだろう。

五 「テロとの戦い」

同じ演説でキマニ大使は、「安保理メンバーを含む強国が国際法を軽視するここ数十年の傾向への強い非難」も表明している。ロシアの国際法違反を厳しく批判するアメリカもまた、九・一一以降、世界各地で「テロとの戦い（War on Terror）」に乗り出し、世界で多くの命を奪ってきた。対テロ戦争のコストを多角的に分析している米ブラウン大学ワトソン国際・公共問題研究所の「戦争のコスト（Costs of War）プロジェクト」によれば、過去二〇年間でアメリカが軍や作戦を展開してきた国は、少なくとも八〇か国に及び、対テロ戦争の費用の総額は計八兆ドル（八八〇兆円）にのぼる。対テロ戦争によって命を落とした米兵の人数は七〇〇〇人を超え、同盟国軍や地元民間人を含めた死者の総計は九〇万人超にのぼる。犠牲者の四〇万人超が市民と推計されている（二〇二三年三月時点）[28]。「テロとの戦い」は、主権国家同士の戦争ではなく、厳密な意味での「戦争」ではない。しかしまさにアメリカ政府はそれを方便にして、キューバにあるグアンタナモ基地で「テロ容疑者」に対し、国際法上の戦争捕虜であれば許されない拷問や虐待を加えてきた。正式な戦争ではなかったために、より非人道的な行動が行われる余地ができてしまったのだ。

しかし、アメリカが遂行してきた「テロとの戦い」に対しては、ロシアのウクライナ侵攻に対して起こってきたような大規模な反戦運動は起こらず、それどころかアメリカや世界の人々の日常意識にすらあまりのぼってこなかった。「テロとの戦い」がこのように不可視化されるに至った原因の一つは、ドローン攻撃の多用にある。「テロとの戦い」におけるドローンの使用を格段に増加させたのは、二〇〇九年に大統領に就任したオバマだ。日本ではオバマは、二〇〇九年にチェコのプラハで行った「核なき世界」演説や、二期目の退任直前二〇一六年に果たされた広島訪問など、アメリカ大統領の中では平和的な大統領だというイメージの方が強いかもしれない。また、オバマといえば、上院議員時代にイラク戦争を批判したことで一躍有名になった人物でもある。

しかし、オバマは前大統領のブッシュが始めた「テロとの戦い」そのものに反対したわけではない。オバマは、ブッシュ政権が遂行した「テロとの戦い」が、グアンタナモ基地における「テロ容疑者」の虐待など、非人道的な側面があることを問題視したが、「テロとの戦争」そのものは肯定した。オバマは、イラク戦争を選ぶ必要がなかった「選択の戦争」とみなし、「責任ある終結」を掲げる一方で、アフガニスタンにおける戦争を「必要な戦争」とみなして擁護し、推進した[29]。リベラル派の法学部の教授であったキャリアに鑑みても、安全保障問題に関しては甘い顔を見せてはならない、むしろ徹底したリアリストの顔を見せなければならないとオバマは考えていた。二〇二〇年に出版した大統領時代の回顧録『約束の地』でオバマは次のように、やや誇らしげなトーンで語っている。「私は、左派の一部の人々とは異なり、ブッシュ政権のテロ対策のすべてを批判することはなかった[30]」。

オバマ政権のもとでドローンが多用されるようになったのも、それが「テロとの戦い」の「人道化」に資するとみなされたからであった。オバマはドローンによる敵の「標的殺害」を、米兵の犠牲を出さずに、テロリストに標的を絞った攻撃を可能にし、市民の巻き添え被害も最小にとどめる「人道的」な兵器と評価していた[31]。

オバマがドローン攻撃をどのようなものと考えていたのかがよく窺えるのが、二〇一三年五月二三日に国防大学で行った演説だ。この演説でオバマは、九・一一直後に比べ、テロの脅威は世界大に拡散していると強調する。九・一一直後、アルカイーダの勢力はアフガニスタンにとどまっていたが、それから一〇年超経った今、それはイエメンやイラク、ソマリアなど北アフリカまで広がり、アラビア半島でもさかんに活動している。アルカイーダが活動領域を広げている国々は、テロに対応できる力がないが、かといってアメリカがこれらの国々に特殊部隊を派遣するようなことも非現実的である。こうしてオバマは、ドローン攻撃を、アルカイーダに「致死的だが限定的な攻撃」を加える最善の方法と位置付けた[32]。

この演説でオバマはドローン攻撃の合法性についても論じている。オバマによれば、それは合法である。その根拠とされたのが、九・一一後の混乱の中、アメリカ議会が上下院ともに圧倒的多数で可決したＡＵＭＦ（Authorization for Use of Military Force）だ。ＡＵＭＦは、将来のテロ攻撃からアメリカを守るために大統領に「二〇〇一年九月一一日に発生したテロ攻撃を計画、許可、実行、支援したと判断した国家、組織、または個人に対し、必要かつ適切な武力を行使する権限[33]」を与えたものだ。オバマはこれを根拠に、「アメリカは、アルカイーダ、タリバン、およびそれらを支える勢力との戦争状態」にあり、対テロ戦争は「正義の戦争であり、比例的に、そして最後の手段として、自衛のために行われている戦争である」と主張した[34]。ＡＵＭＦの曖昧な文言を根拠に、「テロとの戦い」は地理的に無制限に拡大していくことになり、後にテロリストのみならず、その「関連勢力」にも拡大して適用された[35]。その後もＡＵＭＦは撤回されないまま、今日に至っている。二〇二一年六月、米軍制服組トップのマーク・ミリー統合参謀本部議長は議会の公聴会でＡＵＭＦに言及し、「我々が活動を続けるのに不可欠だ」と語っている。

国防大学での演説でオバマは、「テロとの戦い」の過程で生み出される民間人の犠牲について「すべての武力紛争は悲劇を招く」、しかし自分は、「罪のない人々が犠牲になる可能性が最も低い行動を選択している」と弁明した。また、「我々の優先順位は常に、テロリストの拘束、尋問、訴追」にあり、「テロリストが拘束できる場合には、ドローンによる攻撃を行わない」とも強調した。

しかし、民間団体の調べによれば、オバマのこの弁明は疑わしい。テロ掃討を目的とするドローン攻撃は、パキスタンやイエメン、ソマリアなど、公式の戦闘状態にはない国や地域でも行われ、そこでも多くの市民が巻き添えとなった。二〇一六年七月、オバマ政権は、二〇〇九年から二〇一五年の間にパキスタンやイエメン、ソマリアなどでドローン攻撃を合計四七三回行い、六四人から一一六人の民間人が巻き添えとなって死亡したと発表したが、この数字は疑わしい。アメリカによるドローン攻撃は、ストライクゾーンにいる軍人年齢の男性を原則すべて戦闘員とみなす方針をとり、アメリカ政府は、死後にその人物がテロリストではなかったことを示す証拠が出てこない限り、民間人の犠牲者にはカウントしてこなかった。民間の調査団体は、実際にはドローン攻撃によって、政府が公式に発表してきた犠牲者数よりはるかに多い民間人が亡くなってきたと指摘している。[36]

アメリカのドローン攻撃が、民間人の犠牲を回避するための最大限の努力をしていたかも疑わしい。オバマ政権時代のドローン攻撃では、「シグネチャー・ストライク」や「ダブル・タップ」など、無関係の市民が巻き添えになる可能性が大きく、人権団体からは戦争犯罪であると批判されている攻撃方法も選択された。「シグネチャー・ストライク」とは、その人物の身元に確証がもてなくても、過激派特有の行動パターンに基づいて標的を選択し、殺害する作戦だ。国際人道法上、軍事攻撃は、民間人と戦闘員を区別しなければならず、民間人の犠牲を最小限にするために実行可能なすべての予防措置が講じられなければならないが、「シグネチャー・ストライク」は、この原則に反している。[37]「ダブルタップ」とは、最初のドローン攻撃を行い、それに続いて救助者や第一応答者を対象とした二回目の攻撃を行う作戦である。同じ場所を連続して攻撃することで、標的の殺害を確かなものとすることができるが、この「ダブルタップ」は、最初の攻撃の犠牲者が武装勢力であるという仮説、最初の攻撃を受けて現場に集まってくる人たちも武装勢力であるという仮説に基づいているが、多くの攻撃は、この二つの仮説を裏付ける十分な根拠がないまま行われた。そもそも、たとえ最初の標的が正当な標的であったとしても、最初の攻撃を受けて現場に集まってきた人々も武装勢力だと仮定することには明らかな問題がある。こうした問題のある攻撃方法もオバマ政権で常態化した。[38]

人権団体リプリーブによれば、二〇〇二年から二〇一四年の間に、標的と見定められた四一名の武装勢力を殺害するために、イエメンとパキスタンで行われたアメリカのドローン攻撃で、一一四七人もの武装勢力との関係が不明な人間が殺された。アルカイーダの中心メンバーであったアイマン・ザワヒリを標的にした攻撃では、武装勢力との関係が不明な大人二九名と子ども七六人が殺害された。結果としてこの時の攻撃では、ザワヒリの殺害は確認されなかった。これらの大規模な犠牲は、果たしてテロリストを殺害するためにやむを得ず生まれた「付随的損害（collateral damage）」と正当化できるものであろうか。

さらにアメリカのドローン攻撃で身体に重大な損傷を負ったり、家族を失った人々の多くは、十分な謝罪や補償を得られていない。それどころか、アメリカのドローン攻撃で死亡したことすら、認定されていない人々が多数いる。イギリスに拠点を持つ調査報道局は、「死者に名づける（Naming The Dead）」プロジェクトを立ち上げ、二〇一一年以降、パキスタンでアメリカのドローン攻撃によって死亡した二三七九人の名前を明らかにすることを目指してきた。これまでに、同プロジェクトにより、七〇四名の名前が確認され、そのうち民間人は三二二名、九九名が子どもであった(39)。

今日、表向きの「平和」の顔に隠された「ドローン大統領」としてのオバマのレガシーはますます世界で問題視され、批判されるようになっている。二〇一八年七月、オバマは、ヨハネスブルグで開催されたネルソン・マンデラ年次講演会に講演者として招待された。しかし、この招待に対し、南アフリカの市民社会からは、オバマの経歴を見れば彼は、反アパルトヘイトの象徴であるマンデラの生誕百周年記念講演の栄誉にふさわしくないという批判が広がった。人権団体ケージのアフリカ支部は公開書簡で、オバマが八年間の在任中に、特殊作戦やドローン攻撃で多くの市民を殺害し、アフリカでの米軍の活動を拡大させたことなどを挙げながら、講演の機会を与えることは、これらの行為を容認することだと批判した(40)。結局、オバマの講演は予定通り実施されたが、オバマは南アフリカの市民社会の声をどう受け止めたのか。自らの言葉では語っていない。

六　問われてこなかった暴力

ロシアによるウクライナ侵攻以来、「ポスト冷戦時代の終わり」「「歴史の終わり」の終わり」といったことが盛んにいわれるようになった。確かにウクライナ戦争は、第二次世界大戦以降のヨーロッパにおける最初の大規模な国家間戦争であり、その衝撃は甚大なものがあった。しかし、冷戦が終わってから三〇年間、世界の至るところで、主権国家同士の戦いではなかったために「戦争」とは呼ばれなかったが、様々な暴力によって亡くなっていった命が無数にあったことを考えたとき、こうした時代区分は、ヨーロッパ中心主義的だといわざるをえない。ヨーロッパの外には、これとは異なる時代感覚を持って生きている人々が数多くいる。ロシアの侵略に対する欧米諸国や日本と、グローバルサウスと呼ばれる新興国との温度差は、そうした背景からも理解されるべきだろう。

特に二〇〇一年の同時多発テロ事件以降、アメリカが世界大で展開してきた「テロとの戦い」とその帰結は、ロシアによるウクライナ侵攻を受けて、戦争違法化体制や「法の支配」の重要さが改めて強調されている今こそ、批判的に検討され、いまだに暴力にさらされている人々、暴力で損害を受けてきた人々の救済がはかられていくべきではないか。本稿で見たように、アメリカは経済的な手段やドローン攻撃による民間人の殺害など、より見えにくい、国際法上は「合法」であると主張しうる手段によって、他国の市民に危害を与え続けてきた。こうした暴力については、上述したブラウン大学の「戦争のコスト」プロジェクトなど、民間レベルではさまざまな批判的な検証が進められてきたが、国家的な検証や反省は進んでいない。

ロシアのウクライナ侵攻は、今日でも、主権国家による侵略が過去のものになっていないことを私たちに知らしめたが、少なくともロシアによる侵略は、国際秩序に関わる重大な問題として認識され、国際社会のほとんどの国によって批判されている。しかし、国家間戦争は、私たちが批判し、乗り越えていくべき暴力のすべてではない。ある暴力によって多くの市民が苦しんだり、命を失っていても、それがあからさまな「戦争」ではないために、その正当性が問われすらしない世界は、果たして平和な世界といえるだろうか。「法の支配」が守られている世界と言えるだろうか。

さらに今年一〇月に起こったイスラム組織ハマスによるイスラエルへのテロ攻撃、その後にガザ全域にわたって展開されてきたイスラエル軍の大々的な軍事行動は、「法の支配」を掲げる欧米諸国の二重基準を浮き彫りにしている。一〇月七日、パレスチナのガザ地区を拠点とするハマスはイスラエルへの越境攻撃を行い、外国人を含むイスラエルの民間人約一二〇〇名が犠牲となり、二〇〇名超が人質とされた。イスラエルのネタニヤフ政権は即座に、ガザでの大規模な空爆と地上戦に乗り出し、一二月はじめの数字で一万五〇〇〇人を超えるパレスチナ市民が犠牲になり、その後戦線はガザ全域に拡大されている。現地に入っているジャーナリストや人権団体からは、連日イスラエル軍の戦争犯罪の様子が伝えられ、国際社会では、イスラエルの軍事行動への批判、そして即時停戦の訴えがいよいよ大きくなっているが、バイデン政権は、停戦はハマスを利するとして、イスラエルとともに停戦に反対し続けてきた。

こうしたバイデン政権の態度に対しては、ロシア軍による戦争犯罪への対応との違いが指摘され、「二重基準ではないか」という批判が高まっている。一一月中旬にサンフランシスコで開催されたＡＰＥＣ（アジア太平洋経済協力会議）首脳会議では、国内にムスリム人口を多数抱えるマレーシアのアンワル・イブラヒム首相が、バイデンも同席している場で、次のようにアメリカや西側諸国の二重基準を批判した。「あなたたちは、ウクライナにおけるロシアの侵略行動を非難するよう我々に求めてきたのに、ガザで女性や赤ん坊を殺しているイスラエルの残虐行為には口をつぐんでいる。あなたがたの正義や同情の対象ではないのだろうか(41)」。

ガザ危機への対応を間違い続ければ、国際社会におけるアメリカの道義的な地位は揺らぎ、さらにはアメリカや西側諸国が語ってきた「法の支配」への深刻な懐疑が広まるだろう。もちろん諸国家がさまざまに国益を追求している国際社会にあって、規範が完全に不偏不党に適用されることなどはありえない。しかし、あまりにあからさまな二重基準を放置すれば、規範そのものが揺らぎ、国際秩序の基盤が深刻に掘り崩されてしまう。

アメリカ政府がそのことに気づき始めている兆候もある。イスラエルとハマス間の人質交渉が決裂し、戦闘が再開された翌日の一二月二日、ロイド・オースティン国防長官は、イスラエル政府に対し、強い警告を発した。パレスチナの民間人を守るためにより多くの努力をしなければ、ガザで「戦術的な勝利」は得られても、それと引き換えにガザでの「戦略的敗北」を喫するだろうと述べたのだ。ガザの人道状況がジェノサイドを強く疑わせる様相を強める中、国際社会には、アメリカを「ジェノサイドへの加担者」と見る向きも確実に広がる。イスラエルの「戦略的敗北」は、アメリカの敗北になりかねない。アメリカが今後どのように政策転換していくかは、中東の国際秩序のみならず、「法の支配」の未来にとっても非常に重要だ。「法の支配」を掲げてきた日本もまた、その進路を問われている。

＊本稿は、二〇二三年度政治思想学会研究大会「シンポジウム　政治思想の国際論的転回」での報告原稿に加筆・修正を施したものである。企画者・関係各位に改めて感謝申し上げる。
＊本稿は、ＪＳＰＳ科研費（18K12725）による研究成果の一部である。

（1）Claus Kreß, "The Ukraine War And The Prohibition of The Use of Force in International Law," *Torkel Opsahl Academic EPublisher Brussels, Occasional Paper Series* Vol. 14 (2022). https://www.toaep.org/ops-pdf/13-kress/

（2）『日本経済新聞』二〇二三年三月二四日。https://www.nikkei.com/article/DGXZQOUA24B3D0U3A320C2000000/

（3）"Security Forces Dealt with Them' -Suspicious Killings And Extrajudicial Executions by Egyptian Security Forces," *Human Rights Watch* (September 7, 2021). https://www.hrw.org/report/2021/09/07/security-forces-dealt-them/suspicious-killings-and-extrajudicial-executions

（4）"Joint Letter – Biden Administration Should Not Provide Military Aid To Egypt in Light of Egregious Human Rights Violations," *Euromed Rights* (August 9, 2022). https://euromedrights.org/publication/joint-letter-biden-administration-should-not-provide-military-aid-to-egypt-in-light-of-egregious-human-rights-violations/

（5）戦争違法化運動の展開については、三牧聖子『戦争違法化運動の時代—「危機の二十年」のアメリカ国際関係思想』名古屋大学出版会、二〇一四年。

（6）篠原初枝『戦争の法から平和の法へ—戦間期のアメリカ国際法学者』東京大学出版会、二〇〇三年。新たな章が加筆された英訳版はHatsue Shinohara, *US International Lawyers in The Interwar Years: A Forgotten Crusade*, Cambridge, Cambridge University Press, 2012.

（7）Charles Kegley Jr., "The Neoidealist Moment in International Studies? Realist Myths and New International Realities," *International Studies Quarterly*, Vol. 37, No. 2 (June, 1993), pp. 131-146. Ken Booth, "Security in Anarchy: Utopian Realism in Theory and Practice," *International Affairs*,Vol. 67, No. 3 (July, 1991), pp. 527-545. Tim Dunne, Michael Cox, and Ken Booth eds., *The Eighty Years' Crisis: International Relations, 1919-1999*, Cambridge University Press, 1999.

（8）もっとも日本では、日本国憲法の思想的源流・国際的な文脈として、大戦間期の戦争違法化思想や運動は早くから関心を集めてきた。代表的な研究として、久野収「アメリカの非戦思想と憲法第九条」（一九六二）同『憲法の論理』（筑摩書房、一九八九年）、六四—八〇頁。深瀬忠一『戦争放棄と平和的生存権』（岩波書店、一九八七年）、七二—七四頁。二〇〇〇年代に入っても、河上暁弘『日本国憲法第九条成立の思想的淵源の研究—「戦争非合法化」論と日本国憲法の平和主義』（専修大学出版局、二〇〇六年）が上梓されるなど、日本の平和研究において戦争違法化運動は重要なテーマであり続けている。

（9）Oona Hathaway and Scott Shapiro, *The Internationalists: How A Radical Plan to Outlaw War Remade the World*, Simon and Schuster, 2017. 邦訳は『逆転の大戦争史—平和を求めた国際主義者たち』文藝春秋、二〇一八年。

（10）同様の問題を先行して提示した研究として、Tanisha Fazal, *State Death: The Politics and Geography of Conquest, Occupation, and Annexation*, Princeton University Press, 2007. ファザルは、連盟規約（一九一九）の第一〇条の「領土保全」についての規定を、「征服に抗する規範」の起源とみなしている。

（11）西崎文子「『利他的』モンロー・ドクトリンの誕生——二〇世紀初頭合衆国の西半球政策」『アメリカ史研究』第8号、一九八五年、三九—四八頁。アメリカのラテンアメリカにおける独善的な武力行使についての批判的な分析は、Brian Loveman, *No Higher Law- American Foreign Policy And The Western Hemisphere Since 1776*, The University of North Carolina Press, 2019.

（12）Carl Schmitt, "Form of Modern Imperialism in International Law（Völkerrechtliche Formen des modernen Imperialismus）(1933)," in Stephen Legg ed. *Spatiality, Sovereignty and Carl Schmitt: Geographies of the Nomos*, Abingdon: Routledge, 2011, pp. 29-45.

（13）Mr. Atherton to Sir Austen Chamberlain, June 23, 1928, *The Avalon Project at Yale Law School*. http://avalon.law.yale.edu/20th_century/kbbr.asp#no2

（14）三牧、前掲書、四章四節。

（15）Nicholas Mulder, *The Economic Weapon: The Rise of Sanctions As A Tool of Modern War*, Yale University Press, 2022.

（16）Reinhold Niebuhr, "Awkward Imperialists," *Atlantic*（May 1930). https://www.theatlantic.com/magazine/archive/1930/05/awkward-imperialists/651114/)

（17）Reinhold Niebuhr, "American Power and World Responsibility," *Christianity and Crisis*（April 5, 1943).

（18）U.S. Department of The Treasury. https://home.treasury.gov/policy-issues/financial-sanctions/sanctions-programs-and-country-information/where-is-ofacs-country-list-what-countries-do-i-need-to-worry-about-in-terms-of-us-sanctions

（19）"'Maximum Pressure' on Iran amid Coronavirus Could Backfire for Trump," *CNN*（April 8, 2020). https://edition.cnn.com/2020/04/08/middleeast/coronavirus-iran-us-donald-trump-intl/index.html

（20）Isobel Cockrell, "US Sanctions Block Iranians from Accessing Coronavirus Map," *Coda*（March 2, 2020). https://www.codastory.com/authoritarian-tech/sanctions-iran-coronavirus-map/

(21) "Statement from The Press Secretary Regarding An Executive Order 'Blocking Property of The Government of Venezuela'," *U.S. Embassy, Venezuela* (August 6, 2019). https://ve.usembassy.gov/statement-from-the-press-secretary-regarding-an-executive-order-blocking-property-of-the-government-of-venezuela/

(22) Mark Weisbrot and Jeffrey Sachs, "Economic Sanctions as Collective Punishment: The Case of Venezuela," *Center for Economic and Policy Research* (April, 2019). https://cepr.net/images/stories/reports/venezuela-sanctions-2019-04.pdf

(23) "Afghanistan Humanitarian Crisis," UNHCR. https://www.unrefugees.org/emergencies/afghanistan/

(24) アメリカの制裁外交の展開については、杉田弘毅『アメリカの制裁外交』岩波書店、二〇二〇年。

(25) Oona Hathaway, and Scott Shapiro, "Supplying Arms To Ukraine Is Not An Act of War," *Lawfare* (March 12, 2022). https://www.lawfareblog.com/supplying-arms-ukraine-not-act-war

(26) "Non-Aligned Movement Condemns US Sanctions Against Venezuela," *Venezuelanalysis.com* (July 23, 2019). https://venezuelanalysis.com/news/14596

(27) "Statement by Ambassador Martin Kimani, During The Securitu Council Urgent Meeting on The Situations in Ukraine," *The Permanent Mission of the Republic of Kenya to the United Nations* (February 21, 2022). https://www.un.int/kenya/statements_speeches/statement-amb-martin-kimani-during-security-council-urgent-meeting-situation

(28) Watson Institute for International & Public Affairs, Brown University, *Costs of War Project.* https://watson.brown.edu/costsofwar/

(29) Barak Obama, "Renewing American Leadership," *Foreign Affairs* (July/August, 2007), pp. 2-16.

(30) Barak Obama, *A Promised Land*, Random House: New York, 2020, p. 354.

(31) John Davis, "Assessing Obama's Efforts To Redefine The War on Terror," in John Davis ed., *The Barack Obama Presidency : A Two Year Assessment*, New York : Palgrave Macmillan, 2011, pp. 165-189.

(32) "Remarks by The President at the National Defense University," *White House* (May 23, 2013). https://obamawhitehouse.archives.gov/the-press-office/2013/05/23/remarks-president-national-defense-university

(33) Authorization for Use of Military Force, Pub. L. No. 107-40, 115 Stat. 224 (2001). https://www.lawfareblog.com/authorization-use-military-force-2001

(34) "Remarks by The President at The National Defense University."

(35) Curtis A. Bradley and Jack L. Goldsmith, "Obama's AUMF Legacy," *American Journal of International Law* Vol. 110, No. 4 (2016), pp. 628-645.

(36) "Obama Drone Numbers A Fraction of Those Recorded by The Bureau," *The Bureau of Investigative Journalism* (July 1, 2016). https://www.thebureauinvestigates.com/stories/2016-07-01/obama-drone-casualty-numbers-a-fraction-of-those-recorded-by-the-bureau

(37) Kristina Benson, "'Kill 'em and Sort it Out Later:' Signature Drone Strikes and International Humanitarian Law," *Pacific McGeorge Global Business & Development Law Journal* Vol. 27, No. 1 (2014), pp. 16-51.

(38) Samuel Alexander, "Double-Tap Warfare: Should President Obama Be Investigated for War Crimes?'" *Florida Law Review* Vol. 69, No.1 (January 2017), pp. 261-295.

(39) "Naming the Dead: Visualised," *The Bureau of Investigative Journalism*. https://www.thebureauinvestigates.com/stories/2014-10-26/naming-the-dead-visualised

(40) Azad Essa, "Activists Urge Nelson Mandela Foundation To Withdraw Obama Invite," *Aljazeera* (June 25, 2018). https://www.aljazeera.com/news/2018/06/25/activists-urge-nelson-mandela-foundation-to-withdraw-obama-invite/

(41) "Praises Pour in Following Anwar's Firm Stance on Gaza at Apec Summit," *Scoop* (November 19, 2023).
https://www.scoop.my/news/136733/praises-pour-in-following-anwars-firm-stance-on-gaza-at-apec-summit/

国際論的転回は政治思想史を深め（てい）ない

——古典的国際関係論からのポレミック

●——西村邦行

はじめに

国際論的転回なる動きについて理解を深めようとするなかで、国際関係論へと関心が及ぶのは、双方の字面からすると不自然なことだとは思われそうにない。国際論的転回は未だ発展の途上にあるとも言われる。だとすれば、国際関係論のなかでも草創期の思索は、霊感を得るための源泉として好ましいと考えることができそうである。けれども、国際論的転回と古典的国際関係論との間柄は、本当にそれほど良好なものなのだろうか。(1)

一　問題の所在

1　国際論的転回とは（ひとまず）何か

いま発した問いかけの趣旨を詳らかにするためには、国際論的転回という語が何を指すのかを確認する必要がある。

ただ、この作業は容易ではない。広く用いられているがゆえに内容が不鮮明な標語の分析は、その語が指し示す対象の存否をも査定するものでなければならない。しかし、そうした分析を為すことは、それ自体が、対象の存在を承認する結果をもたらすことになりかねない。国際論的転回なる語についても、仮にありうる定義を網羅することができ、また実際にそのような作業を経たとして、意味のある考察を行ったことにはならないだろう。

本稿では、国際論的転回の大枠がD・アーミテイジの著述によって言い表されているとの前提に立つ。この語を発案したのが、他ならぬ彼だからである。では、彼はどのような文脈でこの語を持ちだしたのか。それは、次のいずれかの研究が数を増していることを指摘するなかにおいてであった。つまり、テクストや思想が国境を越えて受容される様子を描きだす研究であり、また西洋の古典的な思想のうちに国民国家とは別な共同性のあり方を探りだす研究である。(2)

問題は、これらの研究に共通する企図である。けれども、ここにおいて、国際論的転回という語は曖昧さを示す。その背後で抱かれているのは、既存の研究が見落としてきた穴はともあれ埋められるべきだという完成主義的な理念なのだろうか。それとも、今日の諸活動が国境横断的に展開されていることを前提とした現在中心主義《プレゼンティズム》なのだろうか。あるいは、伝統的な思想史が帯びてきた西洋中心主義に対し、異議を申し立てる類のイデオロギーなのだろうか。

国際論的転回に参画している研究者たちは、いま列挙した考えのいくつかをそれぞれに受け容れているように見える。彼らが個々に行っている作業を捉え返した際、共通性を言い表すのに便利だと思われたのが、国際論的転回なる語だったのだろう。アーミテイジの主張も、この推測が妥当なものである様子を窺わせる。曰く、国際史、比較史、トランスナショナル・ヒストリー、グローバル・ヒストリーは、国家の捉え方などをめぐって立場を違える。けれども、これら諸分野は、相互に「家族的類似性」を有しながら、国際論的転回の前進に与っている。(3)

この理解に沿うとすると、国際論的転回の主眼は、テクストの読み方に画期をもたらすことにはない。国際論的転回とは、これまで周縁的だったテーマを一大研究対象へと押しあげる動きのことである。経済史に始まり社会史と文化史を経てグローバル・ヒストリーへと連ねられてきた国民国家批判が、思想史を主戦場として別の形をとったもの――歴史学の流れに照らすと、国際論的転回はこう表現することができそうである。事実、アーミテイジも、政治共同体の内

にばかり目を向けてきたことが政治史と政治思想史とに共通の問題だと説いている。(4)

国際論的転回《インターナショナル・ターン》をグローバル論的転回《グローバル・ターン》へ発展させようとする動きが見られることからも、以上の解釈には裏づけが得られる。政治学や社会学では、グローバルなる概念が持ち込まれるにあたり次のような主張が為されてきた――国際とは国家の存在を前提として国家間の関係性を指す語である、しかしいまや国家を基礎的な単位とはせずに人間の共同性を捉えることが必要なのだ。グローバル論的転回への流れも、同じ発想に基づいたものだと解しうる。実際、この流れを受けて推し進められているグローバルな知性史においては、非西洋圏の思索が持つ意義が強調され、人類を一体的に捉える思想史のあり方が展望されている。(5) アーミテイジは当初、この動きが未知数だとしていた。しかし同時に、彼は期待を示してもいた。「……国際論的転回とグローバル論的転回とをともに知性史の改善へ向けた転回として歓迎するにあたり、時期尚早だなどということはもちろんありえない(6)」。後には、アーミテイジ自身、海洋史へと進むだろう。(7)

2　国際論的転回と古典的国際関係論との隔たり

国際論的転回が以上のようなものであるとすれば、その支持者たちが国際関係論に興味を示してきたことも驚くにはあたらない。当該分野が関心を傾けてきたのは、諸国家のあいだに延び広がる関係性の網目である。国際論的転回という語が広まっていく少し前、アーミテイジは、マキァヴェッリやグロティウスの国際思想を扱った直近の研究を念頭に、国際関係論と思想史が「五十年にわたる不和」を経て再び接近しつつある兆候だと称えていた。(8)

「五十年にわたる不和」という表現にもうかがえるように、国際秩序に関する洞察を思想史上の古典から引きだそうとする試みは、国際関係論の歩みにおいて馴染みがないものではなかった。この分野の草創期を代表するとされてきた人々は、行動論が台頭してくると、古典派と呼ばれるようになっていった。彼らは文字どおりに古典を読む人だったのである。国際関係論においては、国際論的転回に棹差す二種類の研究の一方が早くから現れていたとも言えるだろう。

この認識に立った場合、国際論的転回と古典的国際関係論とは確かに、補完しあうものだということになりそうである。アーミテイジも、一見、こうした議論を展開しているかのようである。(9) しかし、問題はむしろここに始まる。というのも、思想史に対する古典的国際関係論の貢献をめぐって彼が有している意見は、概して否定的なものだからである。彼がとりあげるのは、国際思想史をホッブズ、グロティウス、カントの伝統として描いたM・ワイトの図式である。ただ、この伝統は、テクストを「取捨選択」する形で編みあげた「作為的」な代物であり、現在は「批判的に脱構築」されつつあるというのが、彼の見立てである。(10)

政治学において、よく似た物言いは折々に聞かれてきた。行動論以前の研究者も思想を引き合いにだした。ただ、それはしばしば思想の濫用であって、思想史然とした思想史——それが何を意味するのであれ——はいま初めて描かれつつある。実際、二一世紀の初頭になって「五十年にわたる不和」がようやく解消され始めたのだという理解に照らすのであれば、亀裂を確固たるものとしたのはワイトなのかもしれない。彼の三区分へと結実した試みが研究者たちを惹きつけなかったからこそ後続が現れなかったのだ、とも解しうるわけである。そして、いま確認したアーミテイジの理解は、まさしくそのようなものである。

こうして、国際論的転回と古典的国際関係論との関係は、見かけよりも捩じれたものである。「五十年にわたる不和」は修辞的な売り文句なのであって、アーミテイジが国際関係論に投げかける期待の言葉も一種の空世辞にすぎない。

ところが、状況はさらに複雑である。というのも、この捩じれを生んでいるアーミテイジの議論が、少なくとも次の二点で問題を含んでいるからである。

まず、彼の国際関係学史理解はいささか没歴史的である。W・B・ガリーをはじめ、ワイト以降にも国際思想史を手掛ける研究者はいた。仮に彼らを例外と捉えても、一九九〇年代まで進めば、国際関係論における思想史的な研究は数を増していた。アーミテイジもこの事実には気がついており、D・バウチャーらの業績にも言及してはいる。しかし、彼らの著作は、ワイトの強固な三区分を継承しているという一言で斥けられる。そこから、ではホッブズ、グロティウス、カントをめぐる真に思想史的な分析とはどのようなものかということで、直近の研究に対する批評へと筆は進む。(11)

ただ、いわゆる英国学派が国際関係論の傍流に位置してきたことを考えると、ワイトの図式が学界に根を張っていたとの診断は恣意的である。実に、英国学派の伝統なるものは、「五十年にわたる不和」という表現をアーミテイジが編み

だしたまさにその時期に築きあげられつつあった。彼の議論は、創られた伝統を無批判に受け容れてしまっている。(12)

加えて、古典的国際関係論に携わった人々は、国家間の関係ばかりを論じていたわけではない。同時代人たちの認識において、彼らはしばしば政治理論家ないし政治思想史家であった。古典的国際関係論の面々が残した著述は、国際思想史の描写としてアーミテイジが求めているものを提供してはくれまい。しかし、政治的なものについて理解を深めるにあたり、思想史に対する彼らの向き合い方がアーミテイジらのそれより有益でないと言えるのかは、また別の問題である。

以上を踏まえると、本稿冒頭の問いは次のように言い換えることができる――国際論的転回は古典的国際関係論を斥けられるのか。以下では、この問いに答えるべく二つの作業を行う。一方では、国際論的転回と古典的国際関係論とを対比し、それぞれが思想史学に占める位置を整理する。と同時に、そこから、国際論的転回が持つ意義を批判的に吟味する。結果として本稿が試みているのは、国際論的転回の難点を古典的国際関係論の視座も借りながら剔抉することである。

二　思想史学のなかの国際論的転回

1　文脈主義との連続性

まずは、今日の思想史学における国際論的転回の位置づけを見ておく。具体的に、本小節では、当該潮流とQ・スキナーらが推し進めてきた文脈主義との連続性を確認する。というのも、その文脈主義との関係を通じてこそ、古典的国際関係論が思想史学に占める位置もまた明らかになる面が大きいためである。

前節では、国際論的転回の主眼が方法論上の画期をもたらすことにはないと述べた。とは言え、この潮流を推し進めるためにも新たな方法が必要となる可能性はある。実際、その支持者たちは、次のように主張してきた――国際論的転回に棹差す研究は諸思想の多様な受容を描こうとする、そこでは（ヨーロッパ各言語の枠内を通じて生成された）言説の文脈を離れてより広い空間に着目することが求められるのだ。アーミテイジに言わせると、既存の思想史が持つ主たる欠点は、「文脈の空間的な次元を考察するのに抗ってきたこと」にある。[13]

言説に対する空間というこの図式は、国際論的転回の支持者たちが好んで引き合いにだすものである。ただ、アーミテイジ自身も認めているように、思想史は当初から国境横断的な性質を帯びてきた。[14]古典と呼び慣わされてきた類のテクストに限っても、その内容は、特定の人間集団にのみ了解される事柄にばかり与っているわけではない。歴史的再構成を旨とする文脈主義者たちは、個々の思想が文化の違いに拘わらず同じだけの意義を持つなどとは言うまい。かといって彼らも、領域的に規定される特定の共同体を専らに対象としてきたわけではない。

ある人間集団に発した思想が別の人間集団へと受容されていく様子は、偶発的で無軌道な動きとして理解することもできるかもしれない。しかし、国際論的転回の支持者たちはおそらく、そのような型の説明を歴史学のうちに数え入れはしない。だとすれば、彼らも、受容先の文脈であったり、越境的な動き相互の連関を貫く何かしらの文脈であったりを、想定せずにはいられまい。それを文脈と呼ぶか何か別の名で呼ぶかに応じて、実質的な違いが生ずるとも思えない。先に引いたアーミテイジの言葉においても、問題は文脈か否かではなかった。重要なのは、文脈なるものの空間的な次元であった。

他方、文脈主義が短期の歴史を扱うのに対して国際論的転回は長期の歴史を扱うのだとも言われる。実際、アーミテイジが鍵概念として好むのは、ブローデルに遡る長期持続《ロング・デュレ》である。[15]一方、文脈主義者J・G・A・ポーコックの古典的論考においても、ラングとパロールの緊張関係を軸に、やはりアナール派を思わせる心性《マンタリテ》の概念が援用されることで、政治的な対立の構造ないしパラダイムが通時的に持続していく様子へと関心が向けられていた。[16]この点、扱う時間の幅からしても、国際論的転回が文脈主義の射程を脱けでているようには見えない。

以上の簡単な確認からしても、少なくとも目下、国際論的転回が固有な方法を打ち立てているとは言いがたい。国際論的転回は、一つのムードと呼ぶべきものであるとして、方法論に関しては無差別であるか単に曖昧である。

個々の研究の実態においても、国際論的転回は、文脈主義がつくった流れを引き継いでいる。国際論的転回の一角を成す複合国家論がポーコックの議論に刺激を受けて進展してきたという事実は、この点を例証する[17]。帝国が持つ空間としてのまとまりと持続性とに着目し、国民国家に焦点をあてる際とは異なる領域性と時期区分とにおいて過去を描こうとする試みが、ブリテン史の構想に力を注いできたポーコックのそれとどのくらい異なるのかは判然としない[18]。

アーミテイジの業績も、文脈主義を否定した成果だとは言えない。過去の思想から国際関係への示唆を掘り起こすうえで、彼は何を行ったのだろうか。それら思想の文脈を定めなおし、国際思想が読み解かれるうえで適切な文脈を描きだすという、まさにそのことを行ったのであった。彼が扱う対象は概して、西洋諸語で展開されてきた思索の枠内に収まってもいる。実に、西洋「近代国際思想の基礎を近世的なもののなかに位置づける」ことが、彼の意図であった[19]。

若干の推論を提示することで論点の整理に代えよう。空間なるものと諸言説が形づくる文脈との対比は厳密に概念の次元で試みられているものなのだと、仮に考えてみたい。そのとき、アーミテイジは、思想史の世界に文脈なるものが持ちだされてきたことの（少なくとも潜在的な）射程を見誤っていることになる。物理的な空間にせよ空間の比喩で論じられる諸々の領域にせよ、人々が言語に規定されながらそれらをどう把握したかが重要なのであり、だからこそ諸言説が形づくる文脈に注目が集められてきた――この理解に照らすと、言説と空間とを対置する発想は、言語論的転回とともに関心を集めていった言語なるものの特質を捉え損なっているわけである[20]。

それとも、アーミテイジが説いているのは、社会構築主義に残る人間中心主義を乗り越え、表象に回収されえない空間へ目を向けよという、新しい唯物論《ニュー・マテリアリズム》にも通ずる主張なのだろうか。だとすれば、以上の推論も的外れなものとなりうる。確かに彼は、環境史に言及し、人間の諸経験が物質から影響を受ける点に注意を促してもいる[21]。しかし、空間への着目を説く彼が実際にとりあげるのは、社会的に意味づけられた（つまりは言葉かそれに代わる象徴を通じて把握された）ものとしてのそれである[22]。空間という語で彼が何を意味しているのかは、やはり不明瞭である。ひるがえって、言説と空間という対比は、検討対象に置かれる相対的な比重の表現とくらいにしか理解しえまい[23]。

2　文脈主義との摩擦

国際論的転回は文脈主義の後継者であるように見える。とは言え、以上の推論に対しては、問題を過度に抽象的な次元へ還元するものだという反論も予想されよう。既存の知性史と国際論的転回との違いは、ひょっとすると、もう少し具体的な次元で論じられるべき事柄なのかもしれない。

先ほど、言説か空間かは比重の問題にすぎないと述べた。ひるがえって、この比重こそが重要なのだと説くことはできる。文脈主義は、政治思想史を描くための手法である。そこでとりあげられる文脈も、政治に関わる言説によって形づくられたものである。他方、特定の政治的争点が論じ続けられる時間幅は短い。より長期の歴史を描くうえでも、（政治的）言説ではなく（一国の領域に囚われない）空間（をめぐる言説が織り成す文脈）に目を向けることが有益だ。これこそが、国際論的転回の支持者たちが言わんとしていることなのかもしれない。

この解釈を成り立たせうる根拠は、グローバルな知性史の意義を評した一つの論考にある[24]。そこでの議論によると、グローバルな知性史が求めているのは、固有の時間的‐空間的枠組みを持った個々の文脈において展開されるところの政治的言説を離れ、（特殊西洋的な）政治を営んでこなかった文化のあり方に光をあてたり、さらには地球全体を覆う精神活動の網目を探りだしたりすることである。この説明の裏を返せば、文脈主義者たちの営為は限られた時間と空間の枠内における政治的言説の再構成を目指すものだということになり、文脈とはそのような再構成の対象を指す語だということになる。この理解をアーミテイジらの言葉遣いに投影すると、上述の解釈が立ち現れてくるわけである。

この論考の書き手がポーコックであることを考えると、以上の解釈には、受け容れてよい理由があると言える。問題は、この解釈に沿った場合、国際論的転回の意義をめぐって一つの読解が導かれうることである。国際論的転回は政治思想史を深めることを目的とはしていない、というのがそれである。

過去をより適切に描くために何に着目すればよいのかをめぐっては、政治か、経済か、社会か、それとも文化かと、論争が重ねられてきた。いま、国際論的転回は、国際というジャンルをここに投げ入れるものだと解しうるわけである。これは、国際論的転回をめぐって本稿第一節で提示した理解とも整合する。

思想史それ自体は政治とも経済とも文化とも結びつきうる。国際という観念にしても同様である。しかし、目下の現実に照らせば、この語が最も結びつきやすいのは経済である。ポーコックもこの点を懸念する。グローバル資本主義の下に統合されていく世界において、固有な文化の産物である政治と歴史とは占めるべき場を失っていく。だとすれば、既存の政治思想史に挑戦するグローバルな知性史は、経済のグローバル化をイデオロギー的に下支えする道具となりうる[25]。

グローバル・ヒストリーには、世界システム論以来の経済史を先導者としてきた面がある。その点を顧みても、こうした捉え方を的外れだとは言えまい。ポーコックの懸念はむしろ、この手の議論をめぐってお馴染みのものだとすら言える。一般化してよければ、問題となっているのは普遍性と個別性との葛藤である。

ポーコックの史学が持つ特徴は、緊張関係を含みながら併存する複数の文脈に注意を払っていることだとされてきた。彼にとって、歴史を記すというのは、ありうるいくつもの物語から一つを選びとる営みであり、その意味において政治的な行為である[26]。この視座からすれば、世界大に共有できる歴史を追求するという試みは、強権的な振る舞いだと映りえよう。だからこそ、ポーコックも、グローバルな知性史は資本主義に抗う「政治的な、またその意味において歴史的な、能力を失わせる」のではないか、と問うわけである[27]。ひるがえって、彼は、人間の歴史が政治によって形づくられてきた面を重視し、文脈の歴史的再構成を通じた政治思想史を擁護する。「……人間の歴史の大変多くの部分は政治的なものの歴史であってきたのであり、そうした政治的なものの歴史から特権を奪い去ろうとするのは、それを特権化してきたのと同じくらい誤っている[28]」。

ここに至って、国際論的転回は文脈主義の敵としての相貌を露わにする。方法論の観点から言うと、国際論的転回は文脈主義の枠内にとどまっていた。では、国際論的転回が目指すのは文脈主義の改良なのだろうか。しかしいま、その射程は、政治を歴史の主たる対象から引きずり下ろし、政治思想史に取って代わる型の知性史を探りあてようとするところにまで及んでいる。二つの学派ないし思潮は、人間の活動において政治が占めるべき地位を争う。

こう述べた場合、本稿著者の語用法に対して疑義が呈されるかもしれない。要は、一方に文脈主義をも仲間に数え入れる型の国際論的転回があり、他方に文脈主義によって批判されるところの国際論的転回があるわけである。問題となっているのは実は国際論的転回とグローバル論的転回との対立であり、異なる二つの動きを単一の名称で括ってきたことが誤りだったのではないか。

実際、アーミテイジ個人は中道的な立場を表明してはいる。彼は、文脈主義者たちの仕事が短期を扱うものであるとは明言するだろう。しかし、彼は同時に、自身の著作を彼ら数名の著作と一括りにもする。アーミテイジに言わせれば、それらはいずれも、共時的な文脈に関する分析を複数組みあわせながら通時的な文脈を描いている点で、続きものの文脈主義《シリアル・コンテクスチュアリズム》に基づく成果なのだという。長期の歴史を描くに際しても、文脈主義の手法を加味することによって、時間と場を違えた人間集団の個別性に適切な注意を傾けうるのだというわけである(29)。この点で、彼は自身を政治思想史家だと捉えている、とも言ってよさそうである。

ただ、既に確認したとおり、国際論的転回とグローバル論的転回との線引きはアーミテイジ自身において明確でなかった。諸々の立場が「家族的類似性」の下に一括される以上、ここにだけ峻別が必要となる理由も乏しい。何より、境界を設けた場合、言説と空間との対比はいまポーコックを手掛かりとして解釈した以外のどのような意味で理解しうるのかが、再び問われなければならなくなる。

言説と空間という対比は、どうしても問題を生じさせてしまう。概念上の厳密な区分として捉えると、文脈主義の超克という企図が裏切られる。しかしいま、相対的な比重を示すための枠組みとして捉えると、今度は文脈主義の修正という企図が裏切られる。国際論的転回とグローバル論的転回とを分ける決定的な指標がこの対比の核心を成す論理——それが不明なのだが——から内在的に導かれ、本稿著者がその指標を見落としているというのでなければ、ポーコックが提起した論点は否応なく浮かびあがってくるはずなのである。

事実、言説と空間との対比に具体的な意味を与えようとする段になると、アーミテイジの議論は恣意的になる。彼はしばしば、何の断りもなしに、時間や場といった語に横断的《トランス》という形容辞を冠する。そこでは、予め分節された特定の時間概念や空間概念が議論に滑り込まされている。国際論的転回の支持者たちに言わせると、文脈主義者たちは、思想史の対象を特定の領域に封じ込めてしまっているという。しかし、そうして彼らが投げかけている批判は、言説や文脈という語を明確な説明もないまま空間という語に対置するまさにその論法のゆえに、そのまま当人たちのもとへと跳ね返っていく[30]。

三　古典的国際関係論の射程

1　思想史的営為としての古典的国際関係論

アーミテイジは言う。「国際論的転回はもしかすると、一九六〇年代の社会史の興隆と一九七〇年代の言語論的転回との後にあって、史学史上の最も革新的な動きなのかもしれない[31]」。しかし、国際論的転回を言語論的転回以来と形容することはできない。文脈なる概念が言語論的転回と手を携えて台頭したことを考えると、国際論的転回は文脈主義の射程を超えでてはいない。国際論的転回の支持者たちは、これまで現に実践されてきた型の文脈主義を超えようとしてはいる。しかし、その試みも成功はしていない。言説と空間、短期と長期という対比は、その意味するところが明確にされないがために恣意的な枠組みと化している。二つの対比が持つ曖昧さは、既存の文脈主義にない問題を生みだしてもいる。国際論的転回を支持する人々は、政治なるものをどう捉え、政治が歴史に占める位置をどこに見定めているのか――不明瞭な対比を持ちだす結果、彼らはこの点も曖昧にしているのである。国際論的転回が持つ意義をとりわけ政治思想史との関係において査定するのであれば、問うべき論点はここに横たわっていよう。

では、こうした思想史学の現況に、古典的国際関係論はどう関わるのだろうか。この点を明らかにするためには、文脈主義が何を斥けて何を訴えてきたのかを改めて確認しておく必要がある。その要点は以下のようなものだろう。

文脈主義が思想史学に持ち込まれた際、槍玉に上がったのがテクスト主義だった。「過去の哲学（あるいは文学）作品を研究する意義は挙って、それらの作品が……「普遍的観念」という形での「時代を超越した要素」を、いや「普遍的応用性」をもった「超時間的知恵」をも含むことにある」――方法論に関するスキナーのよく知られた論考において、テクスト主義とは、過去の思想が持つ意義をこのように理解する視座であった[32]。哲学史の下位分野ではない知性史の構築を目指した文脈主義者らは、こうしたテクスト主義に抗し、政治思想史は普遍的な問いやら観念やらが辿った変遷として描きうるものではないと説く。ひるがえって、彼らは、個々のテクストが書き留められた言語空間が歴史上にそれぞれ固有なものであることを承認する。それら固有な文脈(のいくつか)が明らかにされてこそ、テクストの意図も合理的と言いうる水準で推定される。「……思想史に相応しい方法論が心を配らなければならないのは、何よりもまず、ある場合にある発言を為すことによって慣習上遂行されたであろうコミュニケーションの全範囲を詳細に描きだすことであり、次いで、ある書き手の実際の意図を解読する手段として、ある発言とこのより広い言語上の文脈との関係を追跡することである。文脈は、……ある人物がその社会において慣習上承認されうるどのような意味を伝えようと意図することが原理的に可能であったのか、これを決定するための助けとなる最終的な枠組みとして扱われなければならない」[33]。

この主張は、政治思想史と政治哲学を切り離すものだと批判された[34]。ただ、この批判は、哲学に回収されていた政治を文脈主義こそが解放したのだという評価とも背中合わせであった。思想家の著述は、彼らの時代に争点を成していた諸々の意見対立に照らして解される。そこで言う意見とは、共同体秩序のあるべき形をめぐるものである。ただ、どの言説が共同体秩序のあり方に関わる意見を含んでいたのかは、後世から振り返ると明確でない場合もある。だからこそ、各時代の政治的言語はどのようなものであったのかが、歴史学の手続きに沿って明らかにされなければならない。文脈主義者たちは、何が政治思想を形づくるのかと問う際の軸を、従来とは別のやり方へ定めなおしたのだと言える。

さて、以上の点を確認することがなぜ、古典的国際関係論の位置を理解することにつながるのだろうか。ここでスキナーの著述へと再び目を向ける必要がある。というのも、過去の思想に「時代を超越した要素」を認めている例として彼が挙げていたのが、H・モーゲンソーの『政治のジレンマ(*Dilemmas of Politics*)』だったからである[35]。その知名度ゆえに注目が集められてきたラブジョイやシュトラウスと並び、古典的国際関係論の代表的論客もまた、「誰一人として現実には到達したことのない水準の一貫性を持った、誰一人として現実には成功しなかった思想の歴史」を描こうとする人々の群れに組み入れられていた[36]。

その『政治のジレンマ』の、スキナーが参照を促していた箇所には、次の文言が見られる。「政治思想史とは、伝統が教えるものと今日の世界が要求するものとの対話である。創造的な政治思想は、その時代の――そしてあらゆる時代の――政治的経験を照らしだすなかで、諸力・問題・やりとりの型を見いだすのであり、政治的な生とはそういったものから成る」[37]。ここにおいて、政治思想史は、政治をめぐる哲学的な思索から切り離しがたい営みとして捉えられている。実に、同書の表題にあるジレンマとは、思想が帯びる普遍性と思想につきまとう時代性との緊張関係を指している。文脈主義者たちがテクスト解釈に求めた正確さとモーゲンソーたちがテクスト解釈に求めた正確さとは、同じものではなかった。双方の正確さを測る尺度も、おそらく相いれないものであった。

本稿が文脈主義を経由した意図もいまや明らかだと思われる。方法論の次元で言えば、国際論的転回と古典的国際関係論とは、文脈主義とテクスト主義との対立を再演しうる。政治の捉え方をめぐっても、両陣営は対抗関係に立つだろう。歴史における政治の重みをめぐっては対立する国際論的転回と文脈主義も、古典的国際関係論からすれば、この点でともに同じ陣営に位置づけられる。

ひるがえって、古典的国際関係論の面々が展開した政治論は、特定の思想史的な視座に基づくものだと解される。少なくとも今日の諸研究は、彼らの議論をそうしたものとして読もうとしてきた。そこにおいて、政治は、ある永続的な問題に対する普遍的な型の探求を通じて思索されるべき事象だと捉えられる。

古典的国際関係論の面々をめぐって広く流布している見解とは、人間の悪しき本性を根拠に権力政治の不可避性を説いたというものだろう。この理解はそれ自体として誤ってはいまい。ただ、この視座が特定の思想史理解に基礎を置いていた点は、しばしば見すごされてきた。人間の本性を特定する際、彼らの多くは、アウグスティヌスに由来する支配欲《リビード・ドミナンディ》の観念へと遡っていた。そこにまず現れた普遍的《ペレニアル》な問題が国民国家化の進展でいかに膨れ上がっていったのか、その歴史を彼らは辿ったのであった。この問題は国家間の関係において鮮明な像を結ぶ。とりわけフランス革命以降、政治的判断の土台をめぐっては、国境を越えて共有されてきた貴族道徳などの半ば超越的な拠りどころも失われるに至った。結果、諸国民は、各々の正しさを調和しえない形で訴えあうようになった。このように説く古典的国際関係論の面々は、近代以後の世俗国家も形を変えた神学的基礎に根差しているというシュミット流の理解に陰に共鳴し、さらには同じシュミットが提示した政治的なものの概念を半ば受け容れて、強権的な為政者が慎慮ある決断に基づいて行う類の統治を称えることとなるのであった[38]。

2　古典的国際関係論の政治的思惟

各視座の関係を整理しよう。一方には、共同体の秩序をめぐる議論に政治の所在を求めながら歴史学としての思想史を標榜する流れがある。その延長線上にあって、国民国家の枠に囚われない形で知性史を描きだそうとするのが、国際論的転回に棹差す諸研究である。ただし、これら諸研究は、政治思想史の周縁化をも射程に含むものであり、既存の文脈主義とのあいだに緊張を抱える。他方に、政治思想史を仮構しながら政治哲学を遂行する流れがある。その哲学的思索から導きだされる原理に従いつつ、政治を論ずるうえでも国家間の関係に関心を傾けるのが、古典的国際関係論の諸言説である。国際論的転回と古典的国際関係論とは、相互に思惟様式を違えており、それぞれ思想史に別なものを求めている。

両者は展望する秩序のあり方においても異なっている。古典的国際関係論の理論家たちにとっては、国民国家の乗り越えがまずもって目標となるわけではない。彼らの見るところ、例えば世界政府を打ち立てることで問題が解決するなどというのは、人間集団にまとわりつく普遍的な問題を無視した発想であった。一方、人々に自己義認的な主張を促す国民意識の広まりは、彼らの目からしても、政治の凄惨さを増大させるものであった。ゆえに彼らも、国際社会の改良を目指しているかのような施策を提言する[39]。しかし、国民国家を消し去ったところで、人々の忠誠が向かう先は別の何かへと分岐していきかねない。そのとき、政治的な対立はますます調停しがたいものとなるだろう。したがって、古典的国際関係論の面々は、愛国心の高揚を図っているかのように読まれうる発言も為す[40]。問題の根底にあるのは、国家や法を支える合理的な土台などないのかもしれないという疑念である。[41]それだけに、アウグスティヌスにまで遡ることが必要となる。国民国家が抱えている問題とは、人間集団に普遍的な課題が特徴的な形で現れたものにすぎない。それは原理的な次元で消し去ることができない。

こうして、国際論的転回は古典的国際関係論と摩擦を抱える。ただ、この摩擦は、文脈主義とテクスト主義とのそれと同じではない。国際論的転回が文脈主義の単なる別名ではなかったように、古典的国際関係論もテクスト主義に還元はできない。以下、バターフィールドをとりあげることでこの点を掘り下げ、古典的国際関係論が国際論的転回の難点を乗り越えていた様子を明らかにしたい。

アーミテイジはワイトの図式を恣意的だとしていた。バターフィールドは、そのワイトと一括りにされることが多い。アーミテイジもそうしている。しかし、バターフィールド自身は、ワイトの試みを没歴史的であるというまさにその理由で斥けていた。[42]目下の企図において、彼は好適な検討対象だと言える。

とりわけ注目に値するのは、『ホイッグ流の歴史解釈』である。[43]王道的な手続きに沿って同書を読むとすれば、同時代の史家たちとの関係に注意を払う必要があるだろう。[44]しかし、いま重要なのは、歴史なるものに対してバターフィールドが与えている意義である。そして、このように照準を絞ったとしても、同書を恣意的に読むことにはなるまい。バターフィールド自身、ホイッグ史観を批判することの意味を次のように説いている。

実のところ、あらゆる歴史にはホイッグ的な歴史へと逸れていってしまう傾向がある。伝統的な解釈が普及して用いられ続けているせいだというだけでは、このことに十分な説明がつかない。私たちの心を絶えず引きつける何かがあるのであり、抗う道を見いだせなければそこからは逃れがたいのである。私たちは、仮に正直であったとしても、同時に注意深く自己批判的でもなかったならば、初手で根本的な誤りによって容易く歪められるのだと言えるだろう。[45]

ホイッグ史観が陥る誤りとは、「あらゆる歴史が陥りがちな誤り」である。[46]この点は、『ホイッグ流の歴史解釈』全篇を通じて繰り返し語られる。

ひるがえって、ホイッグ史観とは、難を抱えた歴史叙述の典型である。では、歴史とは何だろうか。「歴史が……人類の記憶のようなものであり、人間の過去について考え込む人間の精神の表現であるのだとすれば、歴史とは、対立を激しくさせたり古い党派的信条を追認したりするものではなく、差異の下に横たわる一致を見いだし、あらゆる生を一つの生の網目の部分として見るように働きかけるものなのだと、考えなければならない」[47]。歴史家の仕事は、相いれがたく見える対立者たちを、「すべてが理解されあらゆる罪が赦される世界」へと導き入れることにある。[48]一方に肩入れして他方への復讐を為すことが、歴史家の仕事なのではない。

そうすると歴史家は、様々な立場を止揚しうる論理を編みだせばよいのだろうか。それだと、道徳判断を下すことが歴史家の仕事だという話にもなりかねない。バターフィールドはそうは考えない。いま引用した箇所の言葉遣いにも透けて見えるように、相いれがたいものたちの調和は、衝突しあっているのがまさに相いれがたいもの同士であるがために、超越的な支えなくしては遂げえない。

激論を交わした過去の人々は、「お互いに一片の同情も持ち合わせていなかったかもしれない」[49]。バターフィールドの見るところ、宗教改革期のプロテスタントとカトリックとは、そのような関係にあった。しかし、彼らは、「主張が排他的であるという点であまりにも似ていたがために、かつて世界が直面したことのない最も豊かな問題の一つを世界に提示したのだった。彼らは、あらゆる人々がそこから目を閉ざそうとしたが、結局は避けられないと判明したところの事実を、世界に提示したのである。すなわち、一つの社会における二つの宗教形態の共存という事実を。加えて彼らは、そのような前例のない異常事態に直面した場合に、人間の生はいかにして可能でありまた耐えられるものたらしめうるのか、という問題を世界に提示したのである」[50]。こうして、相いれないものたちのいずれもが、その後の歴史には必要な存在であった。人々が取り組んでいくところとなるこの新たな問いの創出は、新旧どちらの宗派が欠けても起こりえなかったのである。[51]ただ、では、ここに生まれた苦境それ自体は、どのようにして解消ないし緩和され、歴史家による調停へと至るのか。バターフィールドに言わせると、人間の統御を超えた時間こそがそれを可能にする。「……言うなれば時間がゲームの進行に手を貸しているのであり、歴史の過程それ自体が、諸々の出来事がとる型に働きかけているのである」(52)。

調和をもたらすのは、歴史それ自体である。歴史の高みに立つことが可能となるだけの時間を経ずしては、(人間の身においては)相いれないものの関係を俯瞰することもできない。ひるがえって、歴史家が、相いれないものたちのあいだに調停の可能性を見いだす。とは言え、この同じ見地に立てばこそ、有限な時間しか生きられない人間は判断の最終的な担い手になりえない。『ホイッグ流の歴史解釈』後半では、歴史家が道徳判断の領域に踏み入ることが戒められる。

政治共同体のあり方も、同じ発想の下で論じられる。「言葉の最も具体的な意味において、私たちの国制は、単に人々や諸党派がつくったものではない。それは歴史の産物である」(53)。人間諸集団の関係は、相いれないもの同士が――いわば審判の日まで――繰り広げていく生成変化の過程として捉えられる。「〔宗教改革がもたらしたとされてきた〕この宗教的自由に関して述べると、私たちは誰々に感謝しなければならないとは言えない。現在のすべてをもたらしたのは過去のすべてなのだから、それ以外の誰かだったり何かだったりに感謝を捧げることには理がない。はたして私たちは、非常に多くの巡り合わせが最終的には私たちの利益となるように設えた、かの摂理《プロヴィデンス》に感謝することとなる」(54)。

問題となるのは、ここで想い描かれているところの歴史が具体的にどのような形をとるのかである。「「観念の歴史《ヒストリー・オブ・アイデアス》」と呼ばれるところの過度に単純化された領域で問題を研究したり、観念それ自体を人に見立てて歴史上の独立した行為者と見なしたりするなら、それは正しくない」(55)。こう述べたバターフィールドは、「……歴史とは起源に関する学ではなく中継ぎ《メディエーション》に関する学である」と続ける(56)。「私たちは、ルターが無から何かを生みだしたなどと想像することはできまい。ルターが述べたり行ったりしたことのすべてについて歴史上の先達を探しだすべきなのだ――このような考えが、私たちの歴史研究の他ならぬ条件を成している。彼自身も歴史における中継ぎ《メディエーション》の一例なのであって、彼はまことに変わり目としての仕事であるところのことを果たし、古いものを、私たちが間違いなく新しいと同意しうるであろう何かへと、推し進めたのである」(57)。

ここでのバターフィールドの歴史観は、テクスト主義者と名指される人々のそれよりもむしろ文脈主義者たちのそれに近いようにすら見える。摂理を持ちだすところなどは、文脈主義からかけ離れているだろう。ただ、バターフィールドが宗教的なものを持ちだす際の言葉遣いは、千年王国論といった形の終末論におけるそれとは異なる。「私たちの歴史が私たちにもたらすのは、摂理のあかしではない。〔歴史がもたらすのは、〕その道がいかに神秘的なものであって、その予測しがたい変化がいかに奇妙なものであるのかに関する気づきである。つまり、この摂理は、目的を達するためであればどのような手段でも用い、しばしば自らと齟齬をきたすかのようにして作用し、不思議なほど気まぐれだ、という見識〔を歴史はもたらすの〕である」[58]。神ならぬ人間にとっては、偶然と気まぐれが世界の法である。したがって、人間が地上で把握するところの歴史は、それぞれの時代や場に応じた固有性を帯びるだろう。歴史それ自体は超越的な摂理によって動かされているかもしれない。しかし、人間たる歴史家に期待されるのは、その具体的な表れと思しき現象を辿っていくことである。バターフィールドの史学を彩る特徴は、摂理的歴史と技術的歴史との緊張にあると言われてきた[59]。

偶然に満ちたこの世界において、人間が為しうるのは、諸々の係争をその都度の暫定的な解決《モーダス・ヴィヴェンディ》へ導くことばかりである[60]。この発想をイデオロギー的な側面から評価した場合、バターフィールドの立ち位置は曖昧だと映るかもしれない。ホイッグ史観を批判する彼自身の叙述にホイッグ的な面があるといった指摘は、これまでにも為されてきた。しかし、バターフィールドはそもそも、保守と革新といった形で表現されうるような二元論を採用してはいない。彼はむしろ――相手を悪者に仕立てあげることで自らの正しさを説く類の人々を戒めるかのごとく――、二元論こそを斥けようとしている。ひるがえって、彼が自由主義者なのか否かなどと問うても、自由主義という語が持つ多義性も相まって、彼の思想をよりよく理解することにはつながるまい。いま重要なのは、彼の視座が神学的な基礎に支えられている点である。バターフィールドがしばしば保守主義者のように映るのだとして、それも、あらゆる革新の試みには時間を超越しようとする傲慢さがあるというのが、彼の見立てだったからである[61]。

人間の世界では、万事につけ、しかるべき超越的な支えが失われると、多様な集団が調和へと至る可能性も失われる。それはちょうど、正統主義に基づく勢力均衡が崩れた後、ヨーロッパにおいて見られた事態であった。そこに立ち現れることとなったのは、相手の言い分にも理を認めるような精神のしなやかさ《イラスティシティ》を持ち合わせず、自分たちこそが道徳的に正しいと説く諸集団相互の、激しいぶつかり合いだったのである[62]。計り知れないもの《インポンダラブルズ》というのは、秩序を支える仕組みに必要な要素を表現する際、バターフィールドが好んで用いる語彙である[63]。

　こうした政治論は、『ホイッグ流の歴史解釈』とは別の場においてさらなる展開を見るだろう。しかし、いまはその詳細へは踏み入らず、政治的なものをめぐって同書が示している理解を明らかにするところにとどまりたい。

　バターフィールドによれば、プロテスタントとカトリックとは実はよく似ているのであった。ここから導きだされる示唆は、彼が政治的なものをどう捉えているのかを浮き彫りにする。彼に言わせれば、両者の違いからは次のようなことがわかるのだという。つまり、現在を生きる私たちは、ホイッグ史家たちが説くようにその一方と近しく他方からは遠いというわけではなく、そのどちらとも隔たっているのだということが——「一六世紀のプロテスタントとカトリックとは、私たちがしばしばそう考えたいと思う以上に互いによく似かよっており、また同時に私たちとは違ってもいるということを、私たちは目の当たりにするだろう……」[64]。ホイッグ史家たちは、特定の人々を過去から消し去り、その対角に立たされる人々も現在へと回収する。そうして彼らは、現在についての理解をも歪める。ゆえに彼らは斥けられなければならない。「歴史家の仕事は、ある時代と別の時代との似たところを強調したり誇張したりすることにあるのではなく……、むしろ、あると私たちが思い込むところとなったまさにその類比を打ち壊すことにある」[65]。細部を削ぎ落とすことを控え、複雑な過去を可能な限り複雑なままに描くべきだというのが、『ホイッグ流の歴史解釈』の中核的な教えである。「省いたもののおかげで確実性を得るという類の簡約化《アブリッジメント》にはすべて、危険性がある……」[66]。対して、「ホイッグ史家の誤りは、この複雑さをすり抜けて近道をするところにある」[67]。そのとき、目に留めるべき細部は視界の外へと追い遣られる。「ホイッグ史家たちは……排除の原則に囚われている……」[68]。分からないものを型に押し込めて分かった気になってはならない。それは、実のところ、理解を拒むことである。「ホイッグ史家への抗弁は、彼が理解の努力を止めるという事実ゆえに為される。ある定式を持ちだせばともあれ片がつきそうだという段階になると、彼は想像力を働かせて共感することをやめてしまう」[69]。歴史を語るバターフィールドの言葉は、他者の他者性をどう捉えるかという政治的な問題意識に貫かれている。「真の歴史理解とは……、彼らの世代もまた私たちの世代と同じだけ価値のあるものであり、彼らにとっての問題も私たちにとっての問題と同じだけ重大であり、私たちの時代が私たちにとって豊かで活気あるものであるのと同じだけ彼らの時代が彼らにとってそうであったのだという事実を、完全に受け容れて初めて到達できるものである」[70]。歴史を書き記すというのは、人間の実存がかかった政治的な営みなのである。[71]

バターフィールドは、人間とその集団とを避けがたく歴史的な存在だと考える。ひるがえって、政治的なものは同時に歴史的なものであるということになる。政治をめぐる議論は歴史をめぐる議論の応用編に位置づけられる。[72] そのとき、政治をめぐる議論は、一国内の事象か国家間の事象かという観点から区分けされるわけではない。いずれの事象に関するものであれ、議論は、歴史をめぐる思索に投影されているところの視座に基づいて展開される。

国家間の政治は、相いれないもの同士の対立を深める要因には事欠かないかもしれない。しかし、それ自体として、固有な論理を備えたものと捉えられるわけではない。[73] 国際政治は、より普遍的な何かであるところの政治的なものが現れる、その一つの形として論じられる。一方では（ポーコックと同様に）歴史叙述が持つ政治性を見据えて（国際論的転回が陥りかねない）歴史の非政治化という政治を避けつつ、他方では（国際論的転回にも通ずる形で）国家を基礎的な単位として前提することなく思索を繰り広げる——バターフィールドの叙述からは、このような視座を成り立たせる可能性が浮かびあがってくる。この可能性を生みだしているのは、古典的国際関係論の特徴とも言える超越的な視座である。

おわりに

方法論の次元で言うと、国際論的転回と古典的国際関係論とは、文脈主義とテクスト主義との関係を再演しうる。しかし、いずれの二陣営間の関係も、単に方法論をめぐるものではなかった。国際論的転回と古典的国際関係論とは、思想史なる営みにそれぞれ異なるものを求めており、そこにこそ溝が横たわっていた。そのうえで、国際論的転回の主張はともすれば、政治と歴史を非政治的なものへ置き換えようとする政治的な力学と結びつく。古典的国際関係論の面々が国際論的転回の意義を吟味する機会を得たとすれば、その背景に透けて見える政治的な含みに疑義を呈したであろう。

どちらの視座の方が過去をより鮮やかに捉えうるのかは、ここで答えることのできる問題ではない。国際論的転回と古典的国際関係論とを主として理論的な観点から対照させることに重きを置いてきた小論では、各々の立場から示される具体的な歴史像について、ほとんど何事をも語りえていない。ただ、歴史を叙述するにあたり政治的なものをいかにつかみとるかという課題に関して言えば、バターフィールドを見る限り、特定の宗教を土台とする後者の方がむしろより自覚的に事に臨んでいたように思われる。

これは一つには、彼が斥けていたところの現在中心主義を国際論的転回の支持者たちが受け容れているためだろう。国際論的転回の背景に現在中心主義がある可能性は、本稿第一節でも触れた。実のところ、この現在中心主義こそが、国際論的転回をめぐる諸課題の源泉なのではないだろうか。グローバル化が議論の前提に据えられるからこそ、あの空間なる語にも、国境横断的なものという意味が一義的に与えられてしまっているように見える。以下、国際論的転回が自らの動機ゆえに己の土台を掘り崩している可能性を指摘することで、結論に代えたい。

現在中心主義をめぐって、アーミテイジはこう説いている。この立場は、まず、時代錯誤《アナクロニズム》とは区別される。そのうえで、現在中心主義にはいくつかの型があり、そのなかには、より良き未来――それが何を意味するにせよ――のために歴史家が道徳判断に踏み入ることを可能とする型のものもある。アーミテイジに言わせれば、バターフィールドが斥けたところの現在中心主義にしても、目的論を支持する型のそれにすぎないという。(74)

目下の議論において重要なのは、良き未来のための現在中心主義なる視座をアーミテイジが擁護しているという、その事実である。この点を踏まえると、国際論的転回もまた、良き未来なるもののために推進されているということになりそうである。問題は、ここに至って、国際論的転回とはある進歩主義的な願望の偽装された姿なのではないかと思われてくることである。すなわち、人格を涵養する手立てという名声が大戦で失墜したところの西洋の歴史学、ゆえに道徳的共同体としての国民国家という観念を乗り越えようとしてきたところの西洋の歴史学が、ようやく自己反省を遂げられるのだという願望の、である。[75] ところで、例えば日本の場合、仏典や経書の受容に触れることなく自国の思想史を描くことは難しい。そうした作業もまた、いま述べた意味では西洋の自己満足にすぎないとも言える国際論的転回へと回収されえてしまうのだろうか。だとすれば、事態は醜悪である。西洋を超えよという呼び声こそが、このうえもなく西洋中心主義的な響きを持つわけである。[76]

現在中心主義をめぐる先の概念上の区分けが実践上で成立させられうるのかを考えてみることで、この推察に裏づけがえられるかもしれない。仮に現在中心主義を採用するにしても、今日の世界を彩る特徴はなぜ、国民国家の領域性をめぐる変化でなければならないのか。そうした変化と並行する現象ではあるが、例えばポスト世俗化を挙げることも可能なわけである。古典的国際関係論には本稿で確認したような政治神学的視座への傾きがあるのだとすると、この学知が持つ今日的な意義も、この動向に照らしてこそ明らかになりそうである。[77] 事実、この点を意識した思想史的な研究も現れている。[78] しかし、国際関係論と思想史との再会を喜んでいたはずの国際論的転回の支持者たちも、この動きに対してはほとんど関心を示す様子がない。

国際論的転回の支持者たちが見ている現在とはおそらく、彼らが見たいと思っている現在でしかない。だとすれば、彼らが期待する型の歴史叙述も、進歩の装いのもとに一面的な世界像を押しつけるものだということになる。それはまさしく、バターフィールドが斥けた類の歴史である。

歴史を一国史的でない視座から辿ることには、今日の世界を理解するうえで有益な面もあるだろう。ただ、諸々の試みを「家族的類似性」なるマジック・ワードで括り、言語論的転回以来などという謳い文句を編みだすよりも先に、それらのあいだに横たわっている齟齬、各歴史叙述が帯びる政治的含意の違いについて考える方が、はるかに重要なのではないだろうか。

政治思想史にとって重みを持つのは、次のような問いである。国際的なものに関心を傾けることで政治的なものの何を捉えうるのか。政治的なもののどのような側面が現れてきたときに国際的なものを論じなければならなくなるのか。そこで言う国際的なものとはそもそも何か。しかし、国際論的転回という標語が持ちだされ、一国家を越えた領域に目を向けることが自己目的化すると、これらの問いは脇へと追い遣られてしまう。この点、古典的国際関係論を斥けることは、国際論的転回の支持者たちにとってこそ、容易ではないはずである。

〔付記〕本稿は、政治思想学会二〇二三年度年次大会および公共思想研究会第一回研究会で行った報告に修正を加えたものです。各集会へご参加いただいた皆様に感謝申し上げます。

（1）後にも触れるように、国際関係論の草創期を画したとされる研究者たちは、国家間の政治ばかりを論じたわけではない。したがって、彼らの思索を国際関係論と呼ぶことには問題がないわけではない。ただし、用語をいたずらに増やすことの弊害に鑑みて、本稿では慣例に倣い古典的国際関係論という呼称を用いる。

（2）D・アーミテイジ『思想のグローバル・ヒストリー――ホッブズから独立宣言まで』平田雅博ほか訳、法政大学出版局、二〇一五年、七～八頁。

（3）アーミテイジ『思想のグローバル・ヒストリー』、二二頁。なお、本稿においては、書誌情報に既存の邦訳書のみを記していたとしても、原文を参照のうえで訳文を変更している場合がある。

（4）アーミテイジ『思想のグローバル・ヒストリー』、第一章。

（5）S. Moyn and A. Sartori eds., *Global Intellectual History*, Columbia University Press, 2013. ただし、国際論的転回におけるのと同様、グローバルな知性史においても、何をどう目指すのかについて統一は図られていない。R. López, "The Quest for the Global: Remapping Intellectual History," *History of European Ideas* 42 (1), 2016.

（6）アーミテイジ『思想のグローバル・ヒストリー』、四〇頁。また、D. Armitage, "Modern International Thought: Problems and Prospects," *History of European Ideas* 41 (1), 2015.

（7）D. Armitage and A. Bashford eds., *Pacific Histories: Ocean, Land, People*, Palgrave Macmillan, 2014; D. Armitage et al. eds., *Oceanic Histories*, Cambridge University Press, 2018.

（8）D. Armitage, "The Fifty Years' Rift: Intellectual History and International Relations," *Modern Intellectual History* 1 (1), 2004.

（9）アーミテイジ『思想のグローバル・ヒストリー』、三一頁以下。
（10）アーミテイジ『思想のグローバル・ヒストリー』、一四頁。
（11）Armitage, “Fifty Years' Rift,” p. 101.
（12）英国学派の創造過程については、拙稿「「英国学派」の失敗――対「アメリカの社会科学」という罠」葛谷彩／小川浩之／西村邦行編『歴史のなかの国際秩序観――「アメリカの社会科学」を超えて』晃洋書房、二〇一七年。
（13）アーミテイジ『思想のグローバル・ヒストリー』、二五頁。
（14）アーミテイジ『思想のグローバル・ヒストリー』、二三頁以下。
（15）特に、D. Armitage, “What's the Big Idea?: Intellectual History and the *longue durée*,” *History of European Ideas* 38（4）, 2012.
（16）J. G. A. Pocock, “The Concept of a Language and the *métier d'historien*: Some Considerations on Practice,” *The Languages of Political Theory in Early-Modern Europe*, ed. A. Pagden, Cambridge University Press, 1987.
（17）例えば、岩井淳／竹澤祐丈編『ヨーロッパ複合国家論の可能性――歴史学と思想史の対話』ミネルヴァ書房、二〇二一年。
（18）J・G・A・ポーコック『島々の発見――「新しいブリテン史」と政治思想』犬塚元監訳、名古屋大学出版会、二〇一三年。
（19）アーミテイジ『思想のグローバル・ヒストリー』、一〇頁。
（20）言語論的転回も明確な定義を欠く言葉だが、ここでは以下のような歴史像を表現するものとして用いている。デカルトからカントにかけて、対象それ自体を把握することは（いかにして）可能かが問題となった。しかし、カント自身を潜在的な先駆者として、後のヴィトゲンシュタインらは、こうした問題の立て方自体を斥けた。結果、私たちの認識が常に言語ないし記号に媒介されていること、言語ないし記号を離れた物自体などないことが説かれる。ここに、一方では、分析哲学が台頭し、私たちが何事かについて当座のより適正な理解を持つことは、日々使用している言語の用法を明晰にすることと同視されるようになった。他方では、フランス現代思想へと至る思索が導かれ、言語の権力性を問題化してその都度そこから解き放たれることが試みられるようになった。スキナーが言語行為論を受容していたこと、ポーコックも既に触れたようにソシュール言語学の枠組みを借りていたことなどを根拠として、文脈主義者らがこうした意味での言語論的転回に影響を受けていた点は、これまでにも指摘されてきたところである。
（21）Armitage, “What's the Big Idea?”
（22）アーミテイジ『思想のグローバル・ヒストリー』、二八頁以下。

(23) 短期と長期という対比の方はどうか。次節ですぐ触れるように、言説と空間との対比と、短期と長期との対比とのあいだには、おそらく一定の連関がある。ただ、紙幅の都合に鑑みて、以下ではより重要と思われる前者の対比を主として俎上に載せ、後者の対比をめぐる検討は必要最小限にとどめる。

(24) J. G. A. Pocock, “On the Unglobality of Contexts: Cambridge Methods and the History of Political Thought,” *Global Intellectual History* 4 (1), 2019.

(25) Pocock, “Unglobality of Contexts,” p. 7.

(26) 安武真隆「政治理論と政治思想史――J・G・A・ポーコックとケンブリッジ学派」『政治理論とは何か』井上彰／田村哲樹編、風行社、二〇一四年。

(27) Pocock, “Unglobality of Contexts,” p. 12.

(28) Pocock, “Unglobality of Contexts,” p. 12.

(29) Armitage, “What's the Big Idea?” ただ、この手法においても、積み重ねられたミクロな分析をマクロな結果へと集約する際に、何らかの操作が必要となる。アーミテイジが挙げる長期の歴史の例にはM・ジェイの著作も含まれるが、当のジェイは、歴史の不連続性に着目したフーコーを参照しながらこの問題に触れ、アーミテイジの長期概念が抱える難点を明るみにだしている。M. Jay, “Hey! What's the Big Idea?: Ruminations on the Question of Scale in Intellectual History,” *New Literary History* 48 (4), 2017, esp. pp. 626ff.

(30) 次も参照。I. Hunter, “The Contest over Context in Intellectual History,” *History and Theory* 58 (2), 2019, esp. p. 189.

(31) アーミテイジ『思想のグローバル・ヒストリー』、二三頁。

(32) Q・スキナー「思想史における意味と理解」『思想史とはなにか――意味とコンテクスト』半澤孝麿／加藤節編訳、岩波書店、一九九〇年、四八頁。

(33) スキナー「思想史における意味と理解」、一一三～一一四頁、強調は省略した。

(34) スキナーへの批判に関しては、やや古いものの行き届いた整理として、堤林剣「ケンブリッジ・パラダイムの批判的継承の可能性に関する一考察（一）――パラドックスの連鎖を手掛かりとして」『法学研究』七二巻一一号、一九九九年。

(35) スキナー「思想史における意味と理解」、一二二頁注四。

(36) スキナー「思想史における意味と理解」、六八頁。

（37）H. J. Morgenthau, *Dilemmas of Politics*, University of Chicago Press, 1958, p. 1.

（38）古典的国際関係論をめぐる諸研究のなかでも特に、N. Guilhot, *After the Enlightenment: Political Realism and International Relations in the Mid-Twentieth Century*, Cambridge University Press, 2017.

（39）W. E. Scheuerman, *The Realist Case for Global Reform*, Polity, 2011.

（40）V. S. Tjalve, *Realist Strategies of Republican Peace: Niebuhr, Morgenthau, and the Politics of Patriotic Dissent*, Palgrave Macmillan, 2008.

（41）国家と法が有するこうした側面についての検討が、シュミットやその周辺を扱う研究者たちによって推し進められてきたのは、示唆的なことだと言える。大竹弘二『公開性の根源――秘密政治の系譜学』太田出版、二〇一八年、嘉戸一将『主権論史――ローマ法再発見から近代日本へ』岩波書店、二〇一九年。古典的国際関係論を読み解くのに相応しい文脈は、アーミテイジが描いた国際思想史の流れ以上に、ポスト基礎づけの諸理論へと流れ込んでいく現代思想史の流れなのかもしれない。いわゆるポスト実証主義者たちが古典的国際関係論の面々を自分たちの先駆者と捉えてきたのも、強ち理由のないことだとは言えまい。

（42）M. Bentley, *The Life and Thought of Herbert Butterfield: History, Science and God*, Cambridge University Press, 2011, pp. 335ff.

（43）H. Butterfield, *The Whig Interpretation of History*, G. Bell, 1931（越智武臣ほか訳『ウィッグ史観批判――現代歴史学の反省』未來社、一九六七年）. 以下、同書に言及する際は、WIH 原書頁／邦訳頁の形で該当箇所を示す。

（44）M. Bentley, *Modernizing England's Past: English Historiography in the Age of Modernism, 1870-1970*, Cambridge University Press, 2005.

（45）WIH 7/16.

（46）WIH v/9.

（47）WIH 3/12-13.

（48）WIH 3/13.

（49）WIH 3/13.

（50）WIH 39/46.

（51）この点は後年により明示的な表現を得る。「最後のところで、〔歴史家〕は、人間の歴史を全人類の巡礼の旅として、人間の業績を壮大な協同の試みとして捉えるのであり、そこにおいてホイッグとトーリーとは相補い合うのであって、全体像のためには両者が等しく必要なのである」。H. Butterfield, *Christianity and History*, G. Bell & Sons, 1949, p. 91. 亀甲括弧内は引用者（以下同様）。

(52) WIH 42/49.

(53) WIH 41/49.

(54) WIH 45/52-53.

(55) WIH 43/50-51.

(56) WIH 58/65.

(57) WIH 60-61/67. 別の書でマキァヴェッリに与えられる位置も、ここでのルターのそれとよく似ている。「マキァヴェッリが興味深いのは、しかるべき時期から外れて生まれた近代人だからではない。彼が興味深いのは、それによって移行が遂げられていったところの中継ぎ《メディエーション》を、彼が一つ例証しているからである」。H. Butterfield, *The Statecraft of Machiavelli*, G. Bell & Sons, 1940, p. 61.

(58) WIH 23/31.

(59) バターフィールド自身、こう述べる。「通常の教育課程において、古代ローマ帝国におけるキリスト教の勝利をめぐり、「歴史学的説明」と心して呼ぶべきものを求められたとしよう。ぜひ言っておきたいのは、その際、私には、問題がどの枠内で考察されるべきかについて疑問の余地などないはずだということである。つまり、キリスト教が「いかに」成功したのかを想い描くのであってより根本的な問いである「なぜ」をではない点に、疑問の余地などないはずなのである。言い換えると、教えに偽りがなく正しいからというだけの理由でもって、神が勝利を定めたからというだけの理由でもって、キリスト教の成功を説明する答えに対し、一人の技術的歴史家として私が満足することはないのである」。Butterfield, *Christianity and History*, pp. 19-20.

(60) 政治に関する学知が目指すのも、このための技芸を身につけることである。マキァヴェッリの重要性は歴史家であった点にあるとしつつ、バターフィールドはこう述べている。「私たちが今日において政治の科学《ポリティカル・サイエンス》と呼ぶところの特殊な科学を研究したり創造したりすることに、マキァヴェッリの意図があったわけではないという点は、よく注意されてしかるべきである。重要なのは、私たちが彼の仕事に対し、総合にあこがれる理論家のそれとしてではなく歴史家のそれとして迫るべきだということである。彼が編みだしたとされているところの科学は、まったくもって、その細部なくしては意味がない」。Butterfield, *The Statecraft of Machiavelli*, p. 19. 強調は引用者。傍点を振った箇所に見られるように、バターフィールドにとって、政治学を基礎づけるところの歴史とは、要点を整理して済むものと捉えてしまったならその意義を失う代物であった。歴史なるものに関するこの理解は、後に見るとおり、ホイッグ史観批判の土台でもある。

（61）フランス革命から全体主義革命までを連続したものと見るなか、彼は例えばマッツィーニの活動に次のような評言を与える。「……時間（Time）そのものを超えでようとするこの試みが政治において適切な先見性を備えたものであるのかどうか、私たちは疑問に感じてよい」。H. Butterfield, *The Englishman and His History*, Cambridge University Press, 1944, p. 111.

（62）しなやかさ《イラスティシティ》やそれに否定の接頭辞を冠した語を、バターフィールドは次のような文脈で用いる。「歴史を学ぶ目的の一つは、私たちが〔野蛮な東洋人から西洋を守れといった歴史上の言説に見られる〕そうした凝り固まった態度《インイラスティシティーズ》に囚われる度合いがより少なくて済むようにすることである」。H. Butterfield, "Official History: Its Pitfalls and Criteria," in *History and Human Relations*, Collins, 1951, p. 222.

（63）「文明化の過程全体にとっての真の鍵は、国際秩序の発展と、ある種の化学反応を通じて人の世で作用しているように見える何らかの「計り知れないもの《インポンダラブルズ》」がそこから結果として引きだされてくる《コンセクエント・リリース》ことにある。重要なのは、私たちがこの現象を理解すべきだということである。なぜなら、超国家的な仕組みを実効力のあるものにするのは、成文の国際憲章でもなければ、世界における特定の勢力配置でもなく、まさにこれらの計り知れない《インポンダラブル》諸要因だからである。私たちの時代には、二つの世界戦争の結果としてこれらの「計り知れないもの」が破壊された。だからこそ、私たちは、国際秩序の最も不可欠な部分を失ったのである……」。ここで「結果として引きだされてくる」ものと表現されていることにうかがえ、また、別所では「ゆっくりと形づくられる道理《リーズン》の働き」とも言い換えられているように、この計り知れないものもやはり、人為を超えた時間の流れのなかでのみ立ち現れてくる代物である。H. Butterfield, *Christianity, Diplomacy, and War*, 3rd. ed., Wyvern Books, 1962, p. 81 and p. 120.

（64）WIH 39/46.

（65）WIH 10/19.

（66）WIH 101/107-108. この言葉を見るに、一般理論を打ち立てる方向へと進む国際関係論に対し、バターフィールドが忌避感を示すこととなった理由は、ホイッグ史観への批判を通じて既に明らかにされていた。政治論と歴史論とのつながりに関連して言えば、政治秩序との関係において先ほど注意を促した計り知れないものという概念にしても、その意味するところは目下の論点と併せて考えることでより十全に理解しうる。「危険なことだが、簡約された《アブリッジド》歴史が書かれるという慣行のために、また大抵の場合に過去が再生され再構築される技術のために、私たちは人間の物語のなかで「計り知れない《インポンダラブル》」要因……によって果たされる役割の甚だしい重要性を忘れてしまうのである」。H. Butterfield, *Liberty in the Modern World*, Ryerson Press, 1952, p. vi. 人間の生は人為を超えた力に包み込まれながら営まれており、ゆえにそうした力の働きがいくらか理解できる形で実を結ぶまでは時の経過を待つ必要がある。革命に代表される政治実践上の試みであれ、ホイッグ史観に代表される歴史叙述上の試みであれ、時間を超えてでしまおうとする企てはいずれも、人間の分を弁えない傲慢さの表現なのである。

(67) WIH 22/30.
(68) WIH 28/36.
(69) WIH 95/102.
(70) WIH 16-17/25.
(71) 「……歴史編纂《ヒストリオグラフィー》をめぐる諸問題は、いくつかの点において、生をめぐる諸問題と密接につながっている。それらは、人間が地上における自分たちの盛衰を理解する仕方の問題に触れている。すなわち、諸民族が集団としての自分たちの経験を省みようとする仕方の問題に触れているのである」。H. Butterfield, *Man on His Past: The Study of the History of Historical Scholarship*, Cambridge University Press, 1955, p. 30.
(72) キリスト者の視点から国際政治を論じた書の冒頭で、バターフィールドはこう述べる。「政治を、固有な原理を伴っているはずの独自な知的領域にあるものとして語るのは、危険なことである」。H. Butterfield, *International Conflict in the Twentieth Century: A Christian View*, Harper, 1960, p. 15.
(73) 戦後ドイツをめぐる東西対立のなかに、今日では安全保障のジレンマとして知られているところの緊張関係を見いだした際、バターフィールドは次のように述べていた。「……人間の紛争における悲劇的な要素と呼ぶべきものを生みだす事物の状況についての、数学的な公式(あるいはそうした公式のおそらく一つ)がここにある。現実世界の国際関係に関して、このまったくの苦境ないし手に負えないジレンマをもたらす条件が人間の対立に関する幾何学そのものにある……という論を、私は唱えたい。その手の対立をめぐるどのような話をとりだしてきたとしても、それが構造の基礎にある。それは今日のあらゆる緊張関係の基礎に……ある。歴史家に関係がある限りでは、人間の対立に関するあらゆる物語の基本的な型がここにある——他のどのような型でも後からそこに重ねられていくことはあるのだとしても」。H. Butterfield, "The Tragic Element in Modern International Conflict," in *History and Human Relations*, p. 20.
(74) D. Armitage, "In Defense of Presentism," in *History and Human Flourishing*, ed. D. M. McMahon, Oxford University Press, 2022.

(75) 近代歴史学と国民形成および第一次世界大戦との関係については、現在中心主義との関連からも、H・ホワイト「歴史という重荷」『歴史の喩法――ホワイト主要論文集成』上村忠男編訳、作品社、二〇一七年、特に二一頁以下。

(76) 歴史学における現在中心主義の隆盛について論じた次の特集も参照。"Forum: History and the Present," *Modern Intellectual History* 20 (2), 2023.

(77) 国際関係論の草創期において、政治的判断の基礎を神学的なものに求める視点は、いわゆる現実主義者たちにばかり見られたわけではない。W・ウィルソンの国際主義が黙示録的な視座に支えられており、またウィルソン主義のそうした基盤を古典的国際関係論の面々が認識していたとする研究として、M. Babík, *Statecraft and Salvation: Wilsonian Liberal Internationalism as Secularized Eschatology*, Baylor University Press, 2013.

(78) 国際論的転回との関連から、特に非西洋圏の思想も俎上に載せている例を挙げておくと、V. Paipais ed., *Theology and World Politics: Metaphysics, Genealogies, Political Theologies*, Palgrave Macmillan, 2020.

ユーラシア主義と「ウクライナ問題」の原点
――思想の循環史の観点から

●――浜　由樹子

一　はじめに

グローバル・ヒストリーの研究者であるプラセンジット・ドアラは、「歴史」の流れを海洋の水のモデルで捉えることを試みる。境界に沿って上流から下流に流れる河川とは異なり、海の水は循環する。海流は、気温や気圧、風、地形、波といった環境要因からの影響を、行く先々で、様々なスケールで受けながら進む。水は蒸気になりもすれば、ハリケーンに姿を変えることもある。水面で見える変化は深層では異なるかたちをしているし、水の流れの速さ、重さ、あるいは外海と内海、それぞれで異なる様相を見せる。そして、水はサイクルを繰り返す。

この「循環」モデルは、時間と空間を超えて伝播する思想・モノ・人の実践、その流れや相互交流、ネットワーク構築、連鎖反応を捉えるために有用であり、国民国家の境界線と正統性の内側に閉じ込められた「歴史」を「救い出す」(1)ことにも寄与する。一定方向に進むだけのベルトコンベア的なモデルでは単純に過ぎるのだと、ドアラは言う(2)。

彼が指摘する通り、Aという地点で生まれた「歴史（ここでは思想と読み替える）」は、BやCといった別の場所に伝わり、それぞれの地の特有な要因、あるいは越境的な要因から影響を受け、（しばしば別のものと認識されつつ）Aに再出現する。ドアラのいう「循環」とは必ずしも出発点に戻ることを意味しないのだが、亡命者の思想には、歴史的条件や国際関係の変化に伴う「還流」が確かにある。

一九二〇年代、ロシア革命によって祖国を追われた亡命者たちの間に生まれたユーラシア主義は、ロシアを「ヨーロッパでもアジアでもないユーラシア」、多民族性を特徴とする地理的、歴史的、文化的に独特な世界として定義した思想である。創始メンバーである言語学者のニコライ・トルベツコイ、地理学者のピョートル・サヴィツキー、神学者のゲオルギー・フロロフスキー、音楽評論家のピョートル・スフチンスキーらを中心に、歴史学者のゲオルギー（アメリカ移住後にジョージに改名）・ヴェルナツキー、ロシア文学者のドミトリー・スヴャトポルク＝ミルスキー（イギリスではD・S・ミルスキー）、宗教学者のレフ・カルサーヴィン、法学者のニコライ・アレクセーエフといった錚々たる面々がこの思想・運動に名を連ねた。彼らは、ヨーロッパ各地に離散していたロシア亡命者コミュニティで言論活動を展開したが、ソ連に対する見解の差異から生じた内部分裂、中心メンバーの死去や移住、そして第二次世界大戦の勃発により、運動としては一九三〇年代末に消滅した。それ自体は短命であったが、ユーラシア主義の知的インパクトは様々な学問分野に残り、やがてソ連邦解体後のロシアで再発見されることになる。

かつてのユーラシア主義研究は、①ロシア知識人たちが、②ロシア語で、③ロシア語話者・読者に向けて書いたことを根拠に、ロシア思想史という一国史の枠におさまりがちであった。しかし、ユーラシア主義がなぜ戦間期の亡命者から生まれたかという問いを立てた時、祖国を失い、受入社会に同化もできないというアイデンティティ・クライシスの経験だけではなく、戦間期に隆盛をみた「一民族（一言語）一国家」イデオロギーへの批判、ドイツ保守革命やパン・テュルク主義からの影響や反応など、彼らが生きたヨーロッパで見た現実や、同時代の他の思想との関係といった要因も見落とすわけにはいかない[3]。また、時代の特徴という点では、日本のアジア主義との邂逅のような伝播の側面も重要である[4]。そして、一九九〇年代の新生ロシアでのリバイバル現象を捉えるためにも、時代、地域、個人の経験を越えた思想の「循環史」モデルは一定の説得力を持つように思われる。

二　戦間期の思想としてのユーラシア主義

「ロシアはヨーロッパか、否か」――これは、一九世紀の西欧派とスラヴ派の論争に代表されるように、一八世紀以来の近代化の歩みの中で登場した、ロシアのアイデンティティに関する問いである。広く知られているように、一九世紀のアイデンティティ論争は思想家や歴史家にとどまらず、作家から芸術家に至るまで、ロシア社会の知の粋を集めて戦わされた。しかし、この問いのもう一つの特徴は、時代を超えて、歴史的転換点が訪れるたびに姿を現すことである。それは、人類史上初の社会主義国家、冷戦期の「東側の雄」としてのアイデンティティが社会全体を覆ったように思われた時代にさえ当てはまる。まして、冷戦の終焉とソ連邦の解体とを経て、新たな国家として出発することとなった一九九〇年代のロシアで、いっそう切実に問われたことはいうまでもない。

ロシアを定義するにあたり、「ヨーロッパ」がその参照点にあったことは間違いないが、「ヨーロッパでない」とすれば何なのか。これにはいくつかの選択肢がある。一九世紀の知識人の多くは「スラヴ」にアイデンティティを見出したが、「アジア」に答えを求めた者も、「ユーラシア」に新たな自国像を描いた者もいた。

このうちロシアを初めて「ユーラシア」と定義したのが、一九二〇年代に亡命者のグループから生まれたユーラシア主義であった。この思想は、単にロシアのユーラシア・アイデンティティの表出であるにとどまらない。戦間期という文脈の下で読み直せば、そこには西欧をモデルとした国民国家に対する批判、ひいては、国民国家を単位とした秩序体系を非ヨーロッパ世界にも押し広げた近代国際関係に対する批判が潜在していたことが分かる。(5)

ユーラシア主義はいくつかの意味でロシア思想の「国際論的転回」だったということもできる。第一に、多民族帝国であったロシアのあり方という「国内問題」が、民族領域連邦制をとる新たな国家への変容の過程で、離脱権さえ有する連邦構成主体間の「疑似国家間問題」に転化したということ。第二に、本国とは別の「もう一つのロシア」が亡命者コミュニティによってヨーロッパや北米で形成されたことで、彼らの視角が（必ずしもグローバルではなかったとしても）

国際化したこと。第三に、この思想が、国際秩序の転換期を背景に形成されたこと。そして最後に、戦間期とポスト冷戦期という国際関係史上の過渡期に、時間と空間を超えて共有されたこと。

そして、これらを結ぶ論点の一つが、「ウクライナ問題」であった[6]。本稿では、これまでのユーラシア主義研究では見落とされがちだった「ウクライナ問題」に焦点を定める。

この試みはまた、今日的問題関心からも再論の意義を認められるだろう。二〇二二年二月に始まったウクライナ侵攻に先立ち、ロシアのプーチン政権は、帝政期に広く浸透していた「東スラヴ一体性」論を持ち出し、古の「ルーシの民（русский народ）」[7]としてのロシアとウクライナの不可分性を主張した。しかし、それでは現在のロシアをスラヴの国家として位置づけるかといえばそうではなく、多民族国家としてのアイデンティティも共存させている[8]。対してウクライナ側は、一九九一年の独立に伴い、新たな「ウクライナ史」をウクライナ民族による独立闘争の歴史として再編してきた。その中では、ウクライナはロシアともベラルーシとも別民族であり、既に近代以前より独立国家としての基礎を有していたという主張が展開される。この構図はまさに、戦間期の亡命知識人の間で戦わされていた議論の再現のようにも見える。

現在起こっている両者の衝突は、国家建設の過程に埋め込まれていた火種の激烈な発火と解釈することもできるが、実はロシア、ウクライナのいずれにも、ヨーロッパや北米に亡命・移住した人々の歴史観が影響を及ぼした側面がある。別言すれば、時代を越えた思想の還流があったのである。

三　ユーラシア主義のヨーロッパ中心主義批判

一九二〇年代のユーラシア主義の起点は、ロシア知識人による西欧文明批判、ヨーロッパの「自己中心主義」批判であった。ユーラシア主義者は、西欧文明こそが最も優れ、進歩的な文明だという発想を否定し、世界中のあらゆる民族文化に等しい価値があることを主張した。

例えば、ユーラシア主義の創始者の一人であり、西欧文明批判の中心的論客であったトルベツコイは、こう論じる。西欧文明は、人類の進歩の到達点などではない。単線的な歴史の発展という発想には、先を行く「進んだ」者と「遅れた」者がいるという考えが伴うが、直線の始めと終わりを科学的、客観的に知ることはできない。本来、文化に優劣はないにもかかわらず、ヨーロッパ人は己の文明を「普遍的人類文明」であると考え、様々な文化を比較するにあたって、自分たちに似ている者が「より優れて」おり、異質な人々を「野蛮人」だとみなしてきた。その発想は「自己中心主義」に他ならず、「進化の尺度」も「発展段階」も「自己中心主義」に基づいた考え方である。また、あらゆる文化が「最も優れた」自分達の文化に統一されるべきだと考える点において、ヨーロッパのショーヴィニズムとコスモポリタニズムの間に違いはない。

そして、強制的であれ自発的であれ、植民地主義であれヨーロッパを模した近代化であれ、ヨーロッパを先進的モデルと想定した人為的ヨーロッパ化を、彼は悪とみなす。なぜなら、ヨーロッパ化は非ヨーロッパ地域に本来ある多様性を破壊し、これを画一化、平準化するからである。さらには、ヨーロッパ化は概してトップ・ダウンで遂行されるため、それぞれの社会、文化におけるエリート層と民衆層を引き裂き、世代間に断絶をもたらす。その結果、非ヨーロッパ社会は、たとえヨーロッパに対抗するためにヨーロッパ化を戦略的に選択した場合においてさえ、結果的に弱体化し、ヨーロッパへの従属をさらに深める。

トルベツコイは、地域の個性と多様性を守るためにも、非ヨーロッパ世界の知識人が西欧文明至上主義から自らを解放するべきだと主張し、同時に、ヨーロッパの科学である民族学や人類学に対しても、内在する「自己中心主義」的発想を取り除かない限り、強国の植民地政策や、破壊者の文化的「使命」を正当化する手段であり続けることになる、と警告する。(9)

ユーラシア主義が正式に立ち上げられたのは一九二一年であった。難民同然の状態でロシア革命と内戦の混乱から逃れてきた彼らが最初に集った、ブルガリアのソフィアでのことである。第一次世界大戦終結からまだ間もない時期、戦争がもたらした荒廃から立ち直るのがどれほど先のことかも見通せないヨーロッパのこの時代の雰囲気は、しばしば、シュペングラーの文明論『西洋の没落』やイェーツの詩「再臨」を引いて表現される。一九世紀末まで世界を分割してきた強大なヨーロッパ諸帝国の時代は終わり、大西洋の向こうでは工業大国としてアメリカが異次元とも思える繁栄を享受し、ヨーロッパの東で起こったロシア革命は人類史上初の社会主義国家の樹立につながった。植民地諸地域では独立運動の気運が高まり、ヨーロッパでも労働者が立ち上がり、少数民族が声を上げる。弱体化したヨーロッパは、もはや世界の中心ではなくなった――こうした時代の雰囲気の中で、ユーラシア主義もまた、ヨーロッパ中心主義批判を展開した。

しかし、ユーラシア主義はあくまでロシアのアイデンティティを探す思想的営為であったから、ヨーロッパ批判で完結するものではない。ユーラシア主義者が自発的ヨーロッパ化の犠牲者と考えていたのは、いうまでもなく、ピョートル大帝による近代化以降のロシアである。

それでは、彼らが「ヨーロッパ」に対置した「ユーラシア」としてのロシアの本来の姿とは、どのようなものとして描かれたか。中核的概念となるのは、民族的・文化的多様性である。ユーラシア主義者によれば、ロシア文化とは一つの大きな「総体」である。そこには、南からはビザンツ文化、西からはヨーロッパ（ロマンス・ゲルマンあるいはカトリック）文化が流れ込み、東から南東にかけてはモンゴル、タタールやステップ遊牧民の影響が色濃い。民族的にも、混血を繰り返したロシア人は純粋なスラヴ人ではありえない。ロシア人、ウゴル語系民族、フィン語系民族、ヴォルガ川流域のテュルク語系民族が、スラヴ系諸民族とトゥラン系諸民族とが等しく有機的につながる文化圏を形成し、調和をもって共存してきた[10]。そして、この多様性は、ロシアの地においては均質化されることなく存続してきたとみなされた[11]。

こうした多民族・多文化状態に特徴付けられる地域で、国家のあり方を西欧モデルの国民国家に似せようとする試みを、トルベツコイは批判した。ここで、トルベツコイがいう「偽のナショナリズム」（一九二一年）についておさえておこう。彼が示す「真のナショナリズム」とは、（自分が世界の中心などではないと知っている）真の自己認識に基づいており、独自の民族文化に起源を持つ。ナショナリストとはその文化を守るために闘うものであり、彼らの行動はそうした文化が持つ理念に導かれるべきだとする。そして、この尺度を現存のナショナリズムにあてると、大半が「偽のナショナリズム」であるという。

こうして示されるいくつかの類型を要約すると、次のようになる。まず、最も多いパターンは、文化の唯一無二の価値を重要と考えないナショナリズムで、彼らが目指すのはただ政治的独立のみである。彼らは「大国」に、そして「国家［を持つ］民族の一員」になりたいだけである。このタイプは非ロマンス・ゲルマンの「小さな」民族に多い。彼らは自分らしくあることよりも他人になることを望んでいるのだから、そこでは自己認識は何の役割も果たしていない。彼らが好んで使うヨーロッパ化（あらゆる分野でのヨーロッパ的なものの再生産）は、民族の唯一性を完全に失う結果につながる。彼らが好んで使う「民族自決」の用語は、かえって混乱を招くだけである。このような姿勢には「民族」も「自決」もあり得ない。

二つ目の「偽のナショナリズム」は、戦闘的ショーヴィニズムである。これは、自国内にいる「他民族」の持つそれぞれの民族的唯一性を破壊し、自分たちのそれを行き渡らせようとする試みである。「偽のナショナリズム」の特殊な例は、文化的保守主義、すなわち、特定の文化遺産に絶対的価値を人工的に結び付け、変化を否定することである。

トルベツコイによれば、こうしたナショナリズムはどれも有機的に得られた正しい自己認識に基づいていないのが共通の特徴で、真のナショナリストであれば、傲慢さも野望も持たず、外国人の独自性の表現にも寛容で、調和を感じる限りであれば他文化の優れた成果を取り入れることもためらわないはずだ、という。

こうした議論は、主に二つの文脈から生じている。まず、一九一七年の革命直後から一九二二年末にソ連邦が確立されるまでの不安定な時期に、かつてのロシア帝国は、内側からの分離独立運動とソヴェト・ロシアに敵対的な国際環境の下で、分裂の危機に瀕していた。ユーラシア主義者は、排他的で狭量なナショナリズムや分離主義に対抗することを目的に、多様性を内包する広大な多民族地域「ロシア＝ユーラシア」への帰属意識を持つことを提唱した。[12] この点においてユーラシア主義は、「ロシア帝国の存在を否定することでこれを維持し（…）分離主義の意味を失わせる」[13] ことを狙った保守思想と解釈されることもある。しかし他方では、「偽のナショナリズム」に導かれた国家形成によって多民族地域に生まれるであろう対立の脅威を、より大きな総体の中に包摂することで乗り越えようとした、ある種の地域主義思想であるとみなすこともできる。ユーラシア主義は、力点の置き方によって解釈が分かれる両義性を持っている。

加えて、彼らが戦間期の中・東欧で目にしていたものは、世界大戦の結果崩壊した多民族帝国の跡に、「一民族（一言語）一国家」イデオロギーの下でいくつもの「民族国家」が建設される過程であった。しかし、西欧とは異なるモザイク的民族分布を持つ東欧地域では、民族と国家の境界線を一致させる試みは実現不可能であるだけでなく、不可避的に少数民族問題や国境問題をもたらし、新たに独立した国家間の軋轢を生む。「国民」の創造を目指して「国民文化」をトップ・ダウンで創り出そうとすることも、そこから排除される集団を生む。だからこそ、西欧をモデルとした国民国家を模倣すること（「国家［を持つ］民族の一員になりたがる」こと）を、トルベツコイは「偽のナショナリズム」と呼び、文化の政治目的への従属を批判した。そしておそらく、帝国崩壊後のロシアと、ロシア以外の民族の両方が、その同じ轍を踏むことを危惧した。

さて、もう一度「偽のナショナリズム」論に戻ろう。第一の類型には、独立を志向する少数民族に対するトルベツコイの厳しい視線が看取できるが、他方で彼は、ロシア・ナショナリズムについてもこう論じる。ピョートル大帝以降のロシアに「真のナショナリズム」は全く存在しない。教育を受けたロシア人は「本物のヨーロッパ」になることを夢みて、しかしそれが叶わないとなると多くが「後れた祖国」を見下した。自称ナショナリストたちは、ナショナリズムを大国になるための、軍事力や経済力を得るための、あるいは輝かしい国際的地位を得るための推進力として理解していた。ロシア国内の人々をロシア正教に改宗させ、ロシア語を導入し、ロシア的な地名をつける「ロシア化」さえ、ドイツの政策を模倣したものである以上、西欧への従属的姿勢を反映するものである、と。(14)

「国家民族」になることを志向する少数民族の「偽のナショナリズム」も、一九世紀にロシア帝国の西部諸地域で採られた同化政策を伴うロシアの「偽のナショナリズム」も、いずれも、いつかは多民族地域ロシアの個性を奪い、何か他のものにしてしまう――これがユーラシア主義者たちの危機感であった。

翻って、本国では別の事態が進行中であった。亡命者たちの多くは当初、ボリシェヴィキ政権は長続きしないと見込んでいた。しかし実際には、辛くも生き残った同政権は、民族領域連邦制という制度を用いてロシア帝国を継承、再編していった。民族領域連邦制とは、基幹民族に特定の自治領域と自治政府を上から与える制度であり、民族範疇とそれに相応する地位（連邦構成共和国に相応しいか、自治共和国に相応しいかなど）がトップ・ダウンで決められ、固定されるというものである。そして、連邦構成共和国には形式的に「主権」が与えられ、民族集団の平等が認められた。

アレクセーエフはそれを「法的フィクション」と呼び、「過去に自治など考えたこともなかった人々に民族共和国を」上から与えたことで、ロシアもインターナショナリズムも、ボリシェヴィキの思惑を超えていずれ破綻するのではないかと予測したが、[15]実態はともかくも、この制度により、ボリシェヴィキ政権は国内各地の民族運動を取り込むことができたと同時に、戦間期に影響力を拡大させていた「民族自決」イデオロギーとの両立も可能となった。アメリカのウィルソンが唱えた「民族自決」の美名が、植民地独立運動に希望を与えながらも失望を招いたのに対し、[16]自ら連邦制によって「民族自決」を体現したソ連のレーニンは、それを、帝国主義を揺さぶる武器としても使うことができた。

実は、ボリシェヴィキに対するユーラシア主義者の批判は、ある一点において一貫していた。それは、共産主義思想はヨーロッパからの借り物にすぎないのに、ボリシェヴィキは西欧の唯物主義と合理主義、実証主義をロシアに無理矢理植えつけ、無神論を強制した、という批判である。ほとんどのユーラシア主義者は自身がロシア正教徒であり、ロシア文化・社会における信仰の意義を重視し、精神的支柱としての宗教の復活を主張していた。

彼らの当初の批判や予想に反して、ソヴェト体制は危機を乗り越えて存続した。一九二二年以降、ソ連が国際的承認を次々と獲得し、亡命者たちが居住する国々と外交関係を確立するに至り、ユーラシア主義者たちもその現実を受け入れるようになっていく。

この過程で、ユーラシア主義者たちの中に、ボリシェヴィキが掲げる反植民地主義・反帝国主義への賛意と、多民族国家の統治制度としての連邦制に対する再評価が生まれた。ここでは後者について、先にみたトルベツコイの論考からその論理を取り出してみよう。

例えば、一九二五年に書かれた論文の中で、彼は次のように書いている。

［ソヴェト政府の］国内政策で［重要な点として］、ロシア化の放棄を指摘しよう。……ロシア・ユーラシアを構成する諸民族への権利の付与を公的に認め、さらに高度の自治を与えることは、ロシア人のみならず、トゥラン人も加わるロシアの国家体制の歴史的本質に対する正しい見解に合致するものである[17]

また、一九二七年の論文ではこうも述べている。

革命前のロシアは、ロシア民族が全領土の正式な主であるとみなされる国であった。……しかし、革命時にこの状況は変わった。……歴史の論理によって、ロシア人と非ロシア人の関係は平等なものに変わり……もはやロシア人は構成員の主ではなくなり、領土内に住む平等な諸民族の一つになったのである。……ソ連邦の非ロシア人に現在与えられている権利は剥奪されるべきではない。それを奪うことや、制限しようとする試みは、激しい抵抗に遭うであろう[18]

一九二〇年代にはまだ、亡命者と本国に残った人々の間には細々とした情報の流れがあったとはいえ、彼らがどこまでソ連国内の実態について把握していたかには疑問が残る。特に、上から与えられた民族カテゴリーが必ずしも実情にそぐわないことの問題性や、「ソヴェト化」の実態、連邦構成共和国とその下位政体（自治共和国、自治州、自治管区など）の間に設けられたヒエラルヒーが後にもたらす問題を考えると、あまりにも楽観的であるように思われる。もっとも、これは、二〇二三年の世界から振り返った時に、当時の民族政策がドンバス紛争をはじめとする非承認国家問題を引き起こした「時限爆弾」に見えるがゆえの「歴史の後知恵」であって、二〇世紀前半には、ソ連型の連邦制を先進的な事例とみなす研究者が少なくなかったことも考慮すべきかも知れない。

ただ、いずれにしても、連邦制の下にあってもなお独立志向の強い「ウクライナやグルジアの分離主義」は、トルベツコイをはじめとするユーラシア主義者の目には、ヨーロッパを模倣する大国志向、文化の人為的操作を伴う「偽のナショナリズム」と映ることになる。[19]

四　ユーラシア主義における「ウクライナ問題」

1 「東スラヴ一体性論」と「ウクライナ別民族論」

ユーラシア主義者とウクライナ亡命者の論争に分け入る前に、一九世紀のロシア帝国では、ウクライナの独立性についてどのような見解があったかを簡単に整理しておきたい。一九世紀半ば頃から、帝政政府やスラヴ派の知識人たちは、ロシア、ウクライナ、ベラルーシの東スラヴ三民族を「ルーシ人」として、その一体性を強調するようになった。もともと「ルーシ」概念と強く結びついていた正教思想とは別に、松里公孝の指摘によれば、このような「東スラヴ一体性論」（以下「一体性論」）登場の背景には、反乱や蜂起が続くロシア帝国の西部地域を脱ポーランド化するという政治目的があった。[20]ウクライナをロシアに同化させるべきだという主張もその延長線上にあり、ウクライナをポーランドとカトリック教会の支配・影響下から引き離す狙いに起因していた。

しばしば誤解されるのだが、一九世紀後半においてもなお、ウクライナがロシアとは別民族だという見解（以下「別民族論」）は、ロシアにおいてもウクライナにおいても少数派であり、「一体性論」が主流を占めていた。「ウクライナ」という民族名称も、[21]それがロシアとは別民族だという観念も、広がり始めたのは一九〇五年革命以後のことだと指摘する研究は少なくない。[22]それは、政治的自由の広がりの中で、民族主義運動が社会主義思想と結び付き、「抑圧者＝ロシア人・ポーランド人・ユダヤ人／無産民族＝ウクライナ人」という構図が作り上げられたこと、「ルーシ人」概念を支えていたロシア正教をはじめとする宗教一般の力が弱まりつつあったこととも関係している。[23]つまり、「別民族論」を支えたのは左派で、ロシアでもウクライナでも、右派は依然として「一体性論」支持者であったといわれる。

しかも、一九世紀後半のウクライナ語禁止政策を推進したり、ウクライナ民族の独立性・固有性を否定して「一つのルーシ人」を強調したりしたのは、ウクライナ出身のローカル・エリートたちであった。彼らは、ウクライナ文化を「共通のロシア文化」の中に位置づけることで、ロシア帝国の「中央」に近付くことを企図した。ロシア人が皆「一体性論」を掲げ、ウクライナ人がウクライナ人であるがゆえに「別民族論」をもって抵抗する、という単純な図式ではない。

「別民族論」が存在感を増したのは、中・東欧全域に共通するように、ドイツ・ロマン主義の流入によるものである。ロシア思想界においてはこれがスラヴ派のバックボーンとなるわけだが、ウクライナの「別民族論」に対しては、西欧派もスラヴ派も批判的であった。西欧派は、伝統や古くからの風習などを根拠にウクライナの独立性を主張する「別民族論」を、非ヨーロッパ的で偏狭な後進性として否定した。彼らにとっては、農民ではなく、教育を受けた層の洗練された（例えばプーシキンのような）言葉、洗練された文化こそがロシアの進歩にとって重要であった。対してスラヴ派は、近代化以前の東スラヴの農村社会や信仰こそが、西欧に対するロシアの優越性を示すものだと考えたのであり、それだけに、「東スラヴ」から出て行こうとするウクライナの「別民族論」は否定されるべき思想であった。だから、西欧派のベリンスキーも、スラヴ派のK・アクサーコフも、シェフチェンコのウクライナ語詩や、ウクライナ民族の優位性を語るコストマロフの本（一八四六年）を辛辣な言葉で非難した[24]。

確かに、いわゆる「ウクライナ・ナショナリズム」にとって一九世紀半ばは画期であった。スラヴ派が西欧を批判したのと同じように、ウクライナ「別民族論」派はロシアを批判し、ウクライナをロシアから切り離しにかかった。民族的固有性を主張する知識人たちは、自民族を主体とした民族史を書き、民族言語での教育や文化活動を進めようとした。しかし、依然として、「別民族論」派の主な目標は国家としての独立ではなかった。

帝政末期に教育を受け、亡命まではロシア帝国でキャリアを築いていたユーラシア主義者たちが、こうした知的土壌で育ったことは覚えておいて良いだろう。

2 ユーラシア主義者の「ウクライナ・アイデンティティ」

ウクライナはロシアとは別の民族なのか。ウクライナ文化とロシア文化はどのような関係にあるのか。ウクライナは政治的に独立すべきなのか。ウクライナは「ヨーロッパ」に属するのか、それでは「ユーラシア」の西の境界はどこなのか——こうした問いは、ユーラシア主義者にとって難問であった。

というのも、これまであまり注目されてこなかったが、ユーラシア主義の中心メンバーの中には、ウクライナにバックグラウンドを持つ人々が少なくないからだ。フロロフスキーはオデッサ（オデーサ）の聖職者の家庭に生まれ、スフチンスキーはポルタヴァで幼少期を過ごし、スヴャトポルク＝ミルスキーはハリコフ（ハルキウ）の出身である。ヴェルナツキーはモスクワ生まれのモスクワ育ちであったが、ウクライナ系の家系に属しており、ウクライナ生まれだった科学者の父ウラジーミルを通じてルーツ探しをしていたことが、未完の自伝（一部未刊行）に記されている[25]。サヴィツキーはチェルニゴフ（チェルニヒウ）の地方貴族の家に生まれ、東部ウクライナのロシア人が多く住む地域で育った。父親はゼムストヴォ（地方自治体）の議長であったが、帝政末期に特に強く「一体性論」を支持していたのがゼムストヴォの指導層だったという指摘[26]を考えると、サヴィツキーがロシア語や正教と結び付いた「マロルーシ・アイデンティティ」を育み、郷土史に関心を抱きながら[27]、その思想の中で「一体性論」と両立させていたということが、不可解なわけではないことが分かる。

ユーラシア主義はロシアの多民族性を重視し、パン・スラヴ主義のような一面的な結びつきによる国家アイデンティティを否定したわけだが[28]、他方でそれは「一体性論」とは矛盾しなかった。実際、ユーラシア主義者の著作に「一体性論」の残響を聞き取ることは難しくない。

例えば、アメリカに渡ってから書かれたヴェルナツキーの代表作を取り上げてみよう。中世には、東スラヴの支系（枝）の人々はみな「ルーシ人」として知られた一つの民（英語の訳語には“people”をあてている）だった[29]と彼は書いている。渡米前のヴェルナツキーは、さらに明確にこう記している。「［三民族の］文化的分裂は、本質においては政治的フィクションである。歴史的に見れば、ウクライナ人もベラルーシ人も、単一のルーシの民の支系なのは明らかである」[30]。ただし、トルバコフの丹念な調査によれば、ヴェルナツキーは後年、ロシアとウクライナは歴史的に非常に強い結びつきを持ち、共に「ロシア文化」を作り上げてきたし、これからもそうあるべきだが、両者はそれぞれに言語と文化、権利を有する別の民族だという結論に到達しており、自らについても「私は自分自身をウクライナ人であると同時にロシア人だと考えている」[31]と書き残している。別の民族であるが両方のアイデンティティを併せ持つことは可能だという見解へのシフトは、彼がヨーロッパからアメリカに移って時間が経つ中で生じている。

トルベツコイは、「一体性論」を前提としながらも、その文化的差異についてはもう少しニュアンスを持たせている。いわく、「『ルーシの民』というのは抽象である。具体的には、それ自体多種多様なロシア人（北のロシア人、南のロシア人、ポモール、ヴォルガ・ロシア人、シベリア人、コサックなど）、ベラルーシ人、これも多様なマロルーシ人ことウクライナ人がおり、それぞれの地域での文化の『基層』は、個々の多様性に適合するものであるべきだ。そのため、未来のロシア文化は、地域的、領域的線に沿って多様化していなくてはならない。[32]」つまり、政治的独立志向には手厳しいが、文化的な同一視にも批判的だったということである。

このように、ユーラシア主義の中には、「一体性論」とウクライナ・アイデンティティが微妙なバランスで共存していた。ユーラシア主義者にとって、「ウクライナ問題」は個人的背景からも難問だったのである。

一方、本国では別の動きが進んでいた。一九一七年の二月革命は「別民族論」を台頭させ、帝政政府のロシア化政策を批判してきた臨時政府の指導者たちは、「別民族論」を支持し、ウクライナ語教育と自治を認めた。十月革命を経て、一九二二年、「別民族論」に立脚して「ウクライナ共和国」が樹立され、連邦を構成するに至ったことは周知の通りである。

ソ連の民族政策は、「ウクライナ」を国家が定めた民族範疇とし、独立した民族だという認識を決定づけ、民族領域連邦制の下で制度化した。革命と内戦によって右派は物理的に駆逐されたので、それと共に「一体性論」もソ連国内から姿を消したが、しかし、上記の例が示すように、亡命者の中には残存した。やがてソ連本国では、「一体性論」に代わって「兄弟民族論」が影響力を増していった。

3 ウクライナ論争

さて、既にみてきたように、ユーラシア主義者の「偽のナショナリズム」の論理では、「ウクライナ民族（だけ）のウクライナ国家」や政治目的に従属した「ウクライナ文化」は批判の対象となる。

ユーラシア主義者のウクライナに対する評価を表す例として、再びトルベツコイの議論を取り上げてみよう。

彼は、文化には民衆を基礎とした「基層（下層）」と知識人や教養層が作り上げる「上層」があると考える。独立性のあるウクライナ文化があるとすれば、それは民俗的「基層」にあり、「上層（ハイ・カルチャー）」は、ロシアとの交流なくしてはあり得なかったという。そして、ロシア文化抜きのウクライナ文化が、すべての層を満足させることはできないし、「［ロシア文化を吸収することを拒み、あらゆるロシア的なものを憎むような状況下で創られた］ウクライナ文化は、衰退していくであろうし、それ自体が目的としてではなく、政治の道具として存在しているにすぎない(33)」と非難する。トルベツコイは、「ユーラシア」に住む諸民族の、個々のナショナリズムのフュージョンのようなものが必要であるとして、「全ユーラシア・ナショナリズム」を提唱した。

ユーラシア世界への統合を呼びかけるユーラシア主義に対し、亡命者コミュニティのウクライナ知識人の中からは、いくつかの反応が現れた。ここでは紙幅の都合上、その全貌を明らかにすることはできないので、誌上で展開された論争から二つの例を取り上げる。

一つは、トルベツコイの論文「ウクライナ問題について」（一九二七年）に対して、ウクライナの亡命歴史家ドムィトロ・ドロシェンコが誌上で挑んだ論争である。ドロシェンコは、中央ラーダ政権を倒したヘトマン政権下で外相を務めた人物でもあり、政治的立場としては「穏健なリベラル」といわれ、もともとは、ウクライナが国家として独立できるのであれば連邦に留まって良いとするウクライナ社会連邦主義党に属していた。

ドロシェンコがまずトルベツコイに対して強調したのは、ウクライナ文化の自律性である。トルベツコイは、ピョートル大帝やエカテリーナ大帝の政策によって、ロシア文化の民衆的「基層」が破壊され、その上にウクライナ文化を確立させたと批判する。これに対し、ドロシェンコは、両者の分化は中世には既に始まっており、北のルーシはビザンツの影響下にあったが、ウクライナはポーランドを通じて西欧のルネサンスや宗教改革の影響を受けたので、ロシア文化との相関関係はごく一部に限られると言う。

彼は、トルベツコイが批判するように、狂信的なショーヴィニストが「ウクライナの全住民に、あらゆるロシア的なものに対する憎悪」を吹き込むことができるし、そのような脅威が存在すること自体は認める。その上で、確かに革命後のウクライナは「ロシア文化」から離れて「ウクライナ文化」を選択したが、しかし、そのことが、トルベツコイが危惧するような質的レベル低下を招くとは思えない、と反論する。その際、「ウクライナ人は、文明化以前から千年にわたって領土の中で文化的生活を営み、アジアのステップとの戦いにおいて偉大な功績を収め、リトアニア・ポーランドの圧政と、モスクワ・ロシアの中央集権主義に対抗する中で、独自の特徴を保つだけの力量を得て」きたのだと主張する。(34)

二〇世紀初頭まで一般化していなかった「ウクライナ人」というカテゴリーを過去に遡及的に用いて、前近代より既にウクライナ・アイデンティティが存在してきたかのように描くのは、「別民族論」の特徴である。ドロシェンコはこの立場から「ウクライナ史」を書き直した歴史家と位置付けられている。ここにも、「一体性論」を内包するユーラシア主義と、「別民族論」に立脚したウクライナ・ナショナリズムの構図が透けてみえる。

この論争の延長線上にあるのが、政治的独立の意味をめぐる対立だということは容易に想像できる。つまり、両者の避けがたい対立点は、少数民族にとって独立が持つ意味であった。少数民族は「支配されている」と感じるからこそ政治的独立を目指すのであり、独立は「解放」を意味する。「国民文化」が求められるのも、自民族の誇りの源泉として必要だからである。これを「狭量なナショナリズム」と呼び、「国際連盟の余計者である『新しい国家』によって接ぎ木されている『文化』」を、「扇動的で本質的なものではない」(35)と批判することが、心情的反発を招くのは当然の帰結だといえる。

もう一つの論争の例は、フランスやベルギーで刊行されていたウクライナ亡命者の雑誌に発表されたドムィトロ・アンドリエフスキーの論考（一九二六年）[36]である。彼は、ユーラシア主義の思想を、ロシアとウクライナが別々の道を進むべきだというメッセージとして歓迎した。

ユーラシア主義者はロシア史を、ステップの遊牧民（モンゴルやタタール）と森林の定住民（ルーシ）の交流の歴史として描き、東西の交流を豊かな多民族性に結び付け、ヨーロッパ中心主義的な自国史観を批判した。これに対して、ロシアよりもポーランドやリトアニア、カトリックとの関係を根拠に、ウクライナを「ヨーロッパ文化」の一部とみなす論者は、ロシアがユーラシアの国家ならば、ウクライナはヨーロッパに属するので、両者が別々の道を進むのは当然だ、という結論に到達する。ユーラシア主義はウクライナがロシアとは異なるということを示した、ということで、アンドリエフスキーの言葉を借りれば、「我々［ウクライナ］の道は、西につながっている。我々の性格、歴史、未来は、［ウクライナを］西欧の共同体に導いている。チェコ人やポーランド人（…）セルビア人と共に、新たなヨーロッパ人を作るのだ[37]」ということになる。

こうした「誤読」は、ユーラシア主義者にとっての課題となった。例えば、ユーラシアの地理的範囲を植生や土壌から規定しようと試みた地理学者サヴィツキーは、リヴィウの手前で森林とステップが切り替わることから、ウクライナとベラルーシがヨーロッパとユーラシアの境界域であることを認めたが[38]、かつてウクライナのローカル文化の特性についての論考を書き、なおかつ「一体性論」を内包していたサヴィツキーにとって、「ウクライナ＝ヨーロッパ／ロシア＝ユーラシア」という構図はにわかには解消しがたい二項対立図式だったに違いない[39]。

サヴィツキーはその後も、教会建築様式の分布等から「ユーラシア」の西の境界線を見出そうと試みた。結局、一九二〇年代半ばには、独立したウクライナ文化なるものは一九世紀末までにはロシア文化に溶け込んでなくなった、という結論に達したようである。歴史的には、一〇世紀から一二世紀まではルーシのすべての地は同じ文化的発展を共有していたが、一三世紀から一七世紀にかけてルーシの民は分岐していった。しかし、ピョートル大帝の近代化により上からの統合が進み、一九世紀にはウクライナ文化の影響力は過去のものとなった、という叙述に行き着いた。その解釈によれば、一九世紀のウクライナ語リバイバルさえ外来のものであり、かつて個性も影響力もあったウクライナ文化は、愚かにもヨーロッパの模倣をしたがためにポテンシャルを失った、ということになる。[40] こうして、サヴィツキーにとってウクライナはもはや境界域ではなく、「ユーラシア」と不可分の一部へと変わった。

トルベツコイと並ぶ構造主義の言語学者ローマン・ヤコブソンは、言語連合の観点から、ロシア語もウクライナ語もそのいくつかの方言もユーラシアで話されている共通言語であり、境界線はスロヴァキア語とウクライナ語の間にあると結論付け、この二項対立に抗した。[41]

先にも言及したヴェルナツキーは、ウクライナを不可分の一部とした「東スラヴ」を主体に据え、ルーシの始まり以来、「東スラヴ」を挟んだ東西の交流史として「ロシア史」を書いた。[42]

こうして、一九二〇年代後半にユーラシア主義者の中に生じた「ウクライナ問題」は、「ユーラシア」の西の境界がどこにあるのかを模索させる契機となったのである。

両者の応酬に特徴的なのは、これが亡命者コミュニティで交わされた議論であり、本国では別の現実があったという点である。換言すれば、帝政末期のロシア知識界は、その認識や論争軸ごと亡命者と共に国外に移り、本国とは別の「もう一つのロシア」で論争が続けられたのである。

ロシア人であろうとウクライナ人であろうと、革命直後の亡命者たちにとって、「亡命」とは単なる越境や移住ではない。どれほど望郷の思いに駆られても、帰国は命の危険を意味したし、既に彼らにとっての祖国はまったく別の国になっていた。一九三〇年代半ばにもなると、祖国に残る人々との通信も情報交換も容易ではなくなった。このような状況が続けば、亡命者の思想は、本国の現実とは切り離され、「冷凍保存」される。

加えて、たとえ初めはアイデンティティが曖昧であったとしても、亡命者コミュニティの中でナショナルな意識が醸成・強化されるという側面もある。本国から離れているがゆえに、その純度が高まるということである。

イム・ジヒョン（林志弦）の言葉を借りるなら、「移民たちの遠距離ナショナリズムはたいてい、本国の民族主義よりも原理主義的で激しいものになる。本国の民族主義は歴史的条件と状況の変化に適応するため常に変化するが、移民たちのそれは国を出た時のまま剥製になって変わっていないからだ[43]」。

アメリカのウクライナ移民組織（Ukrainian National Association）の機関紙に1936年に掲載されたイラスト。時間の経過、社会経済的地位の向上に伴う移民のアイデンティティ形成が端的に描かれている。

出典：Orest Subtelny, *Ukrainians in North America*, University of Toronto Press, 1991, p.166.

とはいえ、彼らがこれほどまでにウクライナ問題について議論を戦わせ、時に無理な論拠を見付け出してまでウクライナの独立性を否定／肯定しようとしたのは、本国での「ウクライナ共和国」樹立とソ連邦形成の動きがあったからに他ならない。そして、本国から切り離された亡命者たちが、受入社会で自分たちのアイデンティティを模索する試みとオーバーラップしつつ、「ロシアとは何か」「ウクライナとは何か」が問われたのである。

それからおよそ七〇年後、冷戦が終わり、ソ連邦が崩壊すると、アイデンティティ・クライシスに陥り、新たな国家建設という課題に直面した本国に、亡命者たちの思想・歴史観が「解凍」され、戻ってきた。

五　亡命者の思想の還流

一九九〇年代、ロシアの出版界では、ユーラシア主義ブームとでも呼べそうな現象が起こっていた。都市部の大型書店には特設棚にトルベツコイやサヴィツキー、レフ・グミリョーフらのアンソロジーが並び、決して平易な内容でないにもかかわらず、地下鉄や飛行機の中でそれを読む人々が見かけられた。数年のうちに資料集が次々と刊行され、言論界でも政界でも言及が増えていった。

この現象を、最初期にアンソロジーを編んだ思想研究者、ノヴィコワとシゼムスカヤは以下のように表現している。「祖国の文化や伝統とのつながりを失った亡命者たちの……この忘れられた思想は、今日の我々の探求や現実認識にとても似通っており、近いものである。それは、待ち望まれる〔問題の〕解決への答えとして、あるいは警告として理解された」[44]

この現象はロシアだけに見られたものではない。新たに独立した他の一四の国家でも、「我が国とは何か」「自国史をどう描くか」が問われた。その過程で、国外で冷凍保存されていた「東スラヴ一体性論」と「別民族論」も、それぞれのルートで戻ってきた。

繰り返しになるが、一九世紀末から二〇世紀初頭の知的土壌で育ったユーラシア主義者たちは、「一体性論」を根本部分で共有していた。しかし、ロシアを「スラヴの国」とみなすスラヴ主義との差異が明白であったため、多民族国家のあり方を強調するユーラシア主義に「一体性論」が埋め込まれていたことは看過されがちであった。

ユーラシア主義の思想は、一九九〇年代のロシアでは、欧米とは異なるロシアの独自性や精神的風土の思想、宗教の復活の訴えとして読まれることの方が多かった。加えて、ユーラシア主義が展開したヨーロッパ中心主義批判は、リベラル・デモクラシーと自由主義経済が唯一の普遍的選択肢とみなされていた冷戦終焉期のユーフォリアに対する異議申し立てとして、あるいはグローバリズム批判の思想として読み替えられ、現代版「ネオ・ユーラシア主義」へとアレンジされていった。

ネオ・ユーラシア主義者にはいくつかのグループが存在するが、思想界ではアレクサンドル・パナーリン、政界では、外交理念の策定にも影響力を持つ実務家・研究者たち（ミハイル・チタレンコ、セルゲイ・カラガーノフ、チモフェイ・ボルダチェフ、セルゲイ・グラジエフなど）を介して、二〇〇〇年代後半からはイデオロギーの主流に入り込んでいる。[45]

ちなみに、ここで立ち入ることは控えるが、ネオ・ユーラシア主義者たちも古典的ユーラシア主義者たちと同様に、ウクライナとロシアを切り離すことには否定的である。別物として読まれたからこそ、ユーラシア主義が「解凍」されると共に「一体性論」が流れ出てきても、それらを結び付けて認識する機会は、これまでほとんどなかった。

しかも、一九九〇年代のロシアに帝政期の「一体性論」が持ち込まれたのは、むしろ別のルートであり、そちらの方が注目を集めた。その一人と目されるのがアレクサンドル・ソルジェニーツィンである。周知の通り、彼は、『収容所群島』をはじめとする一連の作品でソヴェト体制を容赦なく批判した反体制派作家で、一九七四年にソ連を追放され、アメリカに亡命していたが、ソ連邦解体後の一九九四年に帰国した。ソルジェニーツィンのセンセーショナルな帰国は、それだけでも注目を集めるには十分であったが、彼はソ連邦の解体後の国の姿について、ロシア・ウクライナ・ベラルーシの統一国家建設を提言し、ロシア社会に「一体性論」の理念を思い起こさせた。

例えば、『二〇世紀末のロシア（人）問題』（一九九四年）の中で、彼は、ロシアはソヴェトの実験によって、イデオロギーだけでなく領域という点からも本来の姿から切り離されてしまったと、そして、ベラルーシ、（「レーニンの国境のもとにある」）ウクライナ、カザフスタン北部との特別な絆を復活させ、必要とあらば国境線を動かし、統合すべきだと主張していた。[46] 帰国よりも前の著作で、日本でも翻訳された『甦れ、わがロシアよ』（一九九〇年）でも、ロシアとウクライナとベラルーシは同じ起源を有する「ルーシ人」であることを前提に、「ウクライナを切り離すこと」は「残酷な分離」だと訴えている。[47] この論考は、日本語訳の「訳者あとがき」によれば、『文学新聞』『コムソモーリスカヤ・プラウダ』の付録として累計二六五〇万部が完売したというもので、読者層への相応の影響力が推察される。

ちなみに、プーチンは過去に大統領として二度、生前のソルジェニーツィンと会談し、二〇〇七年には勲章を授与し、亡くなった後にも記念碑の除幕式に出席したり、ソルジェニーツィン財団が設立した博物館を訪れたりしており、折に触れ彼を「真の愛国者」と評してきた。

やがて、二〇〇〇年代のロシアでは、「一体性論」や「ルーシ」概念が政治言語に取り込まれるようになった。その契機は「ウクライナ問題」である。[48] 二〇〇八年、ブカレスト会議でウクライナのNATO加盟が議題に上がり、ウクライナのEU加盟準備交渉を直接の契機にマイダン革命が起こると、「ヨーロッパ」の機構に加わろうとするウクライナに対して、ロシアとウクライナの歴史的共通性を語る目的をもって、帝政期の古風な理念や概念がイデオロギーとしてリバイバルを果たした。

若い独立国家として、新しい「自国像」「自国史」の構築という課題に直面したのは、ウクライナも同様であった。一九八〇年代には帝政時代、ソ連時代の歴史観が批判を受けるようになり、ウクライナには前近代から続く独自のコアな源があるという解釈が前景化した。[49] そして、ウクライナは「ヨーロッパ」の自然な一部であり、モスクワ公国やロシアとは別の道を歩み、発展を遂げてきたという解釈がこれに続いた。一九九〇年代には、これが政治エリート層にも受入られるようになる。[50] クチマ大統領がまえがきを寄せたミハイロ・フルシェフスキーの『ウクライナ・ルーシの歴史』一一巻本の復刻版(一九九六年)は、その流れを象徴する存在とされる。

ところで、我々が今日知るウクライナは、ソ連の連邦構成主体となった「ウクライナ・ソヴェト社会主義共和国」(以下、ウクライナ共和国)の継承国家であるが、その領域は、ソ連邦形成以前にはポーランド・リトアニア連合王国、クリミヤ・ハン国、ロシア帝国、オーストリア・ハンガリー帝国の支配を経験した様々な地域から成っており、一九一七年のロシア革命を機にロシア帝国が崩壊すると、内戦と二つの民族主義的短期政権を経た後、ソヴェト政権が樹立され、一九二二年に東部から南部にかけての領域が加った。その後、独ソ不可侵条約に付属した秘密議定書と第二次世界大戦の結果、ポーランド、ハンガリー、ルーマニアから領土が併合され、一九五四年にはクリミヤ半島がロシア共和国から移管されて出来上がったものである。つまり、来歴が異なるいくつもの地域から構成されており、民族、言語、宗教の分布も、優勢な歴史観も地域ごとに少しずつ違う。

このような国の歴史を、可能な限り多くの国民の共感を呼び、人々の愛国心や愛郷心に訴えかける新しい「ウクライナ史」として書き直すことが求められたわけだが、最終的に選ばれたのは、ウクライナ民族が中心となり、中世から現代に至るまで、ポーランドやロシアといった強大な支配者と英雄的に戦い続けた結果、ようやく独立を手にした、という独立闘争の過程、輝かしい英雄譚としての「ウクライナ史」であった。

しかし、こうした「独立闘争史観」には、ウクライナ国内の歴史研究者たちからも懸念が表明されていた。ウクライナ人を主人公にした英雄物語では、ロシア人やポーランド人を「敵」として、ユダヤ人やクリミヤ・タタール人のような少数民族を「異分子」として描くことになるだろうし、それは多民族・多宗教の国家にとって危険である。そして、歴史の少なからぬ部分を共有してきた隣国ロシアの「ロシア史」との対立の火種にもなりかねなかった。

ここで「独立闘争史観」の選択に影響を及ぼした要因の一つが、亡命者・移民の存在であった。[51] ソ連時代に「民族」を主体に歴史を描くことは、イデオロギー上「ブルジョワ・ナショナリズム」とみなされ、批判対象になったのに対して、ウクライナ人亡命者の中には、前近代から独立国家の基礎があったという前提に立って「ウクライナ人（民族）の歴史」を描く流れがあった。独立に伴い、一九九〇年代を通じて北米地域から多くの人々が帰還してきたが、彼らが持ち帰った歴史観が、研究、教育、そして政治にも影響を及ぼすようになった。

例えば、英語圏でウクライナ史の概説書といえば、カナダのウクライナ人研究者オレスト・サブテルニーの『ウクライナ史』（一九八八年）[52]を思い起こす研究者は多いだろう。ウクライナ本国の公文書を用いてはいないものの、冷戦期には英語で読める類書がなかったために、この本は西側世界ではかなり重宝されてきた。ウクライナ系イギリス人研究者タラス・クジオの指摘によれば、その特徴は、領域ではなく民族を中心に据えた歴史叙述にあり、「ウクライナの歴史」というよりも「ウクライナ人の歴史」と呼べる。証左として、七〇〇ページ近い大著の中で、ウクライナ人以外の民族マイノリティに言及しているのはわずか五ページである。[53] これが、独立後のウクライナに逆輸入された。この本はウクライナ語とロシア語に翻訳され、一九九一年（ロシア語版は一九九四年）にウクライナで発売されると、一九九八年までに八〇万部を売り上げて、研究にも教育現場にも絶大な影響を与えたといわれる。アルバータ大学のウクライナ史研究者デヴィッド・マープルズの言葉によれば、「一九九一年から一九九五年の間に書かれたウクライナの論文で、脚注でサブテルニーを参照しなかったものはない[54]」ほどだった。

戦間期にトルベツコイと論争を戦わせたドロシェンコは、ウクライナ史学史ではウクライナ民族を中心に描く歴史観の先駆者といわれ、サブテルニーはその後継と位置づけられている[55]。

一〇〇%の重なりではなくとも、ウクライナ亡命者が求めた「別民族論」に立脚する歴史観と、新生ウクライナが必要とした「ウクライナ史」には共鳴関係があった。逆説的ではあるが、それがソ連時代に制度的に確立された民族認識に接続するのは、比較的容易であっただろう。

そしてその歴史観は、ウクライナがロシアとは別の道を進む根拠として、二〇〇〇年代以降の文脈で再解釈された。例えば、ウクライナは「(ユーラシアではなく)ヨーロッパの国」なので、ロシアから離れ、EU加盟を目指すのが自然である、というように。

六　おわりに

従来のロシア思想史では、西欧主義、スラヴ主義、ユーラシア主義は基本的に別立てであり、相互排他的とみなす研究者も多い。しかし、今日のロシアでは、これらは相互補完的な関係にある。それは思想の領域に限らない。プーチン政権がこれまで目指してきたのは、ヨーロッパ(大陸部)でしかるべき地位を占め、ロシア正教を精神的な柱として保護しつつ、アジアとの関係も重視する(「東方シフト」)多民族国家としてのロシアのあり方だった。ソ連という国家の消滅からおよそ三〇年をかけて、紆余曲折の末にロシアが手にした国家アイデンティティは、ロシア思想の三潮流の折衷型をしている。

ここで「ユーラシアの多民族国家」としての自国像構築に、間接的ながら、ユーラシア主義は一定のインスピレーションを与えたといえるだろう。それは、祖国を失った者たちによるアイデンティティの模索という本来の文脈だけでなく、国際秩序の動揺期のヨーロッパ／「西側」中心主義批判として、ポスト冷戦期に再出現した。

冷戦終焉が東西の「和解」とみなされ、ロシアが「西側」との協調路線を歩んでいた一九九〇年代初頭には、ユーラシア主義のこの側面は、主に右派や体制転換に取り残された人々が支持するものだったかも知れないが、和解の幻想が崩れゆく中で、再び引力を増した。二〇〇〇年代後半以降、つまり、NATO東方拡大やカラー革命などを受けてロシア外交の方向転換が決定的になってからは、ロシアの政論家の間で、ユーラシア主義は「西側」（「価値の輸出」を試みる欧米主要先進国）批判の思想として捉え直されている。

対してウクライナは、新たな「ウクライナ史」を、ウクライナ民族が自由・独立を獲得するための闘争の歴史として再編してきた。そこでは三民族の「一体性論」は挑戦を受け、ウクライナはロシアともベラルーシとも別民族であるという解釈が強調された。やがてそれは、ウクライナが（ロシアとは違って）「ヨーロッパ」に属するので、「西側」の機構に加盟すべきだという言説に接続される。

この構図は、戦間期の亡命者の間で戦わされていた議論の再現のようにも見える。一九世紀後半から二〇世紀初頭にかけて構築された「一体性論」対「別民族論」の構図が、ロシア、ウクライナのどちらの側においても、一九九〇年代以来復刻し、二〇〇〇年代後半以降の政治状況の変化の中で加速度的に前景化してきたように見えるのである。

ロシアでは現代のスラヴ主義者やネオ・ユーラシア主義者が亡命者の「一体性論」に反応したように、ウクライナにもまた、「別民族論」の逆輸入に新国家の方向性を見出した者たちがいた。今回の戦争を機に、おそらく、ウクライナの「別民族論」はさらにニュアンスを強め、定着していくだろう。

本国の動向に合流するように、亡命者たちの思想はそれぞれのルートを辿って還流し、国家間の対立にも流れ込んだ。さらに、ユーラシア主義に関していえば、国際秩序の動揺期の思想として、戦間期とポスト冷戦期という二つの過渡期を結んでいる。時代と地域、行為主体を越えた思想の循環史を、ここに見出すことができる。

(1) Prasenjit Duara, *Rescuing History from the Nation: Questioning Narratives of Modern China*, Chicago: University of Chicago Press, 1995.

(2) Prasenjit Duara, "Fluid Histories: Oceans as Metaphor and the Nature of History," Sam Mickey et. al. eds., *Living Earth Community: Multiple Ways of Being and Knowing*, Open Book Publishers, 2020. この議論の主眼の1つは「時間」なのだが、本稿では踏み込まない。Prasenjit Duara, *The Crisis of Global Modernity: Asian Traditions and a Sustainable Future*, New York: Cambridge University Press, 2006も参照。

(3) 浜由樹子「思想としての戦間期ユーラシア主義―ロシア思想のグローバル・ヒストリー」塩川伸明他編『ユーラシア世界 1 〈東〉と〈西〉』東京大学出版会、二〇一二年 参照。

(4) Hama Yukiko, "Eurasianism Goes Japanese: Toward a Global History of a Russian Intellectual Movement," Mark Bassin et. al., eds., *Between Europe and Asia: The Origins, Theories, and Legacies of Russian Eurasianism*, Pittsburgh University Press, 2015.

(5) 浜由樹子『ユーラシア主義とは何か』成文社、二〇一〇年 参照。

(6) ユーラシア主義とウクライナの複雑な関係性を指摘した研究として、以下のものが挙げられる。サヴィツキー研究の第一人者で、ロシアを拠点に研究を続けるドイツ人研究者マルティン・バイスヴェンガーは、サヴィツキーの十代の頃の関心にまで遡ってそのウクライナ観を辿り、彼のユーラシア主義におけるウクライナの定位の揺れ動きを論じた。Martin Beisswenger, "Eurasianism Then and Now: A Russian Conservative Movement and Its Ukrainian Challenge," Stephen Velychenko ed., *Ukraine, The EU, and Russia: History, Culture, and International Relations*, London: Palgrave Macmillan, 2007. スウェーデンを拠点にするロシア出身の研究者イゴール・トルバコフは、「西ルーシ」にそれまでにない比重を置くヴェルナツキーの「ロシア史」像と、彼のウクライナ史への関心に着目し、亡命後に強まっていったウクライナ・アイデンティティを掘り下げた。Igor Torbakov, "Becoming Eurasian: The Intellectual Odyssey of Georgii Vladimirovich Vernadsky," *After Empire: Nationalist Imagination and Symbolic Politics in Russia and Eurasia in the Twentieth and Twenty-First Century*, Stuttgart: ibidem-Verlag, 2018.

ロシア人研究者のヴィクトル・シュニレリマンは、ユーラシア主義者とウクライナ知識人との論争を、彼らの一つ上の世代であるP・ストルーヴェと、コルシュやキスチャコフスキーとの論争に遡って、世代を越えて継承される構図として示した。Виктор Шнирельман. Евразия или Европа? Роль Украины в евразийском и Евразии в украинском дискурсе // Форум новейшей восточноевропейской истории и культуры. №1. 2009.

（7）日本の報道や評論では、しばしばこれが「ロシア民族」と訳されているのを見かける。しかし、この文脈におけるプーチン政権（および大統領本人）の独特な用語法では、〝ルースキー（русский）〟は現代ロシア語の「（民族的）ロシアの」という意味ではなく、古い用法による「ルーシの」という意味で使われており、〝ナロード（народ）〟も同じく、近代的「民族」概念流入以前の意味で用いられる。そのため、例えば「ロシアとウクライナとベラルーシは同じ『ロシア民族』」と訳してしまうと、読み手は現代の「民族」範疇をイメージするため、混乱が生じやすい。

（8）浜由樹子「ウクライナ侵攻のイデオロギー—五つの構成要素とその背景」『ロシア・東欧研究』第五一号（二〇二二年度版）、二〇二三年　参照。

（9）Н. С. Трубецкой. Европа и человечество. София: Российско-болгарское книгоиздательство. 1920; Н. С. Трубецкой. Об истинном и ложном национализме // Исход к востоку. София: Российско-болгарское книгоиздательство. 1921.

（10）一九世紀には広く用いられていた概念で、言語上、インド・ヨーロッパ語系にもセム語系にも属さない、テュルク系とモンゴル系を含むカテゴリーであった。トルベツコイはこれを、議論の余地は残るとしながらも、ウラル・アルタイ語族と同義的に用いる。トゥラン主義については、浜由樹子「トゥラン主義とその時代—汎イズム比較研究のための予備的考察」IICS Monograph Series（津田塾大学国際関係研究所）No.18、二〇一一年　参照。

（11）П. Н. Савицкий. Евразийство // Евразийский временник. №4.1925; Н. С. Трубецкой. Верхи и низы русской культуры: Этническая основа русской культуры // Исход к востоку, 1921.

（12）Н. С. Трубецкой. Общеевразийский национализм // Евразийская хроника. No.9, 1927; П. Н. Савицкий. Географические и геополитические основы евразийства // Orient und Occident. №12, 1934.

（13）Nicholas Rizanovsky, "Prince N. S. Trubetskoy's 'Europe and Mankind'," *Jahrbücher für Geschichte Osteuropas* 12, 1964, p.215.

（14）Трубецкой. Об истинном и ложном национализме.

（15）Н. Н. Алексеев. Русский народ и государство. Москва, 1998. С.368.

（16）Erez Manela, *The Wilsonian Moment: Self-Determination and the International Origins of Anticolonial Nationalism*, Oxford University Press, 2007.

（17）Н.С. Трубецкой. Наследие Чингисхана: Взгляд на русскую историю не с Запада, а с Востока. Берлин: Евразийское книгоиздательство.

1925（Наследие Чингисхана. Москва: Аграф. 2000. С.276-277）.

（18）Н.С. Трубецкой. Общеевразийский национализм // Евразийская хроника. №9. 1927（Наследие. С.493-494）.

（19）Н. С. Трубецкой. К украинской проблеме // Евразийский временник. №5. 1927.

（20）松里公孝「ルーシの歴史とウクライナ」塩川伸明編『ロシア・ウクライナ戦争―歴史・民族・政治から考える』東京堂出版、二〇二三年、一六七―一七一ページ。

（21）一九世紀半ばには正教と結び付いた「マロルーシ人」という呼称の方が一般的であった。

（22）例えば、村田優樹「二〇世紀初頭のウクライナ・ナショナリズムとロシア・ナショナリズム―『独立説』と『一体説』の系譜」『現代思想』第五〇巻第六号、二〇二二年・松里公孝「東スラブ『三枝一体』論と露ウ戦争」『歴史学研究』No.1037、二〇二三年七月。

（23）松里公孝「ルーシの歴史とウクライナ」。

（24）ヴェラ・トルツは、後世にまで及ぶベリンスキーの影響力を重視し、ツルゲーネフやM・ブルガーコフのウクライナ文化の独立性に対する懐疑的な姿勢を補強したと指摘する。Vera Tolz, *Inventing the Nation: Russia*, London: Hodder Education, 2001, pp.213-216.

（25）Igor Torbakov, "Becoming Eurasian."

（26）松里「ルーシの歴史とウクライナ」参照。

（27）Sergei Glebov, "A Life with Imperial Dreams: Petr Nikolaevich Savitsky, Eurasianism, and the Invention of `Structuralist、Geography," *Ab Imperio*, No.3, 2005, p.301.

（28）Трубецкой. Наследие Чингисхана（Наследие. С.503）.

（29）George Vernadsky, *A History of Russia*, New Haven: Yale University Press, 1929（Sixth Revised Edition, 1969, pp.2-4）.

（30）Г. В. Вернадский. Начертание русской истории. 1927（Москва: Direct MEDIA, 2020, С.211.）

（31）Г. В. Вернадский. Кн. Трубецкой и украинский вопрос. Bakhmeteff Archive of Russian and East European History and Culture, Columbia University, George Vernadsky Collection, Box 96.（*Ab Imperio*, no.4, 2006 に掲載。）

（32）Н. С. Трубецкой. К украинской проблеме // Евразийский временник. №5. 1927（Наследие. С.429）.

（33）Трубецкой. К украинской проблеме. С.426.

（34）Д. И. Дорошенко. По поводу статьи кн. Н. С. Трубецкого «К украинской проблеме» // Евразийская хроника. №10. 1928（Наследие. С.435-455）.
（35）Трубецкой. К украинской проблеме. С.427.
（36）Дмытро Андриевский. Евразийство // Тризуб. Т.2. №40. 1926. なお、この資料についてはバイスヴェンガー氏からご提供いただいた。また、ウクライナ語の翻訳についても同氏にご教示いただいた。記して感謝申し上げる。
（37）Андриевский. С.12.
（38）П. Н. Савицкий. Географические особенности России: Ратительность и почвы. Прага, 1927.
（39）この指摘については、Beisswenger, 2007.
（40）Beisswenger, “Eurasianism Then and Now,” pp.37-40.
（41）ヤコブソンの「言語連合」論については、朝妻恵里子「ヤコブソンの『言語連合』をめぐって—言語の『全体性』」『ロシア語ロシア文学研究』三九号、二〇〇七年　参照。ただし、ヤコブソンの研究動機について、朝妻は異なる解釈をしている。
（42）Вернадский. Начертание русской истории.
（43）林志弦『犠牲者意識ナショナリズム—国境を超える「記憶」の戦争』澤田克己訳、東洋経済新報社、二〇二二年、三六ページ。
（44）Л. И. Новикова, И. Н. Сиземская（ред.）Мир России —Евразия. Москва: Высшая школа. 1991. С.5.
（45）極右思想家アレクサンドル・ドゥーギンがプーチン政権に影響を及ぼしているという風説については、浜由樹子「『ドゥーギン＝陰のメンター』説を解体する」『現代思想』六月臨時増刊号、二〇二二年を参照。
（46）Александр Солженицын. «Русский вопрос» к концу XX века, М., Голос. 1994. С.93-96.
（47）アレクサンドル・ソルジェニーツィン『甦れ、わがロシアよ—私なりの改革への提言』（木村浩訳）日本放送出版協会、一九九〇年、pp.14, 21-27.
（48）浜「ウクライナ侵攻のイデオロギー」。
（49）Pål Kolstø, *Political Construction Sites : Nation Building in Russia and the Post-Soviet States*, Westview Press, 2000.
（50）いうまでもなく、これも一直線の流れではなかった。一九九〇年代半ばには、ヨーロッパに「回帰」すべきか、ユーラシアにとどまるべきか、政治的スペクトラムの左右で議論が交わされ、政策的にも振幅があった。
（51）詳細は、浜「『歴史』をめぐる相克—ロシア・ウクライナ戦争の一側面」塩川伸明編『ロシア・ウクライナ戦争』東京堂出版、二〇二三年。

（52）Orest Subtelny, *Ukraine: A History*, Toronto: University of Toronto Press, 1988.

（53）Taras Kuzio, *Theoretical and Comparative Perspectives on Nationalism: New Directions in Cross-Cultural and Post-Communist Studies*, Stuttgart: ibidem Press, 2007, pp.330-331.

（54）David R. Marples, "Studying Ukraine," Lecture delivered at the Modern European History Seminar, Cambridge. 27 Jan. 2010. http://www.hist.cam.ac.uk/seminars_events/seminars/modern-european/marples-writing-history-of-ukraine/（但し、このリンクは二〇二三年一二月一〇日現在無効である。）

（55）Kuzio, *Theoretical and Comparative Perspectives on Nationalism*, p.330.

（56）ユーラシア主義をスラヴ主義の亜種とみなす研究者は少なくないが、ここでは立ち入らない。

領土の一体性・自衛・武力行使
——戦争の道義性の一側面に関する若干の考察

●——白川俊介

はじめに

戦争や武力行使における「道義性」や「正しさ」については、古くからさまざまな形で議論されてきた。一般にそれは、「開戦の正義（戦争への正義）」（*Jus ad bellum*）および「交戦の正義（戦争における正義）」（*Jus in Bello*）という形で論じられており、[1]近年はさらに、「戦後の正義」（*Jus post bellum*）や「戦争終結に向けた正義」（*Jus ex bello*）などについても論じられるようになった。[2]こうしたいわゆる「正戦論」（just war theory）において、二〇〇〇年以降、特に二〇一〇年あたりから、「伝統主義者」（traditionalists）と「修正主義者」（revisionists）という二つの陣営に分かれた論争が行われるようになった。[3]

セス・ラザールによれば、正戦論における「伝統主義」とは、いわゆる主権国家（だけ）が戦争を遂行しうる主体であるとして、武力紛争に適用される国際法の道徳的基盤を提供することを目指す議論である。しかしながら、冷戦終結以降、一九九〇年代の諸種の民族紛争の経験を経て、かかる見方には疑問符が付されるようになった。「修正主義者」

に言わせれば、従来の国際法が「人類の良心に衝撃を与える犯罪」[4]に直面した事態においても、主権の壁の前に無力であった点を踏まえれば、既存の国際法はいわばハリボテにすぎない。したがって、武力行使に対峙する視点を、そのような国家中心的な観点から個人の権利（すなわち基本的人権）の保護に重心を移し、「より深遠な道徳的基盤」（deeper moral foundations）[5]に基づいて正戦論を再構築すべきだというわけだ[6]。

修正主義者の議論は、正戦論全体の枠組みを大きく揺るがすものであり、それらすべてについて論じることは紙幅の都合上、困難である。そこで本稿では、対象を絞り、「伝統主義」と「修正主義」の論争を念頭に置きながら、代表的な修正主義者であるセシル・ファーブルの議論を検討したい[7]。

ファーブルは、マイケル・ウォルツァーをはじめとする伝統主義者の正戦論に対して、デイヴィッド・ロディンやジェフ・マクマハンらが行った批判[8]を部分的に継承しつつ、みずからのコスモポリタニズム的な立場から正戦論を展開する。特に彼女は、従来「開戦の正義」の重要な要素であると考えられてきた「正当な権威」（legitimate authority）という要件を放棄すべきだと主張する[9]。というのも、個人主義的な観点から戦争を捉え直した場合に、国家を「正当な権威」として、国家だけを戦争遂行の事実上唯一の主体であるとする伝統主義者の議論は、個人の権利としてのある種の自衛戦争の遂行、すなわち「生存のための戦争」（subsistence war）や「内戦」（civil war）における正当な武力反乱を否定することにつながり、不当だからである。

ファーブルのねらいは、「正戦論に関するコスモポリタニズムに基づく体系的な理論」[10]を構築することにあり、その意図は十分に理解できる。だが、ファーブルの議論をそのまま受け入れるわけにはいかない。少なくともファーブルの議論は、次の二つの問題を孕んでいるように思われるからだ。一つには、上述したように、「開戦の正義」における「正当な権威」という要件を排除すべきだという主張にかかわる問題がある。この点は、ファーブルのコスモポリタニズム的な正戦論の基盤を切り崩すことにつながる。いまひとつは、ファーブルは、「領土の一体性」（territorial integrity）を保全するための自衛戦争の十全な擁護論を展開できないのではないかという懸念である。この点も彼女のコスモポリタニズム的な正戦論から必然的に導かれる帰結であるように思われる。そこで、本稿ではまず、ファーブルのコスモポリタニズムに基づく戦争論について、とりわけ彼女の著書『コスモポリタンな戦争』における議論を中心に整理し、その議論が内包する二つの問題点について指摘したい。そのうえで、そうした問題を乗り越える視座をどこに求めるべきか、若干の私見を述べよう。

一　修正主義者は何を問題にしているのか——マクマハンによるウォルツァー批判を中心に

まずは、伝統主義と修正主義とのあいだの論争において、特に修正主義者が何を問題としているのかを論じておこう。それは次節で論じるファーブルの議論の土台をなす。

伝統的な正戦論の系譜に連なる理論家は、古くから多く存在するが、一般に修正主義者が槍玉に挙げるのは、正戦論の現代の古典として名高い『正しい戦争と不正な戦争』を著したウォルツァーの議論である。そして、そのウォルツァーに対して正面から論争を挑んだのがジェフ・マクマハンであり、彼の著書『戦争における殺戮』は伝統主義と修正主義との論争をより一層活気づけることとなった。

マクマハンの批判の根本には、従来の伝統的な戦争観は、戦争を何か固有の道徳原理が適用される、道徳的に特別な範疇に存在する暴力だと理解しているのではないかという危惧がある。このことは、ウォルツァーの議論においては、第一にその集団主義的性格、第二に「開戦の正義」と「交戦の正義」の分離、第三に「兵士の道徳的平等性」(the moral equality of soldiers) という主張に見いだせる。

ウォルツァーは、各人にとっての政治共同体の重要性に着目する。国家の道徳的地位は、国家が内包する市民の共同体的な生を保護するのかどうかによって定まる。こういう国家と市民とのある種の社会契約を前提にすれば、国家の政治的主権と領土の一体性は守られなければならない。(11) したがって、市民の共同体的な生を脅かすような侵略に対する暴力をともなう対応、すなわち自衛戦争は正当化される。ここで戦争を遂行できる唯一の主体は、市民の共同体的な生を守る責任を負う国家であり、国家だけである。そして、かかる目的のためであれば、「最高度緊急事態」(supreme emergency）において、意図的に民間人を殺害することを、国家は兵士に命じることすら可能である。[12]ウォルツァーの議論では、戦争を国家という集団と結びつける点で、集団主義的な議論である。それは戦争遂行にかかわる領域と、個人の道徳の領域の分離を前提とするのである。[13]

そうであれば、戦争を開始する大義名分などにかかわる「開戦の正義」と、個々の兵士の戦争中の行いや振る舞いに影響する「交戦の正義」は、原理的に別個のものでなければならない。戦争の「正しさ」は国家のレベルで決まるので、たとえば、「不正な」戦争に兵士が従事させられることはありうる。しかしながら、その兵士は、「不正な」戦争に従事したという理由では裁かれたり罰せられたりすることはない。たとえ、戦争そのものが不正であろうとも、兵士は「交戦の正義」を遵守し、必要かつ適切な殺傷力を行使して、無辜の民間人ではなく敵兵だけを殺害するのであれば、それは不正な殺人ではないのである。こういう意味で、戦争そのものの正しさにかかわる「開戦の正義」と、戦時中の行為の正しさにかかわる「交戦の正義」は、そもそも適応されるレベルが異なるのである。

このことは、「兵士の道徳的平等性」に直結する。ウォルツァーによれば、正しい戦争に従事していようが、不正な戦争に従事していようが、「交戦の正義」に従うべきであり、戦時中の兵士を律するのは「交戦の正義」を具現化した戦争条約のみであるという意味で、いかなる兵士もみな道徳的に平等である。兵士は戦争そのものには責任を負わず、戦争中のみずからの行動だけに責任を負うというわけである。[14]

だが、マクマハンによれば、この「兵士の道徳的平等性」は問題である。というのも、不正な戦争に従事する者に殺人の許可を与えるというのは、道徳的に許容できないからである。一般に、罪を犯し危害を加えている者が、そうでありながらも自衛権を主張することはできないにもかかわらず、「不正な戦闘員」（unjust combatant）[15]は武力を行使できるというのは、道徳的につじつまが合わない、というわけだ。[16]そうだとすれば、当然ながら「開戦の正義」と「交戦の正義」の分離も問題となる。戦争はそもそも「開戦の正義」を満たしているべきであり、「開戦の正義」に違反しているにもかかわらず、「交戦の正義」の原則の範囲内で行動する兵士の責任を問えないというのは道徳的に許容できない。[17]

こういうことになってしまうのは、つまるところ戦争を国家が行うものであるとして、その正／不正は固有の道徳的な領域に属するという前提があるからである。マクマハンは次のように議論を展開する。

正戦にまつわる原理は、各人の行為を導き、判断するために用いられていた。だが後に、各人が主権国家のなかに確固として埋め込まれ、国家間の条約による戦争の規制がますます有効になればなるほど、正戦論において、戦争とは国家の活動であり、個々の兵士は国家の活動のための道具にすぎないと考えられるようになったのである。[18]

だが、マクマハンに言わせれば、あらゆる形態の暴力は、一連の共通の道徳原理をもってして正当化されるべきであって、だから、「戦争における集団的な暴力を統御する原理は、国内の文脈における集団としての行動を統御する原理と同一であるべき[19]」なのである。それゆえに、

修正主義は、戦争を他の形態の暴力的な紛争と道徳的に連続したものとして扱い、したがって、戦争という条件のもとで異なる道徳が効力を発揮するという考えを否定する。開戦の正義の原則は、国家だけでなく兵士個人にも適用され、一般に不正な戦争に従軍すべきではないのである。また、交戦の正義は開戦の正義と別個に存在しうるわけではなく、ゆえに、一般に不正な戦争において、客観的に許容可能な方法で戦闘行為を行うことは不可能なのだ[20]。

では、かかる原理の基盤をどこに据えるべきか。それは集団主義ではなくて個人主義である。要するに、修正主義者によれば、戦争というのは諸個人間の紛争が単にスケールが大きくなったものにすぎないのであって、戦争の正当性はすべて、個人がみずからに対する危害を正当に防衛し、必要なかぎりで相手に対して加害することの正当性に還元可能なのである[21]。マクマハンによれば、

この「修正主義」的な説明は……ある面では、数世紀前に取って代わられた伝統的な理論に回帰することになる。たとえば、戦争で殺し、殺されるのは国家ではなく個人であり、戦争への参加と行動に対する第一義的な責任は国家ではなく個人が負うという考え方に回帰するのである。[22]

修正主義者は概ねこのような形で伝統主義者、とりわけウォルツァーの議論を批判したうえで、戦争について思考する際の「より深遠な道義性」(deeper morality)[23]の基盤に個人主義を据えて、正戦論を捉え直そうとするのである。

二　ファーブルの「コスモポリタニズム的な戦争観」

かかる修正主義者のなかで、セシル・ファーブルは、マクマハンらの影響を受けつつも、「コスモポリタニズム」を前面に押し出して、正戦論の再考を試みてきた。ファーブルの正戦論について、本稿では「コスモポリタニズム的な戦争観」と呼び、その議論を検討しよう。[24]

1　ファーブルのコスモポリタニズム

まずは、ファーブルの主たる論考[25]から、彼女の「コスモポリタニズム」について整理しておこう。ファーブルによれば、コスモポリタニズムには功利主義に基づくものや義務論に基づくものなど、いくつかのヴァリエーションがあるが、いずれにしてもそれは、「人間こそが道徳的関心と尊重の基本的かつ主要な単位であり、各人は平等な道徳的価値を持つという見方[26]」、換言すれば、「各人には同等の道徳的価値があり、平等な関心と尊重をもって互いに接するべきだという基本的平等の原理[27]」を信奉するものである。ゆえに、コスモポリタニズム的な道徳は、「個人主義」、「平等主義」、「普遍主義」に基づく。

ただし、ファーブルのコスモポリタニズムは「平等主義」(egalitarianism)ではなく、「十分主義」(sufficientarism)を擁護する。[28] すなわち、あらゆる個人には「最低限のまともな生活」（decent minimum life）を送るために必要な資源や自由に対する権利があると考える。かかる権利が保障されなければ、各人は善き生の構想を自由に探求できないからである。[29] したがって、ファーブルは、ヘンリー・シューの議論を引きつつ[30]、人々は「基本的人権」（basic human rights）、すなわち、それを抜きにしては「最低限のまともな生活」を送ることができず、平等に処遇されるべき道徳的かつ理性的な主体としての地位を明らかに損なうような財や自由を守るための権利を有すると考える。[31] 基本的人権は、政治的な国境線とは無関係に、あらゆる個人が持つべきものだ。したがって、かかる権利が保障されていない人々や脅かされている人々に対しては、彼らの基本的権利を保障する「正義の義務」が、場合によっては部外者に降りかかるのである。[32]

ここで興味深いのは、ファーブルは一般的なコスモポリタンとは異なり、国家の政治的自決や領土権の意義をある意味では積極的に認めるのだが、それを「基本的人権」の保護と絡めて論じる点である。すなわち、ファーブルによれば、「国家は市民および部外者の基本的権利を尊重するかぎりにおいて、市民を集団として統治する道徳的権利を有するのであり、そのかぎりで正当である」[33]。したがって、統治権とは、「国家的主体が市民のために行動する受託者（trustees）として保持する受託権（fiduciary right）なのであり、市民は、その指示に従わない場合よりも、従うことによって基本的権利がよりよく保護される場合にのみ、国家的主体に従う義務がある」[34]。政治的自決や領土権は、国境線の内外の人々に対する基本的人権を適切に保障するかぎりで価値があるとみなされる。つまり、政治共同体には、ウォルツァーが主張するような本質的な価値があるのではなく、「最低限のまともな生活」を送るのに必要な資源を提供するメカニズムとして手段的に正当化されるにすぎないというのである。[35]

2　ファーブルの「コスモポリタニズム的戦争観」の含意

(1)　個人の（私的な）戦争権の擁護

ファーブルはこのようなコスモポリタニズム的観点から戦争を捉え直そうとする。とりわけ、一般に戦争は国家や共同体だけが正当に遂行できるものだと考えられているが、それは誤りであり、戦争を起こす権利は、原理的には、個人にも備わっていると考えるのである。なぜなら、上述のように、国家には市民の「最低限のまともな生活」を守る手段的な正当性しかないとすれば、重要なのは国家という共同体そのものではなく、その市民一人ひとりの生であり権利であるはずだからだ。そして、ファーブルによれば、「概して、戦争は共同体や、多くの場合、ネイションの価値の名のもとに、ある集団が別の集団に対して行うものである。しかしながら、実際に戦闘を行い、それによって死ぬのは、そのような集団ではなく、ともに行動していた個人なのである[36]」。そういう意味で、「国家の戦争遂行権は、個人のために行動する受託者として国家が有する権利[37]」でしかないのである。そうであれば、「戦争についての深遠な道義性からして、戦争を起こす権利が伝統的に与えられてきた主体、すなわち国家またはそれに準ずる主体が戦争を起こすことは、戦争が正当であるために必ずしも求められる要件ではない[38]」というわけである。

　戦争を遂行する権利が国家以外の主体、より直截に言えば個人にあるとすれば、個人が起こす戦争とはどういうものだと理解できるだろうか。ファーブルによれば、戦争を遂行する権利とは、「自分たちの基本権をより一層侵害するため、あるいはその前段階として、（戦闘員として）致命的な脅威を与える者、あるいは（戦闘員の支援者として）その脅威に加担する者に対して殺傷力を行使する権利にすぎない[39]」。つまり、まずもって根本的な戦争の「正当な理由」となりうるのは、個人の「基本的人権」の侵害、各人の「最低限のまともな生活」が著しく脅かされていることであり、各人はその侵害からの自衛のために、場合によっては致死的な暴力を行使することは正当であると考えられる。ファーブルは次のように述べている。

> ある個人からなる集団が何らかの特性を欠いているとして、そのような特性の有無が彼らの権利を保護することができるという基本的な利益と無関係であるならば、彼らに戦争を起こす権利があることを否定はできない[40]。

　こういうファーブルの主張から、少なくとも次の三つのことが言えるであろう。第一に、原理的にいって、各人には「最低限のまともな生活」を送るために戦争に訴える権利がある。たとえば、トマス・ポッゲが指摘してきたように、富裕国の人々は、みずからに有利な経済構造を構築し、結果的に貧困国の人々を貧しい状態に留め置くことの片棒を担いでいる[41]（Pogge 2008）。つまり、富裕国の人々は必ずしも意図的ではないにしろ、貧困国の人々に危害を加えており、貧困国の人々の「最低限のまともな生活」を送る権利を侵害している。ゆえに、あくまで原理的にではあるが、著しく困窮した状態にある人々に対する「正義の義務」の履行を怠っている豊かな人々は、戦争の正当な標的になりうる。[42]貧困国の人々には、「生存のための戦争」に従事する権利があるのである。[43]また、抑圧的な体制の下にある個人は、みずからの「最低限のまともな生活」を送る権利を守るために、当該政府に対して正当に「反乱」（rebellion）できるのである。[44]

第二に、「最低限のまともな生活」を送るために必要な基本的権利や自由の確保は、いわゆる「人道的介入」（humanitarian intervention）の正当性を裏づけることになる。上述のように、国家は、国境線の内外の人々に対する基本的人権を適切に保障するかぎりにおいて正当であるとみなされる。それゆえに、国内外を問わず、人々の基本的人権を尊重する国家だけが、部外者による介入から守られるのであり、国家が正当であるためには、「最低限のまともな生活」を送れるようにするための義務を果たさなければならず、その一環として、権利侵害を引き起こしている国家に対する介入義務が生じるのである。

第三に、各人が「最低限のまともな生活」を送るために、国家の政治的主権や領土の一体性が手段として重要であるのであれば、それらを守るために、各人が戦争を遂行することができる場合が、あ、る。すなわち、領土の一体性を守るための自衛戦争は、その侵略によって市民の「最低限のまともな生活」が脅かされるのであれば、正当であるとみなされる。[45]

（2）「正当な権威」という要件の放棄

個人に戦争する権利があるとすれば、それは当然ながら「開戦の正義」の要件の一つである「正当な権威」に抵触する。戦争は「正当な権威」によって遂行されるべきだというのは、古くはアウグスティヌスやトマス・アクィナス、サミュエル・プーフェンドルフら、中世から近代の正戦論の伝統を形作ってきた理論家にとって、戦争の「正しさ」を論じるうえで、極めて重要な要件であった[46]。しかしながら、ファーブルは、「コスモポリタニズム的な戦争観」により適合するように、ありていにいえば、個人の戦争する権利を正当に擁護できるように、「戦争の道義性にまつわるいくつかの基本原理を修正[47]」しようとするのであり、なかでも「正当な権威」という要件は放棄されるべきだと論じる[48]。ファーブルは次のような論法で説明する[49]。

国家Aが国家Bの政治的主権や領土的一体性を脅かすような武力行使を仕掛けてきたとすれば、一般にBはAに対して武力行使をする「正当な理由」(just cause) があるとみなされる。上述のように、そのことは、Bの政治的主権や領土の一体性が脅かされれば、Bの市民の基本的人権や「最低限のまともな生活」が保障されないという理由で、コスモポリタンも受け入れ可能である。このことを踏まえると、戦争の「正当な理由」は、個人の基本的な権利の侵害のみならず、集団的な権利や政治的な権利の侵害にまで拡大することは十分に可能であり、個人の権利および集団的な権利のいずれもが、各人が「最低限のまともな生活」を送るうえで保護されるべきなのであれば、いずれかが侵害されれば、それは開戦事由になりうる[50]。

そうだとすれば、国家Aにおいて深刻な人権侵害に苦しむ宗教団体Bの事例はどうだろうか。国家Aは、Bの教会をすべて閉鎖し、疑わしい宗教指導者を監視し、自分たちの手の者を送り込んで日常的にBの成員を殺害し拷問している。明らかに宗教団体Bの成員の「最低限のまともな生活」は保障されていないにもかかわらず、宗教団体Bは「正当な権威」ではないという理由で、Bが起こす武力行使がもとより不正だというのは、コスモポリタニズム的な観点からは受け入れられない。したがって、戦争を遂行する権利を有する主体は必ずしも「正当な権威」(=国家) でなくともよいはずであり、戦争の「正しさ」を判断するうえで、「正当な権威」という要件は不必要であり、削除されるべきなのである。

三　若干の批判的検討

ファーブルの「コスモポリタニズム的な戦争観」のねらいは、個人主義の観点から、戦争を遂行する権利を伝統主義者のように国家的主体の専売特許であると考えるのではなく、場合によっては非国家的な主体や個人にも戦争を遂行する正当な権利があるということを示すことにあった。国家中心主義から脱することで、従来、あくまで極めて例外的にしか認められてこなかった人道的介入を、個人の基本的人権の保護という観点から無理なく正当化できる。また、基本的人権が侵害され、最低限の品位ある生活を送ることすらかなわない各人は、そうした権利を脅かす者たちに対して、「生存のための戦争」や「武力反乱」という形で、武力を行使する正当な権利があると言えよう。これらの武力行使は、従来の正戦論の枠組みでは、「正当な権威」の要件を欠くために不正であるとみなされざるをえなかったのである。

こうした議論は、ある種のコスモポリタニズムから理論整合的に導かれるであろう。だが、ファーブルの議論をそのまま受け入れるわけにいかないように思われる。というのも、ファーブルの議論からは少なくとも次の二つの懸念が惹起されるからである。

第一に、ファーブルは、領土の一体性を保全するための自衛戦争についての十全な擁護論を展開できないのではないかという懸念である。ファーブルの説明では、領土の一体性を保全するための自衛戦争は、その侵略によって市民の最低限の品位ある生活が脅かされるのであれば、正当であるとみなされる。だが、侵略によって、つねに市民の基本的人権が脅かされてきたのかといえば、必ずしもそうでもない。たとえば、アンナ・スティルツは、政治共同体の独立は脅かされても、各人の生や基本的権利が脅かされなかった事例として、アメリカによるハワイ併合を挙げている[51]。アメリカによるハワイの併合はクーデタを通してほぼ無血で行われ、市民の人権が大規模に侵害されるようなこともなかった。このような、まさにロディンのいう「流血なき侵攻」(bloodless invasion)を前に、ファーブルの議論は不当に攻撃を受けた市民が、自分たちの共同体を守るために武力を行使する権利を正当化できないように思われる[52]。

もっともファーブルは、「流血なき侵攻」について、実際に武力をともなった特定の領土への「侵攻」のみならず、兵士を殺すことなく無力化できるようなガス攻撃や、コンピューターネットワークに侵入して中枢機関を麻痺させるサイバー攻撃なども含まれるとしつつ、結局のところ、そういう「流血なき攻撃」（bloodless *aggression*）が原因で、市民の基本的権利の侵害がもたらされるのか否かが重要であると論じている。そして、前者の場合には、各人にはそれに対する反抗は正当に認められるし、後者のような基本的な権利侵害をともなわない「流血なき攻撃」は、まず起こりえないと断じている。[53] しかしながら、そうなると、たとえば国家の領土の周縁部に存在し、かつ戦略的に重要な無人島などについては、当該国家は不当な侵略を受けたとしても、それに対する自衛権の行使は正当でないことになるのではなかろうか。この点は、ファーブルの議論においては、領土の一体性が個人の基本的権利の保護にまつわる副次的な重要性しか持たない以上、致命的であるように思われる。

第二に、「開戦の正義」から「正当な権威」という要件を排除することにかかわる。そもそも、多くのコスモポリタンが指摘するように、主権を有していても、正当性の点では疑問の余地のある国家が少なくない点に鑑みれば、[54] そもそも国家が戦争の遂行主体としての「正当な権威」であるのかどうかは常に問われなければならない。[55] しかしながら、「正当な権威」とは何かを常に再審することと、「正当な権威」という要件を取り除くことは次元が異なる。

このことは、とりわけファーブルのいう「生存のための戦争」や内戦における「反乱」における武力行使がなぜ正当であるといえるのか、という点とかかわる。上述のようにファーブルは、あくまで原理的にではあるが、極度の貧困にあえぐ人々は、自分たちの基本的人権を侵害する富裕国の市民に対して武力を正当に行使できるという。しかも、かかる権利は個人の権利であるため、貧困にあえぐ個人が単独でそのような行動に打って出ることができる。だが、そうであれば、ウーフェ・スタインホフは、これは極めて厄介な結論に至らざるをえないという。すなわち、スタインホフによれば、

「極めて貧しい」者（あるいはその極めて貧しい者のために行動する主体）は、豊かな国にやってきて、裕福な人々（ファーブルの説明では、貧者に対する積極的義務を怠っている可能性が高い）から選んで、金品を盗んだり、銃で襲った

り、最悪の場合、打ち殺すことができるということだ。……ファーブルの説明は、正義が何を許し、何を要求するかを本当に適切に描きだしているのか疑問である。[56]

かかるスタインホフの指摘には一理あるだろう。くりかえすが、ファーブルは「正しい理由」さえあれば、各人は戦争を遂行できるなどと主張しているわけではない。しかしながら、「比例性」や「必要性」などの要件を満たしたところで、どのみち、武力行使そのものは正当に権威づけられてこそ、「正当な」武力行使であるといえるのではなかろうか。[57]

実のところ、ファーブルは「正当な権威」という要件を取り除くことを主張する一方で、戦争を遂行しようとする個人に対して、二つの条件を課す。[58]すなわち、「自分たちの共同体の仲間が、できることなら同意してくれると信じる十分な理由があること、および、戦争が終結したときに、自分たちの責任を追及できるような制度枠組みを導入すること」である。[59]これは、権威づけとまでは言わないまでも、事実上の武力行使の正当化のメカニズムである。そして、内戦においては、このような括弧つきの正当化がなされているかどうかが、正当な武力反乱と単なるテロリズムを分かつ一つの基準となるわけだ。だが、ある個人が戦争を遂行する場合に、その戦争の正当性の背景に当の個人以外の何らかの背景的な正当化が必要だということであるのならば、ファーブルの言うように、戦争を遂行する権利は純粋に個人の権利に還元できるとは言いがたいのではなかろうか。

おわりに——ある種の「制度的コスモポリタニズム」の必要性?

本稿では、正戦論における「伝統主義者」と「修正主義者」による論争を念頭に置きつつ、とりわけファーブルの「コスモポリタニズム的な戦争観」について批判的に検討した。ファーブルのねらいは、これまで国家中心的に理解されてきた戦争を、個人主義の観点から捉え直し、個人の基本的人権の保護および「最低限の品位ある生活」を守ることを基盤に、それらに対する侵害は戦争遂行の「正しい理由」になるとし、人権侵害から自己を防衛する権利として、各人が戦争を遂行する権利を保持することは正当であると論じることであった。

かかるファーブルの議論に対して、本稿では、そのねらいは理解できるものの、少なくとも次の二つの点で問題があるのではないかと主張した。第一に、領土の一体性を保全するための自衛戦争について十全な擁護論を展開できないという点である。というのも、領土の一体性の重要性は、個人の基本的権利の保護に従属する重要性しかもたないために、各人の基本的権利が損なわれない形でなされる侵略について、ファーブルの議論では、それに対する自衛戦争は不正であるとみなされてしまうからである。

第二に、ファーブルは「開戦の正義」の要件から「正当な権威」を取り除くべきだと主張する。だがそうすると、端的に言えば、正当な武力行使（たとえば内戦における正当な武力反乱）と不当な武力行使（たとえばテロリストの暴力）の境目があいまいになってしまうのではなかろうか。それを回避するために、ファーブルは「同意」と「制度的な説明責任」という二つの要素を自説に取り込む。しかしながら、そうだとすればそのことは、戦争遂行は個人の権利であるというファーブルの自説そのものを切り崩すことにつながるのではなかろうか。

とはいえ、ファーブルの「正当な権威」に対する懸念はある意味ではもっともであろう。国家だけが戦争遂行における「正当な権威」であるという理解は自明ではない。そのことは領土の一体性が侵害された場合の自衛戦争においても重要である。仮に「流血なき侵攻」に対して領土の一体性を守るために自衛戦争を起こすのは「正当な理由」になりえても、それが「正当な権威」によって遂行される戦争かどうかは、当の主体と領土との関係性、もっといえば、当の主体が領土権の正当な保有者かどうかによるだろう。

領土権の正当化論については、近年さまざまに論じられている。[60] しかしながら、私の考えでは、所有権、文化的権利、自決権などに訴えようとも、それらは基本的に「無人島モデル」（desert island model）を前提としており、不十分である。[61] 言い換えれば、領土権は「内的な」正当化のみならず、「外的な」正当化を必要とするのであり、[62] その一つの方法は、何らかの国際的な（こう言ってよければコスモポリタン的な）枠組みによる承認であろう。[63]

このことは正戦論そのものにも妥当するように思われる。確かに国家だけが「正当な権威」であることは疑わしいけれども、だからといって「正当な権威」という要件を除き去るのは望ましくないように思われる。そうであればむしろ、ファーブルのように戦争の正当性を個人の「正当な理由」に還元しようとするのではなく、何らかの国際的なレジームによる権威の付与のメカニズムについて検討する必要があるのではなかろうか。(64) かかる洞察が正しければ、国際秩序と整合的な「制度的コスモポリタニズム」(institutional cosmopolitanism)(65)の構想の探究へと論を転じなければならないだろう。

［付記］
本稿は、二〇二三年度政治思想学会研究大会・シンポジウムⅢ「領有権と市民権をめぐる政治思想」（二〇二三年五月二八日）にて行った同タイトルの報告原稿をもとに、若干の加筆および修正を行ったものである。シンポジウムにおける登壇者、コメンテイター、参加者の方々からの有益なコメントに感謝の意を表したい。また、本稿は、日本学術振興会科学研究費（19K01465）による成果の一部である。

（1）ヘレン・フロウの整理によれば、「開戦の正義」とは、「正当な理由」(just cause)、「正当な権威」(legitimate authority)、「比例性」(proportionality)、「最後の手段」(last resort)、「合理的な成功の見込み」(a reasonable chance of success)、「正しい意図」(right intention)、「戦争の布告」(public declaration of war) から構成される（ただし、「戦争の布告」という要件は含めない論者もいる）。また、「交戦の正義」とは、「差別原則（非戦闘員の免責）」(discrimination)、「比例性」(proportionality)、「必要性」(necessity) によって構成される。See Frowe, H. *The Ethics of War and Peace: An Introduction*, third edition, New York Routledge, 2023, esp. ch. 3 and 5.

（2）「戦後の正義」についてはたとえば、Frowe, *The Ethics of War and Peace*, ch. 12を、「戦争終結に向けた正義」については、Moellendorf, D. "Jus ex Bello," in *The Journal of Political Philosophy*, vol. 16, no. 2, 2008, pp. 123-136; Moellendorf, "Two Doctrines "of Jus ex Bello," in *Ethics*, vol. 125, 2015, pp. 653-673を参照のこと。

（3）かかる論争の概観としては、たとえば次の文献を参照のこと。Frowe, "Collectivism and Reductivism in the Ethics of War," in Lippert-Rasmussen, K., Brownlee, K., and Coady, D., *A Companion to Applied Philosophy*, Oxford: Blackwell, 2017, pp. 342-355; Lazar, S. "Just War Theory: Revisionists Versus Traditionalists," in *Annual Review of Political Science*, vol. 20, 2017, pp. 37-54. 邦語文献としてこの論争に言及しているものとしては、たとえば以下を参照のこと。福原正人「戦争倫理学の手引き――眞嶋俊造著『正しい戦争はあるのか：戦争倫理学入門』――」『公共研究』第一三巻、第一号、二〇一七年、二六七―二八五頁；福原正人「国家による戦争と兵士の同意」『公共研究』第一五巻、第一号、二〇一九年、一六五―一九三頁；松元雅和「兵士の道徳的平等性に関する一考察」『法と哲学』、創刊第一号、二〇一五年、一〇三―一三二頁；松元雅和「カタストロフィとしての戦争――正戦論における比例性原理の検討――」『立命館言語文化研究』第二八巻、第一号、二〇一六年、一五一―一六九頁；松元雅和「戦争」、宇佐美誠・児玉聡・井上彰・松元雅和著『正義論――ベーシックスからフロンティアまで――』法律文化社、二〇一九年、第一二章；矢持力「正戦論の二大潮流の衝突――〈比例性〉の原則をめぐる論争――」『社会システム研究』第二一号、六九―八〇頁。

（4）Walzer, M. *Just and Unjust War*. A Moral Argument with Historical Illustrations, 5th edition, New York: Basic Books, 2015, p. 106（萩原能久監訳『正しい戦争と不正な戦争』風行社、二〇〇八年、二二六頁）.

（5）マクマハンやファーブルは「戦争におけるより深遠な道義性」（deeper morality of war）という言葉をしばしば用いる。See McMahan, J. "The Ethics of Killing in War," in *Ethics*, vol. 114, no. 4, 2004, pp. 693-733; Fabre, C. *Cosmopolitan War*, Oxford: Oxford University Press, 2012.

（6）Lazar, "Just War Theory", pp. 37-38.

（7）ファーブルの正戦論は、彼女の『コスモポリタンな戦争』（二〇一二年）および『コスモポリタンな平和』（二〇一六年）という二つの著書を中心にまとめられている。基本的に前者は、「開戦の正義」と「交戦の正義」に焦点を当て、後者は「戦後の正義」や「移行期正義」（transitional justice）などにまつわる論点に着目している。さらにファーブルは近著で、みずからのコスモポリタニズムの観点から、戦争や外交政策の一環として行われるスパイ活動や諜報活動の道徳的な正当化可能性についても論じている（see Fabre, *Spying Through a Glass Darkly: The Ethics of Espionage and Counter-Intelligence*, Oxford: Oxford University Press, 2022）。このようにファーブルの扱う議論は非常に多岐に渡るが、本稿の議論は極めて限定的なものに留まる。本稿のねらいは、特に『コスモポリタンな戦争』で展開された議論について、とりわけ「開戦の正義」に焦点を当てて検討することにあり、ファーブルの戦争論全体を包括的に検討しようとするものではない。

（8）See Rodin, D. *War and Self-Defense*, Oxford: Oxford University Press, 2002; McMahan, *Killing in War*, Oxford: Oxford University Press, 2009.

（9）See Fabre, “Cosmopolitanism, Just War Theory and Legitimate Authority,” in *International Affairs*, vol. 84, 2008, pp. 963-976; Fabre, *Cosmopolitan War*, ch. 4.

（10）*Ibid.*, p. 3.

（11）ただし、セス・ラザールが指摘しているように、ウォルツァーは政治的主権の重要性に着目する一方で、領土権についてはほとんど言及していない（Lazar, “Just War Theory”, p. 41）。アンナ・スティルツによれば、ウォルツァーに限らず、正戦論者は自衛戦争を正当化するには、国家が領土の一体性に対する権利を有することを前提としなければならないが、彼らは何が国家に領土権を与えるのかという点についてほとんど検討してきていない（Stilz, A. “Territorial rights and National Defence,” in Fabre and Lazar（eds.）, *The Morality of Defensive War*, Oxford: Oxford University Press, 2014, p. 203）。この点は本稿での考察にかかわる。

（12）そういう意味で、ウォルツァーによれば、兵士は政治指導者の「人間の道具」（human instruments）にすぎないのである。See Walzer, *Just and Unjust War*, p. 106（『正しい戦争と不正な戦争』、一一〇頁）.

（13）ここから導かれるのは、国家による自衛戦争の正当化と、「人道的介入」の極めて禁欲的な是認である。なぜなら、たとえ人道上の理由であろうとも、他国に介入することは、他国の政治的主権と領土の一体性を脅かすおそれがあるからである。この点については以下を参照。Lazar, “Just War Theory”, p. 41; 松元「カタストロフィとしての戦争」、一五六－一五七頁。

（14）See Walzer, *Just and Unjust War*, pp. 40-41（『正しい戦争と不正な戦争』、一一八－一一九頁）.

（15）マクマハンによれば、「不正な戦闘員」とは「正当な理由もなく、また、よりましな悪に基づく正当化もなく戦う者」である（McMahan, *Killing in War*, p. 45）。

（16）ゆえに、不正な戦闘員には殺傷力を行使する権利はない。彼らは不正な殺戮を行うのではなく、「投降」すべきなのである（*Ibid.*, p. 50）。

（17）不正な兵士は、少数の例外を除いて、伝統的な「交戦の正義」の原則の枠組みの中で戦うときに許容される行為を取るという見方に対して、それらの枠組みが適切に理解されれば、原理的には「交戦の正義」という制約を満たすことはできない（*Ibid.*）。

（18）McMahan, “Rethinking the ‘Just War,’ Part 1,” *The Stone: The Opinionator*, *New York Times*, 12th November. Available from https://archive.nytimes.com/opinionator.blogs.nytimes.com/2012/11/11/rethinking-the-just-war-part-1/〔二〇二三年一二月一五日最終アクセス〕

（19）McMahan, *Killing in War*, pp. 83-84.

（20）McMahan, "Rethinking the 'Just War,' Part 1."〔傍点は筆者による〕

（21）ゆえに、修正主義者の議論はしばしば「還元主義」（reductivism）や「還元的個人主義」（reductive individualism）とも呼ばれる（See Frowe, "Collectivism and Reductivism in the Ethics of War"）。また、ジョナサン・パリーは、修正主義者の議論の特徴を、個人を含む他のあらゆる道徳的領域と国家の道徳的領域を峻別せずに、両者をつなげて考えるという点にあるとし、それを「連続性テーゼ」（continuity thesis）と呼ぶ（See Parry, J. "Legitimate Authority and the Ethics of War: A Map of the Terrain," in *Ethics and International Affairs*, vol. 31, iss. 2, 2017, p. 171）。

（22）Ibid.〔傍点は筆者による〕

（23）McMahan, "The Ethics of Killing in War," p. 730.

（24）本節での整理にあたり、以下の文献も参考にした。Lazar, "Cécile Fabre's Cosmopolitan War", in *Ethics*, vol. 124, no. 2, 2014, pp. 406-412; Stilz, A. "Territorial Rights and National Defence," in *The Morality of Defensive War*, pp. 203-228.

（25）Fabre, "Cosmopolitanism, Just War Theory and Legitimate Authority"; Fabre, *Cosmopolitan War*; Fabre, "Cosmopolitanism and Wars of Self-Defence," in *The Morality of Defensive War*, pp. 90-114; Fabre, *Cosmopolitan Peace*, Oxford: Oxford University Press, 2016.

（26）Fabre, *Cosmopolitan War*, p. 16.

（27）*Ibid.*, p. 20.

（28）「平等主義」と「十分主義」については以下を参照。See Frankfurt, H. "Equality as a Moral Ideal," in *Ethics*, vol. 98, no. 1, 1987, pp. 21-43; Casal, P. "Why Sufficiency is not Enough?" in *Ethics*, vol. 117, vol. 2, 2006, pp. 296-326. また、白川俊介『政治哲学――グローバル化のなかの共生倫理について考える――』法律文化社、二〇二四年、一五三―一五四頁も参照のこと。

（29）ファーブルによれば、「最低限のまともな生活」とは、「生命、身体、健康、身体の完全性、基本的な健康と平均寿命、感情的・知的繁栄（創造性と想像力、他者と有意義な関係を築く能力）、物質的資源の管理、社会的・政治的環境の管理など、一連の基本的なケイパビリティを個人が享受できるようにするもの」である（Fabre, *Cosmopolitan War*, p. 19）。

（30）Shue, H. *Basic Rights: Subsistence, Affluence, and U.S. Foreign Policy*, 40th Anniversary Edition, Princeton: Princeton University Press, 2020（馬渕浩二訳『基本権——生存・豊かさ・合衆国の外交政策——』法政大学出版局、二〇二三年）.

（31）Fabre, *Cosmopolitan Peace*, p. 3.

（32）Fabre, *Cosmopolitan War*, pp 33-34. あるいは、ファーブルは次の三つの要素をもってコスモポリタニズム的な正義を説明する。すなわち、第一に、あらゆる個人は、政治的な境界線とは無関係に、市民的権利、政治的権利、福祉に関する権利を有する。第二に、あらゆる個人は政治的な境界線とは無関係に、権利保持者に対して関連する相関的な義務（corelative duties）を負う。第三に、諸権利が対立した際に、（グローバルな正義をもたらすという命題や、または最低限のまともな生活を送るためにみずからの利益を優先するという一般に許容されるものから生じる義務を除いて）義務を負う者が同国人や同胞や同胞の住民を優先する原理的な理由は存在しない（*Ibid.*, p. 31）。

（33）*Ibid.*, p. 70; see also pp. 54-55, 106, 284.

（34）*Ibid.*, p. 70-71.

（35）*Ibid.*, p. 40-43. かかる議論は、国際関係論においてしばしば言及される「条件付きの主権論」（conditional sovereignty）とも通底する。「条件付きの主権論」については以下を参照。See Matlary, J. H. *Values and Weapons: From Humanitarian Intervention to Regime Change?* London: Palgrave Macmillan, 2006, ch. 2; Shue, H. “Limiting Sovereignty,” in Welsh, J.（ed.）*Humanitarian Intervention and International Relations*, Oxford: Oxford University Press, 2004, pp. 11-28.

（36）Fabre, *Cosmopolitan War*, p. 54.

（37）*Ibid.*, p. 71.

（38）*Ibid.*, p. 142; see also p. 130.

（39）*Ibid.*, p. 71.

（40）*Ibid.*, 145; see also Fabre, “Cosmopolitanism, Just War Theory and Legitimate Authority,” p. 969. また、各人の戦争する権利について論じるものとして、ファーブルの議論以外に、以下を参照。Steinhoff, U. “What is War?—And Can a Lone Individual Wage One?” *International Journal of Applied Philosophy*, vol. 23, no. 1, 2009, pp. 133–50; Pattison, J. “When Is It Right to Fight? Just War Theory and the Individual-Centric Approach,” *Ethical Theory and Moral Practice*, vol. 16, no. 1, 2013, pp. 34–54, especially p. 53.

（41）See Pogge, T. *World Poverty and Human Rights*, second edition, Cambridge: Polity Press, 2008（立岩真也監訳『なぜ遠くの貧しい人への義務があるのか――世界的貧困と人権――』生活書院、二〇一〇年）.

（42）たとえば、カスパー・リッパート＝ラスムッセンは、こういうグローバルな貧者によって起こされる戦争を「再分配を求める戦争」（distributive war）と呼ぶ。See Lippert-Rasmussen, K. "Global injustice and redistributive wars," in *Law, Ethics, and Philosophy*, vol. 1, no. 1, 2013, pp. 65-86. 古典的な議論としては、以下を参照。Luban, D. "Just War and Human Rights", in *Philosophy and Public Affairs*, vol. 9, pp. 160-181.

（43）もちろん、だからといってただちに戦争に訴えることが許されるわけではない。ファーブルによれば、「戦争は、単に正当な理由があれば正しいのではない。戦争は最後の手段でなければならず、戦争が引き起こす損害は、戦争がもたらす利益よりも大きくなければならず、戦争は成功する合理的な見込みがなければならない」（Fabre, *Cosmopolitan War*, p. 141; see also p. 123）。

（44）国家を唯一の戦争遂行の主体であるとしていた伝統的な戦争観では、かかる反乱の正当性はどうしても見いだすことはできなかった。ファーブルの「コスモポリタニズム的な戦争観」の一つの重要な理論的貢献は、抑圧的な状況に置かれた個人が、政府に反乱を起こし「内戦」を戦うことをある意味で正当化したことにあろう。

（45）Fabre, *Cosmopolitan War*, pp. 43, 66, 89, 284.

（46）See Russell, F. *The Just War in the Middle Ages*, Cambridge: Cambridge University Press, 1975. ジェームズ・ターナー・ジョンソンによれば、トマス・アクィナスら古典的な正戦論者は、なによりも「正当な権威」という要件を、武力行使の正当化要件として重視したのである。See Johnson, J. T. *Ethics and the Use of Force: Just War in Historical Perspective*, New York: Routledge, 2013.

（47）Fabre, *Cosmopolitan War*, p. 4.

（48）Fabre, "Cosmopolitanism, "Just War Theory and Legitimate Authority,"; see also Fabre, *Cosmopolitan War*, pp. 6, 112-118, 141-156.

（49）Fabre, "Cosmopolitanism," Just War Theory and Legitimate Authority," pp. 968-969.

（50）くりかえし述べるが、ファーブルからすれば、あくまでかかる集団的な権利や政治的な権利の重要性は、個人の基本的な権利の保護に役立つという意味での手段的な重要性でしかない。

（51）Stilz, "Authority, Self-Determination, and Community in Cosmopolitan War," in *Law and Philosophy*, vol. 33, 2014, pp. 317-318.

(52) See Lazar, "Cécile Fabre's Cosmopolitan War"; Lazar, "National Defence, Self-Defence, and the Problem of Political Aggression," in *The Morality of Defensive War*, pp. 11-39. ロディンによれば、「自衛権は、国際法上、国家の領土保全や政治的独立に対する攻撃に対して有効であるが、この条件は、国家内の個々の国民の生命が脅かされるかどうかという問題とは、論理的にも事実的にも無関係である」(Rodin, D. *War and Self-Defense*, pp. 131)。

(53) Fabre, Cosmopolitanism and Wars of Self-Defence," pp. 103-108.

(54) See Buchanan, A. "Rawls's Law of Peoples: Rules for a Vanished Westphalian World," in *Ethics*, vol. 110, no. 4, 2000, pp. 697-721.

(55) サイモン・ケイニーの言うように、「諸国家からなる世界が存在するのは当たり前であり、ゆえに戦争をする権威は国家にあるべきだ、などといとも簡単に想定してはならない」(Caney, S. *Justice Beyond Borders: A Global Political Theory*, Oxford: Oxford University Press, 2005, p. 205) のである。

(56) See Steinhoff, U. "Cécile Fabre: Cosmopolitan War," *Notre Dame Philosophical Reviews*, 2013. Available from https://ndpr.nd.edu/reviews/cosmopolitan-war/〔二〇二三年一二月一五日最終アクセス〕

(57) 武力行使の正当化要件として、「正当な権威」という要件が必要なのか否かという点は、近年の正戦論においてしばしば論争を巻き起こす重要な論点の一つである。たとえば、前注においてファーブルを批判しているスタインホフは、実のところファーブルと同じく「正当な権威」という要件に懐疑的な論者の一人である。彼によれば、そもそも「伝統主義者」は、古典的な正戦論を誤解しているという。アクィナスは言うにおよばず、フランシスコ・デ・ヴィトーリアもメルチョル・カノも、武力行使の主体を国家のみに限定せず、極めて多元的に捉えていた。さらには、武力行使の正当化要件として、正当な権威という要件は何よりも優先されると古典的な論者が必ずしも考えていたわけではないという。こういった点を根拠に、スタインホフはファーブルと論じ方は異なるが、正当な権威という要件を捨て去るべきだと主張する。See Steinhoff, U. *On the Ethics of War and Terrorism*, Oxford: Oxford University Press, 2007; Steinhoff, "Doing Away with "Legitimate Authority"," in *Journal of Military Ethics*, volume 18, iss. 4, 2019, pp. 314-332; Steinhoff, *The Ethics of War and the Force of Law: A Modern Just War Theory*, New York: Routledge, 2021. 同様に正当な権威に対する懐疑論を提示する者として、以下を参照。See Benhaji, Y. "Lgitimate Authority in War," in Lazar and Hrowe (eds.) *The Oxford Handbook on Ethics of War*, pp. 294-314; Finlay, C. "Legitimacy and Non-State Political Violence," in *The Journal of Political Philosophy*, vol. 18, no. 3, 2010, pp. 287-312; Reitberger, M. "License to Kill: Is Legitimate Authority a

Requirement for Just War?" in *International Theory*, vol.5, no. 1, 2013, pp. 64-93; Schwenkenbecher, A. "Rethinking Legitimate Authority," in Allhoff, F., Evans, N. G., and Henschke, A. (eds.), *Routledge Handbook of Ethics and War*, Abingdon: Routledge, 2013, pp. 161-170; Wrange, P. "Does Who Matter? Legal Authority and the Use of Military Violence," in *Ethics and International Affairs*, vol. 31, no. 2, 2017, pp. 191-212. 他方、正当な権威という要件の必要性を擁護する論者の議論として以下を参照。Braun, C. N. "Just War and the Question of Authority," in *Zeitschrift für Ethik und Moralphilosophie*, vol. 1, iss. 4, 2018, pp. 221-236; Murphy, J. G. *War's Ends: Human Rights, International Order, and the Ethics of Peace*, Washington, DC: Georgetown University Press, 2014; Parry, "Legitimate Authority and the Ethics of War". ファーブルの議論を含めたこの論争の評価については、稿を改めて行いたい。

(58) Fabre, *Cosmopolitan War*, pp. 155-165.

(59) *Ibid.*, p. 155.

(60) たとえば、以下を参照。Moore, M. *A Political Theory of Territory*, Oxford: Oxford University Press, 2015（白川俊介訳『領土の政治理論』法政大学出版局、二〇二〇年）. また、領土権についての邦語での整理としては以下を参照のこと。福原正人「領有権の正当化理論――国家は何をもって領土支配を確立するのか――」『法と哲学』第三巻、二〇一七年、一〇九―一三二頁；白川『政治哲学』、第六章。

(61) パウリナ・オチョア゠エスペホのいう「無人島モデル」とは、ある境界のある領域について、何か外界から隔絶された土地の塊であるかのようにみなす考え方であり、その典型はいわゆる「ウェストファリア的な主権国家体制」である（see Ochoa-Espejo, P. *On Borders: Territories, Legitimacy, and the Rights of Place*, New York: Oxford University Press, 2020, ch. 2）。周知のとおり、「ウェストファリア的な主権国家体制」については、特に国際関係論においてさまざまな批判があり、たとえば、ジョン・アグリューは「領土の罠」（the territorial trap）に陥っていると指摘する（see Agrew, J. "The Territorial Trap: The Geographical Assumptions on International Relations Theory," in *Review of International Political Economy*, vol. 1, no. 1, 1994, pp. 53-80）。

(62) この点については、アレン・ブキャナンの次の著作から示唆を得ている。See Buchanan, *Justice, Legitimacy and Self-Determination: Moral Foundations for International Law*, New York: Oxford University Press, 2004.

(63) 私はこの観点から、国境管理権（入国管理権）の「外的な」正当化可能性について論じたことがある。白川俊介「「自決」はただちに入国管理を正当化しうるか――移民正義論の一側面」、関西倫理学会研究会報告原稿（二〇二三年一〇月二九日、於：龍谷大学）。

（64）この意味でブキャナンの仕事は示唆的であろう。ブキャナンは、規範は制度的に担保されることでなお一層のこと機能するという考えのもとに、「開戦の正義」の原則について再考し、「人道的介入」や「予防戦争」（preventive war）さらには「先制戦争」（pre-emptive war）までも制度的な枠組みのなかに落とし込もうとする。See Buchanan, *Human Rights, Legitimacy, and the Use of Force*, New York: Oxford University Press, 2010; Buchanan, *Institutionalizing the Just War*, New York: Oxford University Press, 2018.

（65）さしあたり、以下を参照。Cabrera, L. (ed.) *Institutional Cosmopolitanism*, New York: Oxford University Press, 2018; see also Shue, *Basic Rights*, ch. 7〔『基本権』、第7章〕.

ガリヴァー苦悩記
――近代世界の形成と破壊における条約*

●――デイヴィッド・アーミテイジ（訳：安武真隆）

*私〔アーミテイジ〕は本稿の草稿を、二〇二三年五月二七日に京都大学で開催された日本政治思想学会の研究大会における基調講演として報告した。研究大会での講演への招聘にあたって尽力くださった安武真隆教授、本講演に対してコメントをくださった柳愛林准教授、上村剛准教授に心からの謝意を表したい。

条約は、現代の国際秩序の紐帯の中でも、最も広く普及しているにもかかわらず、最も理解されていないものである。歴史家が条約を研究する際、通常は個々の条約を単独で扱うか、順番に並べて取り扱うことはあっても、それらをひとまとめにして検討することも、文脈に位置付けることも稀であった。特に昔ながらの外交史では、主な叙述の構築にあたり、条約を重要な転換点としてきた。例えば、一六四八年（ウェストファリア条約）、一八一五年（ウィーン会議）、一九一九年（ヴェルサイユ講和）である。これに関連して、ユトレヒト和平、ウィーン会議、ヴェルサイユ条約が、最近、節目となる周年祭を迎えるにあたり、これらの条約締結の局面を文化、経済、外交、政治などの複数の視点から考察した豊かな文献が生み出されている(1)。しかしながら、条約の締結と破棄という現象それ自体を、歴史家が議論することは殆どない。つまり、当該条約のもとになった規範、条約に付随した儀式、条約を形作った文化的・政治的な背景、あるいはその条約を説明し正当化する理論的考察について、取り扱っていないのである。それどころか、個別の条約であれ、諸条約の全体についてであれ、政治思想史家は、条約の歴史を考察するに際して特に目立った役割を果たしてこなかった。本稿の主張は、我々が扱う歴史的主体が、まさしく条約を非常に真剣に取り扱っていたのだから、我々も条約を真剣に取り扱うべきである、ということにある。

歴史地理学者や国際関係論の研究者は、条約を時系列に沿って研究し始め、誰が条約の当事者になったのか、どこで締結されたのか、そしておそらく最も明白な論点として、二国間であれ、多国間であれ、幾つの条約が、西洋世界と世界全体の両方で、次第に出現したのかについて、パターンを発見しようとしてきた。[2]また条約を単なる文書としてではなく、出来事としてとらえ、それに伴う美術や音楽上の表象についての研究もかなりの数の成果を獲得している。[3]さらに、中世における貴族的で威信をかけた品々から、一九世紀のアフリカで展開された［双方が署名するだけで完成する］定型文条約書式に至るまで、条約の素材文化に関する第一級の研究も登場しつつある。[4]条約が世界中でますます重要性を増しているまさにこの瞬間、我々は条約史の黄金時代を迎えつつあるとさえ言えるかもしれない。それは、オーストラリア、カナダ、ニュージーランドなど、入植者の植民地社会における社会契約の再交渉から、ブレグジットとして知られる連合王国のEU離脱という痛みを伴うプロセスにまで及ぶのである。

政治思想の歴史家は、条約へのかかる転回、あるいは条約への回帰に対してどんな貢献が可能だろうか？　近年、思想史家は国際的でグローバルな転回へと舵を切っており、このことは、グローバルなものや国際的なもの自体の系譜学から、中東や特に南アジアの思想史に至るまで、[5]非常に多くのトピックを照らし出してきた。しかし、これまでのところ政治思想史家は、条約（*treaties*）よりも論説（*treatises*）に親しむことに安住してきたようである。我々は、思想史の資源として条約を依然として活用できていない。これから述べるように、条約の締結と破棄に関する議論は、政治思想史の正典の中で、根強く残りながらも過小評価されている縦糸を成している。マキアヴェッリからカント、そしてそれ以降に至るまで、こうした［政治思想史上の］議論を展開し正典となった人物たちの多くは、条約と長い間、時には生涯にわたって、関わってきた。そして条約は、条約意識の証拠として文化的・知的な痕跡を残しており、これもまた歴史的な発掘の機が熟しているのである。

成文憲法などとは異なり、条約が紀元前二四〇〇年のメソポタミアまで遡る古い歴史を持つことは間違いない。[6] しかしながら、条約が広く行き渡り、それが花開いたのは、憲法と同じく、明らかに近代以降の現象である。[7] このことを我々は、荒削りではあるが印象的な比較によって示すことができる。一六九〇年代、ドイツの歴史家・哲学者のゴットフリート・ヴィルヘルム・ライプニッツは、約二二四の文書からなる、ヨーロッパで最初の条約集の一つを編纂した。[8] 今日、国連のオンライン条約集は、ライプニッツ編纂の直系子孫に当たるが、一九四五年以降のものに限っても、全世界の合意書が五万七〇〇〇件収録されている。三世紀余りで約二五〇倍に増加していることになるが、それでも現代の条約の規模を大幅に過小評価していることになる。第二次世界大戦以前に締結され、その多くが現在も有効な条約や、膨大な未登録の条約が、ここから除外されており、それらを加えると、さらに約二五％増え、総計で恐らく七万条約にもなると推計されるからである。[9] この数字だけ見ても、糸を撚り合わせるように、我々が世界的な条約の網の目に覆われてきた複雑で運命的な過程が窺えるのである。かかる数世紀にわたる増加は、平坦な歩みでなかった。国際関係論の研究者、エドワード・キーンが「一九世紀の条約締結革命」と呼んだ決定的局面が訪れたのであり、条約の数はその一世紀を通じて七倍に増え、特に一八一〇年代、一八八〇年代、一九〇〇年代に急上昇した。[10] 一七九〇年代には、毎年平均二〇〜三〇件の条約が締結されていたが、一九一四年にはそれが約二〇〇件となった。「言い換えれば、新しい国際条約の締結は、［平均して］月に二回程度だったものが、ほぼ一日おきに行われるようになった」とキーンは書いている。[11]

さらに、「国際秩序」という言葉が初めて定着したのも、この急増の時期であったと思われる。実際、この時、ベルギーの経済学者シャルル・ペランの『国際秩序』（一八八八年）が最初期の書物として登場している。[12] また、一八七〇年代から専門職業化し始めたばかりの国際法学者の間で、「条約」という統一的なカテゴリーが生まれたのも、この時期であった。[13] 国際秩序という新しい言語と、条約締結や条約に関する専門的概念の爆発的な増加とが、同時期に集中したことは、もちろんすべて偶然なのかもしれない。しかし、これらの進展に因果関係が働いていた可能性もある。一九世紀の条約締結革命は、ほぼ永続革命であることが判明してきた。二〇一〇年までに、世界中で「約三〇〇〇の多国間条約と二万七〇〇〇の二国間条約が発効」したが、その後一〇年の内にその数は倍増し、既に見たように、七万以上になった。[14] 国際秩序は、総じて、単なる「リベラル」で「ルールに基づく」秩序であるにとどまらず、条約という設計仕様に明確な基礎を持つものとなっているのである。[15]

古典的に言われてきたように、条約とは、「同意しないことの同意」である。[16] 条約は、異なる利害を持つ当事者たちを呼び寄せ、その食い違いを交渉させ、相互理解を基礎に将来の関係を改めて方向づける。少なくとも理論上はそうである。実際にはもっと厄介なもので、それゆえに歴史家にとっては遥かに興味深いものである。少なくとも西洋で専門的な歴史記述が成立してから最初の一世紀の間、歴史を記すという活動自体にとって条約が中心的な位置を占めていることは、ほとんどの歴史家にとって揺るぎない信念であった。かかる活動は、条約がそうであったように、それぞれの国民に、それぞれの国民の公文書に、それをもとに再構成される諸国家間の交渉に焦点を当てていたからである（「外交」という言葉が、国家間の交渉の実践と、証拠書類の取り扱いの学の両方を指していたのは、偶然ではなかった）[17]。しかし、これほどまでに本質的に国際的な性質――あるいは本質的に政治体間の（interpolity）性質という、歴史家であるローレン・ベントンとアダム・クルローの造語を使うべきかもしれないが――を持つこの主題は、驚くほど断片的なままである。[18] それは、ヨーロッパ史の一部ではあるが、通常は個々の条約や会議についての研究という形をとる。例えば、ウェストファリアやユトレヒト、ウィーンやヴェルサイユなどである。もちろん植民地史においても登場し、北アメリカのイースタン・ウッドランズ〔先住民居住地域〕や南アジア、オセアニアでの条約締結の研究の形をとることもある。[19] また、一八四〇年代から一九四〇年代にかけての中国の屈辱的な「条約の世紀」を扱えば、非西洋の歴史も包含することになる。[20] しかし、これらの断片が一体どう組み合わされるのか、世界史における条約のこれまでの位置や、そして結局のところ現在でも依然として持っている位置については、ほとんど考慮されず、ごく僅かに検討されているに過ぎない。

この問題を全体的に把握することは、必然的に世界の各地域に関する記述の伝統とともに、外交史、思想史、法制史といった様々に異なる下位領域の観点からの記述の伝統をも並置し比較対照することを意味する。一八世紀半ばのモンテスキューのようなヨーロッパの論者は、すべての国民は独自の法を持っていると指摘したが、[21] そのような判断を下すまでには、二世紀以上にわたる旅行記から得られた民族学的資料や、異なる条約制度を横断する外交交渉の蓄積が必要であった。初期近代の外交慣行はしばしば相互に理解可能であり、それゆえ、特にヨーロッパと非ヨーロッパの双方の行為者が条約を単なる文書以上のものと見なしていた場合には、おおよそ通約可能なものであった[22]。条約はプロセスであり、行事であり、儀礼的なものであり、式典、交歓、演説が含まれた。条約はしばしば反復され繰り返され、イロコイ族の五つの部族の言葉を借りれば、契約の鎖は循環的な活動によって「磨き輝い」たのである。一七九〇年、イロコイのセネカ族の指導者サゴイェワタ（レッド・ジャケット）は、「我々は我々の古くからのルールに、白人たちは彼らのルールに従わなければならない。そうすれば、あたかも一つのルールに従っているかのように、一緒に合意することができる」と述べている[23]。このような交流を理解するには、〔各地の〕歴史記述の伝統だけでなく、美術史から国際法史にまで至る学問分野全体を横断して異種交配することが必要である。かかる学問分野は、最近になって交渉と再統合が始まったに過ぎないが、このことは、世界史とその研究者にとって広範な影響を及ぼすものである。

この作業がどのように展開しうるのか確認するために、一七世紀末のインド洋に赴いてみよう。一六九九年、東インド諸島に向かっていたイングランド人船乗りが難破し、仲間から遠く離れ、たった一人残された。本人の弁によれば、泳いで上陸した後、陸の上に倒れ込み、眠りについたという。目覚めた時のことを、彼は次のように報告している。「起き上がろうとするのに、体が動かない。私は仰向けになっていたらしいが、両手両足とも左右の大地にしっかり固定され、長くふさふさとした髪までが同じように繋ぎ止められていた。体の方も腋の下から太股にかけて細い紐が何本もかけてあった」。この不幸な旅人は、目を覚ますと、「運よく」腕を縛っていた「紐を切ることができ」、髪を縛っていた紐も緩めることができた。これに驚いた捕縛者たちは、矢の雨を降らせ、槍で彼を突いて応戦した。旅人の「大人しさと行儀の良さ」を捕縛者たちが確認できるようになるまで、この力の誇示と〔緩んでいない〕残りの紐の束縛によって、捕縛状態は適切に維持された。しかし、旅人が自分の行動を制限する一連の条項を受け入れ、友好と防衛の協定に署名すると、捕縛者たちはようやく彼を自由にしたのである[24]。

もちろん、この島も船員も、そして彼を苦しめた者たちも、すべて架空の存在である。この舞台は、ジョナサン・スウィフトの『ガリヴァー旅行記』（一七二六年）の冒頭を飾るものである。そこで、レミュエル・ガリヴァーはリリパット島に流れ着くことになる。小さなリリパット人にとって、ガリヴァーは巨人であり、巨大な脅威であると同時に、隣人たちとの戦いにおいて途轍もない好機にもなる。当初、彼は拘束されざるを得ないが、そうなってはじめて、約束を交わす相手となる。リリパット人は、相互の利益のためにこの巨人と協定を結ぶが、その前に、無数の細い紐でこの巨人を縛りつけるのである。スウィフトは、スペイン継承戦争を終結させたユトレヒト条約（一七一三年）の後に、この政治風刺を書いた。実際、この条約の交渉前にも後にも、講和を宣伝する者として、スウィフトは確信を持って「この条約のあらゆる段階を……イングランドの誰よりもよく知っている」と主張できたのである。[25]

ここでのガリヴァーは、ジョージ王治世下初期のブリテン政治にとっての寓話ではなく、むしろ条約に捕らわれた大国の比喩として機能している。ガリヴァーの手足を縛り、髪を捕らえた糸は、一本一本では弱く簡単に切れてしまうが、束になると、四方からガリヴァーを包む蜘蛛の巣のような網として、突き破ることの困難なものとなる。リリパット人の縄の逆説は、一八九三年のアメリカの風刺画「ガリヴァーは民主的なリリパット人に束縛されている」のように、[26]条約の拘束力、そして条約から抜け出したいという、条約の犠牲者たちの願望の比喩として頻繁に使われるようになった。それから一〇〇年後の一九九九年、アメリカのクリントン政権は、国際刑事裁判所に関する規定の批准を拒否し、子どもの権利から核軍縮に至る、他の多くの国際合意を反故にしたと非難された。この点で、『ニューヨーク・タイムズ』紙が「ガリヴァーを縛りつける厄介な条約たち」というおどけたタイトルの巻頭記事を掲載した。[27]アメリカというガリヴァーが、積もり積もった拘束から自らを解放しようとしたのは、これが最初でも最後でもない。ほぼ三〇〇年前にその架空の分身が行ったのと同様である。

ガリヴァーの苦悩は、協定に拘束されることに同意した国際社会のほとんどすべての構成国にとっての苦しみでもありうる。ほとんどの場合、各国を縛る絆は、リリパット人の縄のように、我々のほとんどにとって目に見えないものである。各国、その公民、その他の団体（企業、国際機関、国内外を問わずほとんどすべての組織）は、何千もの条約に絡め取られてきた点で、ガリヴァーにかなり近い。しかし、この蜘蛛の巣が世界中に広がり、この網にかかった人々を拘束することが、〔当初から〕不可避という訳ではなかった。初期近代と啓蒙期における条約についての政治理論では、大抵の場合、条約は破られるために作られ、条約に依存することは不安定を生むだけであると、見做されていたからである。一九一四年、ドイツ宰相ベートマン・ホルヴェークが条約を単なる「紙クズ」と呼んだことは悪名高いが、彼の背後には四〇〇年にわたる〔条約に対する〕懐疑の伝統があった[28]。ニッコロ・マキアヴェッリは『君主論』（一五一三年）の第一八章で、「約束を守らないことに、……正当な口実を必ずや見いだすものである。現代でも無数の例を挙げることができようし、支配者の不誠実さによって、どれだけの平和条約や約束が無効となり、効力を失ったかを示すことができよう」と述べていた[29]。

　マキアヴェッリと同時代のデジデリウス・エラスムスは、条約が君主の誠実さではなく、その不誠実さを示すことに同意していた。「相互の信頼が存在し、誠実な人間の間で取引が行われているところでは、このような多くの瑣末で煩わしい紙切れ（multis et anxiis syngraphis）は必要ない[30]」。その約二世紀後、ライプニッツは『外交・万民法史料集成（*Codex iuris gentium diplomaticus*）』の序文でこう述べている。「今日、実際のところ、支配者が私生活ではカードであそび、公務では条約をもてあそぶと言っても、多くの場合、我々は間違っていないであろう。」かの条約集の編纂者が「このような紙の鎖の弱さ（de infirmitate chartacei vinculi）」を論じるのを、不審に思う読者もいるかもしれない、とライプニッツは気付いていた。しかしながら、しかし彼は、マキアヴェッリのような口調で、物事を、そうあって欲しいものとしてではなく、ありのままに記述しなければならない、と反論したのである。ライプニッツは、同様の精神で、オランダ流の辛口の冗談を披露した。ある洒落た才人が、家屋の表札に「永遠の平和（pax perpetua）」と掲げたが、その下にある絵は何であろうか？　墓場である。永遠の平和は、死者の眠りだけである、という訳である[31]。

　必要性の訴え、あるいは「国家理性」が条約違反を正当化しかねないという懸念は、啓蒙期に広く共有されていた。例えば、デイヴィッド・ヒュームは『道徳原理の研究』（一七五一年）において、「すべての政治家、そしてほとんどの哲学者は、国家理性が、特段の緊急事態において、正義のルールを省き、どんな条約や同盟も無効にできることを認めるだろう。この場合、厳格な条約の遵守は、締結国のいずれに対しても深刻な損害をもたらすことになるからである[32]」と主張した。似た調子で、啓蒙的な支配の典型であるフリードリッヒ大王は、『わが時代の歴史』（一七四六年）の序文で、読者に対し「この著作を読み進める過程で、条約が締結され、条約が破られるのを見ることになるだろう」と警告した。支配者の臣民の安全は、合意の神聖さよりも優先されねばならなかった。「それゆえ、主権者は自分の国民が滅びるくらいなら、条約を……破棄したほうがよい[33]」という訳である。このようなレアルポリティークの計算は、フリードリッヒのような君主にとっては理にかなっていたかもしれないが、より批判的な公衆には、君主とは非倫理的で信頼できず、君主との合意や条約は羊皮紙に書かれたほとんど価値のないもの、という見解を育むだけだった。ライプニッツの言葉によれば、それは「紙の鎖」に他ならず、ガリヴァー自身を拘束するリリパット人の細い縄ですらなかった。

条約をより肯定的にとらえた例として、我々はライプニッツやレミュエル・ガリヴァーとほぼ同時代のジョン・ロック（一六三二―一七〇四年）に目を向けることができる。[34]ロックの条約との関わりは、一六五〇年代から五〇年後に亡くなるまで、一貫していると同時に多岐にわたっていた。このような関わりは、イングランドの貴族アントニー・アシュリー・クーパー（後の初代シャフツベリー伯爵）の代理人として、またチャールズ二世とウィリアム三世の政府の行政官としての彼の責任に、一部由来するものであった。ロックは、このような役割の中で、関連する国際条約の条項と、取引相手の主権者、国民、領域に対してその条項が与える影響とを認識せざるを得なかった。これらの主権者の中には、国家だけでなく、先住民や商事会社も含まれていた。この点は、一六四八年以降の数十年間は、独立国家を相互に承認する、いわゆる「ウェストファリア」の世界ではなく、遥かに斑ら模様の主権的主体によって構成される風景が広がっていたことを思い起こすことが重要である。南・東南アジアのラージャ〔貴族の称号〕や北米の〔先住民の〕首長、企業や連邦など、すべてが主権を有していた。条約の締結は、主権を持つことの最も明白な印の一つであり、ロックはその経験や幅広い読書から、このことをよく理解していた。

ロックが条約を意識するようになったのは、公職に就いた当初の段階にさかのぼる。彼が初めて印刷物に登場したのは二二歳の時で、一六五四年の第一次英蘭戦争終結のためにクロムウェルがオランダと結んだウェストミンスター条約を祝う一編の詩においてであった。[35]これは単にロックの出版デビュー作というだけでなく、条約を記念してブリテンで出版された最初の詩集でもあった。[36] この記念詩集自体が、一七世紀半ばに条約に対する意識が新たに芽生えたことを示すものであった。

ロック自身が生きた一六三〇年代から一七一〇年代までは、条約意識がヨーロッパ全土に普及した数十年とほぼ一致する。条約はこの時期のメディア革命の恩恵に浴した。条約の署名、批准、祝賀の場面を描いた廉価な版画が登場した。これらは、しばしば比較的新しいジャンルである条約絵画や、一六八〇年代に出現し始めた記念や祝賀の新しい形式、例えば条約の交渉や締結を記念して作曲された条約音楽などに基づいていた。この時期には、若い外交官を対象に、諸国民の法の基礎や、効果的な交渉に必要な技能について、より正式な訓練が行われるようにもなった。ロック自身、『教育に関する考察』（一六九三年）の中で次のように記している。

> 礼儀正しく、品行方正な若者で、国法［Civil-Law］の一般的な部分（私人間の係争事件をめぐる策略ではなく、理性の諸原則に基づいて、文明諸国全般の公務や交際に関わるもの）に良く精通し、ラテン語をよく理解し、上手な字を書くことができるなら、あらゆる場所で任用と尊敬を得られるだろう、との大きな安心感をもって世間に送り出すことができるだろう。[37]

このような「文明諸国の公務や交際」に関する知識への投資は不可欠なものとなっており，ロックは条約集を読み入手することで、この傾向を体現していた。条約集という近代的なジャンルは、ロックが一〇代だった一六四〇年代に始まり、ブリテンではトマス・ライマー（Thomas Rymer）が一四巻からなる大全集『フォエデラ（*Foedera*）』を出版したことでピークに達した。これらは、ロックの没した一七〇四年に、ロック自身の著作の出版を手掛けていたアウンシャムとジョン・チャーチル兄弟（Awnsham and John Churchill）によって出版された。[38] ロックは、このような新しいメディアをいち早く取り入れると同時に、断続的にこれらを消費していた。条約を収集し読むことは、ロックの行政官としての実践的な活動と政治哲学者としての理論的な考察との双方に、活かされたのである。

一六六〇年代、ロックは、一六四〇年代からヨーロッパで盛んになった条約締結の為に交渉を行う代理人ないし仲介者、今風にいえば、目立たない条約ブローカーのような存在であった。彼は数ヶ月間、クレーフェのイングランド特使サー・ウォルター・ヴェーン（Sir Walter Vane）の外交秘書として過ごし、その間に、イングランドの外交官サー・ウィリアム・ゴドルフィン（Sir William Godolphin）のために、最初の条約編纂集の一つであるヨハン・アンドレアス・エンダー（Johann Andreas Ender）とクリストフ・ペラー（Christoph Peller）の『平和劇場（*Theatrum Pacis*）』（一六六三年）を一冊、発見した(39)。彼はその後も、こうした条約集の取引に手を染め続けた。例えば、フランスを旅行した際、ロックはイングランドと他の諸国との間の「膨大な条約を収めた稀覯本」の写しが自国ではなかなか手に入らないと聞き、おそらく印刷された条約集の一つをフランスにおいて見つけたようである(40)。オランダに亡命中（一六八四―八八年）には、友人であるクエーカー教徒の商人ベンジャミン・ファーリー（Benjamin Furly）の蔵書において、別の条約抄録を閲覧することができたであろう(41)。晩年、ロックは個人の蔵書として条約集を収集するようになった。最も人気のある条約集の編集者であったフランスの歴史家アムロ・ド・ラ・ウーセイ（Amelot de la Houssaye）は、その『条約予備文書集（*Preliminaires des Traitez*）』（一六九七年）の中で、「歴史には無数の通路があるが、正しく理解されることは決してない。その基礎となる条約が知られていないためである」と述べている。ロックもこの意見に賛同したであろう。そして、アムロ・ド・ラ・ウーセイの著作を自らの蔵書として購入した(42)のである。

政治的主体としてのロックは、条約を絶えず意識し、当時の国際的なメディア環境の中でのその際立った特徴を認識していた。特にイングランドの植民地と商業に関する彼の管理業務によって、ド・ラ・ウーセイの観察が真理であることを強く思い知らされたであろう。一六七〇年代には通商と植民地に関する検討会議の秘書として、一六九〇年代には商務省の委員として、彼は領有権主張や、領土協定、これらの審議の中で繰り返し取り上げられた商業紛争などのような、条約条項を定期的に扱った。例えば、通商と植民地に関する検討会議時代の一六七三年には、一六七〇年の英・西条約で規定された、中米ユカタンでのログウッド原木伐採にかかるイングランドの権利に関する論争に関与している(43)。翌年には、スリナムに関する一六七四年の英蘭間のウェストミンスター条約の条項についてや、イングランドとポルトガルとの商業関係を更新するための「ポルトガル条約プロジェクト」について、ロックはこの検討会議での審議の中心人物となった(44)。その二〇年後には、商務省の独立性のより強い役員として、ヨーロッパの列強が海賊の脅威と闘うための多国間条約を締結するよう勧告することになる(45)。この頃のロックの姿は、有能で、口の堅い官僚的運用者であり、取扱い注意の業務の遂行において上司に信頼され、特に条約とその適用に長けていた人物というものである。

ロックの条約への関心は、この時期、ヨーロッパとその主権者に限定されたものではなかった。一六六〇年代後半から一六七〇年代前半にかけて、カロライナの植民地領主のための植民地運営者であった彼は、アメリカ大陸の先住民が外交に従事し、条約を結ぶことで自らの主権や他の主権者との対等性を表明していることをよく理解していた。一六六九年、植民地領主たちは植民地のための統治の枠組みである「カロライナ基本法」を作成した。植民地領主たちの秘書として、ロックはその原案作成に「非常に大きな手」を貸したと言われており、その後、一六八二年にはその改訂に携わることになった(46)。印象的なのは、基本法が「その地（すなわちカロライナ）の先住民」の自律性を二度にわたって認めていることである。一度目は彼らの宗教の自由とその信仰の多様性を保護する箇所で、二度目は主権者間の協定を結ぶ能力を認めて「近隣インディアンとの国事、使者の派遣、そして条約締結」と列挙し、イングランド植民地における「どの隣人インディアン」についても「宣戦、同盟、条約、その他」を結ぶ能力を認める箇所である(47)。カロライナのネイティブ・アメリカンは、ヨーロッパの主権者と同じように、戦争をし、同盟を結び、そして最も重要なことに、条約を結ぶことで、主権を表現した。ロックにとって、先住民は明らかに条約締結の能力を持っていた。それゆえ彼の見るところ、先住民はヨーロッパの主権者にとっても契約上の対等な相手として承認しうる存在であり、条約締結相手との取引において信頼できる場合には特にそうであった。

ロックは官僚としての経験をもち、そして同時代の旅行記を熟読していた。これは、彼の成熟した政治思想における、社会契約や権力分立に関する斬新な議論をもたらすことになろう。ロックが条約を意識していたことを示す最も顕著な証拠は、『統治二論』（一六九〇年）にある。その『第二論文』において、自然状態から生じる社会契約についてのロックの説明は、「自由、平等で独立した」自然人、あるいは個人が持つ他者と合意する能力に依拠している。仮にそれが可能でないとすれば、各人が自然状態から抜け出して国家が機能する状態を創出することは考えられない。なぜならば、それは「他の人間と合意して一つの共同体を作る」ことによってのみ可能だからである。[48] このように、合意する能力は、政治に先立つ自然状態において作用し、政治社会へと持ち込まれたのである。

このようにロックは、〔合意する〕能力が〔自然状態から政治社会でも〕継続すると主張していた。これは、『第二論文』第一二章「立法権力、執行権力、連合権力について」での斬新かつ前例のない権力分立の説明を正当化した。ロックは、自分の提案した権力分立論の特異性を、その分立のあり方だけでなく、第三の権力である「連合権」、すなわち、文字通り、対外的な協定を結ぶ能力、ラテン語でフォエデラ(foedera)にもあることも、認識していた。この連合権とは一体何なのだろうか? ロックは、『第二論文』の第一四六項で、その定義を次のように述べている。

> ……当該の政治共同体の外部にあるすべての人々や共同体に対して、戦争と和平、盟約と同盟、その他すべての交渉を行う権力、そして、もしよければ〔これを〕連合権力を呼んでも良いであろう。もっとも、私は内容さえそのように理解されるならば、名称にはこだわらない。[49]

ロックは、自分の権力分立論を記述するのに政治的な新語を創出しなければならなかったから、それが特異であることを知っていた。この用語は、実際には完全に新しいものではなかったが、ロックが執筆する以前に、救済神学の文脈で一度、英語で登場したに過ぎなかった。そこでは、国制上の分析ではなく、フォエデラのもう一つの意味である〔神との〕契約論を意味していた。[50]

ロックにとって連合権は、自然状態から政治社会に引き継がれる能力の一つであった。しかし、それでもなお、一七世紀末のイングランドにおいて、具体的にイングランド国制論や国王と議会との間の権力分立とも、密接に一致するものであった。『統治二論』の他の側面がどれほど急進的であったにしても、この箇所については「正確であると同時に保守的」であった。[51] しかし、彼の連合権に関する説明は、名誉革命前後のイングランド国王の大権を経験的に記述したにとどまらない。それはまた、個々人によって結ばれた社会契約と、地球上の「複数の共同体」によって拡大していく合意のネットワークとの間の、規範的関係を示唆していた。前者の社会契約は、自然状態から政治社会へと移行させるためになされ、後者は様々な形で、各共同体の間の平和と戦争の状態を決定し、同盟を結び、「それぞれの領土の境界……その結果、労働と勤労とによって始まった所有権を、契約と同意とによって、（彼らは）確定する」（四五項）[52]ためになされた。にもかかわらず、社会契約と主権者間の協定との間には、大きな違いがあった。

……というのは、すべての契約が人間の間の自然状態を終わらせるわけではなく、それを終わらせるのは、ただ、相互に、一つの共同体に入り、一つの政治体を作ることに同意し合う契約だけであるからである。人間が、たとえ相互にそれ以外の契約や約束を行なっても、彼らは依然として自然状態のうちにある。[53]

条約は個人の契約のようなもので、特定の目的のために個々人を互いに結びつけても、お互いの関係は自然状態にとどまっていた。国際的な領域は、様々な種類の主権者間の自然状態にとどまっていた。主権者たちは、すべての民族、主権者、企業、その他互いに特定の条約を結ぶことができる団体を支配する、グローバルな政治共同体を創設するために、グローバルな社会契約を締結することはないであろう。

連合権力に関するロックの斬新な考察は、受け入れられず、同時代の議論に全く影響を与えなかったようであり、三権分立をめぐる類似の議論の中で定着しなかった。彼の新語である「連合」は忘れ去られ、モンテスキューが『法の精神』（一七四八年）の中で連邦共和制（*république fédérative*）を記述する際にこの用語を再発明したことで、取って代わられた。実際、ロックの連合に関する議論は、せいぜいのところルソーの『社会契約論』の中で僅かに素っ気なく言及されただけで、その後は痕跡を残すことはなかったようである。

……わが国の政治家は、主権をその原理において分割することができないので、その対象において分割する。彼らは、主権を力と意志とに、立法権と行政権に、課税権、司法権、交戦権とに、国内行政権と外国との条約締結権［pouvoir de traiter avec l'étranger］とに、分割している。[54]

連合というロックの構想は、ほとんど影響を与えなかったが、復活させる価値があるかも知れない。考案者［ロック］の想定では、この［連合という］構想は、後の使用者が認識している以上に、自律的かつ拘束力のある相互行為をなす広範な能力を意味しており、近代的あるいは「文明化された」と自認する主体の活動だけでなく、先住民や団体の諸活動をも包含していたことに、留意すべきだからである。この構想は、条約をめぐる思想史の特定の時期に生じ、その時期とは、条約についての意識が、ヨーロッパ内の関係においてもヨーロッパ外との関係においても強くなり、ロックのような熱心で共感的な観察者が、条約締結を主権の主要な印として位置づけることができた時期であった。条約締結の伝統における連合権のロック的起源は、思想史にとっての資源として条約を扱うことの重要性を健全にも示唆するであろう。大陸におけるロックの最大の崇拝者の一人であったエメール・ド・ヴァッテルが一八世紀半ばに主張したように、「条約という主題は、諸国民の相互関係や公務が我々に提示し得る最も重要なものの一つであることは間違いない」のである。[55]

政治思想史における条約について本稿は取り扱ってきたが、それを締めくくるにあたり、ロックとヴァッテルが書いた枠組みに従って、契約あるいは「連合」の伝統を引き継いだ、条約に関するもう一人の鋭い観察者、イマヌエル・カントを紹介しよう。カントの条約への関心は、単に鋭敏なだけでなく遊び心にも満ちていた。彼の『永遠平和のために（*Zum ewigen Frieden*）』（一七九五年）には、観察力のある読者のための冗談が幾重にも含まれていた。[56] 一七一一八世紀ヨーロッパの平和条約の文言や、当時の諸国民の法に関する文献に通じている読者であれば、彼の論考の題名が、これらの条約で頻繁に登場する「永遠平和」を確保するための規定を示唆していると気づいたはずである。しかしながら、ヴァッテルにとっては、この言葉は「いかなる理由であれ、互いに戦争をしないことを約束した」のではなく、将来、同じ開戦事由（casus belli）を復活させないことのみを意味していた。[57] カントがヴァッテルを「哀れな慰め手（leidige

Tröster)」のリストに加えたのは、まさにこのような「詭弁」のためであった。諸国民の法に関してそびえ立つこの当時の権威を、君主たちはしばしば自らの戦争を正当化するために引き合いに出したが、カントによれば、この権威ある証言が紛争を阻止することはなかったからである。[58]

カントのタイトルに込められた内輪受けの冗談を理解した読者なら、二つ目の冗談もわかるだろう。カントは、明らかにライプニッツを連想させるようなタイトルの説明から、この論考を始めたのである。「オランダの旅館の主人が墓地の絵の描かれた店の看板に刻んだこの風刺的な表題（「永遠平和」）が、人間一般に当てはまるのか、それとも特に、決して戦争に飽きることを知らない国家元首たちに当てはまるのか、あるいはひょっとしたらいつも空想的な甘い夢を見ている哲学者たちにのみ最も当てはまるのか、それは差し当たり問わないでおこう。[59]」そして、ライプニッツやヴァッテルへの仄めかしが分からない読者でも、カントが自分の論考全体を、条約の形に巧みに仕上げていることに、すぐに気づくだろう。それは、六個の「国家間の永遠平和のための予備条項」、三つの「確定条項」、二つの補説（そのうちの一つは永遠平和条約における秘密条項という厄介なテーマを扱う）から構成されている。

条約をめぐるカントの論考は、通常、一七九五年四月にプロイセンとフランスの間で締結されたバーゼル条約に着想を得たとされている。実際、この合意がカントの想像力の最初の閃きとなったのかもしれない。しかしながら、幾重にも折り重なったテクストや〔条約という〕ジャンルに関連付けられた仄めかしから窺えるように、カントはヨーロッパ全体の国際秩序とその基盤に一層の関心を持っていた。カントが論じるところによれば、永遠平和を確保する唯一の決定的な方法は、各国の市民的な憲法が市民の自律的な同意に基づくことであり（彼らは不必要な戦争に拒否権を行使する可能性が高い）、その結果生じる諸共和国は、一つの世界国家ではなく、個々の自律性を維持したまま、一つの連合体へと結ばれるべきであり、そして各国は全て、外部からの訪問者に対する歓待の義務によって調節されたコスモポリタンな権利体制の下に置かれるであろう。まとめると、カントの条約の条項は、実際には、住民とその支配者の間の社会契約であり、漸近的に永遠平和へと導くものであって、「これまで平和条約と誤って呼ばれてきたもの（厳密には休戦）［*so genannte* Friedensschlüsse (*eigentlich Waffenstillstände*)］」とは異なっていたのである。[60]

カントは、〔条約という〕ジャンルの用法に依拠した機知や豊富な比喩を駆使して、真の永遠平和の可能性を主張した。それは、自律性についての彼の概念を個人から諸国家へと拡張し、諸国家が相互の間に自発的な共同体を創設することに基礎付けられる。これは、カントが当時の国際秩序における危機として診断したであろう、略奪的な君主、従属的な住民、社会の軍事化、国境の堅牢化、世界中で増殖している帝国の病理、に対する解決策であろう。しかし、カントはこの一年後、『哲学において永遠平和の条約締結が差し迫っていることを宣言する（*Verkündigung des nahen Abschlusses eines Tractats zum ewigen Frieden in der Philosophie*, 1796）』で、永遠平和が死の眠りだけを意味するのではないことを明らかにし、真面目な冗談を最後まで展開しきった。短編でしばしば見過ごされがちなこの著作においてカントは、自らの批判哲学を「常に武装した展望」であり、それが「まさにこのために……理性の活動を伴い、〔そして〕哲学者の間に永遠平和の展望をもたらす」と擁護した。これは、カントによれば、当事者間の相互理解に基づいた真の平和条約の基礎となるもので、これによって「合意されたと、あるいは少なくとも合意が近い、と宣言された」のである。[61]

カントは、一世紀半にわたるヨーロッパの条約文化を軽妙に扱うことで、条約にとっての危機と、条約によってもたらされる危機とを明るみにした。前者は特に君主政治や近代国家建設の要請に由来し、後者は条約が国際秩序の構造的要素であると、あまりにも素朴に考える際に生じるものである。カントの『永遠平和』は、第一次世界大戦の直後、新しい命を得た。[62]この時、平和団体、連邦主義な諸団体、発足しようとしていた国際連盟の支持者たちが、カントの著作を、あらゆる戦争を終わらせるために戦われたこの戦争の後において、新しい国際秩序と戦争終結の試みの青写真として、正典化したのである。カントの仮想の条約に付された第二の補説は、「公権をめぐる交渉における秘密条項」に反対し、公開性を支持するもので、一九一八年初頭、ウッドロウ・ウィルソン米国大統領が来るべき平和への原則として公布した一四箇条の最初の項目として登場した。「開かれた形で到達した開かれた平和の盟約。その締結後は、いかなる種類の秘密の国際的合意もあってはならず、外交は常に率直に国民の目の届くところで進められるものとする」。[63]

ウィルソンのカント的な懸念は、やがて条約公開の規範を導き、一九二〇年に国際連盟の規約の中に挿入された。これは、連盟に登録、公表された条約のみの発効を要求するもので、カントが公衆に向けて提起した政治的二枚舌の問題に対する一つの制度的な回答であった。連盟規約の第一八条は、やがて一九四八年以降、国際連合憲章第一〇二条に基づき、そのような協定はすべて国連に登録されるものという期待につながった。それゆえ今日の国連条約データベースは、現在進行中の条約の爆発的増加を記録しているのである。[64]

条約に関する思想史は、グローバル・ノースにおいてでさえ、目的論的な物語ではなく、不規則で、消滅と革新、未来ある議論（条約の公開に関するカントの議論など）と未来なき思想（連合に関するロックの概念など）が絡れ合う一筋縄ではいかない物語である。条約の歴史は、単なるテクストに基づくだけでは不十分であり、物質的条件、思想や文書が流通した物理的形態、非公式のジャンル間のフィードバック、文化的・知的生産物間の関連性を考慮するという意味で、文脈に基づくものでもなければならない。

もし我々が現に条約史の黄金時代を迎えつつあるのだとしたら、それが現代史のどの時期よりも条約を意識するようになったことに一部起因することは間違いない。それは、特にトランプ政権による条約や条約機構への攻撃に始まり、ブレグジットを介して、ロシアによるウクライナへの侵攻に至るまで、近年、条約に基づく国際秩序が明白に脅かされているためでもある。[65]このような時、国際法や国際関係論の研究者に任せきりにするには、条約は余りに重要であり過ぎる。思想史家、政治思想史家として、我々もまた条約を扱う用意をせねばならない。

（1）For example, Renger E. de Bruin, Cornelis van der Haven, Lotte Jensen and David Onnekink, eds., *Performances of Peace: Utrecht 1713* (Leiden, 2015); Glenda Sluga, *The Invention of International Order: Remaking Europe after Napoleon* (Princeton, NJ, 2021); Michael S. Neiberg, *The Treaty of Versailles: A Concise History* (Oxford, 2017).

（2）For example, Robert A. Denemark and Matthew J. Hoffmann, "Just Scraps of Paper? The Dynamics of Multilateral Treaty-Making," *Cooperation and Conflict*, 43 (2008): 185–219; Herman van der Wusten, Robert A. Denemark, Matthew Hoffmann and Hasan Yonten, "The Map of Multilateral Treaty-Making, 1600–2000: A Contribution to the Historical Geography of Diplomacy," *Tijdschrift voor Economische en Sociale Geografie*, 102 (2011): 499–514.

(3) For instance, Eva-Bettina Krems, "Frieden und Friedenssymboliken in der Bildenden Kunst," and Sabine Ehrmann-Herfort, "Friedensmusiken," in Irene Dingel, Michael Rohrschneider, Inken Schmidt-Voges, Siegrid Westphal and Joachim Whaley, eds., *Handbuch Frieden im Europa der Frühen Neuzeit* (Berlin/Boston, 2020), pp. 675–708, 709–39.

(4) Jessica Berenbeim, "Medieval Treaties and the Diplomatic Aesthetic," *The Medieval Globe*, 4 (2018): 213–38; Steven M. Harris, "Manufacturing International Law: Pre-Printed Treaties in the 'Scramble for Africa'," *Journal of the History of International Law*, 23 (2021): 439–65.

(5) David Armitage, "The International Turn in Intellectual History," in Darrin M. McMahon and Samuel Moyn, eds., *Rethinking Modern European Intellectual History* (Oxford, 2014), pp. 232–52.

(6) See, for example, Gary Beckman, *Hittite Diplomatic Texts*, ed. Harry A. Hoffner, Jr. (Atlanta, 1996); Trevor Bryce, "The 'Eternal Treaty' from the Hittite Perspective," *British Museum Studies in Ancient Egypt and Sudan*, 6 (2006): 1–11; Klaus R. Veenhoff, "New Mesopotamian Treaties from the Early Second Millennium," *Journal for Ancient Near Eastern and Biblical Law*, 19 (2013): 23–57.

(7) Linda Colley, *The Gun, the Ship, and the Pen: Warfare, Constitutions, and the Making of the Modern World* (London, 2021).

(8) Gottfried Wilhelm Leibniz, *Codex iuris gentium diplomaticus* (Hannover, 1693).

(9) https://treaties.un.org/ (accessed 1 August 2023).

(10) Edward Keene, "The Treaty-Making Revolution of the Nineteenth Century," *International History Review*, 34 (2012): 475–500.

(11) Keene, "The Treaty-Making Revolution of the Nineteenth Century," 478.

(12) Charles Périn, *L'Ordre international* (Paris, 1888).

(13) Kelvin Widdows, "What is an Agreement in International Law?," *British Yearbook of International Law*, 50 (1980): 117–49; Megan Donaldson, "The Emergence of 'Treaty' as a Unitary Category" (paper presented at the workshop, "What is a Treaty?," Wissenschaftskolleg zu Berlin, March 2019); Martti Koskenniemi, *The Gentle Civilizer of Nations: The Rise and Fall of International Law 1870–1960* (Cambridge, 2001).

(14) Beth Simmons, "Treaty Compliance and Violation," *Annual Review of Political Science*, 13 (2010): 274.

(15) こうした国際秩序の特徴に関する古典的な主張については、以下を参照。Anne-Marie Slaughter, "International Law in a

World of Liberal States," *European Journal of International Law*, 6 (1995): 503–38.

(16) Hersch Lauterpacht, *The Function of Law in the International Community* (Oxford, 1933), p. 72.

(17) Hamish Scott, "Diplomatic Culture in Old Regime Europe," in Hamish Scott and Brendan Simms, eds., *Cultures of Power in Europe during the Long Eighteenth Century* (Cambridge, 2007), pp. 58–59.

(18) Lauren Benton, "Interpolity Law," in Mlada Bukovansky, Edward Keene, Christian Reus-Smit, and Maja Spanu, eds., *The Oxford Handbook of History and International Relations* (Oxford, 2023), pp. 320–33.

(19) Saliha Belmessous, ed., *Empire by Treaty: Negotiating European Expansion, 1600–1900* (Oxford, 2015); Belmessous, "What is a Colonial Treaty? Questioning the Visible and the Invisible in European and Non-European Legal Negotiations," *Comparative Legal History* (2023): https://doi.org/10.1080/2049677X.2022.2131525.

(20) John K. Fairbank, "The Creation of the Treaty System," in John K. Fairbank, ed., *The Cambridge History of China, 10: Late Ch'ing, 1800–1911, Part 1* (Cambridge, 1978), pp. 213–63.

(21) Charles-Louis de Secondat, baron de Montesquieu, *The Spirit of the Laws* (1748), trans. Anne Cohler, Basia Miller, and Harold Stone (Cambridge, 1989), p. 8［モンテスキュー『法の精神』第一篇第三章、野田良之他訳、岩波書店、一九八七年］.

(22) Sanjay Subrahmanyam, *Courtly Encounters: Translating Courtliness and Violence in Early Modern Eurasia* (Cambridge, Mass., 2012); Saliha Belmessous, ed., *Native Claims: Indigenous Law Against Empire, 1500–1920* (Oxford, 2012); Joan-Pau Rubiés, "Political Rationality and Cultural Distance in the European Embassies to Shah Abbas," *Journal of Early Modern History*, 20 (2016): 351–89.

(23) Sagoyewatha (Red Jacket), Speech at the Council of Tioga Point (15–24 November 1790), in *The Collected Speeches of Sagoyewatha, or Red Jacket*, ed. Granville Ganter (Syracuse, NY, 2006), p. 14.

(24) Jonathan Swift, *Gulliver's Travels* (1726), ed. David Womersley (Cambridge, 2012), pp. 34–35, 56.［ジョナサン・スウィフト『ガリヴァー旅行記』第一章、第三章、富山太佳夫訳、岩波書店、二〇一三年］

(25) *The Correspondence of Jonathan Swift*, ed. Harold Williams, 5 vols. (Oxford, 1963–65), I, p. 328; Clare Jackson, "Jonathan Swift's Peace of Utrecht," in de Bruin, van der Haven, Jensen and Onnekink, eds., *Performances of Peace: Utrecht 1713*, pp. 142–58.

(26) Bernhard Gillam, "Gulliver Bound Down by the Democratic Lilliputians," *Judge* (28 October 1893): https://www.senate.gov/

art-artifacts/historical-images/political-cartoons-caricatures/38_00946.htm.

(27) Barbara Crossette, "Tying Down Gulliver with Those Pesky Treaties," *The New York Times* (8 August 1999).

(28) Theobald von Bettmann-Hollweg (1914), quoted in Denemark and Hoffmann, "Just Scraps of Paper? The Dynamics of Multilateral Treaty-Making," 186.

(29) Niccolò Machiavelli, *The Prince*, trans. Russell Price, introd. Quentin Skinner, 2nd edn. (Cambridge, 2019), p. 60. [マキアヴェッリ『君主論』第一八章「君主は信義をどのように守るべきか」佐々木毅訳、講談社、二〇〇四年]

(30) Erasmus, *The Education of a Christian Prince*, ed. Lisa Jardine (Cambridge, 1997), p. 94. [エラスムス「キリスト者君主の教育」第八章「盟約の締結」片山英男訳、『宗教改革著作集2　エラスムス』教文館、一九八九年、三五八頁]

(31) Leibniz, *Codex Iuris Gentium*, sig. (*)r.

(32) David Hume, *An Enquiry Concerning the Principles of Morals*, ed. Tom L. Beauchamp (Oxford, 1999), p. 100. [デイヴィッド・ヒューム『道徳原理の研究』第四章、渡部峻明訳、晢書房、一九九三年、五〇―五一頁]

(33) Frederick II of Prussia, "Avant-propos" to *Histoire de mon temps* (1746), in *Œuvres de Frédéric le Grand*, ed. Johann David Erdmann Preuß, 30 vols. (Berlin, 1846–56), II, p. viii; trans. Angela Scholar in *Frederick the Great's Philosophical Writings*, ed. Avi Lifschitz (Princeton, NJ, 2020), p. 84.

(34) この箇所の記述は、以下の文献に負っている。David Armitage, "John Locke, Treaties, and the *Two Treatises of Government*," in Teresa Bejan and Felix Waldmann, eds., *The Political Thought of John Locke: New Perspectives* (Oxford, forthcoming).

(35) *Musarum Oxoniensium Ἐλαιοφορία* (Oxford, 1654), pp. 45, 94–95; John Locke, *Literary and Historical Writings*, ed. J. R. Milton (Oxford, 2019), pp. 1–5, 191–92.

(36) Edward Holberton, *Poetry and the Cromwellian Protectorate: Culture, Politics, and Institutions* (Oxford, 2008), pp. 67–78; Lee Piepho, "International Protestantism and Commemorative Anthologies on the End of the First Anglo-Dutch War," in Astrid Steiner-Weber and Karl A. E. Enenkel, eds., *Acta Conventus Neo-Latini Monasteriensis: Proceedings of the Fifteenth International Congress of Neo-Latin Studies, Münster 2012* (Leiden, 2012), pp. 420–29.

(37) John Locke, *Some Thoughts Concerning Education* (1693), ed. John W. Yolton and Jean S. Yolton (Oxford, 1989), p. 239. [ジョン・ロック『教育に関する考察』一八六節、服部知文訳、岩波書店、一九六七年]

(38) "Advertisement," *London Gazette*, 3069 (8–11 April 1695), b; *Fœdera, conventiones, literae et cujuscunque generis acta publica, inter reges Angliae, et alios quosvis imperatores, reges, potifices, principes vel communitates*, ed. Thomas Rymer, 17 vols. (London, 1704–17).

(39) *Theatrum Pacis, hoc est: Tractatuum atque instrumentorum praecipuorum, ab anno inde MDCXLVII. ad MDCLX*, eds. Johann Andreas Endter and Christoph Peller (Erben, 1663); Locke to William Godolphin (30 December 1665/9 January 1666) and Johannes Gerrart/Gerrard to Locke (15/25 March 1666 and 23 April/3 May 1666) in *The Correspondence of John Locke*, ed. E. S. de Beer and Mark Goldie, 9 vols. (Oxford, 1976–2024), I, pp. 252, 266, 271.

(40) Thomas Stringer to Locke (5 October 1677), in *The Correspondence of John Locke*, I, pp. 517–18.

(41) *Bibliotheca Furliana, sive Catalogus Librorum Honoratiss. & Doctiss. Viri Benjamin Furly* (Rotterdam, 1714), pp. 200 (no. 185), 201 (no. 196), 214 (no. 355).

(42) Abraham Nicolas Amelot de la Houssaye, *Preliminaires des traitez faits entre les rois de France et tous les princes de l'Europe depuis le règne de Charles VII* (Paris 1697), p. 2, translated in *The History of Treaties: Containing All Those That Have Been Concluded from the Peace of Munster Inclusive, to This Time* (London, 1712), p. 2; John Harrison and Peter Laslett, *The Library of John Locke* (Oxford, 1971), p. 72 (no. 83).

(43) Journals of the Council for [Trade and]Foreign Plantations (1673–74), Phillipps MS 8539, pt. 1, pp. 75, 77–78 (second pagination), Library of Congress, Washington, DC.

(44) Journals of the Council for [Trade and] Foreign Plantations, Phillipps MS 8539, pt. 1, pp. 80, 98 (second pagination), Library of Congress.

(45) [John Locke,] "Pyracy" (1697), MS Locke c. 30, f. 62, Bodleian Library, Oxford; I. K. Steele, *Politics of Colonial Policy: The Board of Trade in Colonial Administration, 1696–1720* (Oxford, 1968), pp. 44–59; Sarah Pemberton, *Locke's Political Thought and the Oceans: Pirates, Slaves, and Sailors* (Lanham, 2017), pp. 47–70.

(46) David Armitage, "John Locke, Carolina, and the *Two Treatises of Government*," *Political Theory*, 32 (2004): 602–27.

(47) *The Fundamental Constitutions of Carolina* (1 March 1670) [London, 1672], §§ 97, 35, 50 [ジョン・ロック「カロライナ憲法草案」『ロック政治論集』山田園子・吉村伸夫訳、法政大学出版局、二〇〇七年所収].

(48) John Locke, *Two Treatises of Government*, ed. Peter Laslett (Cambridge, 1988), p. 331 (§ 95) ［ジョン・ロック『統治二論』加藤節訳、岩波文庫、二〇一〇年、四〇六頁］.

(49) Locke, *Second Treatise*, p. 365 (§ 146) ［四七〇頁］; Mark Goldie, "Locke and Executive Power," in Jessica Gordon-Roth and Shelley Weinberg, eds., *The Lockean Mind* (New York, 2021), pp. 450–52; Thomas Poole, "The Script of Alliance: Locke and the Federative," *History of Political Thought*, 42 (2021), 683–704.

(50) Henry Whistler, *Aime at an Up-shot for Infant Baptisme by the Good Will of Christ* (London, 1653), p. 209 ("… salvation positive, theticall and federative …").

(51) Campbell McLachlan, *Foreign Relations Law* (Cambridge, 2014), pp. 33–42.

(52) Locke, *Second Treatise*, p. 299 (§ 45) ［三四六頁］.

(53) Locke, *Second Treatise*, pp. 276–77 (§ 14) ［三〇七―八頁］.

(54) Jean-Jacques Rousseau, *The Social Contract* (1762), in Rousseau, *The Social Contract and Other Later Political Writings*, ed. Victor Gourevitch (Cambridge, 1997), p. 58. ［J・J・ルソー『社会契約論』第二篇第二章「主権は分割できないこと」、桑原武夫・前川貞次郎訳、岩波文庫、一九五四年、四四頁］

(55) Emer de Vattel, *The Law of Nations* (1758), ed. Béla Kapossy and Richard Whatmore (Indianapolis, 2008), p. 338.

(56) Immanuel Kant, "Toward Perpetual Peace" (1795), in Kant, *Practical Philosophy*, ed. Mary J. Gregor (Cambridge, 1996), pp. 317–51 ［カント「永遠平和のために」遠山義孝訳、『カント全集』14、歴史哲学論集、岩波書店、二〇〇〇年所収］.

(57) Vattel, *The Law of Nations*, p. 663.

(58) Kant, "Toward Perpetual Peace," in Kant, *Practical Philosophy*, ed. Gregor, p. 326 ［カント前掲書、第二章、永遠平和のための第二確定条項、該当箇所を「ひとを慰めようとしてかえって人を煩わす者たち」と訳出し、訳注には旧約聖書『ヨブ記』に由来するとの指摘がある］. しかしながら、このわずか一〇年前に、カントはヴァッテルの書物について、諸国民の法をめぐる「最良の書」(*Das beste Buch*) とコメントしていた。Immanuel Kant, "Natural Right Course Lecture Notes by Feyerabend" (1784), in Kant, *Lectures and Drafts on Political Philosophy*, ed. and trans. Frederick Rauscher and Kenneth R. Westphal (Cambridge, 2016), p. 177.

(59) Kant, "Toward Perpetual Peace," in Kant, *Practical Philosophy*, ed. Gregor, p. 317 ［カント前掲書、序文］; Christopher

Meckstroth, "Hospitality, or Kant's Critique of Cosmopolitanism and Human Rights," *Political Theory*, 46 (2018): 541.

(60) Kant, "Toward Perpetual Peace," in Kant, *Practical Philosophy*, trans. Gregor, p. 351［カント前掲書、付録Ⅱ「公法の超越論的概念による政治と道徳の一致について」］.

(61) Immanuel Kant, *Verkündigung des nahen Abschlusses eines Traktats zum ewigen Frieden in der Philosophie* (1796); Kant, "Proclamation of the Imminent Conclusion of a Treaty of Perpetual Peace in Philosophy," in Kant, *Theoretical Philosophy After 1781*, ed. Henry Allison and Peter Heath (Cambridge, 2002), pp. 453-60; Adam Lebovitz, "The Battlefield of Metaphysics: *Perpetual Peace* Revisited," *Modern Intellectual History*, 13 (2016): 327-55.

(62) Eric S. Easley, *The War Over Perpetual Peace: An Exploration into the History of a Foundational International Relations Text* (Houndmills, 2004), pp. 35-45.

(63) Kant, "Toward Perpetual Peace," in Kant, *Practical Philosophy*, trans. Gregor, pp. 337-38［カント前掲書、第二章第二補説「永遠平和のための秘密条項」］; Woodrow Wilson, "Address to a Joint Session of Congress" (8 January 1918), in *The Papers of Woodrow Wilson*, gen. ed. Arthur S. Link, 69 vols. (Princeton, NJ, 1967-94), XLV, p. 536.［「一四カ条の平和原則（一九一八年）」AMERICAN CENTER JAPANによる仮翻訳、https://americancenterjapan.com/aboutusa/translations/2386/（二〇二三年一二月二〇日最終閲覧）］

(64) Megan Donaldson, "The Survival of the Secret Treaty: Publicity, Secrecy, and Legality in the International Order," *American Journal of International Law*, 111 (2017): 575-627.

(65) David Armitage, "Treaties in Danger? Contemporary Crises of International Order in Historical Perspective, *Ricerche di storia politica*, 24, 2 (June 2021): 141-55.［デイヴィッド・アーミテイジ「条約は危機にあるのか？―歴史的観点からとらえる現代の国際秩序の危機」八代憲彦訳、『アメリカ太平洋研究』（東京大学）第二一号、二〇二一年三月、六九―八三頁］

＊訳者注記

本稿は、二〇二三年五月に開催された政治思想学会での国際シンポジウムでの講演（Gulliver's Travails: Treaties in the Making—and Breaking—of the Modern World）の加筆修正版の翻訳である。当日のシンポジウムの質疑の様子については、本書に掲載されている司会の古田拓也会員（二松学舎大学）による「研究大会報告」に詳しい。なお、訳出にあたり豊田哲也教授（国際教養大学）、古田拓也会員、上村剛会員（関西学院大学）から貴重な助言と情報提供をいただいた。この場を借りて厚く御礼申し上げる。

天然資源とグローバルな正義

――多層的で限定的な天然資源の正義構想の意義と可能性

上原賢司

はじめに

現代世界において、天然資源はグローバルな政治経済の不可欠かつ極めて重要な構成物である。（化石燃料をはじめとした）天然資源の採取、占有、取引そして消費は、国境を横断するとともに環境・政治・経済と分野も横断し、あらゆる人間の活動を支えるまさに「資源」となっている。天然資源の重要性は、地球環境問題の喫緊性が共有され、それに応じた技術革新が進められ続けている今現在においても、大きく変化してはいない。

本稿は、こうした天然資源に関するいくつかのグローバルな正義の構想への批判を通して、「天然資源の正義」の一つの可能性とその意義を明らかにするものである。グローバル正義論においても天然資源の重要性はやはり認識されており、その当初からいくつもの議論において取り上げられてきた[1]。なぜならば、次のような特徴を持つ天然資源への着目は「恣意的な選び出しではない」と考えられるからである[2]。すなわち、誰かしらの生産者によるものでもなく、有限であり、人類の生存にとって必須であり、汚染や有害廃棄物の原因ともなり、（人びとの才能と比べて）再分配が容易であり、誰にとっても変形や配置換えが可能であり、（人びとの才能以上に）恣意的に分配されている、そうした財とみなせるものが天然資源だからである。人間誰しもの生存や人びとの社会協働を成立させるとともに、そうした生活に多大な影響を及ぼしうる偶然的で自然的な財、それが天然資源であるからこそ、正義の重要な考慮対象の一つとなるのである。

ところが、多くの論者による様々な言及にもかかわらず、天然資源と（グローバルな）正義との関連性は今なお論争的であるし、そもそも「天然資源の正義」の指し示す意味自体が問われている理論状況である。[3] とりわけ天然資源は、自然の「資源」という面から分配的正義の観点からもっぱら論じられる場合もあれば、「生態空間」を構成する一部として環境的正義（世代間正義も含む）の文脈で取り上げられてもきた。[4] まず、分配的正義の観点から言えば、天然資源をめぐる（再）分配――とりわけ分配的平等――がグローバルに是認されるべきかどうかが論点となる。[5] これはグローバル正義論におけるコスモポリタニズムとステイティズム（国家主義）と同様の論争軸となっている。他方で、人類の生存に不可欠な地球環境という側面に目を向けるならば、そうした環境へのアクセスや生存のための基本的ニーズの充足といった、ミニマムな十分主義的権利が正義の原理として導出される。[6] こうした権利は、本稿でも後に見ていくように、天然資源に言及している多くの論者にとっても異論のない、穏当な議論のようになっている。以上の議論が示唆しているとおり、はたして、論争的な分配的平等の主張は維持されえないものとなるのだろうか。そこで天然資源の正義は（現実はともあれ理論的には）穏当なミニマムな要求の導出のみにとどまるべきなのだろうか。

本稿は、こうした「天然資源の正義」をめぐるいくつかの議論の内在的検討を通して、新たな天然資源の正義構想――世界中の人びとと特定の天然資源との分配的な有利不利をもたらす関係を対象とする正義構想――の可能性と意義を示していく。一括的に把握されがちであった天然資源は、正義への考慮から適切に分節化されるべきである。それによって「天然資源の正義」は、個別の集団の「自己決定」や「愛着（attachment）」とは別の位相の分配的含意を持ちつつも、ミニマムな要求に必ずしも限定されない内容となるだろう。

本稿ではまず、天然資源への平等主義的な分配的正義論を主張しているC・アームストロングの議論を取り上げ、その特徴と難点を明らかにする（一）。次に、M・ムーアの議論を中心に検討し、領有権の正義の延長として天然資源がどのように論じられ、そこで何が論じられていないのかを明らかにする（二）。そして、L・ウェナーによる天然資源と現今の不正義についての議論を手がかりにして、正義の考慮対象となる「天然資源」を分節化することで、分配的考慮を含みつつも多層的な天然資源の正義構想の可能性が示されること、それは意義あるものとなると論じる（三）。

一　天然資源の分配的平等

先に触れたように、グローバル正義論の文脈において天然資源は、その占有や使用によってもたらされる価値ゆえ、分配的正義として盛んに論じられてきた。また、天然資源は土地や海洋といった領域に存在しそこから産出されるものでもあるため、「領域（territory）の正義」としても論じられてきた。そこで本稿では、本節にて天然資源と分配的平等とを結びつける議論を検討し、次節にて、それに抗する形で「領域の正義」の延長として天然資源を取り上げている議論を検討していく。双方が互いの議論のどの点を批判し、どの点を包摂しようとしているのか（そしてそうした試みがいかに不十分なものとなっているのか）を示すことで、従来の議論の関心の偏りと、それによって生じる限界を明らかにする。

1　平等主義的分配的正義論における「天然資源」

アームストロングは、天然資源を主題としたグローバルな平等主義的正義を展開した近年の代表的かつ最重要な論者であるといえる。ここでは彼の *Justice & Natural Resources* の議論を主に取り上げていく(7)。

アームストロングはまず、天然資源を次のように定義する。「これらは、自然世界から利用可能な生の（raw）物質であり、（それゆえ）人間の手によって生産されたものではないものの、にもかかわらず人間にとって有用なものである」(8)。この定義から分かるように、ここでは人為と自然が明白に切り分けられたうえで、動かせるか動かせないかに関わらず、自然の産物がそのまま「資源」として位置づけられている。つまり、ここでの天然資源は、その種類や性質（コモンズとしてしか利用できないか私的所有が可能かどうか）といった点で、極めて多様なものを一括りにして含んでいる(9)。

こうした天然資源の有用性と自然性ゆえに、それはグローバルで平等主義的な分配的正義の考慮対象となる。もちろん、そうした有用性以前にここでの天然資源には大気や土地、水といったものも含まれるのだから、それ無しでは生存もできない人間の根本的ニーズに関わる財である。しかし、天然資源はそうした必要性を超えて、人びとに多くの余剰となる価値をもたらすものでもある[10]。そうである以上、平等主義の立場に立つのであれば、そこで生じる不平等に対して正当化が求められなければならない[11]。

もちろん、こうした天然資源の不平等に対する正当化は、必ずしもこうした資源そのものの平等な分割を求めるものではない。アームストロングは自らの分配的平等を次のように説明している。「平等主義的な要求はただ次のものである。個人の福利に資源が関わるというこの特徴が意味するのは、他のようになすべき説得的な理由が存在しない限り、それら資源がもたらす恩恵や負担は平等の価値に沿って分配されなければならないということである[12]」。そして、平等の価値に沿って分配するということの意味するところは、彼においては資源そのものの分配ではなく、「福利への平等なアクセス（equal access to wellbeing）」であるとされる[13]。つまり、こうした分配的平等の要求に適う形で、人びとに恩恵や負担を生じさせる天然資源は考慮されなければならないというのが、アームストロングによる天然資源の正義である。

2　分配対象となる数ある財の一つとしての「天然資源」

アームストロングの議論をグローバル正義論の文脈の中で位置づけてみると、彼の立場は非関係論的で平等主義的な正義構想を提示していると理解できる[14]。すなわち、そこで主張されているのは、何らかの基準に照らした最低限の充足という十分主義ではなく、天然資源がもたらす余剰的な価値の不平等な分配それ自体を問題視する平等主義である。そして、分配的平等を正義の要求として根拠づけるにあたって、人びとの相互関係や制度の共有といった事実に依拠しない、非関係論的な立場である。裏を返せば、天然資源からミニマムな十分主義的要求しか導き出さない正義構想は不十分であり、関係論的なグローバル正義構想もまた不適当だという主張でもある。

こうした非関係論的で分配的平等をかかげる主張は、その立論上、天然資源をめぐる正義を論じるにあたって、少なくとも、相互に関連する次の二つの特徴を保持せざるをえない。同時にそれらは、とりわけ非関係論的な分配的平等の主張にそもそも説得性を見出していない立場からすれば、厄介で問題含みの特徴ともなる。

第一に、非関係論の立場からすれば、平等の観点から問われるべき恩恵や負担は天然資源由来のものに限られない。確かに、自然の資源もまた「個人の福利」に関わるものである。しかし、それは人為によって生じる事象もまた同様である。つまり、恩恵や負担とそこでの不平等が、人びとの間の社会協働や（法や制度による）強制力の結果としてもたらされたかどうかに関わらず、全て分配的正義の対象として本来ならば考慮されなければならない。そうである以上、人為と区別されるものとしての自然の資源だけを特別に取り上げることは、そこに何らかの説明が欠けてしまうと、恣意的な区別となってしまう。

アームストロングもその点を十分理解している。それゆえ、その天然資源の正義はより広範な正義構想――非関係論的でグローバルな分配的平等という正義――の一部分でしかなく、天然資源への着目もその理論からすれば便宜上のものとなっている。「天然資源は……正義の平等主義的説明の含意に向き合うにあたって、興味を引く出発点となる。しかし、それは終着点としては悪いものとなるだろう〔傍点は追加〕」[15]。アームストロングからすれば、天然資源とそれに由来する利益と負担の不平等だけを問題視することもまた、人びとの協働の成果の不平等を不適切にも捨象してしまうある種の不正義となる。

このように、天然資源があくまで人びとの間の広範な利益と負担の一部でしかないとなると、本節の冒頭で触れたアームストロングによる天然資源の定義はほとんど冗長で不要なものとなってしまう。なぜなら、自然の財が人の手による生産ではない生の物質であるという点は、その財に着目すべき根本的な理由となっていないからである。つまり、アームストロングの天然資源の正義は、その財を軽視する議論への反駁にはなっていたとしても[16]、その財の有する特徴に注意を払って、そこから「天然資源の正義」の構想を導出するという立論にはなっていないのである。確かに自然物である天然資源と分配的平等の理念との連想は直観的に受け入れられやすいかもしれないが、そこから、世界中の人びとの「福利への平等なアクセス」が正義の原理として成立するかどうかはさらなる根拠が必要となるはずである[17]。

第二に、非関係論的に平等の価値に訴求する議論は、平等以外の価値との関係性について考慮しなければならない。天然資源も含めて平等主義的な分配的正義が要求されるとして、そうした要求とその他の価値はどのように位置づけられているのだろうか。
この点で、アームストロングは典型的に多元主義の立場を表明している。[18] すなわち、効率性や自由といったその他の価値の重要性を認めた上で、平等もまた分配を考慮する際にとりわけ重要となるというのが、彼の言う平等主義の立場である。

この多元主義について様々な検討ができるしすべきではあるものの、[19] 天然資源の正義をめぐっては、特定の人びとと特定の天然資源との結びつきを説明する議論がとりわけ関連してくる。これは次節で扱う、各政治共同体の集団的自己決定から天然資源を論じる立場と関心としては重なっているものである。アームストロングがそうした議論を自らの正義構想の中にどのように「適合」させているのか、その方法の中に、彼の平等主義における多元主義の難点を見出すことができるだろう。

アームストロングは、特定の人びとによる特定の天然資源への要求を、（誰もが生存のために一定の食料や場所を必要とするといった）人間全般の資源への一般的要求とは異なる特別な要求として区別する。この特別な要求には、「この土地は私が労働を投下することで改良したから私のものである」といった改良にもとづく要求も含まれるが、そうした要求は天然資源への平等主義的正義を無効にするものとはならない。[20]

平等主義的正義に適合させられるのは、アームストロングが「愛着（attachment）理論」と呼ぶものである。「ときに天然資源はある人びとにとって、彼らの最も中心的な人生設計を代替不可能な形（non-substitutable）で支えるものとして、**特別に**重要となる。その場合、グローバルな平等主義が、一定の資源へ人びとが**愛着を持っている**様子に配慮することなく資源の再分配を行うとするならば、そうした人びととの人生をかえって悪化させてしまう脅威と思われてしまうかもしれない〔強調は原著〕」。[21] この愛着理論からすれば、特定の人びとの特定の資源への愛着を無視する再分配要求は拒否されるべきものとみなされてしまう。

こうした愛着理論を平等主義的正義はどのように適合させていくのだろうか。アームストロングは、そうした諸個人の個別の愛着を重要な価値として認めつつも、そうした愛着が正義の制約なしに特定の人びとへの特定の資源の完全な権利の付与を正当化するものにはならない、と論じていく。[22] つまり、平等主義的正義による制約のもとで愛着の価値は認められるのである。こうした制約の一つは、後で出てくるような、いわゆる愛着理論の側に立つ論者もおよそ否定しない天然資源への一般的要求（生存権や基本的ニーズの充足）であり、これは本稿の「はじめに」でも簡単に触れたミニマムな正義の要求とも重なる。[23] ところが、アームストロングはそれにとどまらず、あくまで平等主義的な分配的正義の枠内で愛着の問題を適合させようとする。

そこで持ち出されるのが、次の「「広い」平等主義的但し書き」という原理である。

> 重要な社会的財の広範で多面的な不平等を前にすると、天然資源の利益の平等な分有は魅力的でなくなってくる。……個人に割り与えることが許されなければならない天然資源（あるいはその利益や負担）の量を問うとき、次のような場合に行為主体に天然資源の利益を平等な分有以上に**より多く**割り与えることの効用が認められなければならない。すなわち、それによって他の領域における不平等を有効に相殺したり、資源を、私たちの配慮する有利さの何かしらの大きなカテゴリーに変換する際の不平等な能力を有効に相殺したりする場合である〔強調は原著〕[24]。

この「「広い」平等主義的但し書き」に従えば、特定の土地や資源への特定の人びととの不平等な要求は、他の財によって相殺可能なものと位置づけられる。たとえば先住民族の抱く特定の場所への特別な要求は、そうした先住民族が直面している貧困や排除という不利益を勘案して、平等主義的な正義の観点から尊重されるべきものとなる。[25]

かくして、平等以外の価値として、愛着といったものの持つ価値を認めるとした場合、アームストロングによる多元主義は次のような構図となっているといえる。それは、一見すると平等と衝突するように見える諸価値について、平等主義的な分配的正義の枠組みの中で、多様な価値の尊重の余地を残すという構図である。グローバル正義論のこれまでの議論を紐解くならば、これは、コスモポリタンで平等主義的な分配的正義の枠組みの中にナショナルな共同体の価値の尊重を位置づけようとする議論と同様の構図となっているとみなせる。[26]

以上、ここではアームストロングによる「天然資源の正義」論の特徴を検討してきた。あえて言ってしまえば、天然資源という特定のテーマへの限定に比して、その主張の基本線はこれまでのグローバル正義論でもたびたび論じられてきた一定の見解と大差ない。すなわち、非関係論的な平等主義を分配的正義の基軸とする議論であり、その立場からすれば当然ながらその射程は世界中の人びととあらゆる財（利益と負担）となるのである。

だからこそ、天然資源が持つはずの非人為性や偶然性といった特徴は最終的には重要な要素とならなくなる。そこでは分配的平等の理念が、世界中の人びとの互いや天然資源への特定の関係に先行している。この理念に照らせば、様々な天然資源のさらなる分節化は理論的に不要であるのはもちろんのこと、人為／自然といった区別すら根本的には無差別に扱われる。そうした前提に立つからこそ、特定の天然資源と特定の人びと（集団）とをむすぶとされる愛着もまた、一見すると考慮されているようにみえても、ただただ、政治経済的な有利不利全般の中で違和感なく相殺され、適合されるべき課題としてのみ浮上してくるのである。そこで、様々な有利不利を構成する一部として天然資源は一括に把握されてしまうのだが、そうした未分化な理解こそが、本稿だけでなく次に扱う議論においてもまさに問題視されているものなのである。

二　天然資源への集団的自己決定

前節のアームストロングの議論においても顕著だったように、天然資源の正義の主要な論点とみなされてきたものの一つが、特定の人びと（集団）の特定の天然資源への要求、そうした関係性の多様さをグローバルな正義の問題としてどう勘案するのかというものである。[27] それゆえ天然資源は、特定の人びとによる特定の領域の占有や統制がいかに正当化されるのか（されないのか）を問う、「領域」ないしは「領有権（territorial rights）」をめぐる正義論の延長としても取り上げられてきた。実際、先にも述べたように、土地や海洋といった領域は否応なく天然資源を含有しているとみなせるし、そもそもそれら自体が「天然」資源として理解できるからである。

領有権の正義を論じる研究は数多くあり、それらの間には領有権の正当化の論拠という根底にあたる点も含めて、およそ看過すべきでない差異も存在する。[28] しかしながら、土地や天然資源への特定の人びとの特別な要求を説明(正当化)するという立場は共通しているといえる。それはつまり、天然資源に対して、グローバルで平等主義的ではない正義構想を共有しているという意味でもある。本節でははじめに、そうした領有権の正義の代表的論者であり、かつ、天然資源についても多く論及しているムーアによる議論を取り上げる。[29] その後に、先のアームストロングの議論との対比も交えて、この正義構想の限界を示していく。

1　領有権の延長としての「天然資源」論

天然資源の扱われ方に目を向ける前にまずは、ムーアがどのようにして領有権の正当化――特定の人びとによる特定の領域(土地)への権利の正当化――を論じているのか簡単に確認していく。人間全般と地球との関係ではなく、特定の人びとによる特定の土地への要求はどのようにして正義に適って説明されるのだろうか。ムーアがそこで適切な根拠であるとして訴えかけるのは、政治共同体である「人民(people)」によってなされる集団的自己決定の意義である。そうした集団的自己決定とその担い手となる人民という集団的アイデンティティの保持といった主観的な営みは、客観的な正義の実現といった別の価値への手段として以上に、それ自体として道徳的に価値あるものである。[30]

人民による集団的自己決定を尊重しようとしたとき、特定の人民による特定の領域への権利――特定の土地に対する管轄権(jurisdictional authority)――が正当に認められるべきものとなる。なぜならば、そうした権利が認められなければ、およそ人民としての集団的自己決定の尊重、ひいては人民としてのアイデンティティの維持もできなくなるからである。[31] かくして、誰がどの土地の管轄権つまりは当該地の領有権を有するのかという、現実の国家関係においても極めて深刻かつ重要な問題は、人民の集団的自己決定の尊重という観点から道徳的な根拠づけが示されることとなる。[32]

こうした人民の集団的自己決定の尊重は、土地をあくまで分配的正義の観点から把握しようとする正義構想と鋭く対立する。というのも、そうした正義構想は、土地と集団との「規範的に重要な関係を無視してしまう」からである。[33] 人民という集団形成とともに、特定の土地と特定の人びととの関係性が、正義において無視されてはならない考慮事項であるとみなされている。

天然資源もまた、そうした関係性を考慮された財として位置づけられている。ムーアは天然資源を「何らかの形で人間の目的や構想に関連づけられながら、人間の手によってではなく環境によってもたらされたもの」と定義する。[34]人為と区別される自然（環境）由来の資源であるという点だけでなく、人間との関係性で「資源」とみなされている点が特徴的である。これはつまり、単なる自然の物質であるか「資源」であるかは、それが人間にとってどのような意味、関係を有するかで変わってくるということでもある。[35]そして、人びととの関係性、意味づけによって資源であるかどうかが変化する以上、天然資源は、「歴史的、文化的、そして個人的に変わりうるもの」と認識される。[36]

かくして、土地を含めたあらゆる天然資源も、自然の産物であると同時に人びととの関係性に立脚して把握されるべきものとなる。それゆえ、ムーアの天然資源の正義に関する主張は、基本的には、土地の領有権に関する主張と似たような構図となっている。すなわち、特定の天然資源への特定の人びとによる要求の擁護であり、人民の集団的自己決定と天然資源の管轄権とを結びつける議論である。「資源に対する管轄権という形態での集合的統制は集団的自己決定の重要な一面であり」、「人民がその種の統制を失った場合、その程度に応じて、強固な集団的決定の形態も失われていく（もっとも、それでも別の方法で自己決定はできるかもしれないが）」。[37]

とはいえ、右の引用内の括弧ですでに示唆されているように、土地とそれ以外の天然資源とでは同様の要求とはいえ全く同じ程度の要求となるわけではない。天然資源の管轄権は、土地の管轄と違って、それが完全に失われてしまえば集団的自己決定を尊重できなくなってしまうわけではないので、無条件かつ無制約なものとはみなされないからである。

そこでは、天然資源の管轄権を認めるにあたって重要な制約を追加する余地が開かれている。それは、何が天然「資源」とみなされるのかは人間との関係性によって把握されるべきであるという、ムーアの定義自体に由来する制約の可能性である。つまり、天然資源は、特定の人びととの特定の資源への意味づけや要求をもたらすだけでなく、人間の一般的な要求を充たすものとしても理解することができる。そして、特定の人びとだけが特定の関係を築いているわけではない、無人の孤島や海洋にも多くの価値ある資源が存在している。これらの点を考慮するとき、人民の集団的自己決定にもとづく天然資源の管轄権を無制約に認めるわけにはいかなくなる。

ムーアによる天然資源の正義において、次の三つが重要な制約となっているとみなせる。第一のものは、「特定の誰かのものとは言えない」天然資源や、共有物とみなせる天然資源に関するものである。(38) ここでは、先に触れた無人の孤島や海洋（海底）資源、大気や空、地球の深部（有害物質の廃棄が念頭に置かれている）といったものが挙げられている。これら資源をめぐる紛争の解決や調停にあたっては、どこか特定の国家に管轄権を割り当てるのではなく、国際的な協力なり国際機関の確立なりが求められる。

第二に、人間の基本的権利――それは最低限の生存権を指す――による制約である。集団的自己決定は生存権との両立によってはじめて正統なものとみなされる。(39) もっとも、生存権充足には多様な手段が考えられるため、この二つを両立させるために特定のタイプの天然資源の再分配が必ず要求されるとは限らない。なお、ムーアにおいては、生存権が集団的自己決定の理念に優先するものとは実のところ位置づけられていない。(40)

第三に、天然資源に対する人民の権利そのものへの制約である。ここで、天然資源を統制する権利と、天然資源のもたらす利益を手にする権利とが区別される。なぜなら、前者が自己決定にとって必須であるのに対し、後者はそうとはみなされないからである。(41) つまり、天然資源への人民による管轄権の擁護は、そうした管轄の下で生じる天然資源由来の利益の完全なる享受までは正当化しない。(42) 天然資源を人びとがどのように使用し、売買するのか、それを統制する権利は人民の集団的自己決定の価値から正当化される。しかしこの価値は、そうした使用や売買によって生じる利益の排他的な享受までを正当化するものとはみなされえないというのである。

この統制する権利と利益を手にする権利との区別は、天然資源がもたらす利益に関して、集団的自己決定を尊重する立場からしても、その再分配を認める余地があることを意味している。ただし、ムーアにおいてそうした再分配はあくまで、先の第二の点に関わる、生存権充足という目的のために限定されている。(43) つまり、ムーアによる天然資源の正義の分配的な含意は、優先性も確定しておらず、そしてミニマムな内容でしかない再分配となっている。

2　集団的自己決定の価値の位置づけと「天然資源」の利益

アームストロングとムーアとの間の大きな差はあまりにも明白だろう。アームストロングからすれば、ムーアのような一般的な生存権だけを認めつつもそれを超えたいかなる不平等も等閑視する主張は、「ひどく不公正」な議論に見えてしまう[44]。そして、人びとの天然資源への「愛着」――特定領域での集団的自己決定の尊重――は、自らの主張する平等主義的な分配的正義の枠組みの中でも適切に配慮できるのだから、愛着をムーアのように位置づける議論は、単に不公正なだけでなく不要であるとみなせるだろう。

ところが、ムーアからすれば、アームストロングの主張は人びとと天然資源との関係性を全く無視したものとなっている。確かにアームストロングは、特定の人びとにとって代替不可能な特定の天然資源の存在や価値を認めている。しかし、その代替不可能な天然資源の享受は、他の財における損失と相殺可能なもの、つまり共通の単一通貨のようなものを用いて交換可能なものになってしまっている。だからこそ、ムーアにとっては、分配的平等の枠組みの中で愛着を位置づけようとする議論はその道徳的価値を十分にくみ取れるものとはならない。そのため、個々の集団によるそれぞれの愛着の区別を無視して資源に平等原理を適用させる主張は、「ひどく不公正」な議論に見えてしまうのである[45]。

愛着と分配的平等をめぐる両者の根本的対立は、しかしながら、天然資源をめぐる正義およびそこでの不平等の正当化にとって、愛着という要素が鍵となるという点での認識の共有を意味している[46]。そして、そうした愛着が問題とならない天然資源に対しては、いずれの立場においても、まさにそうした特別な価値づけという集団の営みを損なわないような形で、誰もが生きていくために一定の水や食料、空間は必要といった、ミニマムな生存権がまずは正当化されるのである（もちろん、先に述べたように、これだけでは分配的平等の正義の立場からすれば不十分ではある）。

こうした理解もあって、普遍的な平等と個別的な愛着および集団的自己決定との関係が天然資源の正義の文脈においても問われ、両者の接合が模索されてきた。本節の残りでは、そうした発展的な試みの一例を取り上げ、それへの批判に立脚する形で、ムーアも含めた集団的自己決定からの天然資源の正義の議論の限界を示していく。

普遍的な平等と個別性の尊重の両立を図ろうとする場合、一つ考えられるのは、「平等」の理念を分配的平等という要求の前の段階で参照すべきものと位置づけるものである。M・ブロムフィールドは、自然の産物たる天然資源に対して世界中の人びとは平等な根源的要求を有しているという理論前提から、C・ベイツと同様にロールズ的な契約主義の推論を用いて天然資源の正義構想を提示している[47]。そこで、世界中の人びとの天然資源への平等な要求――「地球の共同所有」論――にもとづいて、基本的ニーズ充足と集団的自己決定の尊重が導き出されるという[48]。ここでは、天然資源への要求という点での平等の主張と、天然資源に対して分配的平等を要求するという主張とが、その要求内容によって明らかに区別されている。このブロムフィールドの議論に従うのであれば、ムーアをはじめとした集団的自己決定にもとづく領有権（そして天然資源）の正義を論じる立場と個人の平等という理念は、問題なく結びつけられると言えるのかもしれない。つまり、集団的自己決定という個別性の尊重によってたとえ分配的不平等がもたらされたとしても、そうした尊重は、個人の普遍的な平等という理念から導出された原理であり、それゆえ正当化されると考えることもできるだろう。

しかし、たとえ平等の理念をそのように位置づけたとしても、そこには大きな理論的空白が残る。その空白とは、基本的ニーズ充足と集団的自己決定を超えたところで発生する、アームストロングの言うところの天然資源の「余剰」とみなせる利益である。

そもそも、こうした天然資源の余剰の完全な享受と集団的自己決定の尊重との関係は、ムーアの議論からもわかるように、土地（言い方を変えれば地表）と比べてより一層論争的である。とりわけ、天然資源の利益については、土地そのものと違って地理的な条件を抜きにした再分配が可能であると当時に、集団的自己決定の行使において独占が必須とされているわけでもない。ムーアもまた認めていたように、少なくとも天然資源の生み出す利益を全て手にすることは、集団的自己決定の価値のみからは導き出せない過剰な要求とみなせる。はたして、この論争的な利益については、生存権なり基本的ニーズの充足なりといった十分主義的な制約だけしか正当化できないのだろうか[49]。

ブロムフィールドは、この集団的自己決定と利益との関係について次のように主張している。それによると、「地球の共同所有」論から各人の基本的ニーズの充足といった最低限の正義原理のみを導出する主張は、不必要に限定的である[50]。天然資源がもたらす利益は、そうした基本的ニーズの充足のためだけでなく、その充足を超えて、各政治共同体の自己決定の尊重のためにも活かされなければならない。そこで、(より恵まれない)政治共同体の自己決定の価値を損なうるグローバルな不平等に抗するため、その不平等を完全に無くすためではなく「縮減する(gap -reducing)」ための「一つの方法」として、資源税(とそれにもとづく再分配)が提唱されている[51]。つまり、天然資源がもたらす利益は第一に各人の基本的ニーズを充足させるため、そして第二に集団的自己決定を脅かす不平等への対応として、という主張となっている。天然資源の利益はあくまで、これら二つの原理に紐づけられて回収されている。

細かい点は措いておくとしても、このブロムフィールドの主張には少なくとも一つの難点がある。それは、天然資源の利益がそこに充てられるべき、集団的自己決定の価値を脅かすグローバルな不平等が、現実はともかくとして理論的に常に存在するという前提での議論の構成となってしまっている点である。各政治共同体の自己決定を尊重するという立論上、各集団の管轄下にある天然資源をどう使用、消費、保全するかはそれぞれに委ねられる。だからこそ、グローバルな不平等が生じること、それ自体を拒絶すべきと論じることはできない。そうであれば、集団的自己決定を脅かす影響を持つグローバルな不平等と、集団的自己決定の産物でありそれ自体の価値を損なわないグローバルな不平等のいずれかが可能性としてはありえることとなる。ブロムフィールドが天然資源の利益の再分配を訴えているのはあくまで前者に対してである。つまり、各政治共同体の自己決定(の享受)にとっては必須でもなく、基本的ニーズへの要求としても捉えきれない天然資源からの余剰となる利益について、ブロムフィールドは天然資源の正義として何も語っていない。あるいは事実上、各政治共同体の取り分とみなされるという暗黙の承認となっている。

確かに、集団的自己決定の価値の尊重がその行使を脅かしてしまう集団間の不平等を許容してしまうとすれば、その議論は「自滅的」である[52]。しかし、だからと言って、集団間の不平等は価値ある集団的自己決定の行使をいついかなる場合も妨げると想定し、それへの備えを不可欠と位置づけるのであれば、それもまた、この価値を優先的に擁護しようとする立場にとっては「自滅的」だろう[53]。そうした想定をあくまで固持するのであれば、アームストロングのように、グローバルな平等主義的な分配的正義の枠組みの中で各集団の愛着なり政治共同体の自己決定なりを位置づける方が整合的なはずである。

以上で示してきたのは、天然資源の正義をあくまで集団的自己決定の擁護（および基本的ニーズの充足）としてのみ論じる議論の一つの限界である。もっとも、ムーアにせよブロムフィールドにせよ、愛着の考慮であれ集団的自己決定の価値への訴えかけによってであれ、自分たちが支配しているとみなす天然資源への完全な権利までは正当化できないと認識されている点は重要である。ところが、こうした限定への認識は、「残りの天然資源はどんなものであれすべて、基本的ニーズの充足や他集団の自己決定を尊重するために用いられるべきである」という結論を導出するとは限らない。つまり、特定の人びとと特定の天然資源との結びつきと、人間全般にとっての天然資源への一般的な必要性という二つの考慮とそれにもとづく区別だけでは、天然資源の正義は論じつくせないのである。

三　天然資源と特定集団を越える関係性

前節まで明らかにしてきたように、天然資源をめぐる従来の主要な議論は、個別集団による愛着や自己決定といった価値の位置づけに関する大きな根本的対立と、自然の財に由来するミニマムな生存への権利に関する合意という構図となっている。一方の普遍的な分配的平等の理念と他方の個別的で多様な集団の道徳性の考慮、そして両立場に共通する最低限の基本的正義という、グローバル正義論の文脈ではある意味で馴染み深い構図が、天然資源の正義の議論においても見いだせるのである。その結果として天然資源は、個別性を特に表すような（特定の生活に必須の）土地に類するものとして一括に把握されてしまうか、あるいは、誰にとっても最低限必要であるものの分配的平等が求められるわけでもない（人間の生存にとって必須の）土地や、水、空気といった資源のいずれかという、大まかな把握で議論されてきてしまった。

本節は、こうしたよくある対立的な理解を回避しつつ、生存のための基本的ニーズ充足には回収されえない天然資源の正義構想を、資源の特徴に着目した分節化によって示していく。その試みにあたって、本節では、国際関係における石油（を含めた化石燃料）にまつわる問題を取り上げるウェナーの著書*Blood Oil*を主な手がかりとして[54]、天然資源の正義の従来とは異なる、そしてより精緻な議論の可能性と必要性を示していく。

1　今ここにおける問題としての「天然資源」の（不）正義

まずは、ウェナーの議論を簡単に確認し、その内容を前節まで扱った天然資源の正義論と関連づけていく。ウェナーが問題とするのは、書名（『血塗られた石油』）が表わしているように、石油と暴力との結びつきという現代世界の現実である。すなわち、石油に恵まれた地域ではしばしば権威主義的支配がはびこり、内戦や汚職、テロリズムが横行し、恵まれた石油とは対比的に人びとは貧困に苦しんでいる[55]。

石油は、それを所有する産出国政府（レジーム）にとって特別な資源となる。ウェナーも大きく依拠しているM・ロスも述べているように、それは石油という資源の特徴に由来する。つまり、石油のもたらす収益は巨大である。その巨大な収益を市民からの徴税に頼らず、ただ、売却益から得ることができる。石油価格や埋蔵量に関する不安定さは政府をして浪費に向かわせる。そして、石油からの収益と支出は秘匿されてしまう[56]。

こうした石油という資源の特徴が「資源の呪い」をもたらしている。権威主義的な統治者からすれば、時間もかかり、かつ自分たちの地位を今後揺るがしていくかもしれない市民の生産性を向上させる開発政策よりも、石油収入の方がよっぽど頼りになる[57]。つまり、資源の支配が市民に対して責任を負わない（unaccountable）統治を可能としてしまうこと、これこそが「資源の呪い」である[58]。

ここで注意すべきなのは、この事態は産油国の中で完結しているものでは決してなく、その事態を支え、それによって自らの生活や経済を成立させているのは、他ならぬ輸入国であるという点である。権威主義的な統治者が石油から収益を得られるのは、その石油を買う他者がいるからである。だからこそ、「資源の呪い」は、権威主義的な政府（レジーム）からの石油輸入に頼ることで、血塗られた関係性の下に暮らしてしまっている、私たちにかけられた「呪い」でもある。[59]

産油国の市民および私たちにかけられたこの「呪い」の原因は、売り手が誰であろうと市場に出された石油を買う（それによって、売り手は誰であろうと利益を得られる）という、国際貿易の現状にある。この現状は実効性（effectiveness）の原理、すなわち、「力こそ正義（Might Makes Rights）」という「古いウェストファリア世界の残余」が、石油取引に関しては慣行として通用してしまっていることを意味している。[60]

この慣行を変えることはできるし、変えるべきであるとウェナーは主張する。かつて当たり前になされていた奴隷取引が禁止されたように。奴隷の鎖を切り断つように、石油をめぐる現行の「力こそ正義」のグローバル・サプライ・チェーンも（こちらを壊すことは選択肢たりえないが）あらためていくべきなのである。[61]

ここまでのウェナーの議論は広く共有されうるものだろうし、何よりもグローバル正義論の領域においてはすでに強調されてきた問題の一つでもある。[62] 特徴的と言えるのは、ウェナーがこの石油をめぐる不正義に抗して持ち出す理念とその理念の源である。

ウェナーの主張を支える根拠となる主要な理念は次の二つである。一つは、人権とも連関する「天然資源への人民主権（popular resource sovereignty）」である。基本的人権とともにこの理念が、現実において明示的に世界で受容されているという点が決定的に重要となる。つまり、「天然資源に対する恒久主権」を認めた国連総会決議（一八〇三）によって、参照されるべき規範として西洋諸国を越えて現実に是認されているのである。[63]

もう一つは「所有権」である。[64]「天然資源の人民主権」に照らせば、その資源の主権はその人民に存する。[65] そうである以上、人民に責任を負わない権威主義的な政府、天然資源の処遇について人民に情報を与えず議論の機会も開かない（つまり、この案件に関する人びとの市民的・政治的自由を否定する）政府は、人民から天然資源を不当にも盗んでいるとみなせる。だからこそ、「力こそ正義」にもとづく石油取引の慣行は、窃盗者に盗品のもたらす利益を法的に認めてしまうという、所有権を貶める慣行なのである。[66] そして、この所有権もまた、現にあるグローバル市場の大前提に据えられている、世界的に共有されている理念といえる。

ここで持ち出されているのがこれら二つの理念であることからもわかるように、ウェナーの議論は現実内在的な天然資源をめぐる正義構想となっていると理解できる。すなわち、すでに現実に受容されており、それゆえ効力の発揮が広範に期待されるだろう規範（理念）を源として、現実にて実効的な「力こそ正義」の規範（慣行）とその不正義からの脱却を論じているのである。これは、人びとの現に抱いている規範意識を捨象して抽象的な原理から正義構想を案出する立場と、現実にて実効的に作用している規範をただ解釈する現状肯定的な立場との間に立つものであるとみなせるだろう[67]。

こうした立論となっているため、ウェナーは、分配的平等という抽象的な理念から天然資源の正義を展開する議論に対して極めて否定的である。ウェナーからすれば、正義に適った社会（状態）とは何かという、いわゆる「理想理論」で問われるべき課題とは、「正義に適った分配」ではなく、人びとの互いの関係の仕方、それをもたらす制度である[68]。そして、「非理想理論」的な点では、平等主義的な再分配を直接狙わない政策が主張される。それは、「クリーンな貿易（Crean Trade）」政策という、輸入国（つまり自分たち）の法に限定した改革案である。それを一言で表すとすれば、天然資源への人民の所有権を否定してしまっている政府（レジーム）およびその商品（石油）に対して、輸入国は、法的に正統な取引相手、商品として認めてはならない、という政策である[69]。

集団的自己決定を擁護する議論との対比で言えば、まさにウェナーはそれを重要な価値として受け入れている[70]。もちろん、規範としてここで積極的に持ち出される「天然資源の人民主権」の位置づけもまた論争的なところにはなるが、現行の国際慣行が個別集団の自己決定を損なう（あるいは損なった結果としての）事態であるという点の認識は共通しているといえるだろう[71]。いずれにせよ、現状の世界を踏まえて、分配的平等の理念を拒否して、特定の集団と特定の場所（天然資源）とを強く結びつけた天然資源の（不）正義を論じているという点で一致している。

このように、現実の不正義から出発するウェナーの議論は一見すると、個別集団の自己決定や愛着といったものを尊重しようとする立場と親和的なようにも思える。しかし、本稿としてむしろ目を向けたいのは、（特定の集団ではなく）世界中の人びとと特定の天然資源とを結びつける関係性であり、価値づけである。

2 特定の天然資源と一般的な関係性からの正義構想の探求

ここまで見てきたように、ウェナーの議論は、その問題とする天然資源のタイプと文脈に関して限定的なものとなっている。本稿では最後に、この限定性がまさに、天然資源の正義に関する分節化の必要性という重要な含意を持つこと、そうした分節化が天然資源に対する分配的平等の理念および愛着、集団的自己決定といった理念の位置づけの再考を迫ると論じていく。

あらためて述べると、ウェナーにおいて正義の問題として取り上げられているのは、実のところ天然資源全般ではなく、あくまで石油である（ここに、天然ガスといったその他の化石燃料や貴重な地下鉱石を含めても問題はないだろうが、便宜的に石油とする）。当然ながらこれは、土地や景観、森林や河川といった地表上の自然そのものを指すものではなく、エネルギーとしての価値が産業化した現代世界において広く一般に共有されている、地中や水中にある抽出可能な天然資源である。こうしたタイプの天然資源が、「天からのマナ」ではなく「呪い」を人びとにかけてきたのである。ロスも言うように、「資源の呪いとは、圧倒的に石油の呪いなのだ[72]」。そして、石油とそれがもたらす「資源の呪い」は、権威主義的な統治を認めてしまう国際貿易という慣行によって発生している、極めて国際（国内）政治的な事象である。つまり、定義次第で多くのものを含みうる天然資源の中でも、石油こそが、世界中の人びとに対して、人間の生存上の基本的ニーズ充足を大きく上回る価値（と暴力）を、政治経済的な関係性を通じてもたらしているのである。

こうした一般的な価値とその政治的な重要性にもかかわらず、石油そのものは、特定の人びとの抱く愛着への尊重が不要な資源である。その産み出す利益――特定の関係性を越えうる協働関係によってようやく生じる利益――を考慮しない場合、泥やガス、地中に埋もれている岩に対して、人びとはどんな愛着を抱くというのだろうか。たとえそこで奇特な愛着が存在したとしても、領有権にて論じられてきたような特定の土地への愛着と同じものとして扱うのは明らかに無理がある。とりわけ、その土地の代替不可能性が愛着の重要な条件なのだとすれば、エネルギーとしての質や量しか問われない石油はまさに、代替可能で移転可能な資源の典型である。先述のムーアのように、集団的自己決定の尊重への必要性から、統制する権利と利益を手にする権利との区別を認めるのであれば、石油の採掘可能な土地や海洋への管轄権と、そこから実際にされた石油によって生じる利益への権利は分けて考えなければならない。

このように石油だけに着目してみるのであれば、この資源に由来する恩恵や負担を対象とする分配的平等の理念もまた違った様相を呈してくるだろう。[73] なぜならば、その価値や意味づけは特定の集団に独特のものではなく、グローバルな関係性の中で構築されてきたものであり、それゆえ、個別集団の特定の営みやその複数性を否定するものとはならないからである。そして、この天然資源は（言うまでもなく人の手による技術があっての資源化だとしても）、人為によってそれ自体が生み出されたものでもなく、その資源としての分配は偶然的である。そうした特徴を有する資源の恩恵に対して、それを生存に関する基本的ニーズ充足をはじめとした十分主義的な要求の達成という目的のためだけに考慮していく必然性はない。

もちろん、石油でも、特定の集団によって特別な意味づけがなされる土地でもない、他のタイプの天然資源は多く存在する。だからこそ、海洋や大気といったグローバル・コモンズとみなすべきタイプの天然資源の正義構想と、石油といったエネルギー的価値を有する天然資源の正義構想との分節化が求められる。[74] 言うまでもなく、石油の消費もまた負の環境外部性をもたらすのだから、環境的正義や世代間正義といった観点からの制約といった異なる正義の観点間での接続は必要となる。しかし、そうした必要性は、全ての天然資源に関する正義を一元的に環境や世代間の観点から考慮すべきである（その結果、最低限の十分主義的正義だけが導出される）、という主張を支持するものとはならない。

もっとも、本稿の以上の議論は、「天然資源への人民主権」――特定の天然資源の恩恵はその国の支配者でも全人類でもなくその人民に存する――という、ウェナーの擁護している元来の理念と緊張関係にある。そこで最後に、「天然資源への人民主権」とは違う形で石油といった天然資源を対象とする正義構想の意義を、ウェナーの議論に抗しながら示していく。

そもそも、どうして現状において「天然資源への人民主権」にあえてこだわる必要があったのだろうか。それは前項でも触れたように、この理念が現実の慣行として裏切られてはいるものの、まさに現代世界において現実に幅広く受容されているからである。だからこそ、この理念は、今ここにある現実の石油をめぐる「力こそ正義」の現状への抗権力（counter-power）を持ちえるのである。「……天然資源への人民主権は、あらゆるところの人民が自分たちを抑圧する権力に対抗するために何十年にわたって実際に主張してきた原理である」[75]。

この現状への抗権力を重視するからこそ、ウェナーは、「地球の共同所有」論をはじめとしたコスモポリタニズム的な理念を「力こそ正義」の現状批判において持ち出すことを拒否するのである。「地球は世界中の人びと全員のもの」といった発想は、政治理論的な正当化が可能かどうかに関わらず、現時点で世界的に共有されている理念とはなっていない。それどころか、こうした発想の強調は、西洋による植民地支配（資源の収奪）という歴史や非キリスト教圏にとっての突飛さからいって、「西洋のトロイの木馬」のように多くの人びとに受け止められてしまう恐れもあるだろう[76]。

この抗権力にくわえて、「天然資源の人民主権」への依拠は、現状の国際慣行の変革に関する「行為主体」について利点を有しているともいえる。それはつまり、「天然資源の人民主権」を尊重するための「クリーンな貿易」政策が要求する相手とは、あくまで石油輸入国およびその市民となっているのである。前項でも述べたように、「正義に適った分配」ではなく、暴力や抑圧をもたらす人間関係に焦点を当てた主張だからこそ、特定の行為主体、つまり自国とその市民へ向けての具体的かつ実行可能な提案となるのである。ウェナーからすれば、正義の要求の実現に向けたコストの自覚と説明が（アームストロングのようなグローバルな分配的平等を主張する）コスモポリタニズムには欠けてしまっている。「コストについての何らかの議論なしに、コスモポリタンな原理が持つだろう意義を把握することは困難である」[77]。

とはいえ、「天然資源の人民主権」にせよそれに派生しての「クリーンな貿易」にせよ、その利点が明白に示されたものとはなっていない。まず「天然資源の人民主権」については、その人民の意味するところが確定的に共有されているわけでもなく、受容されている意味づけ自体が道徳的な問題を含んでいる可能性もある[78]。とりわけ、天然資源の恩恵と（噴火による粉塵といった）越境的な自然の災禍への責任との現行の不均衡さからすれば[79]、たとえ現行の貿易慣行に対する批判への足掛かりとして有効だったとしても、政治理論的な検討を完全に免れて頼れるような理念とはなっていない。「クリーンな貿易」についても同様に、それがどれだけ「非理想理論」的な政策として実効性があるかどうかは論争的なものである。[80]

そうした論争の余地の大いに残る「非理想理論」的観点からあえて目を離してみれば、石油といった天然資源の恩恵や負担への分配的考慮は、（ウェナーが目的としていた）人びとの関係性とそれを取り巻く制度の正義をグローバルに考慮していく際に、「天然資源への人民主権」以上の意義を持つだろう。なぜならば、他ならぬウェナー自身が認めるように、人びとの関係性としての理想――ウェナーはそれを「人類の自由な結束（the free unity of humanity）」と呼ぶ――の実現にとっては、コスモポリタニズム的な発想こそがより魅力的かもしれないからである。[81] あくまで「天然資源の人民主権」は、この理想に向けた「道筋」、「移行の原理」の一つでしかない。[82] もちろん、本稿で示した天然資源の正義構想は、アームストロングの主張のような、あるいは地球の全ての天然資源を「共同所有」物とみなすような発想ではなく、石油のような特定のタイプに限定したものである。そうである以上、「自由な結束」の内に、特定の土地に愛着を持つ集団、集団的自己決定を尊重すべきという立場も十分に考慮することができる。くわえて、当然ながら、グローバルな意味づけを有しているこの天然資源の直接的な恩恵に、地理的な偶然性によって預かれていない「人民」もいる。ウェナーのここでの議論からすれば、そもそも石油を保有していない人民は現今の世界における不正義の（加害者にはなりえても）被害者とはならない。だからといって、石油のもたらす恩恵からそうした人民を排除することがウェナーの最終的な目的に適うとは、到底想像できないだろう。つまり、「人類の自由な結束」であれ別のグローバルな理想であれを希求するにあたっては、「天然資源への人民主権」を相対化し、石油といった天然資源の恩恵や負担に対して人民を越えた分配的考慮を求める本稿の正義構想の方が、より魅力的な道筋であると考えられる。

おわりに

従来の天然資源の正義をめぐる議論への批判的検討から導き出した、本稿の主張と意義をあらためてまとめよう。本稿の主張は、石油（およびそれに類するもの）をめぐる天然資源を天然資源全般から分節化することでそこでの恩恵や負担を分配的正義の考慮対象とすることができるだろう、というものである。地下にある採掘資源（石油）は、特定の政治共同体内の価値づけを超えて、グローバル市場という関係性を通して余剰となる価値をもたらす財であり、この点を踏まえるならば、「正義に適った分配」を問う余地は十分すぎるくらいあるといえる。同時に本稿の主張は、多層的な形で天然資源の正義を構想すべき、というものでもある。すなわち、特定の集団ではなくグローバルに共有される価値を有し、それゆえ国内外の政治経済的関係に多大な影響を及ぼす天然資源は、特定の土地（地表）といった自然とも、グローバル・コモンズとみなせる大気や海洋等といった自然とも区別されるべきであり、それぞれで異なる内容の正義原理が求められうるのである。

こうした分節化によって、本稿の主張は天然資源をめぐる正義論に対して次のような意義を持つ。第一に、天然資源を扱うにあたってしばしば中心的な論点となってきた愛着の問題に十分に対応することができる。愛着であれ集団的自己決定の尊重であれ、全ての天然資源に関わるものでもその取り分を全て正当化するものでもないのだから、これらと分配的平等の理念とを天秤にかけるのではなく、天然資源の分節化こそが適切な応答となる。第二に、グローバルな関係性の中で価値づけ、意味づけがなされる特定の天然資源の抽出によって、そこで生じる恩恵や負担といった分配の正／不正を問うていく可能性が開かれる。これは、特定の集団の特定の天然資源（土地）の位置づけの妥当性に偏重していた従来の天然資源をめぐる正義論とは違った視座を提供するものである。そして、第三に、以上の二つの意義によって、自然全般ないしは環境的正義という観点では汲みつくせない「天然資源」の正義をあらためて問う意義と必要性が示される。つまり、自然に由来する人類の生存上のニーズの充足や最低限の自然環境へのアクセスといった、ミニマムな十分主義的正義で終始してしまう議論の不備を示すものとなる。

以上のような本稿の議論は、明らかに、「人新世」といった包括的な発想をもって現代そして将来世代も含めた地球環境における正義や道徳について向き合おうとする政治理論とは根本的に対立するものとなっている。そうした包括的な問題設定と、本稿のような分節化による差異の強調とその上での接続をはかる多層的な問題設定のいずれが現代世界の直面する課題への応答として好ましいのか、この点は今後の課題としていきたい。

（1）リベラルなグローバル正義論の先駆者でもあるＣ・ベイツとＴ・ポッゲが、天然資源をそれぞれ違った形で自らの正義構想と紐づけていたことはあらためて象徴的である。Beitz, C., *Political Theory and International Relations: With a New Afterword by the Author*, Princeton: Princeton University Press, 1999（チャールズ・ベイツ『国際秩序と正義』進藤榮一訳、岩波書店、一九八九年）; Pogge, T., *World Poverty and Human Rights: Cosmopolitan Responsibilities and Reforms; Second Edition*, Cambridge: Polity Press, 2008（トマス・ポッゲ『なぜ遠くの貧しい人への義務があるのか：世界的貧困と人権』立岩真也監訳、生活書院、二〇一〇年）. 同様に、Ｂ・バリーもまた、議論の初期から天然資源の持つ偶然性に着目していた。Barry, B., *Democracy, Power and Justice: Essays in Political Theory*, New York: Oxford University Press, 1989. それら議論は今なおあらためて参照や再考を要するものではあるが、本稿では、より近年の天然資源をめぐる正義論を中心に検討していく。なお、日本において天然資源の正義（ないし道義性）についての検討は、上記の論者への言及の延長や、環境的正義（または世代間正義）の派生としてしかほとんど論じられてこなかったといえる。たとえば、グローバル正義論への言及の中でも資源は、数ある「地球的問題」の中で「環境・生態系破壊と資源枯渇」という形で括られている（伊藤恭彦「グローバル・ジャスティス――公正な地球社会をめざす規範」、『岩波講座　政治哲学6　政治哲学と現代』川崎修編、岩波書店、二〇一四年、二二三頁）。天然資源の道義性を主題的に扱った貴重な論考として、加藤尚武『資源クライシス――だれがその持続可能性を維持するのか？』丸善、二〇〇八年を参照。ただし、そこでも関心の中心は天然資源の枯渇や環境破壊といったものであり、天然資源の分配（の恣意性）とそれに関する正義という文脈で論じられているわけではない。

（2）Casal, P., "Global Taxes on Natural Resources," *Journal of Moral Philosophy*, vol. 8, no. 3, 2011, p. 313.

（3）Pichler, M. et al., "Fairness and justice in natural resource politics: an introduction," *Fairness and Justice in Natural Resource Politics*, (eds.) M. Pichler et al., New York: Routledge, 2017, pp.1-14.

（4）天然資源の正義論を概観したものとして、たとえば次を参照。Nine, C., "Resource Rights and Territory," *Philosophy Compass*, vol. 11, no. 6, 2016, pp. 327-337.「生態空間」としての天然資源論は次を参照。Hayward, T., "Global Justice and the Distribution of Natural Resources," *Political Studies*, vol. 54, no. 2, 2006, pp. 349-369.

（5）天然資源と分配的平等をめぐる代表的かつ古典的な議論として次を参照。Steiner, H., *An Essays on Rights*, Oxford: Blackwell,

1994（ヒレル・スタイナー『権利論　レフト・リバタリアニズム宣言』浅野幸治訳、新教出版社、二〇一六年）. Steiner, H., "Sharing Mother Nature's Gifts: A Reply to Quong and Miller," *The Journal of Political Philosophy*, vol. 19, no. 1, 2011, pp. 110-123. このH・スタイナーの議論については次を参照。井上彰「正義論としてのリバタリアニズム」、『法哲学年報』第二〇〇七巻、二〇〇八年、二三〇～二四〇頁。山岡龍一「自由論の展開――リベラルな政治の構想のなかで」、『岩波講座政治哲学６』三～二七頁。

（６）Risse, M., *On Global Justice*, Princeton: Princeton University Press, 2012, ch. 6. なお、天然資源への平等主義的な要求からミニマムな権利主張への転換は、反論への応答となる修正ともみなされている。たとえば次を参照。岩城志紀「〈研究ノート〉ティム・ヘイウォードのグローバル正義論――現実を踏まえた規範理論の発展を目指して」、『Contemporary and Applied Philosophy』第十二巻、二〇二一年、一一三頁。

（７）Armstrong, C., *Justice and Natural Resources: An Egalitarian Theory*, Oxford: Oxford University Press, 2017.（以下JNRと記す）。

（８）*JNR*, p. 11.

（９）*JNR*, pp. 13-16.

（10）*JNR*, p. 30.

（11）*JNR*, p. 31.

（12）*JNR*, p. 53.

（13）*JNR*, p. 83.

（14）*JNR*, p. 45. ここで言うグローバル正義論における「関係論／非関係論」とは、グローバルな正義構想の根拠づけをめぐる区分となる。これについての代表的な論考として次を参照。Sangiovanni, A., "Global Justice, Reciprocity, and the State," *Philosophy & Public Affairs*, vol. 35, no. 1, 2007, pp. 3-39. アームストロング自身による整理として次を参照。Armstrong, C., *Why Global Justice Matters*, Cambridge: Polity, 2019, pp. 29-32.

（15）*JNR*, p. 10. なお、この点は、注（５）で触れたスタイナーとアームストロングの議論とが根本的に異なることを意味してもいる。*JNR*, pp. 64-70.

（16）その軽視の典型がＪ・ロールズの天然資源の扱いとなる。Rawls, J., *The Law of Peoples: with "The Idea of Public Reason*

Revisited", Cambridge: Harvard University Press, 1999（ジョン・ロールズ『万民の法』中山竜一訳、岩波書店、二〇〇六年）.

（17）この点については次の書評も参照。Kolers, A., "Justice and Natural Resources: An Egalitarian Theory, Chris Armstrong," *Ethics & International Affairs*, vol. 32, no. 4, 2018, pp. 507–509.

（18）*JNR*, p.40.

（19）平等主義における多元主義の問題についてはたとえば次を参照。井上彰『正義・平等・責任：平等主義的正義論の新たなる展開』岩波書店、二〇一七年、第四章。

（20）*JNR*, p. 55.

（21）*JNR*, p. 56.

（22）*JNR*, p.123. Armstrong, C., 2021. "A Reply to My Critics," *Global Justice: Theory Practice Rhetoric*, vol. 13, no. 1, 2021, p. 129.

（23）*JNR*, pp. 124–125.

（24）*JNR*, p. 125.

（25）*JNR*, p. 126.

（26）Tan, K.-C., *Justice without Borders: Cosmopolitanism, Nationalism and Patriotism*, Cambridge: Cambridge University Press, 2004.

（27）Kolers, A., *Land, Conflict, and Justice: A Political Theory of Territory*, Cambridge: Cambridge University Press, 2009, p. 60.

（28）領有権をめぐる議論として、たとえば次を参照。Miller, D., *National Responsibility and Global Justice*, Oxford: Oxford University Press, 2007（D・ミラー『国際正義とは何か——グローバル化とネーションとしての責任』富沢克他訳、風行社、二〇一一年）; Kolers, *Land, Conflict, and Justice*; Nine, C., *Global Justice and Territory*, Oxford: Oxford University Press, 2012; Stilz, A., *Territorial Sovereignty: A Philosophical Exploration*, Oxford: Oxford University Press, 2019. 日本における研究として次を参照。福原正人「領有権の正当化理論——国家は何をもって領土支配を確立するのか」、『法と哲学』第三号、二〇一七年、一〇九～一三二頁。また、ここで挙げたC・ナインとスタイナーとの論争を検討したものとして次を参照。山岡龍一「所有権と領土権——規範的政治理論における主権国家概念の再検討」、『政治思想研究』第一五号、二〇一五年、三〇～五七頁。

（29）Moore, M., *A Political Theory of Territory*, Oxford: Oxford University Press, 2015（マーガレット・ムーア『領土の政治理論』白川俊介訳、法政大学出版局、二〇二〇年）.（以下*PTT*と記す。なお、訳文は適宜変更している）。Moore, M., *Who Should Own*

Natural Resources?, Cambridge: Polity, 2019.

(30) *PTT*, pp. 64–65. 九〇頁。

(31) *PTT*, p. 40. 六四頁。

(32) なお、ここでの「人民」と「国家の成員」、ひいては人民の領有権と国家の領有権とは必ずしも一致するものではない。この点は政治理論的にも現実の国際政治としても重要な点であるが、天然資源の正義を論じる本稿の目的および紙幅の関係で立ち入らない。

(33) *PTT*, p. 7. 一〇頁。

(34) Moore, *Who Should Own Natural Resources?*, p. 7.

(35) *PTT*, p. 164. 二三一頁。ここでムーアは、自身の定義をアームストロングによる定義と区別する形で提示している。

(36) Moore, *Who Should Own Natural Resources?*, p. 8.

(37) *PTT*, p. 175. 二四五頁。

(38) *PTT*, pp. 168–173. 二三五～二四二頁。

(39) *PTT*, p. 182. 二五三頁。

(40) *PTT*, pp. 183–184. 二五四～二五五頁。

(41) *PTT*, p. 176. 二四五頁。

(42) こうした統制の権利と利益への権利、ないしは管轄権と占有権とを区別する議論は集団的自己決定を擁護する他の論者においてもなされている。たとえば次を参照。Stilz, *Territorial Sovereignty*, ch. 8; Wellman, C., "Political Legitimacy and Territorial Rights," T. Brooks (ed.) *The Oxford Handbook of Global Justice*, Oxford: Oxford University Press, 2020, pp. 422–425.

(43) *PTT*, p. 182. 二五三頁。Moore, *Who Should Own Natural Resources?*, pp. 79–80.

(44) *JNR*, p. 37. ムーアへの次の応答も参照。Armstrong, "A Reply to My Critics," p. 122.

(45) Moore, *Who Should Own Natural Resources?*, p. 35.

(46) 愛着が特に争点として着目されていることは、たとえばアームストロングに寄せられた批判とそれへの応答のボリュームからも見て取ることができる。Armstrong, "A Reply to My Critics."

(47) Blomfield, M., *Global Justice, Natural Resources, & Climate Change*, Oxford: Oxford University Press, 2019.

（48）この二つの権利を擁護している点で、立論の方法は違えどもムーアとブロムフィールドとは共通している。ただし、ブロムフィールドは基本的ニーズ充足を集団的自己決定の尊重に対して辞書的に優先させており、その点でムーアの立場とは異なっている。Blomfield, *Global Justice, Natural Resources, & Climate Change*, pp. 131–132.

（49）もちろん、「余剰」と概念的には区別される負担や負荷についても考慮されなければならない。本稿の結論部にて述べるように、だからこそ、天然資源の正義は環境的正義や世代間正義と区分されつつも接続されなければならない。

（50）Blomfield, *Global Justice, Natural Resources, & Climate Change*, pp. 104–105.

（51）Blomfield, *Global Justice, Natural Resources, & Climate Change*, pp. 138–140.

（52）Blomfield, *Global Justice, Natural Resources, & Climate Change*, p. 139.

（53）集団的自己決定の尊重を擁護する立場においては次のような見解が一般的だろう。すなわち、グローバルな不平等が集団的自己決定を脅かす可能性を認めたとしても、だからといって、そうした不平等を常に分配的正義の観点から考慮しなければならないわけではない（それゆえ、グローバルな平等主義は拒絶されるべきである）。Miller, *National Responsibility and Global Justice*, ch.3.

（54）Wenar, L., *Blood Oil: Tyrants, Violence, and the Rules That Run the World*, Oxford: Oxford University Press, 2016（以下BOと記す）. Wenar, L., "Beyond Blood Oil," *Beyond Blood Oil: Philosophy, Policy, and The Future*, L. Wenar et al.（eds.）London: Rowman & Littlefield, 2018, pp. 1-36. このウェナーの議論については次も参照。木山幸輔『人権の哲学：基底的価値の探求と現代世界』、東京大学出版会、二〇二二年、第九章。

（55）*BO*, p. xv, p. xliv.

（56）Ross, M., *The Oil Curse: How Petroleum Wealth Shapes the Development of Nations*, Princeton: Princeton University Press, 2012, pp. 5-6（マイケル・L・ロス『石油の呪い：国家の発展経路はいかに決定されるか』松尾昌樹・浜中新吾訳、吉田書店、二〇一七年、一八〜一九頁）.

（57）*BO*, p. 23.

（58）Wenar, "Beyond Blood Oil," p. 7.

（59）*BO*, p. 80.

（60）*BO*, p. 75.

（61）*BO*, p. 339.

（62）Pogge, *World Poverty and Human Rights*. ウェナーによるポッゲの議論の検討として次を参照。Wenar, L., "Realistic Reform of International Trade in Resources," *Thomas Pogge and His Critics*, A. M. Jaggar,（ed.）Cambridge: Polity, 2010, pp. 123-150. もっとも、ウェナーとポッゲの着眼点や問題関心は大部分で重なっているとみなせる（たとえば*BO*, p. 73, p. 207）。大きな差異を一つだけ挙げると、ポッゲが「地球の共同所有」的な天然資源に対してのコスモポリタニズム的発想を持ち出すのに対して、ウェナーは、あくまで次に触れる「天然資源の人民主権」に依拠している。*BO*, pp. 345-346.

（63）*BO*, pp. 195-196.

（64）*BO*, p. 104.

（65）*BO*, p. 203.

（66）Wenar, "Beyond Blood Oil," p. 11, p. 17.

（67）James, A., *Fairness in Practice: A Social Contract for a Global Economy*, New York: Oxford University Press, 2012, pp. 25-31. A・ジェームズによるウェナーの議論への次の論考も参照。James, A., "Why States Must Remedy the Resource Curse," *Beyond Blood Oil*, pp. 105-118. ジェームズの議論については次も参照。山田祥子「グローバルな正義論における「現実」の意味（2）：制度主義を中心に」、『名古屋大学法政論集』第二六五巻、二〇一六年、八五～一一九頁。

（68）*BO*, pp. 353-355. これは、いわゆる平等主義における「分配」か「関係」かの理論的対立に関するものであるが、本稿ではこれ以上立ち入らない。

（69）*BO*, ch.16, ch. 17.

（70）*BO*, ch. 10.

（71）Blomfield, *Global Justice, Natural Resources, & Climate Change*, pp. 124-125. 集団的自己決定を擁護する立場からウェナーを論じたものとして次を参照。Stilz, A., "Does a Country Belong to Its People?," *Beyond Blood Oil*, 89-103.

（72）Ross, *The Oil Curse*, p. 1. 一三～一四頁。

（73）なお、石油のような特定のタイプの資源だけを考慮する議論は、集団的自己決定を尊重する立場にもしばしば見出すことができる。たとえば次を参照。Banai. A., "Self-determination and resource rights: In defence of territorial jurisdiction over natural resources," *Res Publica*, vol. 22, 2016, pp. 9-20. ただし、そうした議論はいずれも、そうした資源の消費や採掘を集団的自己決定という自由の行使への制約とみなすものとなっている。生存権や他集団の自己決定の尊重といった、本稿で扱ったムーアやブロムフィールドの議論もこの制約としての考慮という点で同様とみなせる。

(74) こうした分節化の可能性は他ならぬウェナーもまた示唆しているところである。本文でも記したようにウェナーは実践的な狙いから「天然資源への人民主権」を擁護し「地球の共同所有」論を退けるのだが、後者の有用性を深海や宇宙空間といった論点においては認めている。*BO*, p. 345.

(75) *BO*, pp. 348–349.

(76) *BO*, p. 348.

(77) Wenar, “Beyond Blood Oil,” pp. 28–29, p. 163n76. 先進国に求められる負担の受容可能性という観点から、ウェナーと同様の政策を擁護するものとして次を参照。Nili, S., “Global poverty, global sacrifices, and natural resource reforms,” *International Theory*, Vol. 11, No. 1, 2019, pp. 48–80.

(78) Kutz, C., “Resources for the people—but who are the people? Mistaken nationalism in resource sovereignty,” *Ethics & International Affairs*, vol. 35, No. 1, 2021, pp. 119–144.

(79) Mancilla, A., “The volcanic asymmetry or the question of permanent sovereignty over natural disasters,” *The Journal of Political Philosophy*, Vol. 23, No. 2, 2015, pp. 192–212.

(80) とりわけ、この政策に従わない（「汚れた」石油を輸入し続ける）第三国の存在とそれへの対応が最大の懸案となる。ウェナーは、そうした第三国との取引に課税して信託とし、それを将来的に産油国の人民に還元するといった案を一つ示している。*BO*, pp. 289–291. これへの批判としてたとえば次を参照。Blake, M. “Bad Men and Dirty Trade,” *Beyond Blood Oil*, pp. 38–49. 他にも、アームストロングは貿易禁止ではなく貿易拡大こそが権威主義国家に対して有効となるといった批判をしている。Armstrong, C., “Dealing with dictators,” *The Journal of Political Philosophy*, Vol. 28, No. 3, 2020, pp. 307–331.

(81) *BO*, p. 350.

(82) *BO*, p. 350, Wenar, “Natural Resources,” p. 210.

*二名の匿名査読者に御礼申し上げる。なお、本稿は科学研究費補助金（課題番号20K12785）の助成による成果の一部である。

生と政治をめぐるヘルマン・ヘラーの政治思想
――ヴァイマール共和国における国家の正統性と政治的主体像

水谷　仁

一　序論

ヴァイマール共和国期のドイツにおいて、人民主権が憲法上認められ[1]、ライヒ議会は国民選出の議員によって構成されることとなった[2]。「ドイツ初の共和国[3]」であったこのヴァイマール共和国における主権者としてのドイツ国民は、制度的にも原理的にも、政治における統治の客体から主体へと移行した[4]。より長い政治史的なスパンでみれば、君主政の廃止から議会制民主主義の導入という国家レベルでの政治的な変化を通して、ドイツ第二帝政の部分的な民主主義体制下に生きる人々が統治の客体であった状態から、第一次世界大戦の総力戦体制を経て不可避的な現象として民主化が進展する過程において[5]、人々が統治の主体となっていったのが、ヴァイマール共和国期であった。さらにこの時期は、第一次世界大戦期の総力戦体制による生命・生存・生活の危機を前線の兵士も銃後の国民も経験し[6]、その記憶が冷めやらぬ中で、共同社会の一員として他者と共に生きるという人生や生き方の理念が、その社会のあり方を定めた憲法によって提起されてもいた[7]。

これはすなわち、ヴァイマール共和国期のドイツは、生命・生存・生活・人生・生き方といった人間の生《レーベン》が政治と密接に結びつけられた時空間であったことを意味している。もちろん、こうした現象は他の時空間でもみられるものではある。しかし、戦時下で自らの生に重大な影響を被った人民が民主主義体制下で主権者として位置づけられていったヴァイマール共和国期のドイツにおいて、生と政治とがどのような結びつきをもつとされていたのかを考察することは、政治思想史の研究上重要であるように思われる。

生と政治という本研究の視座に対する示唆を与える概念としては、「生政治（bio-politics）」が挙げられる。(8) 現在の「生政治」論の理論的基礎とされているミシェル・フーコーによれば、一八世紀半ばに形成された国家権力による「一連の介入や、調整の管理、すなわち人口の生−政治（bio-politique）」が、繁殖、誕生、死亡率、健康の水準、寿命、長寿、それらを変化させる全ての条件を引き受けた。(9) さらに、この概念を通してフーコーは、近代国家における人々の身体・性別・公衆衛生・健康・疾病・出生・死亡・人種といった住民の生に対する、政治による管理・統制の進行を問題視している。(10) 本研究の視座からみた場合、こうしたフーコーの「生政治」論は、近代国家という政治の内部で人間が生きて存在する生そのものが問題とされ、人間の生が国家によってコントロールされる形で結びつけられていることを剔抉する、(11) いわば「国家による生政治」論であると見做すことができる。

こうした「生政治」論を参照すると、近年の研究において、「共和国」をドイツ国民の日常的な生活世界（die alltäglichen Lebenswelten der Deutschen）の中に位置づけるため、祭りや記念行事、儀式、シンボルなどの演出が注目を集め人気を博していたと明らかにされているヴァイマール共和国期のドイツも、(12) 国家主導の関与・作用・浸透による国民の生に対する緩やかなコントロールという意味で、「国家による生政治」の一種と言いうるであろう。

ただし、国政レベルで第一次世界大戦期の君主政から人民主権が実現していったヴァイマール共和国期のドイツという時空間においては、代議制民主主義を通した国民の包摂や統合が目指される一方、高い失業率やハイパー・インフレーションによって国民の日常生活が過酷なものとなっていたにもかかわらず、それを収束しえない混沌とした政治に対する不満が渦巻き、(13) 正統性の真空状態にあった。(14) そうした民主主義体制や政治社会の崩壊過程にあった政治的コンテクストにおいて、(15)「権威ある国家組織の正統化の根拠として人民だけを妥当なものとして容認する」(16) と主張し、国家の民主主義的な正統性を人々の生から根拠づける「国家への生政治」を理論化した政治思想家として、(17) 本研究では国法学者ヘルマン・ヘラー（Hermann Heller、一八九一―一九三三年）に着目する。[18] なぜなら、ヘラーは社会における矛盾や対立の克服という契機を、彼自身が「多数性における統一性（Einheit in der Vielheit）」をその特徴と見做す政治に期待をかけ、そうした政治との関連で、共同社会の一員として他者と共に生きる人間の姿や人間の生を考えていたからである。したがって本研究では、生と政治との結びつきという視座からヘラーの政治思想を論じ、そこに現れる彼の政治的主体像を見出すことを通して、ヴァイマール共和国の政治思想についての一考察を行っていきたい。

ヘラーの政治思想についてはこれまで、その（社会）民主主義論・主権論・（社会的法治）国家論が主に検討されてきたが、[19] ヘラーの政治思想における生と政治の結びつきや政治的主体像という本研究の視座に関するものは、一部の例外に限られる。その例外と言えるものに、ヴォルフガンク・シュルフターの研究が挙げられる。シュルフターによればヘラーは、人間の本質には多数の対立を自己の内部に担う性質があり、社会的本性と非社会的本性との間の、個人と社会の間の、内的人格と社会的人格との間の弁証法的な緊張関係に耐え、個体的であると同時に社会的な生を遂行することに、人間の生一般の固有性を見出している。それゆえ、人間の個体的な生の遂行は、常に同時に社会的な生の遂行である。こうした人間のなす政治的選択は、非合理的な核心をもちながらも合理的に媒介されもするため、恣意的な決断主義とは対立しつつ、選択それ自身が非合理的な構成要素を有することを弁えており、理論に制御された実践とも対立する。だからこそ、ヘラーの思い描く人間の生の遂行においては、抑制を自覚した決断としての政治的選択がなされるのである。[20]

このように、シュルフターは人間本性についてのヘラーの理解に基づいてその政治思想を解釈しているが、ヘラーの主体像と国家論を切り離し、後者を他の思想家たちの国家論と比較するに留まっている。これに対し、ヘラーの政治思想における、「生きている人間（lebendige Menschen）」と「生の形式（Lebensform）」である国家との連関が問われなければならない。[21] なぜならヘラーは、論理や法則に還元して人間や国家を理解する同時代の政治思想とは対照的に、支配団体である現実の国家はその内部における人間の日常的な生を保障することで正統なものと見做されるとし、現実に人々が生きているという事実を根拠として国家の正統性を構想しているからである。そしてそれに留まらず、ヘラーは国家に対する主体による統制の契機をも構想するに至る。言い換えれば、「生（Leben）」という概念を主軸に据えることで、ヘラーの政治思想における、政治共同体内部で日々の生活を送る「生きている人間」という主体と、「生の形式」である現実の政治共同体という客体との内的な相互連関、さらにはそこでの主体像を浮き彫りにすることが可能となる。

したがって本研究は、ヘラーが生と政治とをどのように結びつけていたのかという問いを立て、まず前提となるヘラーの思考法を確認し、次にヘラーの政治思想の基礎となる彼の政治観を取り上げる。そして、生と結びつけられたヘラーの国家観を抽出し、生を捕えるファシズムという現実政治的な問題とのヘラーの政治思想的対決について考察を行う。こうした考察を通して、ヘラーの政治思想における生と政治をめぐる政治思想としての一面とそこでの国家の正統性、さらには政治的主体像を提示することを、本研究の目的とする。

なお、ヘラーは四二歳と比較的若くして亡くなったこともあり、個々の主張や概念の内容面での変化や展開はありつつも、彼の政治思想には時期による大きな変動はない[22]。そのゆえ本研究においては、ヘラーの政治思想がある程度体系的なものだったと見做して考察を進めていきたい。また、ヘラーは同時代の激しい論争や精神史的な伝統と向き合う中で自身の学問的営為を展開していたため、他の論者の主張・学説との対比や受容という点を考慮する必要があることは確かである[23]。しかし、本研究は生と政治をめぐるヘラーの政治思想を見出すことを主題としているため、それがどのような論争や伝統との対話の中で形成されたのかという問題に関しては、最低限の確認に留めておくこととしたい。

二　ヘラーの思考法

ヘラーの政治思想を考察していく前提作業として、彼の思考法を確認する必要がある。なぜならヘラーは、本研究で後に取り上げるような政治や国家をはじめとした自身の社会科学的な研究においても、ある思考法を通した考察を繰り返し行っているからである。

オリヴィエ・ジュアンジャンによればヘラーは、「自由な精神（esprit libre）」、すなわち「批判的な精神（esprit critique)」を有しており、自身の国家理論を批判的意識の下に位置づけていた。こうしたヘラーの批判的思考とは、「生の哲学」にみられる一方向的な（unilatéralement）超越的批判（hypercritique）ではなく、メタ批判（métacritique）であり、常に二重のもしくは反省的な（double ou réflexive）批判である。そしてヘラーにとって、真の批判的な思考こそ「弁証法的な思考（pensée dialectique）」に他ならず、それは多くの彼のテクストに反映されている。[24] このような指摘は本研究にとって示唆に富むものではあるが、ヘラーの「弁証法的な思考」についてのジュアンジャンの言及は、「生の哲学」に数えられる思想家や、ヘーゲルやマルクスなどとの知性史的な関係が主たる対象とされるに留まっている。これに対し本研究では、ヘラーの弁証法的思考のメカニズムを考察していきたい。

ヘラーの弁証法的思考が最も如実に展開されているのが、彼の晩年の著作（没後の一九三四年に出版された）『国家学』である。[25] 本書においてヘラーは、「弁証法的思考法（ein dialektisches Denkenverfahren）」によって、「主体‐客体、意味‐行為、肉体‐心、心的‐物的、存在‐生成」などの対となる関係は「弁証法的対立（dialektische Gegensätze）としてのみ理解されうる」と述べている。[26] ただし、ここでいう「弁証法的対立」とは、それぞれの項が互いに関係づけられることなく孤立化するような、単なる二項対立ではない。

弁証法的関係（Das dialektische Verhältnis）は、相互の向かい合い（aufeinander）にも、共通の論理的根源にも還元することのできない表出が、それにもかかわらず現実の対象と関係づけられていることに存する。そして、この現実の対象においては、ある表出には常に他の表出が定められている。[27]

ある項と別の項が互いに分離・対立しつつも、それらは孤立しバラバラになっているのではなく全体と関係づけられ、全体へと埋没され解消されるのではなく全体によって弁証法的に媒介され、それぞれが自立／自律している。二項対立や二律背反、全体とも関係づけられておらず相関関係にもない非弁証法的二元論とも異なり、[28] 相互に連関し合う共属関係にありながら各々が自立／自律している。思考の対象にこのような弁証法的な関係をみるヘラーの思考を、本研究では「弁証法的思考法」と呼んでおくこととしよう。
こうした弁証法的思考法によってヘラーは、法と国家との関係を次のように理解する。

> 法と国家的意思権力が相互に弁証法的媒介なしに対置されている限り、法の特質も国家の特質も正しく把握されえず、両者の相関的に共属した関係（das Verhältnis der beiden zueinander）も正しく把握されえない。特に、法の有効性も法の実定性も、国家と法との相関的な帰属なしに理解されることはない。法は今日《こんにち》の国家の必要不可欠な条件として、さらに国家もまた今日の法の必要不可欠な条件として、認識されなければならない。法の権力形成的な性格なしには規範的な法の有効性も国家権力も存在せず、国家権力の法形成的な性格なしには法の実定性も国家というものも存在しない。国家と法の関連は、〔相互の〕区別なき統一としても、架橋しえない対立としても不可能である。[29]

法と国家が相互に関係し合っている中で、法が国家権力を形成することによって規範として効力を発揮し、国家権力も適正に行使されうる。法と国家とが相互に関係し合っている中で、国家が法を形成することによって実定法や国家という組織自体が有効なものとなる。もちろん、法と国家の相関関係とはいえ、その関係の中で各々の特徴が解消されたり、「断絶した関係」として対立するのではない。法と国家とは、分離しつつも相互に関係し合うことによって、両者が意味あるものとして存在しうる。[30]こうした相互関係を、ヘラーは「弁証法的関係」と言い表している。その意味で、法か権力か、規範か意志か、客観性か主観性かという二者択一から始まるような理論は、ヘラーからすれば「国家的現実の弁証法的構造（der dialektische Bau der staatlichen Wirklichkeit）」を見誤っていることになるのである。[31]

　このようなヘラーの弁証法的思考法と、「全体の中でそれに参与する個人と集団の上下および並列の秩序を通じた共同活動の具体的な形態化[32]」を意味する「組織（Organisation）」についての思考とは、どちらも全体への個の有機的（organisch）連関を示すものではある。ただし、全体をより強調する「組織」についての思考に対して、[33]全体へと関係づけられつつ自立／自律した個という契機を強調する弁証法的思考法が、ヘラーの政治思想における主体の自立性／自律性の前提となっていると言える。

三　ヘラーの政治観

では次に、政治についてのヘラーの理解をみていこう。高橋良輔によれば、諸々の行為の多数性・多様性を認めるヘラーは、それらの調整や、秩序の付与と受容が政治的なるものの本質であり、政治を「数多性における統一性」であると理解している[34]。その内容は本節で詳述するが、高橋によって等閑視されている、ヘラーの政治観における人々が生きる場としての「領域（Gebiet）」概念の重要性に、とりわけ焦点を当てて考察を進めていきたい。

ヘラーの政治観は彼の著作の随所に表れているが、一九二四年の「政治の意味」によれば、政治とは「あらゆる種類の人間的な相互連関の共同活動の秩序」である。そして、「あらゆる政治の目的は秩序のための秩序であり、暴力という物理的強制力をできる限り排除すること」にあり、「人間は、万人の万人に対する絶え間なき戦争の中で生きていくことはできず、そのありのままの自己保存のためには平和の秩序を必要とし、法的安定性を必要とする[35]」。個々の人間が法によって形成・安定化された秩序を介して相互に関係づけられ、そこで共同活動が営まれていることが政治とその目的であると、ヘラーは見做している。

さらに、「政治的なるもの（das Politische）」についてヘラーは、一九二八年の「政治的民主制と社会的同質性」において次のように述べている。

> 領域的決定の統一性は、政治的なるものの本質を、互いに入り乱れている社会的行為の無限の多数性（Vielheit）と多様性（Verschiedenheit）とを秩序づけると同時に秩序づけられる統一性へと弁証法的に調整するもの（ein dialektischer Ausgleich）として理解させる。政治的な決定行為は法秩序に妥当性を与え、それを維持する。〔…〕あ

らゆる支配は、〔…〕特定の領域での決定の統一性を究極の目的として要求されるやいなや、政治的な支配となる。[36]

ヘラーは、「互いに入り乱れている社会的行為の無限の多数性と多様性」として、諸個人の多数かつ多様な行為を認めている。もちろん、そうした諸行為は孤立して存在しているわけではない。「弁証法的に調整」とあるように、それぞれ自立／自律している諸個人の行為が全体と関係づけられて相互に共属し、それを秩序ある統一性へと編入することこそ、政治的なるものの本質だとヘラーは見做している。弁証法的思考法によって導き出された「多数性における統一性」というヘラーの政治観が、ここに表れていると言えよう。[37]

さらにヘラーは、一九二五年の「社会主義と国民」において、政治と国家、そしてそれらの関係を次のように述べている。

政治とは、目的を意識した社会の形態化であり、人間の相互連関の秩序を目指す目的を意識した活動である。本来のかつ根源的な意味での政治とは、特定の領域上にある人間の相互連関の秩序であり、ある領域社会、すなわちポリスや国家の維持と形態化である。相互に向かい合って活動している（gegenseitig aufeinander wirkend）諸個人の総体としての社会は、そうした個々人が統一体あるいは団体を形作ることによって形作られうる。〔…〕通常、何らかの利益や秩序は、それらが国家の強制秩序、すなわち法によって保障されたとき初めて、最終的な妥当性が保障される。全ての政治は、究極的には国家の政治である。国家秩序だけが、全領域の住民（die ganze Gebietsbevölkerung）に服従を強制し、他の領域の住民に対して自らの意志を貫徹する。そのため、全ての政治は、その目標からして必然的に国家の政治である。なぜなら、国家の政治は、その利益が国家の法によって保障されることを望むはずだから。そしてそのために、全ての政治は、その手段からしても必然的に国家の政治である。なぜなら、国家の政治は、その利益が国家の権力装置を自由裁量によって用いうるよう望むはずだから。[38]

先の叙述とあわせてヘラーのいうところを理解すれば、「多数性における統一性」である政治とは、特定の領域で生き多数で多様な行為を行う人間が互いに関わり合う中で必要とされる秩序であり、国家によって担われる政治は、特定の領域上で秩序を形成し安定化する法と権力装置を通して住民に服従を強制するのである。

こうした政治の定義に「領域」という概念が含まれていることは、注目に値する。政治的決定が国家の法秩序に妥当性を与え、国家の法秩序が当該領域内に住む人々に対する強制に実効性を付与している。そのため「領域」は、国家の法秩序による強制が及ぶ射程範囲という外縁として、ヘラーの政治概念に組み込まれている。次節の議論を先取りしていえば、このような外的強制力によって秩序が保障されていることによって、領域内の住民の日常生活が成り立ち、安定化していくとヘラーは見做しているのである。

ただし、政治に必要とされるのは、「領域」という外縁やそこでの強制力ばかりではない。ヘラーによれば、政治や国家にあって、政治的統一体形成の可能性や民主主義における代表の任用、代表制の地位の安定は、一定の「社会的同質性」に依存する。

今まさに示唆された問題性において、民主主義にとっての社会的同質性の意義もが含まれる。民主主義は下から上への自覚的な政治的統一体形成であり、あらゆる代表は共同体の意思に法律的に依存し続ける。多数性としての人民（das Volk als Vielheit）は、自分自身を統一体としての人民へと自覚的に形成していかなければならない。政治的な統一体形成がそもそも可能であるためには、一定程度の社会的同質性が所与のものでなければならない。そうした同質性が現実に存在すると信じられ想定されている限り――物理的暴力による抑圧が断念され、対抗者（Gegner）と対話することが可能である限り――、対抗者との議論を通して政治的な一致へと達する可能性がありうる。(39)

ヘラーによれば「社会的同質性」とは、「常に存在する対立状況や利害闘争が、「私たち」という意識や感情、そして自己を実現する共同体の意思を通して結合したものとして表れる社会 - 心理学的状態」である。そして、民主主義の存続は他のいかなる政治形態よりもはるかに高い程度において、この「社会的同質性」の存在に依存している。[40] なぜなら、そのような同質性の実在が想定されていることによってこそ、領域内に共存する諸個人や政治団体などの政治アクターが時には「対抗者」になったとしても、それは友（味方）／敵というシュミット的な敵対関係とは異なり[41]、物理的暴力による抑圧を放棄し、対立しつつもそれを議論によって政治的に一致させていく可能性が見出されるからである。[42] すなわち、ヘラーのいう「社会的同質性」とは、対立や闘争によっても人々の相互連関が失われることのない共同性と理解することができる。その意味でも、「多数性における統一性」という「政治的なるもの」理解の特徴が、「領域的決定の統一性」[43]と結びつけられていることは見逃せない。ヘラーは、政治権力・国家権力の有効性は当該の領域と社会における十分な同質性に基づくものであると述べている。[44] この「領域」内に生きる人々の行為やそれに基づく日常生活の統一性を国家秩序の強制（力）によって形成・維持するだけでなく、その統一性に正統性や妥当性を付与するためには、対抗者とも対話する共通の場が確保され、そこでの「フェア・プレー」に基づいた議論が必要となる。[45] この共通の場を担保し、政治（的）決定に正統性や妥当性を付与するものこそ、ヘラーのいう社会的同質性という共同性なのである。したがって、ヘラーの政治観によれば、領域という外縁と社会的同質性という内的な共同性とによって、「多数性における統一性」が実現される。人々が共に生きていく上での空間と性質とが、ヘラーの政治観の基礎に据えられていると言えよう。

以上のようにヘラーの政治観は、闘争や対立の契機の存在を率直に認めつつ、それが解消されることにではなく、「私たち」という共同意識や「共同体の意思」を通して結合されることによって領域内に生きる人々の政治的統一が形成・維持されていくという、弁証法的なダイナミズムを政治に見て取っているものだと言える。

さらにヘラーは、国家は何らかのあり方の中での「多数性における統一性」を示しており、その成立と存続にとって本質的なものと認識される条件に応じ国家の本質は多種多様に規定されるとして、自身の政治観を基礎に国家を理解している。[46] そして、ヘラーが国家を論じる中で、生と政治との関係が前面に現れてくることになる。

四　生と結びつけられたヘラーの国家観

前節で、政治と国家、それらの関係についてのヘラーの理解をみたが、政治的なるものは概念上、国家と関連づけることでより明確に理解できるとヘラーは見做している。[47] そのため、上述したヘラーの政治観を基に、本節で彼の国家観を考察していこう。

先行研究においてヘラーの国家観は、主に社会的法治国家として理解されている。[48] そこでは、公法実証主義を批判するシュミットの市民的法治国家をブルジョア法治国家と見做し、資本主義の発展に伴うプロレタリアートの増加と台頭によって、市民層の要請した立法部へのプロレタリアートの参入と市民層の社会的地位とが変化したという、社会民主主義に基づいた社会的法治国家観をヘラーが有していたと理解されている。[49] こうしたヘラーの国家観について本研究は、社会的法治国家という特定の国家原理とその形態ではなく、国家というもの一般についてのヘラーの原理的な理解を対象とし、そこに生と政治との関係がどのように組み込まれているのかという視座から考察を行う。なぜなら、ヘラーの政治思想における国家とは、領域内で国家の強制力によって形成・安定化された秩序の下で社会的同質性を共有して生活する、ブルジョアやプロレタリアートなど特定の社会階層に限られない「生きている人間」という主体と「生の形式」である政治共同体という客体とが相互に連関したものとして、捉えられているからである。

ヘラーは、国家や人間を論理や法則に一元化する国家観・人間観に対して疑義を呈し、[50] 国家を論理と見做すハンス・ケルゼンの純粋法学に基づいた国家学を、「国家なき国家学」として批判している。[51] これに対してヘラーは、国家を純粋な法則思考では決して正当に評価することはできず、多数性の中にありながら完全には関係へと解消しえない具体的統一性としての国家を歴史的‐政治的な主体と見做す、自身の国家観を対置させている。[52] ここでいう具体的統一性としての国家とは、国家を諸々の論理や法則に解消する思考に対し、当該国家の中で生き、その自覚的な行為によって国家を成立・存立させる個々の人間の個別性や個体性が止揚され、一つになった政治共同体である。[53] こうした国家観を基にヘラーは、国家とは「領域的決定機関を構成する行為の統一体[54]」であり、「領域秩序の観点の下では全社会的な生に他ならない[55]」と端的に述べている。

注目すべきは、こうした国家の定義づけに際しても、「領域」が強調されていることである。先述のように、弁証法的思考を介したヘラーの政治観においては、領域的決定の統一性が政治的なるものの本質を、無限に多数で多様な社会的行為を秩序の統一性へと弁証法的に調整する、とされていた[56]。さらにヘラーは、国家は「あらゆる社会的行為の秩序づけられた共同活動を特定の領域上で最終的に保障する社会的団体[57]」「ある地理的な領域上の人間的な諸連関の秩序づけられた共同活動を、最終的には強制力をもって保障する人間団体[58]」だとして、「領域」内部の社会的な諸秩序と国家との関係を次のように述べる。

人倫的、宗教的、慣習的な性質の数え切れない種類の社会的な諸秩序が存在し、こうした社会的な諸秩序が、国家機関の介入なしに暴力なき共同活動を通常は成り立たせているのは確かである。通常は——しかし常にではない！——、ではあるが。そして、国家秩序が依拠しているこれらの社会的な諸秩序は、それらの秩序づけられた相互に密接な連関（ihr geordnetes Ineinandergreifen）が最終的に国家の強制的暴力によって保証されなければ、暴力なき共同活動も通常は保障できないであろう。〔…〕社会的な人間は、政治的秩序が自分を少なくとも殺害や強盗から守ってくれなければ、食べることも飲むことも、住むことも、衣服を着ることもままならず、さらには経済的な諸活動の相互に密接な連関も保障されえない。もちろん、国家の秩序、すなわち法秩序は、他の社会的な諸秩序のうちの一つにすぎない。しかし、それをとりわけ他の秩序から際立たせているのは、一方ではそれを意のままにしている組織化された国家的な強制装置であり、もう一方では例外なく全ての社会的な生の諸領域（alle gesellschaftlichen Lebensgebiete）に対するその包括的な妥当性である。国家はその強制装置によって、特定の地理的領域上のあらゆる社会的な諸連関の秩序づけられた共同活動を保障する。それゆえ、その強制的な暴力は、結社や政党、あるいは労働組合のように団体構成員に向けられるだけでなく、国家領域上に滞在する外国人にも向けられなければならない。このような領域支配によってのみ、国家は他の人間的な諸団体全てから区別される[59]。

ヘラーによれば、社会の中で人間が生きていくためには国家を欠かすことはできない。なぜなら、人間が食べる、飲む、住む、着る、経済活動を行うという最も基本的な日常生活を送るためには、国家の強制力によって領域内で形成・安定化された秩序の下、諸個人の生命・生存や財産が守られ、その上で人々の共同活動が保障されていなければならないからである[60]。言い換えれば、国家の強制力が秩序を生み出しているがゆえにその領域内に生きる人々が生＝日常生活を営むことができ、それを実現している限りにおいて国家の正統性は保証されうると、ヘラーは見做しているのである。

こうした国家観は、先述したヘラーの政治観ゆえのものである。ヘラーは政治を「多数性における統一性」と理解していたが、多数性や多様性、さらには個人の尊重や多文化共生などを高らかに謳うだけでは、それは単なる楽観・楽天主義に過ぎず、社会内での混沌を放置する無責任な見方に過ぎないという批判が呈されよう。しかしヘラーにおいては、領域内での多数性や多様性に対して、国家の強制力による秩序の形成や安定が想定されている。ヘラーは「権威ある国家（autoritäter Staat）」[61]という概念を用いることもあるが、これはいわゆる「権威主義国家」とは異なり、秩序を形成し安定させる実効力のある国家を意味している。このような「権威ある国家」は、多数性や多様性の尊重というヴァイマール共和国の理念ゆえに生じた政治的な不安定やカオスに対する、ヘラーなりの解決策だと言えよう。

もっとも、弁証法的思考法によって政治や国家を思考するヘラーからすれば、国家は生に対して一方向的に関係するものではない。なぜならヘラーは、国家とその現実の中で生きる人間、さらにはそれらの相互連関に着目しているからである。

こうした〔純粋な認識主体が対象を構成することによって、数学的・論理学的対象だけでなく、歴史的対象を含めての一切の対象を生み出すという〕対象構成は、あらゆる社会的な現実の外で問い、認識する想像上の生き物を想定せざるをえない――そしてこのように問いを設定することは、私たちにとって問題である――。つまり、私たちにのみ与えられた、生きている人間（lebendige Menschen）を考慮することができない。生きている人間は、その人が国家学に従事している場合でも、絶えずその具体的な国家的現実に何かしらの仕方で、どこかで組み入れられている。生きている人間は、国家的現実の中で、それと共に現実に存在し、それを望むものか望まないものとして、良いものか悪いものとして、満足するものか疑わしいものとして、どんな場合でも常に既に自分の中に見出している。それゆえに生きている人間は、国家的現実を通して初めて自分自身をも構成し、逆に国家的現実の構成にも参与する（mitkonstituieren）。したがって、あらゆる国家的な認識は、国家的な生がそれを問う者を常に共に含んでいるということから出発しなければならない。国家的な生を問う者は、国家的な生に現実に存在しながら、国家的な生から抜け出していくことは決してできない。国家は、問う主体に対して、空間的に「対立している」疎遠な客体ではない。これらの関係の本質をなすものは、ここでは、主体と客体との弁証法的な同一性（die dialektische Identität）なのである。[62]

ヘラーによれば、国家や人間を論理や法則に還元する国家観・人間観とは異なり、「生きている人間」とそれと共に存在する国家が考慮されなければならない。この「生きている人間」は具体的な国家的現実に組み入れられ、その中で、それと共に生き、それを自分自身に見出し、そしてそれに参与している。国家というものが問われ認識されるとき、それは単なる認識の対象ではない。国家を問いそれを認識している国家の現実の中で生きる人間が、そこに内包され組み入れられている。[63]その意味で、「国家は人間的‐社会的な生の形式、すなわち形式における生、生から成る形式に他ならない。[64]」本研究のここまでの議論とあわせれば、特定の領域上で法や権力装置によって人々を強制し秩序づける国家という客体は、その中で日常生活を営む「生きている人間」という主体の無限に多数で多様な行為を統一していく「生の形式」であり、現実の国家の中で「生きている人間」が国家によって形作られると共に国家を形作っていくことで、両者が相互に連関し合い共属して一つになっているのである。「生きている人間」が国家において日常生活を保障されつつ、その国家の形成に参与するという主体像を、ヘラーは有していたと言えよう。

さらにヘラーは、一般国家学においては法も、「社会的な生の必然的かつ理解可能な現象形式、とりわけ団体支配の内在的な現象形式[65]」であり、法秩序はそれ自体で閉じたものとして存在することは決してなく、常に国家組織の段階構造において相互に、意図的に上位／下位に秩序づけられているような、「生きている人間の認識行為と意志行為」によって必要な補完がなされると述べている。[66]こうした、社会的な生の現象形式である法の秩序と、国家組織において秩序づけられた「生きている人間」の行為との相互連関の指摘にも、人間の生を国家秩序と弁証法的に結びつけるヘラーの政治思想の一端が表れている。

五　生を捕えるファシズムとの政治思想的対決と責任ある政治的主体像

生と政治をめぐるヘラーの政治思想は、政治や国家についての原理的な理解に留まらず、彼自身にとっての同時代的な現実政治における重大問題である、ファシズムとの政治思想的な対決に至る。もっとも、一九三三年一一月五日に亡くなったヘラーは、ドイツにおけるヒトラーの政権掌握とユダヤ人迫害によってスペインへと亡命したこともあり、[67]一九二八年夏に研究のため滞在していたイタリアにおけるファシズムの台頭を学問的な主題としていた。[68]ヘラーは一九二九年の「独裁は何をもたらすか――ファシズムと現実」において、第一次世界大戦と戦後の混乱によって大きな幻滅感を味わったイタリアでは、ファシズムを通した大衆の誘惑と残虐な暴力による敵対者の鎮圧が行われ、民主主義による十分な対抗の欠如も相俟って、独裁が地歩を固めることが可能になったと指摘している。[69]

本研究において重要なのは、ヘラーがファシズムをヨーロッパの精神史的な危機に対応する政治現象だと見做していることである。これに関して、フランク・シャーレは、実証主義に対抗する生の哲学とファシズムとの相違についてのヘラーの精神史的考察を確認している。[70]また、ジェフリー・アンドリュー・バラシュは、実証主義から生の哲学の興隆に至る精神史的な流れと、実存主義的な状況を肯定する機会原因論的なファシズムについてのヘラーの分析を明らかにしている。[71]さらに、一九二三年生まれでヘラーの後続世代に当たり、シュルフターによってヘラーのファシズム分析との「原則的な点における近さ」[72]が指摘される「戦中派」エルンスト・ノルテも、既成の権威による世界像や伝統からの解放（超越）を志向する「自由主義社会」に対する抵抗というファシズムの特徴を、マルクスやニーチェ、ヴェーバーと関連づけて精神史的に考察している。[73]ただしこれらの研究は、西洋近代の精神史的な危機において、ファシズムが若者の生の精神面・心理面に訴えかけそれを取り込んでいくことに対するヘラーの警鐘に言及していない。本研究ではこの点に着目して、ヘラーのファシズム分析を考察していこう。

一九二九年の「ヨーロッパとファシズム」においてヘラーは、ファシズムの思想的背景に、一九世紀の合理的法則志向に対する強力で根本的な反動としての反／非合理主義を看取する。一九世紀の実証主義は自然科学的な認識に留まるがゆえに、人間は自然法則の産物に過ぎず、その存在は無意味なものと見做される。これに対し、精神的に生き生きとしている第一次世界大戦の戦後世代には反ブルジョア的な生の気分が共通しており、非合理な暴力に訴えかけ、あらゆる合理的な法則を野性的に突き破る英雄主義を求めている。[74]ファシズムは、このような反／非合理主義を背景に、ヨーロッパの精神的危機に対応する政治現象として現れてきた。[75]もっとも、ヘラーによれば、ファシズムは国家と社会の状況における欠陥を鋭く突いており、戦後世代の生の感情に巧みに訴えかけもしたが、それ固有の実体的内実をもたず、反合理主義、反資本主義、反議会主義などの不明瞭な受け身の感情に傾き、単なるルサンチマンに留まる。そして、こうしたファシズムの巨大な危険性は、新しい世代を性急で不十分で信用ならない答えで安心させ、それと共に将来の政治的な刷新を育む源泉を埋めてしまうことにこそある。[76]ヘラーからすれば、一部の青年たちが寄る辺なき状況の中で自分たちでは見出しえない義務づけを「強い人」である指導者の独裁性に切望したのは、自身の責任からの臆病な逃避に過ぎない。[77]

このようにヘラーのみるところでは、ヨーロッパの精神史的な危機に対応する政治現象であるファシズムは、とりわけ第一次世界大戦後の政治的・社会的な混乱期の寄る辺なき状況下で生きる戦後世代の生の気分や生の感情に訴えかけ、彼ら自身の責任の意識を不要なものとし、支持を獲得し、暴力を用いた独裁に至ったのである。生と政治という本研究の視座からみれば、危機的な政治現象であるファシズムが、日常生活や（とりわけ塹壕戦を経験した前線世代の）生死といった実体験を伴う生の実感からかけ離れやすい若い戦後世代の「生の気分」や「生の感情」に訴えかけ、生を精神・心理の面から捕えていく過程を、ヘラーが鋭く看取していると指摘することができる。言い換えれば、国家による精神・心理面での生の懐柔・馴致というファシズムの問題性をヘラーが剔抉しえたのは、彼が生と政治を結びつけて自身の政治思想を展開していたがゆえなのである。

ここでヘラーは、生を捕らえるファシズムと対比して、被治者の側の責任に言及する。ヘラーによれば、将来の政治的な刷新は、ファシズムが提供するものよりもさらに深い動因と責任（tiefe Antrieben und Verantwortungen）から育ってくるに違いない(78)。

> 国家だけではなく、ヨーロッパの全文化の刷新は、まず第一には政治的に司られた民主主義に結びつけられている。〔…〕このますます増大する社会層〔労働者階層〕に自己意識が一度《ひとたび》育てば、危機は最終的に、原則的に自由意志で国家的‐社会的な規範に従い、それに参与する（mitarbeiten）ことによってのみ、取り除くことができる。しかし、それを彼らがなしうるのは、一方では彼ら自身の参与によって、今日《こんにち》よりも自分たちの理念と利害関心により良く合致した将来の国家的‐社会的な状態が萌芽の段階となるという希望をもち、他方では、彼らが自己の政治的な経験を通して、あらゆる政治的な形式の確固たる必然性を知るに至る可能性を有しているようなときにである(79)。

ヘラーは社会民主主義者だったこともあり、国家の政治的な危機における根本的な問題を社会的階級対立として捉え、労働者階級の政治的自己意識の涵養に、民主主義と結びつけられたヨーロッパの刷新を託していた(80)。「あらゆる自己の責任（Selbstverantwortung）とイニシアティヴの活力を奪う(81)」指導者＝独裁者に対して(82)、労働者たち自身が国家的‐社会的な規範という客体に従い、主体としてそれに参与することで、生に訴えかけるファシズムという政治的危機を克服しうるとの展望を、ヘラーは有していたのである。

もちろん、ヘラーにとっても、民主政において政治指導者が責任を負っていることは明白である(83)。ただし、世論の責任として、被治者の側の責任をもヘラーは構想している。

> 世論は国家代表者たちの行為を阻止あるいは促進する動因として、つまりそれに対する警告または激励の動因として過小評価してはならない重要性を有している。〔…〕社会的および政治的なリーダーシップの任務は、国家的な生の問題（Lebensfrage）において指導と教育を通して、世論に確固とした、可能な限り統一的な形態を与えることになる。こうした資質が指導的なエリートの中に強く発達すればするほど、世論はますます判断力を高め、責任を意識していくことになる。[84]

指導と教育という政治指導者や政府の主導によってではあるものの、被治者の側が判断力を高め、責任を負うことで、監視や批判、支持表明によって国家の代表者の側を統制していく契機を、ヘラーは世論に認めている。

ここには、ヘラー自身の責任への意識が投影されているように思われる。ヘラーは、「〔国民という〕共同体は無数の生の諸秩序や思考形式、感じ方を展開し、それらの形態において私は、普遍的－人間的なまさにそこにある存在（Dasein）に参加し、そうした生の諸秩序、思考形式、感じ方は、私がそれによって偉大なる大地の一部へとしっかり足を据えることができるような根」である国家という共同体に対して、「それは最も広範な人間の総体であり、私は直接身をもって知ったそのための責任を自分の行為を通じて担うことができ、その心構え」があり、「国民全体に責任を負う自己保存の衝動が全ての人間や諸民族の上にすぐに広がることを望む！」と述べている。[85]共同体という客体に対して、それと連関し自分自身の行為を通じて責任を負う主体こそ、ヘラーの政治的主体像なのであった。

六　結論

ドイツ国民が政治における統治の主体となり、共同社会の一員として他者と共に生きる理念が提起されつつ、その正統性が欠如したヴァイマール共和国期において、国法学者ヘルマン・ヘラーは、民主主義的な国家の正統性の基礎として、生きている人間の姿や人間の生《レーベン》を政治と結びつけて思考していた。彼は、ある項と別の項とが全体へと媒介されつつ自立／自律し、相互に連関し共属して一つのものになるという「弁証法的思考法」を通して、政治についての思考を展開していった。ヘラーにとっての政治は、特定の領域において生きる人々に対する強制力をもった秩序づけと社会的同質性という共同性を前提とした、「多数性における統一性」をその原理とするものであった。そして、ヘラーの政治思想において人間の生と政治は、「生きている人間」という主体が「生の形式」である国家という客体との関係において自己を形成し、国家の形成にも参与する、弁証法的に統一するものだと見做されていた。こういった政治に対する原理的な理解と並び、ヘラーは同時代のファシズムという危機的な現実の政治現象との政治思想的な対決を行っていた。ヘラーからすれば、反／非合理主義を背景にしたファシズムは、寄る辺なき状況における若い戦後世代の生の精神面・心理面に訴えかけ、それを懐柔・馴致して支持を集め、独裁に至った。このようなファシズムに抗して、国家の秩序に従いそこで生きつつ、それに参与する責任を担う政治的な主体像を対置することで、ヘラーは新たな政治の可能性を見出していた。

こうしたヘラーの政治思想やそこでの政治的主体像は、ヴァイマール共和国期、そしてその後の「第三帝国」期において、同時代のドイツ国民に届いていたとは言い難い。そこには、一人の学者の主張や学説が市井の人々に知られ聞き取られ理解されるわけでは必ずしもない、という外在的な理由もあっただろう。しかし、それに留まらない理由もあるように思われる。当時のドイツ国民は、政治的・経済的・社会的な混乱状況の中で生き、孤立化・原子化し「大衆」に解消され、不安と疎外という意識を共有し、ナチズムに取り込まれていったと言われている[86]。その過程において、ドイツ国民がナチズムの政治に、――少なくとも一定程度の――「生きがい」や「生の拠り所」、「生の意味」を見出していた可能性はある[87]。そうしたドイツ国民にヘラーの政治思想が仮に知られ聞き取られ理解されたとしても、その思想の内容は、生の苦境に陥ったと言いうる二〇世紀前半のドイツに生きる人々にはあまりにも厳しいものと映り、受け容れられることは難しかったと言わざるをえない。

ただし、そうした歴史的な経験から学ぶことのできる私たちは、その困難さをはっきりと認識した上で、それを乗り越えていく可能性を有しているのではないだろうか。ヘラーはその早すぎる死によって、自身の展望の実現どころか、人々の生《レーベン》全体を——生命も生存も生活も人生も生き方も——支配していくナチズムの進展を目の当たりにすることさえなかった。ナチズム下のドイツにおいては、自分の生き方や誰と一緒にどう生きたいのかを問われることも、人々が自分自身でそれを問うこともなく、敷かれたレールの上を走る「自発性《ボランタリー》」が国家によって醸成されていたと言われている。[88] このようなナチズムは、主体としての「生きている人間」と客体としての「生の形式」である国家とが相互に連関し共属して一つのものになるというヘラーの国家観の、いわば負の具現化に見えるかもしれない。

しかしながら、ヘラーの「弁証法的思考法」に従えば、ある項と別の項は相互に連関し共属して一つになる中でも、あくまでも自立／自律しているものであった。ヘラーの政治観における統一性は、あくまでも行為の無限の多数性と多様性の中で形作られるものであった。こうしたヘラーの思考法や政治観によれば、国家という客体と相互に連関し共属して一つのものとなる「生きている人間」という主体は、国家に埋没することも解消されることも、国家に一方的に従属させられることもない。ヘラーの政治思想は、国家を単なる認識や参加の対象に留めるのではなく、国家によって形作られつつ国家を形作っていくことに参与する、日々の生を営む中で責任を担う主体として政治に結びついている「生きている人間」、という相関的な政治主体のモデルを提供している。こうした主体と国家を実現できればそれは、生と政治をめぐるヘラーの政治思想の正の具現化と言えるかもしれない。そこには、国家と個人の相関関係というだけでなく、国家による強制力と国家への個人の参与という双方向的な相互連関に加え、国家の強制力に対する統制という形での個人の参与のポテンシャルを見出すことも可能である。[89] ファシズムやナチズムという人類史的な経験を有する私たちがヘラーの政治的主体像を学ぶことは、それがどれほど厳しく困難であったとしても——むしろ厳しく困難なものだからこそ——、価値があると言えよう。

※外国語文献からの引用は全て筆者自身による。なお、引用の強調は原文、外国語文献での強調は原文イタリックかゲシュペルト。

引用文内の〔 〕括弧は引用者註。また、『ヘルマン・ヘラー著作集』の表記は以下の略記法に従っている。

GS: Hermann Heller, *Gesammelte Schriften*, in Verbindung mit Martin Drath; Otto Stammer; Gerhart Niemeyer; Fritz Borinski, Hg. Christoph von Müller, 2. Aufl., Tübingen: J. C. B. Mohr (Paul Siebeck), 1992.

――*GS I*: Erster Band. Orientierung und Entscheidung.

GS II: Zweiter Band. Recht, Staat, Macht.

GS III: Dritter Band. Staatslehre als politische Wissenschaft.

（1）Oliver Lepsius, Volkssouveränität und Demokratiebegriff in der Weimarer Republik, in *Revista de Historia Constitucional*, 2019, S. 275-280; Die Verfassung des Deutschen Reichs („Weimarer Reichsverfassung“) vom 11. Augst 1919, Art. 1.

（2）Ebenda, Art. 20.

（3）Nadine Rossol und Benjamin Ziemann, Einleitung, in Nadine Rossol / Benjamin Ziemann (Hrsg.), *Aufbruch und Abgründe. Das Handbuch der Weimarer Republik*, Darmstadt: Wissenschatliche Buchgesellschaft, 2021, S. 13.

（4）ただし、実態的には、官僚支配に慣れ切った当時のドイツ国民が政治的に未成熟だったことや主体性が欠如していたことも指摘されている（例えば、Max Weber, Parlament und Regierung im neugeordneten Deutschland. Zur politischen Kritik des Beamtentums und Parteiwesens, in *Max Weber-Gesamtausgabe I/15: Zur Politik im Weltkrieg: Schriften und Reden 1914-1918*, hrsg. v. Wolfgang J. Mommsen in Zusammenarbeit mit Gangolf Hübinger, Tübingen: J. C. B. Mohr (Paul Siebeck), 1984, S. 432-596（『政治論集２』中村貞二・山田高生・脇圭平・嘉目克彦訳、みすず書房、一九八二年、三三三―四八六頁）; 林健太郎『ワイマル共和国――ヒトラーを出現させたもの』中央公論新社、一九六三年; 宮田光雄「ヴァイマル・デモクラシーの精神状況」宮田光雄編『ヴァイマル共和国の政治思想』創文社、五―八六頁など）。

（5）Max Weber, Wahlrecht und Demokratie in Deutschland, in *MWG I/15*, S. 371f.（邦訳前掲書、二八七頁）. ただし、ヴェーバーが大衆民主主義に対して警鐘を鳴らしていたことも見逃されてはならない（Max Weber, Parlament und Regierung im neugeordneten Deutschland, in Ebenda, S. 535-541, 548-552（同上、四二七―四三二、四三九―四四三頁））。

ヴァイマール共和国期当初、ドイツ国民の生と死を根拠としたヴェーバーの民主主義論を、彼自身の政治思想史的コンテクストと歴史社会学的コンテクストから解き明かした研究として、拙稿「民主化の根拠としての生と死――ドイツ新政治秩序構築期におけるマックス・ヴェーバーの民主主義論」『名経法学』第四八号、二〇二四年、一五―三八頁。

（6）Wolfgang J. Mommsen, *Der Erste Weltkrieg: Anfang vom Ende des bürgerlichen Zeitalters*, Frankfurt: Fischer Taschenbuch Verlag, 2004; 拙稿「二〇世紀初頭ドイツにおける政治と「生の意味」――二〇世紀前半ドイツ政治思想史研究に向けて」『名古屋大学法政論集』第二八五号、二〇二〇年、一二一―一五〇頁。

（7）池田浩士『ヴァイマル憲法とヒトラー――戦後民主主義からファシズムへ』岩波書店、二〇一三年、九一、一〇一頁。

（8）「生政治」の概要については主に、Thomas Lemke（Translated by Eric Frederick Trump）, *Biopolitics. An Advanced Introduction*, New York: New York University Press, 2011; Diana Coole, Biopower / Biopolitics, in Diana Coole, Elisabeth Ellis, and Kennan Ferguson（eds.）, *The Encyclopedia of Political Thought*, Wiley Blackwell, 2015, pp. 329-340を参照。

（9）Michel Foucault, *La Volonté de Savoir*（*Histoire de la Sexualité, Volume 1*）, Gallimard, 1976, p. 183（『性の歴史I――知への意志』渡辺守章訳、新潮社、一九八六年、一七六頁）.

（10）Michel Foucault, *Naissance de la biopolitique : Cours au Collège de France*, Paris : Gallimard, 2004, p. 24, 323（『ミシェル・フーコー講義集成〈8〉生政治の誕生　コレージュ・ド・フランス講義 1978-79』慎改康之訳、筑摩書房、二〇〇八年、二八、三九一頁）.

（11）Foucault, op. cit., 1976, p.188（邦訳前掲、一九八六年、一八〇頁）.

フーコーの「生政治」に関するこうした理解については、拙稿「政治と生との結びつきをめぐるマックス・ヴェーバーの政治思想――フーコーとアガンベンを参照軸に」『現代思想　特集＝マックス・ウェーバー』青土社、二〇二〇年、一四五―一四六頁。

（12）Rossol und Ziemann, a. a. O., S. 38.

（13）こうした指摘は枚挙に暇がないが、比較的近年のものとして、Martin H. Geyer, Die Zeit der Inflation 1919-1923, in Ebenda, S. 100-142; Mathew Stibbe, Koalitionsbildung und politische Fragmentierung 1924-1930, in Ebenda, S. 143-187; Pamela E. Swett, Die industrielle Arbeiterschaft, in Ebenda, S. 861-908などを参照。

（14）Detlev J. K. Peukert, *Die Weimarer Republik. Krisenjahre der Klassischen Moderne*, Frankfurt am Main: Suhrkamp, 1987（『ワイマル共和国――古典的近代の危機』小野清美／田村栄子／原田一美訳、名古屋大学出版会、一九九三年）.

（15）平島健司『ワイマール共和国の崩壊』東京大学出版会、一九九一年。

（16）Heller, Ziele und Grenzen einer deutschen Verfassungsreform, in *GS II*, S. 414.

（17）Heller, Die politischen Ideenkreise der Gegenwart, in *GS I*, S. 329（『ドイツ現代政治思想史』安世舟訳、御茶の水書房、一九八一年（以下『政治思想史』）、一〇二―一〇三頁）.

（18）ヘルマン・ヘラーは一八九一年七月一七日、当時のハプスブルク＝オーストリア領シュレージン南部のテシェン（現在はチェコとの国境沿いのポーランドの都市）生まれの国法学者であり、第一次世界大戦後にライプツィヒ大学やキール大学で学び、ヘーゲルの権力国家論を中心に研究を進め、一九二〇年にキール大学法学・国家学部で法哲学・国家学の大学教授資格を得た。他方、教授資格取得前日にドイツ社会民主党に入党するなど、社会活動にも積極的に携わっていた。一九二八年にベルリン大学法学部公法学助教授に任命され、国家学の方法論や、非ナチス的方向でのナショナリズムと社会主義との結合に関する研究を続けた。一九三三年にヒトラーが政権を掌握した後、ユダヤ人であり著名な反ファシズムの闘士であったヘラーは生命の危機に直面し、マドリード大学法学部教授に就任したものの、度々激しい心臓発作に襲われ一九三三年一一月五日に亡くなった（Kraus Meyer, Hermann Heller –Eine biographische Skizze, in *Politische Vierteljahresschrift*, Vol. 8, No. 2 (Juni 1967), S. 293-313; 安世舟「訳者解説」『国家学』安世舟訳、未來社、一九七一年（以下『国家学』）、四四九―四九〇頁; Christoph Müller, Hermann Heller: Leben, Werk, Wirkung, in *GS III*, S. 429-476; Marcus Llanque, Politik und republikanische Denken: Hermann Heller, in Hans J. Lietzmann（Hg.）, *Moderne Politik. Politikverständnisse im 20. Jahrhundert*, Wiesbaden: VS Verlag für Sozialwissenschaften, 2001, S. 37f.; 山口利男『ヘルマン・ヘラーと現代――政治の復権と政治主体の形成』風行社、二〇〇二年、八六―一〇〇頁を参照）。

（19）既存のヘラー政治思想研究の見取り図を示しておくため、ヘラーの（社会）民主主義論・主権論・（社会的法治）国家論に関する比較的近年の研究をここでいくつか挙げておく。これら以外の研究については、本論での行論に沿って言及することとしたい。

民主主義国家と人民主権のバランスを取るべく、政治的統一体と社会的多元主義の永続的な譲歩の必要性をヘラーが説いたとする、Sara Lagi, State and Sovereignty. Some Reflections on Hermann Heller as Interpreter of the Weimar Crisis, in *Cahiers d'Agora. revue en humanité*, 2020, pp. 1-12。ヘラーが独自の弁証法的思考や社会的統一体理解を通して、法の支配と社会民主主義の原理に基づいた国家像を有していたとする、Olivier Jouanjan, Hermann Heller: penser l'État de droit démocratie et social en situation de crise, in *Civitas Europa*, No. 37, 2016, pp. 11-26。権威的自由主義と民主主義国家とを人民主権に結合する現代的意義のある理論をヘラーに見出す、Aysegül Kars Kaynar, Hermann Heller on Authoritarian Liberalism and the Form of the Democratic State, in *Ankara Üniversitesi SBF Dergisi*, 75（1）, 2020, pp. 315-334。ヘラーが、政治的なものや国家を否定する自由主義の非政治性や経済的自由主義を攻撃しながらも、個人の自律、基本権、権力分立といった西欧的自由主義や啓蒙主義の遺産

を継承しつつ、社会主義的な「実質的法治国家」を目指したとする、古賀敬太「ヘルマン・ヘラーの社会的法治国家論と自由主義批判」『ヴァイマール自由主義の悲劇――岐路に立つ国法学者たち』風行社、一九九六年、二三一―二六五頁。ヘラーが全体主義に対する民主的手続きを通した社会的法治国家の維持と改善の必要性を説いたとする、José Luis Monereo Pérez, *La defensa del Estado social de Derecho. la teoría política de Hermann Heller*, El Viejo Topo, 2009。社会を多元主義的に理解し、法変革の有効性を可能にする最小限の同質性の存在を前提とするヘラーの社会的法治国家論を論じた、Sebastián Martín, Los fundamentos sociales, políticos y jurídicos del "soziale Rechtsstaat". Una relectura de Hermann Heller (1891-1933), in *Res publica*, 2011, pp. 151-175など。

(20) Wolfgang Schluchter, *Entscheidung für den sozialen Rechtsstaat. Hermann Heller und die staatstheoretische Diskussion in der Weimarer Republik*, Köln: Kiepenheuer und Wirsch Verlag, 1968, S. 151-178(『社会的法治国家への決断――ヘルマン・ヘラー：ヴァイマール国家論論争と社会学』今井弘道訳、風行社、一九九一年、一七二―二〇三頁).

なお、こうした人間像とその生に関連してシュルフターは、ヘラーによるブルジョワ的な生の形式と市民的なそれとの対比に言及している。ヘラーによれば、ブルジョワは自らの社会的・政治的安全に満足し切っており、既存の国家と社会を、自身の個人的・社会的な存在の在り方を安定させるための拠り所として絶対化させようとする。これに対して市民《ビュルガー》は、既存の社会的・政治的権威を尊重し、自身の国の人倫と法に常に従う人々のことであり、本来は法治国家が市民層に固有の国家的な生の形式だと見做されてきた(Heller, Bürger und Bourgeois, in *GS II*, S. 627-629(『国家学の危機――議会制か独裁か』今井弘道・大野達司・山崎充彦編訳、風行社、一九九一年(以下『危機』)、一六三―一六七頁))。シュルフターはこれを、自身の物質的特権を保証する外的生の安定性を追求するブルジョワ的生と、人間の個人的側面と社会的側面との緊張関係を認識し、それに耐え抜こうとする市民的生との対比とみる(Schluchter, a. a. O., S. 161-163(邦訳前掲書、一八四―一八七頁))。こうしたシュルフターの理解を考慮すれば、現状を素朴に肯定し自己保身のためにそれに安住するブルジョワ的生と、自己の内面的な緊張関係に耐え、自身の属する国家・社会に忍従する市民的生とを、ヘラーは対比的に捉えていると言えよう。

(21) たしかにシュルフターも、ヘラーが(法治)国家や国民、民主主義という政治的な諸契機を「生の形式」と見做していることを指摘している(Ebenda, S. 141, 144, 202, 277f., 280f.(同上、一六一、一六三、二五四、三二七、三二八、三六五―三六六頁))。しかし、それら「生の形式」が「生きている人間」といかに連関するのかという問題についての洞察は、シュルフターには見られない。

（22）もちろん、ヘラーの思想においても「内的な発展」は見られる。ミハエル・ヘンケルによればヘラーは、ドイツにおける政治学の創設のために同時代の社会学の理解を越え、政治思想における国家学の伝統を受容することを通して、政治学としての社会科学的な国家学という自身のアプローチを発展させていった（Michael Henkel, *Hermann Hellers Theorie der Politik und des Staates: Die Geburt der Politikwissenschaft aus dem Geist der Soziologie*, Tübingen: Mohr Siebeck, 2011, S. 5）。ただし、こうした「内的な発展」も学問的な体系と方法論の発展であり、そこで論じられている政治や国家の理解の面について断絶は見られない。

（23）この点については、Müller, a. a. O.; Marcus Llanque, Hermann Heller als Ideenpolitiker. Politische Ideengeschichte als Arsenal des politischen Denkens, in Marcus Llanque (Hg.), *Souveräne Demokratie und soziale Homogenität. Das politische Denken Hermann Hellers*, Baden-Baden: Nomos, 2010, S. 95-118を参照。

なお、自身の論敵とした対象についてのヘラーの理解がどれほど正鵠を射たものだったのかという点については、本研究の論旨の都合上、今後の検討課題としたい。

（24）Jouanjan, op. cit., pp. 12-14.

（25）ヘラーの弁証法的思考の原型ともいえる思考法は、ヘーゲルの権力国家論についての博士論文（Heller, Hegel und der nationale Machtstaatsgedanke in Deutschland: Ein Beitrag zur politischen Geistesgeschichte, Kiel, 1921, in *GS I*, S. 21-240（『ヘーゲルと国民的権力国家思想』永井健晴訳、風行社、二〇一三年）に既に表れている。むしろ、本論でみていく、二つの項を相互に連関させ（Ebenda, S. 89（同上、一一九頁））、それらを止揚する（Aufhebung）（Ebenda, S. 120（同上、一七一頁））という思考を、ヘラーがヘーゲルから学び取ったと言う方が正確であろう。

（26）Heller, Staatslehre, in *GS III*, S. 161（『国家学』、一一〇頁）.

（27）Ebenda（同上）.

ヘラーはこうした「弁証法的関係」を、「弁証法的連関（dialektischer Zusammenhang）（Ebenda（同上）」や「弁証法的相互編入（dialektischer Ineinander）（Ebenda, S. 169（同上、一二五頁））」とも言い表し、「相関的に帰属している（korrelative Zuordnung）（Ebenda, S. 291（同上、二七三頁））」ものだと捉えている。

（28）Ebenda, S. 294（同上、二七七頁）.

（29）Ebenda, S. 296f.（同上、二八〇頁）.

（30）一九三三年の「権威的自由主義？」においてヘラーは、このような相互関係を「理論と実践の統一」と同様に、正義と権力は弁証法的にのみ分離しうる統一体」と表現している（Heller, Autoritärer Liberalismus, in *GS II*, S. 646（『危機』、一九三頁））。

（31）Heller, Staatslehre, in *GS III*, S. 393（『国家学』、三九六頁）。

（32）Ebenda, S. 361（同上、三五九頁）。

（33）Ebenda, S. 342-345（同上、三三五―三三八頁）。

（34）高橋良輔「ヘルマン・ヘラーにおける政治的なるものの概念――「数多性における統一性」の視点から」『政治思想研究』、二〇〇四年、一六三―一八三頁を参照。

なお、高橋をはじめヘラーのVielheitを「数多性」と訳す研究もあるが、これはヘラーにおいて「多様性（Verschiedenheit）」と関連づけて用いられている概念であるため、本研究では表現を近づけるべく「多数性」という訳語を当てることとする。

（35）Heller, Der Sinn der Politik, in *GS I*, S. 433.

（36）Heller, Politische Demokratie und soziale Homogenität, in *GS II*, S. 423（『危機』、九四頁）.

（37）もっとも、「多数性における統一性」は、ヘラー独自のものではない。彼は『国家学の危機』において、「ドイツ法の観点によれば、ゲノッセンシャフトとは、多数性における統一性である」というオットー・フォン・ギールケの理解を引用している（Heller, Die Krisis der Staatslehre, in *GS II*, S. 11（同上、一一頁）。

（38）Heller, Sozialismus und Nation, in *GS I*, S. 497f.（『ナショナリズムとヨーロッパ』大野達司・細井保訳、風行社、二〇〇四年（以下『ヨーロッパ』）、八一頁）.

（39）Heller, Politische Demokratie und soziale Homogenität, in *GS II*, S. 427（『危機』、九九頁）.

（40）Ebenda, S. 421-433（同上、九二―一一〇頁）.

「社会的同質性」という生の社会的な基盤としてヘラーは、文化や意思・価値を共同体の基盤に据えている（Heller, Nationalismus und Nation, *GS I*, S. 437-526（『ヨーロッパ』、一三―一二二頁））。この点については、文化的共同体に基づいたヘラーの民主主義論を論じた斎藤誠「ヘルマン・ヘラーの民主主義論――ヴァイマル・ドイツの状況のなかで」宮田前掲書、二六三―三〇七頁や、ヘラーが国家内部の社会秩序の継続的正当化を独裁による強制のような暴力的統合にではなく、あらゆる国・土地へ普遍的に転用可能な「主導文化」に求めたとする、Martin Eckhardt, *Hermann Heller — ein intellektueller Vordenker aktueller Leitkulturkonzepte*, GRIN Verlag, 2004を参照。

もっとも、「社会的同質性」には、それによる強要や抑圧、そこからの強制的な排除の恐れなどの問題点があることには、十分に留意しておく必要があるだろう。

(41) Carl Schmitt, *Der Begriff des Politischen*, München: Duncker & Humblot, 1932, S. 26f.（『政治的なものの概念』権左武志訳、岩波書店、二〇二二年、二一―二二頁）.

(42) このようなヘラーの政治観を参考にした上で、不可避の軋轢を理性的に担い通し耐え抜いて、暴力的解決や権力による弾圧を阻止し、平和な生活と秩序とを保証していくという「軋轢と共に生きる」精神を考案したものとして、宮田光雄『平和の思想史的研究』創文社、一九七八年、二九七―二九九頁を参照。

(43) Heller, Politische Demokratie und soziale Homogenität, in *GS II*, S. 423（『危機』、九四頁）.

(44) Heller, Political Power, in *GS III*, S. 303.
ヘラーは「相対的同質性」（Heller, Staatslehre, in *GS III*, S. 341（『国家学』、三三三頁））とも表現している。この点については、Malkopoulou, op. cit., p. 401をも参照。

(45) Heller, Politische Demokratie und soziale Homogenität, in *GS II*, S. 427（『危機』、一〇〇頁）.

(46) Heller, Die Krisis der Staatslehre, in *GS II*, S. 29（同上、三五頁）.
ただしヘラーは、政治と国家は概念的にも現実的にも重なり合った（aufeinander）関係にあるものの、両者を同一視してはならないとしている。ヘラーによれば、合法的な政治権力は政党や国家間の同盟、教会、労働組合などによっても行使されうるが、それらの団体の政治権力と国家の政治権力である国家権力が異なるのは、後者が国家機関によって定立され確保される法秩序を自由裁量によって用いることができる点にある（Heller, Staatslehre, in *GS III*, S. 312f.（『国家学』、二九九―三〇〇頁））。

(47) Ebenda, S. 311（同上、二九八頁）.

(48) 主にMüller, a. a. O., S. 443-456; Jouanjan, op. cit., pp. 20-21; Nathalie Le Bouëdec, De l'État de droit libéral à l'État de droit social. Critique et transformation de l'État de droit chez Hermann Heller, in *Jus politicum. Revue de droit politique*, 2019, pp. 73-88を参照。

(49) Le Bouëdec, ibid, pp. 76-85; 松本尚子「ヴァイマール末期の法治国家観――ヘルマン・ヘラーの社会的法治国家を中心に」『一橋研究』第二二巻第三号、四七―六七頁.

(50) Heller, Bemerkungen zur staats- und rechtstheoretischen Problematik der Gegenwart, in *GS II*, S. 257f.（『危機』、五九頁）.

(51) Heller, Die Krisis der Staatslehre, in *GS II*, S. 24（同上、二七頁）.

(52) Heller, Bemerkungen zur staats- und rechtstheoretischen Problematik der Gegenwart, in *GS II*, S. 260（同上、六二頁）.
(53) Ebenda, S. 257f., 277（同上、五八—六〇、八六頁）.
(54) Heller, Politische Demokratie und soziale Homogenität, in *GS II*, S. 423f.（同上、九四頁）.
(55) Heller, Die politischen Ideenkreise der Gegenwart, in *GS I*, S. 275（『政治思想史』、一三頁）.
(56) Heller, Politische Demokratie und soziale Homogenität, in *GS II*, S. 423（『危機』、九四頁）.
(57) Heller, Sozialismus und Nation, in *GS I*, S. 482（『ヨーロッパ』、六五頁）.
(58) Ebenda, S. 485（同上、六八頁）.
(59) Ebenda, S. 485f.（同上、六八—六九頁）.
(60) こうしたヘラーの国家観は、ルドルフ・スメントのそれに対する彼の批判からも理解することができる。ヘラーによれば、国家を「意味体験の統一的構造」とみるスメントは、精神・シンボル・意味といった「内面」が自然に一致していくと素朴に想定している（Heller, Staatslehre, *GS III*, S. 183, 189, 300, 339f.（『国家学』、一四二、一五〇、二八四、三三二頁））。これは、ヘラーが秩序のための物理的強制力とそれによる外的強制という国家観を有し、国家を法や強制する行為という「外面」的な団体・装置として理解していることの裏返しであろう。もっとも、このようなヘラーの国家観に対して、法や強制する行為という「外面」が内面化されていくこともありうるのではないか、という疑問を呈することができる。
(61) 例えば、Heller, Ziele und Grenzen einer deutschen Verfassungsreform, in *GS II*, S. 415など。
(62) Ebenda, S. 117（『国家学』、五四—五五頁）.
　ローランド・ロッタはヘラーの国家観を、特定の制度的コンテクストの中にアクターの行為を見出し、それらの構成的な相互連関を強調する先駆的な新制度論と見做している（Roland Lhotta, Der Staat in uns: Hermann Hellers etatistischer Neo-Institutionalismus *avant la lettre*, in Verena Frick/ Oliver W. Lembcke (Hrsg.), *Hermann Hellers demokratischer Konstitutionalismus*, Wiesbaden: Springer Fachmedien, 2022, S. 87）。
(63) 社会学事典に掲載された「国家」の項目におけるヘラーの説明によれば、国家概念は人間の支配関係の相対的に継続的で一定程度形態化された成層である。そして、「生から成る形象（Gebilde aus Leben）」であるという一文の注に、Hans Freyer, *Soziologie als Wirklichkeitswissenschaft. Logische Grundlegung des Systems der Soziologie*, Leipzig 1930, S. 174ff.（『現実科学としての社会学』福武直訳、日光書院、一九四四年、二〇五頁以下）が挙げられている（Heller, Staat, in *GS III*, S. 23）。フライヤーは本書において、社会的形象（die gesellschaftlichen Gebilde）は、認識される客体――フライヤーの表現では「素材」――がそれを認識し現実に存在する人間という主体によって恒常的に生成され築き上げられるという意味で、人間の生から成る形式（Formen aus Leben）であると見做しており（Freyer, a. a. O., S. 82-91（邦訳前掲書、九九―一一〇頁））、こうしたフライヤーの観念はヘラーにとっても方法論的発展における決定的な段階を画するものだったと、シュルフターに指摘されている（Schluchter, a. a. O., S. 265, 268（邦訳前掲書、三一三、三一七頁））。

（64）Heller, Staatslehre, *GS III*, S. 136（『国家学』、七九頁）.

また、「国家は組織化された生の形式であり、組織としては歴史的・社会的に決定された状況における具体的な人間の意思と成果ではあるが、生の形式としては〔文化を共有する人々にとっての〕運命的な必然性がある」（Heller, Ziele und Grenzen einer deutschen Verfassungsreform, in *GS II*, S. 414））とも言い表されている。

ヘラーは自身の弁証法的思考法を通して、形態＝構造がその構成要素である諸要素固有の生（Eigenleben）によって規定されるということから類推し、国家も諸個人固有の生によって規定されるため、社会形象としての国家は人間と切り離すことはできない「形式化された生（geformtes Leben）」だと見做している（Heller, Staatslehre, in *GS III*, S. 159f.（『国家学』、一〇八―一〇九頁））。

なお、国家概念は組織的に構成された生の形式であるという指摘については、Chris Thornhill, *German Political Philosophy: The metaphysics of law*, London & New York: Routledge, 2007, p. 269を参照。

（65）Heller, Die Krisis der Staatslehre, in *GS II*, S. 28（『危機』、三三頁）.

（66）Heller, Staatslehre, in *GS III*, S. 380f.（『国家学』、三八二頁）.

（67）Meyer, a. a. O., S. 310-312; 安前掲、四六八―四六九頁; Müller, a. a. O., S. 441f..

（68）Meyer, a. a. O. 308f.; Müller, a. a. O., S. 438-441; 南原一博『国家の終焉』中央大学出版部、二〇〇一年、一二七―一五〇頁。

（69）Heller, Was bringt uns eine Diktatur?, in *GS II*, S. 438（『危機』、一一三頁）.

（70）Frank Schale, Hermann Heller und die Weimarer Faschismusdebatte, in Llanque, a. a, O., 2010, S. 159f..

（71）Jeffrey Andrew Barash, Hermann Heller über die Genealogie des italienischen Fascismus, in Ebenda, S. 166-178.

（72）Schluchter, a. a. O., S. 282（邦訳前掲書、三七六頁）.

（73）Ernst Nolte, *Der Faschismus in seiner Epoche. Action francaise, Italienischer Faschismus, Nationalsozialismus*, München; Zürich: R. Piper & Co Verlag, 5. Aufl., 1979, S. 515-545.

(74) Heller, Europa und der Fascismus, in *GS II*, S. 483f.（『ヨーロッパ』、一四六―一四八頁）。

(75) ヘラーはナチズムの思想的起源の一つである「生の哲学」に対し、圧殺的な合理主義や機械主義の時代に「生き生きした生（Das lebendige Leben）」を新たに評価した大きな功績を認め、それに感謝するという価値判断さえ表明している。その一方で、「生の哲学」は「あらゆる生の生き生きしている様の強調（die Betonung der Lebendigkeit alles Lebens）」を超えておらず、当為と存在を政治の水準で一致させてしまうため、政治の内実を否定するのみで刷新することはなく、混沌を残すような精神のあり方に過ぎないとヘラーは評している（Ebenda, S. 490-493（同上、一五四―一五七頁））。

(76) Ebenda, S. 604, 608f.（同上、二七五、二七九―二八〇頁）.

(77) Ebenda, S. 608f.（同上、二七九―二八〇頁）.

(78) Ebenda, S. 604（同上、二七五頁）.

(79) Ebenda, S. 608f.（同上、二八〇頁）.

(80) ヘラーが社会民主主義者として、市民階級と労働者階級との間の法的‐政治的な歩み寄りのために、法実証主義の非政治的な自由主義と正統マルクス主義とに対する「二正面戦争（Zweifronten-Krieg）」を行っていたことについては、Klaus Hornung, Hermann Heller: Die Begründung der Staatslehre durch die politische Soziologie, in *Archiv für Rechts- und Sozialphilosophie*, Vol. 72, No. 4, 1986, 532f. を参照。

(81) Heller, Sozialismus und Nation, in *GS I*, S. 597（『ヨーロッパ』、二六八頁）.

(82) 政治的な代表者や国家によって担われるべき政治責任をめぐるヘラーの議論については、Henkel, a. a. O., S. 556-572を参照。ヘンケルは、政治的な行為の倫理的な特質の解明に適したヘラーの政治概念を行為理論的なものと見做し、それが、罪を犯す不十分で不完全な現実の人間を剔抉する見方に至っていると指摘している。また、マルコポーローも、優れた政治家の質を判断するためにヘラーが責任を強調していると述べている（Malkopoulou, op. cit., p. 403）。さらに、ダイゼンハウスはヘラーの責任論を、法的な装置である法治国家において、支配者は法的な担保に言及することで自らの行為を正当化できなければならないという、民主主義的な説明責任の嚆矢であると理解している（David Dyzenhaus, *Legality and Legitimacy. Carl Schmitt, Hans Kelsen and Hermann Heller in Weimar*, Oxford University Press, 1997, p. 163（『合法性と正当性――ワイマール期におけるカール・シュミット、ハンス・ケルゼンおよびヘルマン・ヘラー』池端忠司訳、春風社、二〇二〇年、三〇三頁））。

しかしながら、本論で述べているように、ヘラーの政治思想における責任は為政者だけが担うべきものではなく、そこで担われるべきは現代政治（学）で言われるところの説明責任《アカウンタビリティー》に留まるものではない。

（83）Heller, Genie und Funktionär in der Politik, in *GS II*, S. 618（『危機』、一五四頁）.

（84）Heller, Staatslehre, in *GS III*, S. 286（『国家学』、二六八頁）.

（85）Heller, Sozialismus und Nation, in *GS I*, S. 458f.（『ヨーロッパ』、三八―三九頁）.
　ここでヘラーは「私は私の国民を愛している」として、自身のナショナリズムを表明しているが、ヘラーのナショナリズムは、言語と文化を共有する民族的共同体に向けられたものである（Ebenda（同上））。この点にも、人種主義的イデオロギーに基づくナチズムに対するヘラーの批判的姿勢の根拠があるように思われる。

なお、山口利男は、ヘラーが人間の良心のもつ自律的責任を国民のうちに見ていたと指摘している（山口前掲書、二四五―二五一頁）。

（86）宮田光雄『ボンヘッファーとその時代――神学的・政治学的考察』新教出版社、二〇〇七年、一四一―四三頁。

（87）ただし、そうした「生きがい」「生の拠り所」「生の意味」が享受されうるのは、共通の「敵」を作り上げ、その「敵」に対する人種的な優位性とそれに基づいた「民族共同体」内部での「同一化」の中で、ナチズムに服従する限りにおいてであった。

（88）池田前掲書、一八八頁；池田浩士『ボランティアとファシズム――自発性と社会貢献の近現代史』人文書院、二〇一九年。

（89）さらに、民主主義的な正統性と被治者の責任とを人々の生によって根拠づける、生と政治をめぐるヘラーの政治思想は、正統性と正統性信仰（Legitimiatätsglaube）が――崩壊とは言わないまでも――少なくとも不十分と言わざるをえない現在の日本政治に対して、現代的意義を有していると言える。

【謝辞】


本稿は、二〇二二年度政治思想学会（二〇二二年五月二二日）での研究報告と、その後の質疑応答を基に執筆されたものです。司会をご担当いただいた鏑木政彦先生（九州大学）とフロアから非常に貴重なご質問・ご意見をお寄せいただいた方々、さらに本稿の修正にあたり大変重要なご指摘をいただいた匿名の査読者の方々に、心より御礼申し上げます。

また、本研究は科学研究費助成事業（研究活動スタート支援 21K20114）による研究成果の一部です。ご支援に対し、記して感謝申し上げます。

恒藤法理学における「新カント派」受容の理路
――「法の理念」をめぐって

久野譲太郎

はじめに

法哲学者として著名な恒藤恭（一八八八―一九六七）は、日本への「新カント派」法哲学ないし法理論の本格的導入者として評されることも多い。もっとも、恒藤自身は一九二〇年代後半には新カント派を乗りこえることを目指し、以後、一九三〇年代にかけて独自の法理学（法哲学）理論の構築を試みるようになる。したがって恒藤が新カント派の理論を意識的に摂取し特にそこへ自らを定位した時期は基本的には一九二〇年代中ごろまでと見做すのが適切であろう。しかしその営為と業績は、単に恒藤個人におけるその後の理論展開の礎石をなした点で重要であるに留まらず、それはまた当時社会科学の発展に対し多大な役割を演じたという点でも重大な意義を持っている。[1]もとより、一九一〇年代から二〇年代日本の思想界や学界に対して新カント派が大きな影響力を有していたことは人口に膾炙した事実であるが[2]、こうした点に鑑みるならば、新カント派法哲学研究の第一人者とも目された恒藤が斯学派との関係をいかに切り結んだかということを明らかにしておくことは、近代日本における学知形成過程とその性格の内実を知るうえでも裨益するところが大きいはずである。

加うるに、なかんずく恒藤が斯学派を積極的に摂取した一九二〇年代前葉について言えば、この時期の日本とは周知のごとく大正の後期にあたり、そこでは従来の「民本主義」的政治運動からさらに進んで、社会のより根本的変革を目指す、いわゆる「改造」の思想・社会運動が各方面において展開されていた。こうしたことから当該時期をして、かつて鹿野政直が「思想史固有の範疇設定をする意味で改造思想期と称した」[3]ことはよく知られていよう。しかもその際、鹿野によれば、かかる思潮を「法律学の改造」という法学領野にて代表する者こそは、まさに東の末弘厳太郎とともに西の恒藤恭その人であった[4]。かような事情に鑑みるならば、恒藤における斯学派の受容を通じた法理論形成の過程と性格を当時の時代背景のなかで究明することは、とりもなおさず、大正期における「改造」をめぐる思想情況それ自体の一斑を内在的に照射することにもほかならないといえよう。

このため以下小稿では、一九二〇年代前葉を中心とした恒藤と新カント派の関係、一言にして表すならば、恒藤における新カント派受容の理路に関して、当時恒藤が執筆した法理学論考の内容に即しつつその内実の一端を明らかにしておくこととしたい。もっとも、こういった恒藤と新カント派の関わりについてはこれまでにも法哲学や歴史学等、分野を問わず多くの論者たちによってすぐれた論及がなされており[5]、受容のプロセスについてもある程度までは明らかとなっている。しかしそれにもかかわらずここで敢えて屋上屋を架すがごとき試みをおこなおうとするのは、一見解明が進んでいるかに見える両者の関係も、より立ち入って見渡すならば、受容と踰越、いずれの相においても、その理路の解明には本質的部分にて、依然として不明瞭かつ不十分な点を多く残していると考えるからである。たとえば、これまでの斯学派「受容」をめぐる諸研究にあっては、とりわけ西南ドイツ学派からの影響が指摘されながらも、しかもそこでは恒藤の「価値」理解の分析についてはは等閑に付されたままであった。だが周知のように、まさにこの「価値」の問題こそは西南学派哲学の徴標にして要諦にほかならなかったことを惟うならば、本来、恒藤の原理的な価値理解のあり方を検討せずして斯学派受容の実相や、ひいてはこれに基づいて展開された当時期法理論の中身を議論することはきわめて困難というべきではなかろうか[6]。

したがって、かかる価値理解の問題を中心に据えながら、まずは恒藤における斯学派「受容」の理論的筋道を、主に当時彼が抱えた課題、より具体的には、法現実変革のための「法の理念」の探求という文脈に即して精確に解明しておくことが、小稿の目標である。

一　「法の理念」の追究へ

1　一九二〇年前後における恒藤の課題意識

恒藤の新カント派との関係を見るにあたっては、すでに多くの論者たちによっても指摘されているように、まずもってその社会意識の様相に注目をしておく必要がある。(7)というのも、そうした土壌となる主体的な社会意識や問題意識があってこそはじめて、そこに「新カント派」という、当時日本では理想主義の哲学ないしは社会思想とも見做された理論の受容もおこなわれえたと考えられるからである。(8)よって、ここでは恒藤における斯学派法哲学受容のあり方とプロセスを見るに先立ち、まずは、その思想的背景と文脈を、先行の諸研究による知見も参酌しつつ簡単に確認しておくこととしたい。

そしてその際、なにより注目されるべきは、恒藤が早くから資本主義によって惹起される社会問題に関心を懐き、これに鋭敏に反応していたという事実であろう。たとえば彼は学生時代には「王冠をつくる人」や「竹の鞭」といった少年小説を執筆しているが、これらは架空の小説ながらも、物語作品に託された恒藤自身の社会問題に対する強い関心とコミットメントの意志表明でもあった。(9)また同時期には米田庄太郎や高田保馬ら当時社会問題に対して深い関心を寄せた社会学者に教えを仰いでいたことも忘れてはならないであろう。なかでも、米田自身が社会思想の観点から新カント派の研究にいち早く取り組んでいたことは見逃せない事実である。(10)そしてこのような形で学生時代から社会問題の分析と解決へと向けて育まれていた恒藤の社会意識は、その後とりわけ「生存権」への高い注目となっても現れることとなる。実際この時期には折からの「改造」思潮興隆のなかで、福田徳三や牧野英一、あるいは左右田喜一郎や森本厚吉といった学者たちによって「生存権」や「生活権」の問題がクローズアップされつつあった。かかる時代の動向に応ずるかのように、恒藤もまた、一九二〇年には自らA・メンガー（Anton Menger）の『労働全収権』の生存権に関する箇所の訳出を試みているほか、その翌年に誌され、彼の世界主義と平和主義を基軸とした社会的実践の思想が直截に表明された論説、「世界民の愉悦と悲哀」においては、生存権は普遍的人権として提示され、各国によるその承認と擁護とが強く訴えられている。[11] しかもかような実践的な問題関心は、当時恒藤にあってはマルクス主義をも含めた社会主義思想および社会理論に対する関心と密接に結びついていたことも重要である。[12]「世界民の愉悦と悲哀」でも、「改造の叫びは至る処に声高く聴かれるけれど、世界主義の大前提と、社会主義の小前提とを認めることなしに、どうして正しい改造の結論がみちびき出されやう」[13]と主張されていたように、社会主義は社会の改造にとって世界主義とならぶ重要な前提として認識されていた。また事実、恒藤はこの時期を通じて自ら、河上肇の薫陶を受けてプレハーノフ（Georgi Valentinovich Plekhanov）の『マルクス主義の根本問題』を翻訳するなど、社会主義思想との深い関わりのなかにその身を置くこととなる。[14] こういったことからもわかるとおり、当時恒藤にあっては、社会問題への着目を通じて、現実社会を冷静に分析するとともに、これをあるべき方向へ変革しようとする強い志向性と動機が、その学問的営為を支えていたと言えるであろう。

そしてまさにこのような実践的関心の文脈において、恒藤は同時期、日本の学界や思想界を席捲していた「新カント派」ともめぐりあうこととなったのである。当時新カント派の思想と方法は単に哲学の領域に留まらず、広く法学を含めた社会科学方面にも大きな影響を及ぼしていた。[15] 現に恒藤が籍を置き、当時京都における自由主義的思潮の中心地でもあった京大法科においては、田村徳治や森口繁治、栗生武夫といった若手法学者の間で新カント派への関心が共有されていたという。[16] また同じく彼が一時期在任した大正期の同志社法科にあっても、今中次麿や中島重ら同僚の政治学者たちの間で日々、新カント派をひとつの中心議題とする活発な議論が展開されていたと言われる。[17] こうしたなかにあって、恒藤は自ら新カント派の研究に精力を傾け、結果的に彼は斯学派法哲学の日本への本格的な紹介者の一人と目されるようにもなってゆくのである。したがって以下では、如上の問題意識と文脈とをふまえたうえで、いよいよ、恒藤における新カント派法哲学への接近の理路につき、可能な限り恒藤の論述に即して追跡をおこなってゆくこととしよう。

2 「法の理念」への着目――シュタムラー

さて、以上のような社会問題の分析と解決、ひいては社会の変革を自らの学問営為に課した恒藤は、以後マルクスやジンメル（Georg Simmel）らを含めたさまざまな社会思想の検討を試みてゆくことになる。しかも恒藤の場合、自身は法の研究に携わる者として、基本的にはこうした課題を特に法理学の立場に立っておこなうことを志したと言える。それでは、それははたしてどのような形でおこなわれたのであろうか。当時恒藤の課題と方法を少しのちの言によって補っておけば、端的には次のように言い表すことができよう。

社会生活の一面としての法律生活の現実に即しつつしかも之に囚はれない立場から、その裡に反映せる法律の本質的様相を見きはめると共に、法律生活の現実を批判し指導する為の原理としての法律の使命の意義を、普遍妥当的価値の観点から考察し闡明せむとするのが、（中略）問題の論究に当り把持された基準的見地である。[18]

つまり恒藤は、社会変革の場を法学者として、まずは「法律生活」の場面を通じて把えながら、一方でその現実と本質を怜悧に分析しつつも、しかも他方、これとの緊張関係において、かような「法律生活の現実を批判し指導する為の原理としての法律の使命」を探求することによって、その変革を企てようとしたのである。この点で、恒藤の法理学研究とは、その当初より目的論的性格を色濃く具えるものであったといえよう。そしてその道程で出会った理論こそがまさしく、マールブルク学派のルードルフ・シュタムラー（Rudolf Stammler）と西南ドイツ学派（バーデン学派／ハイデルベルク学派）のエミール・ラスク（Emil Lask）といった、いわゆる「新カント派」を代表する法哲学理論であった。恒藤は後年、自らこれら理論との出会いについて、「（シュタムラーやラスクの―引用者）著述などの存在を知つてからは、わが意を得たりというような気もちがして熱心にそれらを精読した[19]」と回想している。そのため彼は以後、両者の研究に本腰を入れて取り組み、一九一九年にはラスクの法学方法論ならびにシュタムラー法理学の根本的見地についての忠実な解説をおこなった論考をはじめて公にすることになる。とりわけこの時期恒藤は、まずは壮大なシュタムラー法理論の解明に精力を傾注したようである。シュタムラーは絮語するまでもなく、カントの批判主義的方法を法理論の領域へと導入した法哲学者であるが、恒藤はこのシュタムラーを「法理学におけるカント」[20]と称して評価し、法概念論、法理念論、それに法的範疇論と、矢継ぎ早にその「純粋法学」を綿密に解説する論文を発表している。

そして恒藤がかくシュタムラーに対して関心を覚えたのは、広川禎秀も指摘しているように、根本的にはその法理論が、恒藤により、「現にしかある法律」を「当に爾かある可き法律」の立場から鋭く批判しうるものであると同時に、さらにはそのための足場として、普遍妥当的な「法の理念」の何たるかを「法の概念」と峻別しつつ厳密に規定しようとするものと判断されたためと考えられる。[21]彼がシュタムラーの法理念論を解説した論考には、自らの課題意識を率直に吐露した箇所として次のような文章を見出すことができる。

（法律が、―引用者）それによつて自らを利する勢力階級の欲望（中略）に支へられつつ、『しかあるべきもの』の要求に対抗して、『しかある己れ』を頑強に維持せむとする程度が大なれば大なるほど、吾々は『しかある可き法律』の実現の任務の愈々切要なるを感知せざるを得ない。唯この努力において、『現にしかある法律』に対して『当に爾かある可き法律』を提立し来る場合に、吾々は前者に対する後者の権威を、何に基づいて確信することを得るであらうか？―惟うにこの確信は、吾々が厳密に批判された『法の理念』を把持し、与へられた社会関係において如何なる法的規範が、より良くその要求を充たし得るかを吟味する所から、生まれ来らなければならぬ。[22]

先に見た当時恒藤の社会問題と向き合う姿勢に鑑みても、恒藤がここで現行の法体系を既存の特権階級による利益の代弁者と見做し、これを「法の理念」によって「当に爾かある可き法律」へと転換しようとしていることは明らかである。まさにかかる姿勢に基づいてこそ、シュタムラーの本格的研究は開始されたといえよう。[23]もっとも、紙幅の都合上、今ここでは、シュタムラー法理論について解説をおこなっているいとまはない。このため敢えて結論先取的に、その法理念の性格についてのみ簡潔に述べてしまうならば、かの「自由に意欲する人間の共同体」という形で定式化されるシュタムラーの法理念とは、彼にとり、あくまで「法的意欲」の規正を可能とするための方法的原理であった。シュタムラーは言う。「自由意欲の理念とは、単に我々の意識の規正と指導とにおける無制約的かつ均整な手続きの思考を表すのみである。それは通常の言葉の意味における目的を意味するものではなく、特定の対象として表示されうるものとしての定有の特殊的状態をそれ自体のうちに携えるものではない」、と。[24] つまりそれは実際には、法的意欲を規正の方向へと整序するための形式的かつ普遍妥当的な統一的根本法則を意味しており、したがって現実世界にあって法的意欲に対し具体的な法目的の実現を要請するものではなく、経験的な法それ自体を批判分析することでそのうちに方法的に発見されるところの、「法の正当性」の原理にこそほかならなかったのである。けだし、シュタムラーの法理念が「純粋形式としての理念」と称されるゆえんである。しかしそうであればこそ、かかる理説に従う限り、法の理念は純粋形式として、そのうちに何ら具体的内容を含まないこととなり、その壮大な体系からは目的論ないし価値論的な観点が欠落する事態ともなった。このため恒藤はかような問題をはらむシュタムラーの法理学に対してその偉大な功績を評価しつつも、しかし同時に鋭い本質的批判をもまた加えることとなる。たとえば彼はシュタムラーの法的範疇論を扱った論考において、次のような指摘をおこないシュタムラーを批判している。

価値と実在との対立は、法の世界その者の内部においても亦吾々の逢着する所である。法律実在の世界が文化科学的実在の一領域として理会さるべきである限り、法律価値の範疇とは没交渉に法律実在の範疇を検出しやうとするシュタムラーの方法には根本的欠陥が伏蔵されてゐるといふべきである[25]

前にも触れたとおり、「法律生活の現実を批判し指導する為の原理」として法の理念を法現実との緊張関係のなかで求めた恒藤であってみれば、このような視点を欠くシュタムラーの形式主義的な理論に飽き足りないものを感じたことはある意味当然であったともいえよう。[26] それゆえ当時恒藤はシュタムラーと併せて、あくまで価値と実在を峻別しつつも、一方で価値そのものの論理的解明を問題としながら、他方、目的論的観点から価値に実在を関係づけることで「経験的文化科学」としての法学を基礎づけようとしたラスクの批判的価値論ならびに法学方法論を摂取することにより、以後これを自らの法理学研究における指針としたと考えられるのである。現に今触れたシュタムラーの法的範疇論批判を見ても理解されうるとおり、それは明らかにラスクを含む西南学派による価値哲学の思考枠組みをふまえておこなわれたものであった。そこで次には恒藤の理解に即しつつ、ここでの議論と関わる範囲において、ラスクの理説にも一瞥を与えておくこととしよう。

3 目的としての「法価値」の把握——ラスク

ラスクはよく知られるとおり、ヴィンデルバント（Wilhelm Windelband）やリッカート（リッケルト Heinrich Rickert）といった、ハイデルベルクにおける西南学派の価値哲学の流れを汲む哲学者である。しかし同時に、かかる価値哲学に基づく文化科学的方法をはじめて法学の領野に適用した人物としても名高く、恒藤は新カント派のなかでも特にこのラスクに惹かれ、これに親しむことを通じて自らの法理学研究を方位づけたものと考えられる。「とりわけラスクの著述『法律哲学』の中の法律学方法論に関する鋭い透徹した所論に敬服し、それを翻訳したものを大正十年二月に大村書店から出版してもらった[27]」とは恒藤自身による後年の述懐であるが、実際、こうした記述を裏づけるように、当時恒藤はラスクの法哲学をその解説論文においてきわめて高く評価しており、しかもそれは一九二〇年代前葉における恒藤の法理的思考を規定する基本的枠組みのひとつともなった[28]。

よって以下、ごく簡単にラスクの『法哲学』を紹介しておくならば、ラスクはその内容を大きくはふたつに分類し、第一部に狭義の法哲学としての法価値論、ならびに法哲学の方法を含めた「法の哲学」を、そして第二部には「経験的文化科学としての法学」の方法論を配している。とりわけラスクがそこで主題的に論じたのは法学方法論であるが、その際、方法的土台を提供したものが西南学派の価値哲学であったことはよく知られていよう。恒藤の評に従えば、まさに「西南学派の認識論上の主張に基いて（中略）法律学成立の根拠を論証し、法律学の学的性質を明かにしやうと試み[29]」るところにラスクの意図もあったのである。[30]したがってそれは方法論的には、雑多な直観的所与が現実性の諸形式たる構成的範疇の適用によって構成されたところの「認識論的現実」（「客観的現実」）を出発点としつつ、そこへ方法論的範疇を通じた改鋳を施すことで、前科学的概念、さらにはより厳密な科学的概念を構成するというものであった。[31]そしてこの一切の実在改鋳を貫いて指導する選択原理こそはラスクにとって「法価値」（「文化意義」）と言われるものであり、それはまた「目的」と呼ばれるものにもほかならない。法がある一定の社会的目的を達成するための規範である以上、もとより「法の世界」が目的論的な機構として成り立つことは当然である。前科学的概念としての「法」の概念がすでにかかる目的論的性質を具えるうえ、さらには法学もそれ自体として法的実践に役立つべき使命を負うものである限り、法の概念を一層厳密に改鋳する「法学的概念構成」が目的論的であることもまた論を俟たない。この意味において「法学における概念構成とは一般の文化科学が価値関係的である以上に、一層特別な意味で価値関係的、すなわち目的論的」なのである。[32]

恒藤はこうしたラスクの「鋭い透徹した所論に敬服」し、これを積極的に摂取した。事実、価値への目的論的関係づけという視点は、先のシュタムラーには見られないものであり、[33]その点それはたしかに恒藤にとり、まさに敬服に価する理論であったといえよう。かような視点に立って彼がシュタムラーを批判していたことはすでに見たとおりである。

ただしここで一点注意すべきは、如上の過程で、恒藤が単にかかる「法学方法論」から教示を受けるに留まらず、これを通じて、さらには、かような認識論的構成を嚮導する「価値」そのものの内実を問う姿勢を見せたことである。その詳細は次章以降に譲るとして、ここではその背景にのみ簡潔に推及しておけば、それにはおそらく、ラスクの「法学方法論」にあっては、「（法）価値」が、西南学派の伝統に則って「方法論的」に、言い換えれば、あくまで「認識観点」として把えられていたという事情が大きく与っているであろう。すなわち、法学方法論においては、問題となるのは実在の価値への「純理論的関係づけ」であって、直接的な「価値」それ自体の「評価」や「定立」は権利外のこととされる。[34]しかしこの結果、こういった認識論的観点に留まる限り、価値はどこまでも方法論的な形式として理解されるにすぎないこととなる。つまり、それはそのままでは恒藤が志向するような、法的実践を指導するための「法の理念」たりうるような内容を持つものではないのである。そしてそれはある意味では当然のことでもあった。なぜならすでに触れたように、かかる方法論的価値を統整する「先験的価値」（超越論的価値）それ自体を主題とすることは、ラスクにあってもともより「経験的文化科学としての法学」の方法論にではなく、これに先立つ「法の哲学」にこそ、未完ながらも与えられていた職務であったからである。

それゆえ、恒藤はラスクの方法論から大きな影響を受けて「法の世界」を認識するための基本的枠組みを摂取しつつも、さらに自らは、「彼（ラスク―引用者）が常に、法律価値論の法律学方法論に及ぼす底深い影響に着眼して居る事を多とすべきである」[35]と述べて、法学方法論の成立を根底で支えるはずの「価値」そのものの問題[36]へとより原理的に遡ることになったと考えられるのである。具体的には、第一部「法の哲学」を手がかりとすることにより、彼は価値それ自体の構造や内実の解明にまでふみこんでゆくこととなるのである。事実、彼は以後ひきつづきラスクと対話を交わしながら、特にこの「価値」という、すぐれて西南学派的な主題と意識的に向き合ってゆくようになる。よって以下では章をあらため、恒藤における価値論の展開について順次追尋しておくこととしたい。

二 「価値」の理論的探求へ

1 「法律の生命」としての法価値

前述した「目的としての法価値」というラスクの考えに共鳴しつつ、自ら「価値」を主題化する姿勢を恒藤がより明確に打ち出したのは、一九二三年三月（脱稿は一月）に発表された論文、「法律の生命」[37]においてである。そこで恒藤は、エーアリヒ（エールリッヒ Eugen Ehrlich）の「生ける法」概念に示唆を受けながら（二―三頁）、しかもこれをあるべき方向へと軌道修正する形で自身の見解を披歴している。

そこでの恒藤の見解によれば、まずそもそも、法律の生命と言われる場合、従来ではその意義は二様の方向において認められて来たと言う。それらは、ひとつは法規範の体系が最高法規から投射される当為の権威によって生命ありとされる、いわば「法律解釈学的意味における法律の生命」であり、もうひとつは、各法規が直接に社会的実在の地盤に根ざしつつ、社会とともに生きることでその生命を得るものとしての、いわゆる「法律社会学的意義における法律の生命」であるとされる（四—一四頁）。これはもちろん、ラスクが法学方法論にて採用していた方法二元論をふまえての主張であるが、恒藤はさらにそこから進んで、真に生命ある法が存立しうるためには、時の経過とともに前者の意義において生命ありとされた法が、後者の意義において生命ある法にまで化する必要があると主張した。そこでは、社会における一定の権威者が妥当すべきものとして定立した法が、当該社会を構成する歴史的実在の地盤上にその生命を顕現する必要があるというわけである（二二頁）。

それでは、かようなある種理想的法律状態が現実となるために必要とされる条件とはなにか。これに対する恒藤の回答は明快で、それは、「或る法律の規定の内容が、その規定の妥当すべき領域たる社会を構成するところの一般の人々の生活要求に叶ふ」（二二頁）こと、というものである。つまり「社会の一般の人々の有する生活要求」こそが、先に挙げた移行を可能とし、より高い次元における法の生命の発現を可能とさせるための根拠とされるのである。しかるに、かかる「社会の一般人の生活要求」が法の生命の根拠であるとしても、一歩ふみ込んで、ではその「生活要求」の内実如何ということになれば、当然にそれは、当該社会に生きる人びとの「価値意識」を俟ってこそはじめて決定されるものと言わざるをえないであろう。なぜなら「謂ふ所の生活意志は、畢竟、人間が価値を承認し、且つこれに基いて生活しやうとする意志を指すものに他ならぬ」（二七頁）からである。しかも、このように「生活要求」が人びとの「価値意識」によって支えられるものであるとするならば、そこでは必然的に、「われわれは論理的に一層遡つて、価値意識たらしめる根拠をあたへる価値その者に到達しなければならぬ」（二八頁）という事態に立ち至ることもまた明らかである。そしてそれこそが恒藤によればまさしく、ラスクもその「法の哲学」にて論及した、普遍妥当的な「先験的価値」にほかならないとされるのである。

さきに、社会の一般人の価値意識から、一層遡つて価値その者に到達しなければならぬと言つたが、われわれが斯くして先づ到達し得るのは、それらの人々によつて承認され、その限りにおいて、それ等の人々の意識を支配する対象としての価値たるのであつて、経験的客観性をそなへた価値ともいふべきものなのである。しかも社会の一般人の評価意識から出発して、かやうな経験的価値にまで進んで行つた論理的動機をして更にその方向に発展せしめるならば、すなはちその本質的帰趨を求めしめるならば、該価値にそなはつてゐる客観性を純化する過程の窮まりに立つところの先験的客観的価値にまで、迫到しなければ止まぬであらう。そしてこの純粋なる価値を目標としつつ生活の途をたどらうとする意志こそは、右に言及した価値を正しく承認し、これに基づいて正しく生きやうとする意志に他ならぬ。（三二頁）

ここには、恒藤が「（文化）価値」という西南学派的な視点を受け継ぎながら、自らこれを主題化してゆく様を容易に見て取ることができるであろう。しかも重要なことは、見てのとおり恒藤の場合、当該価値は、当初からの問題意識に即しつつ、リッカートの認識論的枠組みをこえて新たに、「正しく生きやうとする意志」の「目標」という、きわめて評価的かつ実践的な性格を付与されていることである。[38] したがって、それはそこでは、社会構成的見地から「正義の価値」とも言い換えられ、個々の価値実現行動を社会構成員としての正当な活動にまで総合せしめる社会的指導原理として位置づけられることとなる。

社会の構成者としての立場から正しく評価作用を行ふことによつて把捉する価値を、『正義』の価値とよぶこととするならば、正義の価値は、他の諸々の先験的価値と並んで独自の存立を有すべく、その特有なる意味は、他の諸々の価値を実現し促進するわれわれの活動をして（中略）同時に社会の構成員としてのわれわれの正当なる活動にまで綜合させしめる所の指導原理たる点にあらはれるであらう。正義の概念をかやうに規定するときは、さきに述べたところの、社会的生活関係に対する社会の一般人の要求は、まさに正義の価値意識に立脚するものたるべく、更に社会の一般人の価値意識から論理的に遡り行く究極の境地に立つものは、先験的客観性をそなへた正義の価値たらねばならぬわけである。（三三─三四頁）

これらを要するに、恒藤にとり、ここで言う「先験的価値」とはすなわち「正義の価値」にほかならず、そしてこれこそはまさしく、まったき意味での「生ける法」の究極的な源泉とされるべきものであったといえよう。よって真の「法律の生命」とはこうした「正義の要請の体現」（三七頁）たることにおいてはじめて発現し成立するものなのである。

現代において、或は民衆の名において、或は無産階級の名において、法律秩序の根本的変革の要求が提起される場合に、それがあらゆる人間の頭をうなだれしめる厳粛なる権威をもつのは、畢竟茲にいはゆる社会人一般の生活要求を体現することに基く。かくて、『法律の生命』の最も深い根源は社会人一般の生活要求の心髄としての正義の価値に求められる外はなく、この根源から湧き出る生命こそは、最も固有なる意味において『法律の生命』たるものといふべきである（三四─三五頁）

すでに理解されえるであろうとおり、かような恒藤の解釈とは、基本的にはエーアリヒ法社会学によって提出された「生ける法」概念を、新カント派的な法価値論の立場へとひきつけることを通じて展開されたものである。その意味で如上の議論とはまさに、従来の恒藤の課題意識を一層明確な形で表明しつつ、しかもこれを社会的実在や法現実との緊張関係のなかでより具体的に把え返そうとした試みにほかならなかったといえよう。

しかしながら、このように「現にしかある法律」を批判すべく真に生命ある法という概念を定立し、その生命を究極において支えるものとして「価値」を要請する以上、当然その先には、恒藤自身自覚していたように、「先験的客観的価値」の何たるかをより厳密に規定し、解明することが最も枢要な課題として浮上して来ざるをえないであろう。別様に表現するならば、リッカートが画した限界をこえて、価値を「正義」という実践的指導原理にまで導く以上、普遍妥当的な価値が単なる形式に留まらず、豊かな内容をもまた具えうることをあくまで論理的に説明しなければならないのである。このため、彼は「法律の生命」執筆直後より、今度は自らこの課題に応えるべく、「価値」そのものの論理構造と性格の解明に焦点を当てた一層原理的な考察を展開してゆくことになる。ついては、次節では当時期恒藤における「価値」理解のあり方を確認することを通じて、彼が「厳密に批判された法の理念」を定立するに至る、その論理的プロセスを検証することとしたい。

2 「価値」の論理的再構成

(1) 「妥当の普遍性」と「内容の普遍性」の峻別による「価値個性」の導出

恒藤が「価値」そのものを主題とし、これにはじめて立ち入って考察を加えたのは、上記「法律の生命」発表の翌四月から六月にかけて書かれた論文、「価値の類型と個性」(以下、「価値個性」論文)[39]においてである。なお、これ以降約一年の間には「価値」に関わる諸論考が集中的に執筆されており、かような事実に徴しても、これらが直前の「法律の生命」で提起されていた、生命ある法を根拠づける「価値」という課題をひき継ぐ形で書かれたことはほぼ間違いない。とりわけ、今も述べたとおり「価値個性」論文は恒藤が価値の問題と本格的に格闘したはじめての原理的考察であるだけに、そこには当時恒藤の価値解釈が最も体系的な形で提示されているとともに、それは以後の彼の価値論やひいては法理学的見解の理論的基礎をなすものともなっている。このためここでは当該論考の内容を追いかけることにより、当時恒藤の価値理解のあり方をさらっておくこととする。

そこで早速恒藤の説明を聴いてゆくと、彼が「価値の世界」を究明するにあたって導きの糸としたのはやはりラスクであった。恒藤は自身そこで、「この稿において私が試みたいと思ふ考察は、元来ラスクの所論によつて暗示を受けたのであり、根本において彼の思想に負ふ所が甚だ多い」(六五頁)と告白している。恒藤によれば、従来にあっては、「価値の世界」の認識とは、もっぱら普遍化的概念構成の方面からのみおこなわれて来たのであり、結果として、「価値の個性の理論的検討は、甚しく等閑に付された観がある」(六四—六五頁)という。これに対し、個性化的概念構成というリッカートの文化科学的視点を「価値」の領域にまで移し入れることで、価値の世界が実在の世界同様、「類型」的世界としてのみならず、「個性」に満ちた世界としてもまた成り立ちうることを提唱したのがラスクであったのである。このため、以後ラスクにより提起されたこの「価値の個性」という考え方が恒藤の思索を導くこととなる。そしてこのとき、かかる価値個性を導出するにあたり彼がまずもって注目をしたのが、価値における「妥当」と「内容」の関係性であった。

価値に関して「妥当」の問題と言えばそれ自体西南学派的なテーマであることは言うまでもないが、恒藤に従えば、この価値の「妥当」の問題とは元来、価値の「内容」の問題とは別個の問題として取り扱われるべき性質のものである。それにもかかわらず、プラトンのイデア論以来、カントの超越論哲学をも含めた従来の哲学にあっては、「妥当の普遍性」が無反省的かつ一方的に「内容の普遍性」に結びつけられて来たという（六六頁以下）。しかるに、こうした「妥当の普遍性」と「内容の普遍性」の独断的癒着という傾向について、近年、まずは「実在の世界」に関してリッカートの歴史思想によってしかるべき修正が加えられたのち、今度はラスクによって「価値の世界」においても修正が試みられるに至ったと恒藤は述べる（九五―九六頁）。彼は言う。「私の乏しい知識の及ぶ限りでは、実在と価値とを截然と別つ批判的見地に立ちつゝ、価値の個性の論理的構造を、初めて十分なる自覚を以て問題とした者は、ラスクである」（六五頁）と。そしてそのラスクに従えば、

価値類型が価値の唯一の論理的形式でなければならぬと為すのは、（中略）畢竟単なる偏見に過ぎない。妥当の絶対性、価値の普遍妥当性が、何故に、普遍概念性の論理的構造に結合されねばならぬか、何故に、絶儔的一回性及び不反復性を具備し得ないかと云ふことは、到底理解し得られぬ（中略）。価値の高貴性は、此れらの二様の可能性によつて毫も傷《マヽ》けられることはない、価値は価値個性（Wertindividualität）として、一切の経験的実在を超越する世界を意味することを妨げないし、価値類型と同じ高さに懸かれる世界を意味し得る[40]

仮に価値の妥当の普遍性が内容の普遍性とのみ接合しうるものであるとするならば、普遍妥当性を具えた価値個性というものはある種の形容矛盾となり、これを論ずることができなくなることは明白である。ゆえに恒藤はここで、ラスクに倣ってまずはこうした独断的な接合を切り離し、価値の普遍妥当性が価値の個性とも矛盾しないことを論証しようとした。すなわち、彼は妥当の普遍性と内容の普遍性の峻別を通じて、「価値の世界」にも、「価値普遍性」とならぶ「価値個性」の領域を新たに拓くことを目指したのである。

ただしかく言ったとしても、それは恒藤がラスクの価値論に全面的に依拠したことを意味するものではない。というのも、ラスク自身にあっては未だ両者はあくまで価値発現の論理形式として分かたれたにすぎず、具体的な法価値論の中身は十分には展開されぬままであったからであり、しかもそこでは「法価値」は「類型価値」として成立し、したがって「法哲学」もまたそれは「価値類型学」であると規定されていたからである。[41] このため彼はここで「価値の個性の理解について、ラスクとは多少異なつた方向へと、問題を展開して見たい」(六五頁)と宣言、これを通じ、ラスクをこえて自らが目指す「法の理念」の基礎づけへと向かったのである。よって次項では価値個性の問題を中心とした恒藤独自の価値論をより詳しく追跡することにより、その内実と展相を見究めておくこととしよう。

(2) 恒藤における「価値個性」理解——ラスクをこえて

恒藤による価値をめぐる議論は、「価値個性」論文の後半において、高度に圧縮された説明をもって集約的に展開されている。順にその説明を追いかけてゆくと、彼はそこで、まずもって「純粋価値」と「顕在価値」という概念を導入することにより、「価値の世界」を二元的に規定することからはじめている(一一〇頁以下)。恒藤の説明によれば、ここで言われる「純粋価値」とは、一切の価値表象の以前にあってその成立を可能とする、最も豊富な無限の内容を有する価値のことであり、それはあらゆる価値の源泉であるとともにその理想的形態ともされるものである。よって、すべての価値表象は論理的にはこの純粋価値によりその存立を担保されることとなる。これに対し、かかる純粋価値のなかに含まれたある個別的内容が、価値観照の働きを通じて、現実の感覚的要素と結合されることによりはじめて表象された価値が、「顕在価値」と言われるものである。そのうえで、恒藤はさらにかような「顕在価値」の世界に、先ほど来述べて来た「普遍性」と「個性」という論理形式の差異を移し入れることで、そこに二種の存立形態を並立させた。つまり「普遍性」を基準とするか「個性」を基準とするかに従って、顕在価値の世界は「価値共通性」および「価値個性」という二様の仕方で体系化されうるわけである。恒藤はそのおのおのの論理構造について、ラスクを参照しつつおおよそ次のような対比的説明をおこなってみせる（一〇七―一〇九頁、一一四頁以下）。

まず、実在認識における「自然の世界」との類比で把握される「価値共通性の世界」にあっては、そのピラミッド的積層構造の頂点に君臨するものは最も普遍的な価値そのものの概念である。そしてその下方には相対的に普遍的な種別的価値の概念が置かれ、さらにその下方に種別的価値概念の見本としての意義を持つ個体的価値の概念が置かれる。これゆえ、価値共通性の世界にあっては、最上層に置かれる最も普遍的な価値そのものの概念はいわば「類概念」として、最小限の貧疎な内容をしかそこに含まない。この結果、最下層に位置する個体的価値についても、それらは、各個に異なる多様性を有するといえども、しかしおのおのが持つ価値自体の個性によって他から分別されるのではなく、価値が顕現にあたりその基盤として交渉する実在要素側の相違によってのみ分別されるにすぎないことになる。つまり個体の価値とはあくまでも類概念との共通性においてのみ認められるのであって、各個の個体的価値がそれ自体として個性を有するわけではない。言い換えれば、積層の頂点に立つ類概念としての普遍的価値概念の何たるかをさえ把握するならば、そのときには一切の個体的価値の本質もまた余すところなく把握されえるのである。恒藤はこの普遍的価値概念をして「価値の類型」と呼んでいる。

他方、実在認識の方面における「歴史の世界」とも類比的に語られるところの「価値個性の世界」は、その構造を価値共通性の世界とは逆にしており、上層の価値ほどに豊かな内容を湛え、下層へゆくに従ってその内容は貧疎になるとされる。またこうした構造的性質に伴って、そこではたとえ最下層に位置する各個の個体的価値といえども、それは価値共通性の場合のように実在側の要素によってではなく、各個体的価値それ自体が具える個性の輝きによって他から分別されるものとなる。そして、かかる価値個性の世界の頂点に無限の内容を具えて屹立する価値こそは「価値の典型」

と呼ばれて、価値個性の世界を有機的全体として統一する究極のものなのである。いささか長くなるが、個性的価値世界が成立するための条件についてもう少し詳しく恒藤の説明を聴いておくと次のとおりである。

或る対象が十分なる意味において個性を有すると、みとめられ能ふためには、絶儔性と不可分的統一性と独立性とを併せ具へなければならぬ。（中略）若干の対象が各自の別異なる内容を具有しつゝ、それらの別異なる内容を統一的全体にまで綜合するところの有機的関連に参加するとき、各個の対象に固有なる内容の別異性は、一個の包括的、統一的なる全体内容の構成要素として、それに独特なる意義を、すなはち絶儔性を獲得するのである。而してその際、各個の対象はそれぞれ絶儔的なるが故に、相互の関係において他を支持しつゝ、協同して全体的関連の成立を可能ならしめるのであり、斯かる地位と能力とに基いて、全体との関係においても、侵す可からざる独立性を保有する。かやうに、数多の対象が互ひに相率ゐて一個の連続的系列の裡に立ち入り、其の中にあつて、あらゆる対象が他の如何なる他の対象を以てしても置き換へ得られないやうな独自の地位を占有することに因り、其の個性を発揮する場合には、それらの対象を分肢とする系列其者は、それみづから全然個性的な統一的全体を提示する（中略）。或る価値が、十分なる意味において、其の個性の故に価値ありとされたるためには、等しく右に述べたやうな条件が充されねばならぬ。（一二〇―一二一頁）

恒藤はそこで、リッカートが『自然科学的概念構成の限界』にて展開した個性論から着想を得る形で[42]、価値の個性は、各個の価値それ自身が機械的・原子的には分割しえない不可分性、そして他から区別されうる別異性と独立性とを具えるのみならず、かかる独立性と別異性とが、より包括的な内容を有する統一的全体系列のなかにおいて独自の地位を占めることにより、「絶儔性」（das Einzigartig）、すなわち他をもっては代えがたい比類なさを取得する場合においてのみ発揮されるものと規定している。ここで言われる包括的な「統一的全体」とはもちろん「価値個性の世界」そのものにほかならないが、恒藤によれば、こうした統一的全体の頂点にあって有機的連関を成り立たしめるものがまさに、無限に豊かな内容を具えた「価値の典型」と呼ばれるものなのである。しかも恒藤の言に従えば、この「価値の典型」とは、かような性格のゆえに、終極的にはまさしく価値の「理念」と言われるものにもほかならず、畢竟それは「純粋価値」と同義とされる。

価値の個性が定立されるのは、より包括的なる内容を有する価値の体系の不可欠的構成分子として、それ等の価値が採択されることに基くのである。しかもこの場合に、全体価値は、部分価値の個性的内容の総和を以てしては尽くすことの能きない個性的内容を有し、あだかも部分価値が全体との関係において独立性を有すると同様に、全体価値は部分価値の全者との関係において独自の意義を表明するのである。(中略)価値の世界において終極の全体価値を成すべきものは、あらゆる顕在価値に比してより豊富なる、より顕著なる個性を有するところの純粋価値の理念である。(一二三頁)

約するに、「価値個性の世界」とは、この汲めど尽きせぬ無限の内容に満ちた純粋価値をその源泉かつ理想として予想しつつ、これを「価値の典型」(価値の「理念」)として頂点に仰ぐところの、個性的内容の有機的、統一的全体として思惟されていると言えるであろう。以上が、恒藤が構想する価値個性世界の論理構造であるが、ここからして理解されるとおり、それはまさに恒藤がラスクの議論を土台としながらも、さらにこれを進めて、一層精密かつ積極的に「価値の個性」を規定したうえで、かかる観点から「価値の世界」の内実を新たに照らし出そうとしたものにほかならなかったといえよう。

しかもこの点と関わって、ここでもうひとつ特に重要な点は、恒藤が如上の「価値個性」の論理を、今度はラスクに逆らって「種別的被規定性」の世界へまで持ち込んだことである。贅言を要すまでもなくラスク自身は、「価値の世界」は価値共通性としては「理論的」、「倫理的」、「美的」、「経済的」、「法的」などの種別性を有するのに対して、価値個性の形式にあってはかような種別性は存在せず、これを全体として超越すると主張していた(一〇七頁)[43]。したがって仮にラスクの考え方に従うならば、価値共通性（価値類型）と価値個性との対立は種別的に特定された価値の世界でそれぞれに起こるものではなく、その外部でのみ起こるものとなる。換言すれば、各種別的類型価値の世界に対して価値個性の世界はそれ自体が全体として対立するのである。しかしながら、もしもこのように価値個性が全体として種別性をこえる形でのみ存立し、各個の種別的価値世界内部においてはこれを問題としえないとするならば、そこでは、たとえば「法価値の類型」に対する「法価値の典型」や、あるいは「美的価値の共通性」に対する「美的価値の個性」といった種別的枠組みにおける価値個性の存立を論理的に説明することはできなくなってしまうであろう。こうした事態を受けて恒藤は、ラスクのように価値の論理形式的見地からの分類法と価値内容の種別的特定性を問題とする見地からの分類法とを混同することを批判し、各種別的内容の世界内においても価値個性の問題を論じうる可能性を強く主張したのである。

ラスクの見解からすれば、価値共通性又は普遍的価値と価値個性又は個性的価値との対立は、種別的に特定せる価値、即ち理論的、倫理的、美的等の価値の世界以外の他の世界において初めて見出されるところの対立である。言ひ換へると、価値個性の世界は全体として理論的、倫理的、美的等の価値の世界に対立する（中略）。私は、斯かるラスクの見解をその侭承認し得ないと考へるものであつて、価値共通性と価値個性との対立を、種別的無規定性の彼岸から種別的被規定性の世界に置換することによつて、価値の世界の構造をより明確ならしめたいと、思ふのである。（一〇七頁）

しかもそうなれば必然、「法価値」という種別的被規定世界の内部においても価値の個性的内容を問題としうるようになるため、法価値の世界は畢竟、ラスクが思惟したように単に「価値類型」の世界として成立するに留まらず、価値個性のピラミッドたる「価値典型」の世界としてもまた成り立つこととなろう。つまり、それは結果的に「法価値の世界」全体を法価値の「理念」としての「純粋価値」との関係において統一的に把握することをも可能ならしめるはずである。そしてこれこそがまさに、ラスクの見解に修正を施しつつおこなわれた恒藤の価値理解が目指したものであったと考えられるのである。よって以下では、かような事態を一層よく見定めるため、恒藤が如上の価値理解をふまえながら、これをさらに実際に「法価値の世界」という種別的被規定世界へと適用して見せた、翌一九二四年の論文、「法律価値の内容と妥当性」を確認することで、いよいよ恒藤法理学において「法の理念」が定立されるに至る、その理論的現場を見届けておくこととしたい。

三 「純粋法律価値」の定立へ

「法律価値の内容と妥当性(44)」はその表題からしてもわかるとおり、法価値における妥当性と内容の問題を扱った論考である。そこで恒藤は、自然法学や歴史法学あるいは「階級的法律意識説」を批判しつつ、まずは自らを批判主義の法価値観に定位する。その要諦は、法価値の世界において妥当の普遍性が内容の普遍性のみならず内容の個性とも結びつくべきことを主張したうえで、その論理構造を闡明するところにある。要するに、自身述べているとおり、「価値個性」論文にて獲得した価値理解の法価値世界への応用である(一一二頁)。

それでは、実際には両者の連結とはいかに「法価値」という種別的被規定性の世界でおこなわれるのであろうか。恒藤はそこでまず、法価値が個性的内容を有するという事態につき、大筋では次のような説明をおこなっている(一四六頁以下)。

法価値の内容はそれが法価値としてある以上、なにより根本的には法が法規として営む基本機能を満足に営みえるか否かということを標準として定まるほかはない。しかしながら、人間が現実に規範に統率されつつ社会の構成員として成就すべき「使命」は、経験的現実の世界における場所や時間によって制約されざるをえない。このことからして社会の構成員としての人間が要求される生活ないし行動様式は、その時代その社会に特有な事情によって定まらざるをえず、これに応じて社会を規律する法秩序もまたこういった条件に適合的な独自の内容を与えられなければならない。かくして、一定の時代、社会における法秩序が具有すべき規範内容は当然にそれぞれ唯一無二のものとなるわけであるが、しかも恒藤によれば、同時に、「恰もかやうな規範内容をそなへるとき、特定の法律秩序は十分なる意味において法律価値を顕現する」（一四七―一四八頁）ことにもなるとされる。かかる事態をより厳密に言い換えるならば、それは次のような立言として表すことができよう。

事実的には、法律秩序の個性的内容が法律価値の個性的内容の顕現を可能ならしめるのである。しかも論理的には、『或る時代の或る社会の特有なる事情に適応せる所の個性的内容をそなへた法律価値が顕現される可きである』といふ要求が、客観的に成り立つ所からして、さうした法律価値の個性的内容を顕現する地盤としての法律秩序の個性的内容の成り立つ可能性があたへられる（一四八頁）

言うまでもなく、論理的に見た場合には価値は現実に対して先位を占め、現実はこれに倚存する。それゆえ、ある法秩序が個性的内容を持って成立することを「事実的に」ではなく、「論理的に」思惟し説明しようとするならば、まずは「法律価値の個性的内容」の存立こそが要請されなければならない。つまり法価値それ自体が個性的内容を具えるべきとの要請が成り立つからこそ、その顕現地盤たる法秩序にもまた個性的内容が与えられるというわけである。かくて、法価値には価値として固有の「内容」が与えられることとなる。

しかし一方で、たとえ経験的条件との関係において各社会や各時代に成就すべき人間の「使命」が定まるとしても、他方、そうした内容を持つ「使命」がそれとして排他的に成立しうることの理由自体は、経験的条件によっては説明しえるものではなく、先験的価値との関連においてのみその根拠をさずけられるものと言わなければならないであろう。したがって、個性的内容を付与された各「個性的法律価値」にしてもまた、それは「価値」としては先験的価値との関係において、あくまで「普遍妥当性」を持つということになる。

一般に人間が人間として成就す可き使命の内容は、経験的条件との関係において定まるのであるけれど、一定の経験的条件との関係において人間が成就す可き所の一定内容の使命が、他の幾多の可能的なる任務を排して成り立ち得る理由は、如何なる経験的事実によつても説明され能はず、あらゆる経験的条件から超越して其れ自身に人間一般に対して妥当する所の先験的価値の見地からしてのみ説明され能ふのである。（中略）かくてそれぞれ独自の内容を有する法律によつて顕現される所の個性的法律価値其者は、何等かの経験的権威によつて肯定されることを俟たず、それみづから先験的に妥当するものでなければならぬ。（一四九―一五〇頁）

かくして、ここに、価値における「妥当の普遍性」と「内容の個性」は「法価値」という種別的世界へと移し入れられ、具体的に連結される事態となる。しかもラスクに逆らってこのように妥当の普遍性と内容の個性の連結を「法価値の世界」という種別的規定を受けた価値世界のなかに移入したことは、前章でも指摘したとおり、結果的に、恒藤をして、かかる「法価値の世界」全体を、無限の内容を有する法価値の「典型」、すなわち「法律価値の理念」という統整的観点のもとに、体系的に把握することをも可能ならしめた。

十全なる内容をそなへた法律価値を法律価値の典型と呼び、法律価値の典型を表明する概念を法律価値の理念と呼ぶこととする。法律価値の理念は、法律価値の概念とは正反対に、法律価値が法律価値として具有すべき内容の最大限を示すものであり、あらゆる法律価値の個性的内容を合せても尚ほ遥かに之を凌駕する底の豊富なる個性的内容を具有するものである。（中略）法律価値の理念を基準として想定される法律価値の世界は、法律価値の理念を頂点とし、個別的法律価値の無数を以て底辺とする所の三角形として考へ得られるが、この三角形においては、頂点において最も個性的な、最も具象的な法律価値内容が見出され、其所から次第に底辺に近づくに従つて、より貧しい個性と具象性とをそなへた法律価値内容があらはれる（一五六―一五八頁）（傍点原著者）

要するに、ここで言われる「法律価値の理念によつて表明される典型的法律価値」（一五九頁）とは、如上の「妥当の普遍性」と「内容の個性」との連結に従って、一方で、あらゆる時代と社会を貫通して無制約的に妥当する「絶対的普遍妥当性」を具えると同時に、また他方、それは自然法学の主張する自然法概念とも異なって、いかなる時代やいかなる社会の法律生活を通じて顕現される個性的法価値も及びえない、無限の「個性的内容」を持つものとして定義されるものなのである（一六〇頁）。ゆえにそれは、一切の法価値の源泉であるとともにまたその理想として、すなわち、先の「価値個性」論文にて提出されていた、かの「純粋価値」が「法価値の世界」という種別的被規定世界に適用されたものとして、まさに「純粋法律価値」との規定を受けることにもなった。

法律価値の理念によつて表明される典型的法律価値は、いかなる経験的制約によつても累せられることなく、法律価値の法律価値として具備すべき一切の個性的内容を純粋無碍に具備するものであると云ふ意味において、純粋法律価値と呼び得られるであらう。純粋法律価値はあらゆる時代のあらゆる社会を通じて無制約的に妥当するものと云ふべく、従つて其れは絶対的普遍妥当性をそなへて居ると考へられる（一五九頁）

しかも、この一切の法価値の源泉にして理想たる「純粋法律価値」こそは、恒藤に言わせれば、かの「法律の生命」で主張されていたところの「正義の価値」とも呼ばれうるものであり、それこそは人類がその実現を永久に目指すべき、究極の理念とされた。

茲にいはゆる純粋法律価値が絶対的普遍妥当性を有すると言ふ意味は、いかなる時代のいかなる社会の法律生活も、純粋法律価値の理念を以てその嚮ふ可き究極の目標として仰望し得るものであること（中略）を指示せむとするものに他ならぬ。純粋法律価値を指して正義とよぶならば、正義は、人類が社会生活において永久にそれへの接近のために精進しなければならぬ究極の境地たるものと言ふべきである。（一六〇頁）

見てのとおり、ここにおいて、「法律の生命」で提唱された、真に生命ある法を基礎づける「正義の価値」は、「価値」そのものと向き合う一連のプロセスを経て、まさにその理論的裏打ちを得たといえよう。そしてかくあるとするならば、これはまさしく、恒藤が一貫して追究してきた、「当に爾かある可き法律」を方位づけるものとしての「法の理念」の姿にこそほかならない。すなわち、シュタムラーによって示唆を受けつつ検討が開始された「厳密に批判された法の理念」とは、ラスクの方法論ならびにとりわけその価値論の導入と批判を経て、空疎な形式性を払拭した確固たる個性的「内容」と普遍「妥当性」を併せ具えた、現実の法実践を導く理念として、ここに把え返されることになったのである。

事実、かような「純粋法律価値」としての「正義」の法理念は同時期の論文、「生存権と法律体系[45]」においては、恒藤が当初から関心を払いつづけて来た「生存権」といういきわめて具体的な「内容」を与えられ、一層、「現にしかある法律」や現行社会の変革を指導するための実践的理念として再定立をされるに至っている。恒藤は述べる。「私は、生存権を、批判的法律哲学の意味における法理的理念の一つとして思惟したいと、考へるのであるが、然るときは、生存権の主張の実現は、現実の法律秩序に向かって課せられる永久的使命を意味する[46]」、と。そしてかかる「使命」が遂行され、普遍妥当的価値のひとつたる生存権が擁護される限りにおいて、マルクス主義的な階級闘争による社会の変革もまたそこでは積極的に是認されるに至るのである。

現代の資本主義的社会における法律秩序が、無産者の生存権を確保する使命を無視しつつあることは、極めて明白な事実である。あらゆる法律秩序は、生存権の要求をみたす限りにおいて、正義の価値ありと認められるとすれば、現在の法律秩序に対し、何等かの仕方で変革が加へられることは、法律秩序をして存立の意義あらしめるべき所以でなければならぬ。そして階級闘争における無産者の立場は、斯かる正義の要請を体現する立場、法律秩序の普遍妥当的価値の擁護者の立場である、と言ひ得るであらう。[47]

ここにはまさに、法理念や法価値を形式的アプリオリないし抽象的な理想に跼蹐させることなく、むしろ社会的実在や法現実との緊張関係のなかで把えることによって、これを「法律生活の現実を批判し指導する為の原理」として積極的に役立てようとした恒藤の実践的姿勢が直截に表現されていたと言えるであろう。その意味でそれはまさしく、法哲学者である恒藤がおこなった、「法の理念」の探求を通じた「法律学の改造」、ひいては「社会の改造」へのアンガージュマンにほかならなかったのである。

おわりに

小稿では、恒藤が「新カント派」の法哲学をどのような見地から、いかに受容したのかという点に焦点を置いて、その背景と受容の理路を順次追証してきた。以上の検討により、彼が「現にしかある法律」を批判するために斯学派の理説を摂取し、これを通じて「厳密に批判された法の理念」を定立していったその筋道と過程についてはほぼ明らかになったことと念う。逆から言うならば、まさにかかる「法の理念」の定立という目的論的かつ実践的文脈においてこそ、恒藤による斯学派への接近はおこなわれたと言うべきであろう。すなわち、恒藤は法哲学者として、「勢力階級がその利益のために建設した法律制度(48)」という「生命なき法律」を批判するための根拠を、あるべき法理念に求めるとともに、その内実を主として西南学派の価値哲学の再構成を通じて練り上げることにより、自ら現行社会や法現実の変革に対し積極的かつ原理的に寄与せんとしたのである。この意味では、こうした恒藤による法理念定礎の試みとは、法に携わる学問としての「法学」を従来の「治者の学」から「(社会)正義の学」へと転換せんとするものであり、それはまさに日本近代法学知の発展ならびに「法律学の改造」の一翼を担う試みにほかならなかったと言える。

ただし、最後に敢えて一点だけ付言しておくならば、実はこのように法や社会の現実を批判すべく、とりわけ西南学派の理説を動員したことは、恒藤をして新たな問題をそのうちに抱えせしめる結果ともなった。なぜなら周知のとおり、もとよりラスクの「批判的価値論」を含む西南学派の価値哲学にあっては、「価値」と「実在」は論理的にはあくまでも峻別され、存在の境位を異にするものとして思惟されていたからである。そうである以上、たとえ西南学派的な枠組みを破り、価値に豊かな内容を与えたとしても、それが批判主義的に把握された価値である限りは、価値はどこまでも超歴史的な統整的イデーとして留まることとなろう。つまり、新カント派的価値論による限りは、結局のところ、まったき意味での法は先験的規範に留まるわけであるから、それを歴史的実在としての現実社会を内在的に批判し、変革するための指導理念とすることは原理的に困難という事態に直面するのである。したがってこの点では、法現実との緊張関係のなかで「法の理念」を実践的に定礎しようとする恒藤の試みは、未だ道半ばであったと見ることもまたできるであろう。

そしてそうであればこそ、かような「価値」の理解をめぐる問題性が、二〇年代後半以降、ヨーロッパ留学を通じた第一次世界大戦後の混乱する社会状勢の観察と体験、それに当時現地に隆盛しつつあった「世界観的哲学」[49]や存在論の潮流等との接触を経て、日本や世界の現実をもふまえた恒藤自身の社会変革という実践的意識の深化とともに、一層自覚的に把え返されてゆくことにもなるのである。[50]恒藤は帰国から約半年後には早くも、かつての価値に関わる諸論考を収めて刊行した『価値と文化現象』の序文にて、「爾後の思索の結果、問題の考察の上に前提した根本的見地又は基礎的思想に対して修正又は発展を加へ度く思ふ点をも生じて居る[51]」と告白している。そしてそれはやがて、留学以前の恒藤が前提した「基礎的思想」たる新カント派哲学の乗りこえをも生まずにはおかないであろう。[52]もっとも、この間の事情や恒藤法理学における斯学派踰越の理路について述べるいとまは小稿にはもはやない。このためここではこれに代えて最後に、恒藤が一九三〇年代後半におこなった新カント派法思想に対する批判の一節を引用することで、その後彼が向かう方向性につき、示唆のみおこなっておくこととしたい。そこで恒藤は言う。

（新カント派は―引用者）超実定法的なる法の価値や理念について考察したとはいうものの、どこまでも価値論的または規範論的考察の範囲に留まる方針を固執したのであって、進んで法的世界観の学問的確立を企て、これにより法の価値や法の理念の存立根拠を一層高次の立場から論証するような努力をなすことを避けたのであった[53]

　ここにはおそらく、かつて恒藤自らがとった立場への反省も込められていたことであろう。事実、留学から帰国後の恒藤の思想的営みは、同じく新カント派的な無限の価値や理念をひきつづき重要な課題とするにしても、こうした「法的世界観」の定立を視野に収めた「一層高次の立場」から、その論証を目指して展開されてゆくこととなるのである。

（1）蠟山政道『日本における近代政治学の発達』、実業之日本社、一九四九年、一四九―一五二頁。大塚桂『近代日本の政治学者群像―政治概念論争をめぐって―』、勁草書房、二〇〇一年、七六―八三頁も参照。

（2）特に西南学派を中心としたその影響については最近、伊藤貴雄ら研究グループによって検討が進められており、その成果は二〇二一年五月以来、「近代日本における価値哲学者の群像」として『東洋学術研究』に連載されている。なお、大橋容一郎「新カント学派と近代日本―桑木厳翼と三木清を手がかりとして―」、『思想』第一一一八号、二〇一七年六月、同「文化主義の帰趨―新カント学派の哲学と「文化主義」―」、『思想』第一一三五号、二〇一八年一一月、川合大輔「一九二〇年代日本における人文科学論の動向―科学の分類と系統についての言論を中心として―」、『科学史研究』第Ⅲ期第五六巻二八三号、二〇一七年一〇月、三谷研爾「ハイデルベルク逍遥―両大戦間期におけるドイツ文化受容についての覚え書き―」、『待兼山論叢』第五六号（文学篇）、二〇二二年一二月、渡辺恭彦「新カント派受容に関する一考察―個別的因果律をめぐる交錯と展開―」、『社会思想史研究』第四七号、二〇二三年も参照。

（3）鹿野政直「解説」、鹿野政直編『大正思想集Ⅱ』、筑摩書房、一九七七年、四二四頁。

（4）同前、四五七頁。

（5）加藤新平「あとがき」、恒藤恭『法の基本問題』再刊版、岩波書店、一九六九年、松尾敬一「大正・昭和初期の法理論をめぐる若干の考察」、『法哲学年報』、一九七〇年、稲垣良典「恒藤教授の法哲学と価値相対主義」、『法哲学年報』、一九七〇年、八木鉄男「恒藤恭」、潮見俊隆他編『日本の法学者』、日本評論社、一九七四年（竹下賢他編『恒藤恭の学問風景―その法思想の全体像―』、法律文化社、一九九九年に所収）、原秀男「新カント学派」、野田良之他編『日本近代法思想史』、有斐閣、一九七九年、天野和夫「恒藤恭の法哲学と唯物史観―没後三〇年に寄せて―」、『立命館法学』第二五三号、一九九七年一〇月（竹下他編前掲書に編集のうえ所収）、田中茂樹「三木清との関係」、竹下他編前掲書、小林啓治「恒藤法理学における個人・国家・国際社会」、『国際秩序の形成と近代日本』、吉川弘文館、二〇〇二年、広川禎秀『恒藤恭の思想史的研究―戦後民主主義・平和主義を準備した思想―』、大月書店、二〇〇四年、岡庭真史「恒藤恭における新カント学派法哲学の意義―その受容と離脱による学説変遷からの考察―」、『創価大学人学院紀要』第二九号、二〇〇八年、桐山孝信「文学的「世界民」から科学的「世界民」へ―恒藤恭の法学研究の深化―」、『大阪市立大学史紀要』第四号、二〇一一年、久野譲太郎「ハイデルベルク留学を通じてみる恒藤恭と「新カント派」―一九二四年渡独時資料を手がかりとして―」、『大阪市立大学史紀要』第六号、二〇一三年、竹下賢「法理念としての国際平和―ラートブルフから恒藤恭へ―」、竹下賢他編『法思想史の新たな水脈―私法の源流へ―』、昭和堂、二〇一三年、中村浩爾「恒藤恭の法思想における理論と実践」、『大阪市立大学史紀要』第七号、二〇一四年、同「恒藤恭思想の実践性とその現代的意義」、中村浩爾他編『社会変革と社会科学―時代と対峙する思想と実践―』、昭和堂、二〇一七年、笹倉秀夫「恒藤恭三点の考察―「交錯的並存」の思想・全体社会論・制定法主義―」、『大阪市立大学史紀要』第一一号、二〇一八年、大橋(二〇一八年)など。

(6)従来の研究はいずれもが説得的ではありながら、しかも一九二〇年代の恒藤が要諦に据えていたはずの「価値」理解の内実にはふみ込まないという点で問題を残していた。もっとも、この点に関して小林および岡庭の論考(小林前掲書(第七章)、岡庭(二〇〇八年))は恒藤の法価値理解についても触れるところがある。ただしそこで検討される法価値論とは、小稿で明らかにするように、当時期恒藤にとってはいわばその到達点を示すものであった。しかし恒藤による斯学派受容の実態を精確に解明するためには、むしろそうした法価値論を彫琢するに至るまでの、より原理的な「価値」それ自体の検討を含めた過程をこそ、内在的かつ動態的に検証しておく必要があろう。加えて、当時「社会の発見」とも連動して発展を遂げつつあった諸社会科学や「文化主義」のような「改造思想」期を彩る思潮が多くこの西南学派譲りの「価値」を思想や方法の基礎に据えていたことを惟うならば、かかる思想史的文脈のなかで恒藤を位置づけつつ、その独自性を明らかとするためにも、まずはこうした「価値」理解の実相とその変遷にこそ焦点を当てることが枢要であると考えられる。

(7)たとえば、広川前掲書(序章および第二章第三節他)、中村(二〇一七年)、二八二頁、山崎時彦『恒藤恭先生―小伝―』、さざなみ書店、一九九八年、二一―二二頁など。

(8)かような問題意識が、さらには、いずれは逆に新カント派の踰越をも生む事態となる。それはすでに広川が的確に指摘しているところである(広川前掲書、三〇―三二頁)。

(9)この点については特に、古澤夕起子「恒藤恭の少年小説―ほんとうの心の満足を求めて―」、鈴木良他編『現代に甦る知識人たち』、世界思想社、二〇〇五年、同「恒藤恭の少年小説「王冠をつくる人」」、『立命館文学』第五九二号、二〇〇六年二月を参照。

（10）広川禎秀「米田庄太郎の社会思想及び新カント派思想の研究」、大阪市立大学文学研究科叢書編集委員会編『近代大阪と都市文化』、清文堂出版、二〇〇六年参照。なお、恒藤は左右田喜一郎『経済哲学の諸問題』や西田幾多郎『現代に於ける理想主義の哲学』にも刺戟を受けている（恒藤恭「学究生活の回顧」、恒藤恭他『現代随想全集』第二七巻、東京創元社、一九五五年（初出は『思想』第三四三―三四四号、一九五三年一―二月）、二二〇頁）。

（11）恒藤恭「世界民の愉悦と悲哀」、『改造』第三巻第六号、一九二一年六月（恒藤恭『国際法及び国際問題』、弘文堂書房、一九二二年に所収）。なお広川前掲書（第二章）も参照。

（12）とりわけカントないし新カント派とマルクスの関係については、広川前掲書（第五章）のほか、松尾（一九七〇年）、八木（一九七四年）、天野（一九九七年）、中村（二〇一四年）、同（二〇一七年）、笹倉（二〇一八年）などが討究をおこなっており参考になる。ただし、恒藤においてマルクスが特に前景に出るのは三〇年代になってからと考えられる。

（13）恒藤「世界民の愉悦と悲哀」、『改造』（一九二一年六月）、七六頁。

（14）恒藤恭「河上さんの面影」、堀江邑一他編『回想の河上肇』、世界評論社、一九四八年、四三―四九頁。なお、恒藤はカール・レンナーやサン・シモンに関する論考の翻訳も手がけている。

（15）石田雄『日本の社会科学』、東京大学出版会、一九八四年、九七―一〇〇頁、久野譲太郎「ヴァイマール期ハイデルベルク大学への日本からの留学状況とその歴史的背景」、『ヴァイマール期ハイデルベルク大学の日本人留学生―在籍者名簿および現存資料目録―』（科学研究費補助金研究成果報告書）、二〇二三年三月。なお、当時期日本の法哲学界と新カント派の関係については、原（一九七九年）、および八木鉄男「戦前の日本の法哲学―大正期（1912～25）、昭和期（1926～45）―」、『同志社法学』第二四〇号、一九九五年三月も参照。

（16）広川前掲書、一一二―一一六頁。鈴木良「近代京都に於ける自由主義思想の源流」、『立命館大学人文科学研究所紀要』第七〇号、一九九八年二月も参照。

（17）住谷悦治（林葉子解説）「住谷悦治の談話（一九七五年一二月一九日）―「同志社アカデミズム」を中心に―」、『キリスト教社会問題研究』第七〇号、二〇二一年一二月、七―一二頁。

（18）恒藤恭「序」、『法律の生命』、岩波書店、一九二七年、一頁。

（19）恒藤「学究生活の回顧」、恒藤他前掲書、二二一頁。

（20）恒藤恭「シュタムラーの法理学の根本的見地」、『批判的法律哲学の研究』、内外出版、一九二一年（初出は『法学論叢』第二巻

第五―六号、一九一九年一一―一二月）、五六頁。

（21）広川前掲書、一一九―一二〇頁。Vgl. Rudolf Stammler, *Theorie der Rechtswissenschaft*. Halle. 1911. S.441.

（22）恒藤恭「シュタムラーの『法律理念論』の考察」、『批判的法律哲学の研究』、内外出版、一九二一年（初出は『同志社論叢』第四号、一九二一年二月）、一九九頁。

（23）このことは恒藤が同時期、フリースの法哲学に注目し、やはり特にその法理念論（「普遍的立法論」）について検討を加えているという事実によっても一層よく理解されうるであろう（恒藤恭「フリースの法律哲学の考察」、『法学論叢』第五巻第二・三・五号、一九二一年二月、三月、五月。恒藤恭『批判的法律哲学の研究』、内外出版、一九二一年に所収）。

（24）Stammler, a.a.O., S.444. なお、シュタムラーの法理論については、ここでは主に以下の文献を参照した。加藤新平「新カント学派」、尾高朝雄他編『法哲学講座』第五巻（上）、有斐閣、一九六〇年、新里光代「法理念としての自然法論―シュタムラーの自然法論をめぐって―」、『法学研究―法律・政治・社会―』第四二巻第二号、一九七二年二月。

（25）恒藤恭「シユタムラーの法理的範疇論について」、『哲学研究』第七六号、一九二二年七月（恒藤恭『批判的法律哲学の研究』増補版、内外出版、一九二四年に所収）、七八頁。

（26）恒藤は同時期、ジンメルと比較する文脈で、シュタムラーの形式主義的体系に対し息苦しさも吐露している（恒藤恭『ジムメルの経済哲学』改造社、一九二三年、二―三頁）。

（27）恒藤「学究生活の回顧」、恒藤他前掲書、二二一頁。

（28）恒藤恭「法律と法律価値との関係について」、『法の基本問題』、岩波書店、一九三六年（初出は『法学論叢』第二五巻第五号、一九三一年五月）、二頁参照。

（29）恒藤恭「ラスクの『法律学方法論』の解説」、『批判的法律哲学の研究』、内外出版（初出は『法学論叢』第二巻第一・三号、一九一九年七月・九月）五頁。なお、ラスクの法理論については多くの研究が存在するが、ここでは主として以下の文献を参照した。加藤（一九六〇年）、植松秀雄「法学方法論の一考察―E・ラスクの目的論的概念構成を中心に―」、『法学論叢』第七八巻第五号、一九六六年一月、陶久利彦「エミール・ラスクの法律学方法論（一）―法律学的概念形成論を中心に―」、『法学』第四九巻第四号、一九八五年一〇月。

（30）もっとも、ここではいわゆる「客観主義」転換後のラスクについては敢えて触れることをひかえ、『法哲学』、およびこれに先立つ博士論文『フィヒテ観念論と歴史』の二著の解釈に基づいた、当時恒藤のラスク理解に即する限りでその言説を見るに留めたい。

(31) Emil Lask, *Rechtsphilosophie*. Heidelberg. 1905. S.28f. ラスク『法律哲学』(恒藤恭訳)、大村書店、一九二一年、五二—五六頁。

(32) 加藤(一九六〇年)、一三八頁。

(33) 笹倉(二〇一八年)、七頁。

(34) Lask, a.a.O., S.10f.(恒藤訳版、一九—二〇頁)

(35) 恒藤「ラスクの『法律学方法論』の解説」、『批判的法律哲学の研究』、四頁。

(36) この点については、植松(一九六六年)、五七—五八頁も参照。

(37) 恒藤恭「法律の生命」、『改造』第五巻第三号、一九二三年三月(恒藤恭『法律の生命』、岩波書店、一九二七年に所収)。以下小稿での引用は『法律の生命』により、引用文末尾の括弧内に該当箇所の頁数を誌す。

(38) こうした「価値」の実現や創造をこそ目指す恒藤の実践的態度は、恒藤恭「平等の権利」、『大阪毎日新聞』(一九二四年一月一一—一四日)に一層顕著な形で表明されている。

(39) 恒藤恭「価値の類型と個性」、『経済論叢』第一六巻第四—六号、一九二三年四—六月(恒藤恭『価値と文化現象』、弘文堂書房、一九二七年に所収)。以下小稿での引用は『価値と文化現象』により、引用文末尾の括弧内に該当箇所の頁数を誌す。

(40) ラスク前掲書(恒藤訳)、六—七頁。Vgl. Lask, a.a.O., S.3f.

(41) 恒藤「ラスクの『法律学方法論』の解説」、『批判的法律哲学の研究』、一〇頁。ラスクにとり法学とは、法価値を基準としつつ類型化作業を営む「組織的文化科学」であった。

(42) 恒藤恭「文化的認識の二方向」、『価値と文化現象』、弘文堂書房、一九二七年(初出および原題は「文化的認識と歴史的認識」、『経済論叢』第一七巻第一・二号、一九二三年七—八月)、一三七—一三九頁参照。

(43) Vgl. Lask, a.a.O., S.4.(恒藤訳版、七頁)

(44) 恒藤恭「法律価値の内容と妥当性」、『法学論叢』第一一巻第二・三号、一九二四年二—三月(恒藤恭『法律の生命』、岩波書店、一九二七年に所収)。以下小稿での引用は『法律の生命』により、引用文末尾の括弧内に該当箇所の頁数を誌す。

(45) 恒藤恭「生存権と法律体系—生存権を中心として観たる公法及び私法の対立の問題—」、『改造』第五巻第九号、一九二三年九月(恒藤恭『法律の生命』、岩波書店、一九二七年に所収)。

(46) 同前、二四—二五頁。

（47）同前、五二頁。なお、恒藤の生存権理論の性格については、松尾敬一「近代日本における生存権思想の展開」、『神戸法学雑誌』第四巻第三号、一九五四年一二月も参照。
（48）恒藤「シュタムラーの『法律理念論』の考察」、『批判的法律哲学の研究』、一九九頁。
（49）田辺元「序」、『カントの目的論』再刊版、筑摩書房、一九四八年、三頁参照。
（50）主にハイデルベルク滞在期を中心とした恒藤のドイツ留学期の動向については、久野（二〇一三年）、同「ハイデルベルクにおける恒藤恭の修学と生活―在現地・新資料の紹介をかねて―」、『大阪市立大学史紀要』第一一号、二〇一八年参照。
（51）恒藤恭「序」、『価値と文化現象』、弘文堂書房、一九二七年、三頁。
（52）しかも結果的にこうした動きがその後の学界全体の動向ともある程度相即することを惟えば、やはり恒藤における斯学派「踰越」のあり様と特質を解明することは、近代日本の学知形成過程の実態と性格それ自体を内在的に解明することにもつながるであろう。
（53）恒藤恭「法的世界と法的世界観」、『哲学と法学』、岩波書店、一九六九年（初出は田村徳治編『佐佐木博士還暦記念 国家及び法律の理論』、有斐閣、一九三八年）一五〇頁。ただし恒藤が以降、新カント派的思考の一切を放棄したというわけではない。この点については特に、中村（二〇一四年）、同（二〇一七年）、笹倉（二〇一八年）を参照。

〔付記〕小稿はＪＳＰＳ科研費（課題番号：19K13349、22KK0004）による研究成果の一部である。

〔政治思想学会研究奨励賞受賞論文〕

『黄金の精錬』にみる正義と文明の関係性
——鑑文学としての観点から

ウェルズ桜

はじめに

『パリ要約のための黄金の精錬 *Takhlīṣ al-Ibrīz fī Talkhīṣ Bārīz*』（一八三四初版）は、一九世紀エジプトを代表する翻訳家および思想家のリファーア・タフターウィー Rifāʿ Rāfiʿ al-Ṭahṭāwī（一八〇一〜七三）が、復古王政期フランスでの留学経験をもとに執筆した旅行記（riḥla）である。同書の重要性は、当時の中東地域でヨーロッパに関する最新の案内書として広く読まれていた事実に裏付けられる。『黄金の精錬』の正確な出版部数を知ることは難しいが、同書が繰り返し増版されている事実などから一定の関心を集めていたことは窺える。[1]『黄金の精錬』のトルコ語訳が作成された点も同書の普及状況について知るうえで重要だ。当時のエジプトではトルコ語を母国語とする者が官僚や軍隊の高官といった役職の圧倒的多数を占めており、アラビア語よりもトルコ語が識字者間の共通語だったからである。当時のエジプト州総督ムハンマド・アリーの命によって一八三九年に作成されたトルコ語訳は、エジプト州内の各要所や学校に配られただけでなく、イスタンブルにあるオスマン朝中央政府にも送られ広く読まれた。

『黄金の精錬』はこれまで、アラブ世界が西洋近代を「発見」した媒体として関心を集めてきた。代表的な研究として、ライーフ・フーリーの『近代アラブ思想』（一九四三）やイブラヒーム・アブー゠ルゴドの『アラブ世界によるヨーロッパの再発見』（一九六三）が挙げられる。フーリーの著作は一九～二〇世紀までのアラブ思想におけるフランス革命の思想的影響を扱った資料集で、タフターウィーを含む二九人のテクストが収録されている。これらの思想家やテクストについて考察する中で、フーリーはタフターウィーと『黄金の精錬』について、フランス革命の思想的影響を東アラブに伝播させるのに最も重要な役割を果たしたと評している。[2] 一方、アブー＝ルゴドの著作は近代アラブにおける翻訳運動やアラビア語の紀行文学に着目した研究書であり、西洋諸国の社会や文化にはじめて接触した近代アラブ思想家たちの、西洋近代文明の受容と拒絶をめぐる判断について分析している。アブー＝ルゴドはタフターウィーと『黄金の精錬』について、西洋近代に関する最新の情報をもたらし、近代の中東における新たな「西洋」像の構築に貢献した先駆者的役割を評価している。[3]

フーリーとアブー＝ルゴドはアラブ世界と近代ヨーロッパとの出会いに研究の焦点を当てている。『黄金の精錬』を扱う際も、同書における近代ヨーロッパの思想的影響や受容の実態を分析することに注力している。こうした流れを汲む最も著名な研究は、近現代イスラーム政治思想研究の古典的な金字塔ともいえるアルバート・ホーラーニーの『リベラル時代のアラブ思想』（一九六二初版、一九八三改訂版）だ。同書でホーラーニーはタフターウィーが「エジプトに帰国して間もなくパリ滞在記を出版した」ことに言及しているが、『黄金の精錬』に対する彼の評価は「近代フランスの風俗や慣習に関する興味深くかつ正確な観察を多分に含む」滞在記としての評価にとどまっている。[4] ホーラーニーはタフターウィーが後年に著した政治理論関係の著作を分析する際の補助として、彼が「フランスでの読書や体験を通して学んだ考え」等を測り知るために『黄金の精錬』を活用しているだけである。[5]

上記以外にも多くの研究が『黄金の精錬』に注目してきたが、傾向として指摘できるのは、アラブ世界と近代ヨーロッパとの出会いの衝撃および後者が前者に与えた影響に特別な関心が寄せられてきた点である。一方で、こうした傾向の偏りに疑問を付し、『黄金の精錬』をイスラームの伝統的思考から再検討しようと試みる研究も増えている。例えばロクサーヌ・オーバンによる『向こう岸への旅』（二〇〇六）やその第四章をもとにした「パリから『黄金を精錬する』」（二〇一一）は、タフターウィーと『黄金の精錬』を「文化間の懸け橋」と評しつつ、近代西洋思想の影響よりもタフタ一ウィーの知的来歴や一九世紀イスラーム思想史の文脈に注目し同書に内包されているイスラームの伝統的思考を検討することに集中している。(6) オーバンは『黄金の精錬』を伝統的かつ専門的なイスラーム教育を受けたムスリムが近代西洋と接触した最初期の例として捉えており、それが提示する一九世紀アラブ・ムスリムの「自己」像や「他者」像に関心を寄せている。

どちらにせよ『黄金の精錬』に関する研究は、他者の文化を自己の文化に翻訳し紹介する紀行文学の優れた一例として同書を捉え分析するという点では共通している。しかし同書には、それ以外の重要な側面がある。すなわち、タフターウィーの政治思想とそれを教示しようとする彼の意図が読み取れるのである。そこで本稿は、『黄金の精錬』が紀行文学であるだけでなく、読者に政治道徳上の教訓を与えようと試みる鑑文学でもあるとの観点から同書を詳しく読む。そして、そこに記された政治思想を指摘する。

『黄金の精錬』を鑑文学の一例として捉える先行研究の代表として、ピーター・グランによる「近年の史的分析から見たタフターウィーのパリ旅行」(二〇一三)が挙げられる。グランは『黄金の精錬』が統治者に対する「忠言や脅迫」を含んでいることに注目しており、同書は紀行文学というよりもイスラーム国家運営の構想として読まれるべきと主張する。(7) エレン・マクラーニの「自由、正義、そしてアダブの力」(二〇一六)は、グランの立場と相対する研究として重要である。マクラーニも『黄金の精錬』を鑑文学とするものの、同書の「教えの対象は王子ではなく、新たな教育層である一般人、民衆、貧者、富者、少年少女である」ことを強調する点において、グランとは異なる見解を示している。(8)

本稿はグランとマクラーニ双方の主張に同意する立場をとる。『黄金の精錬』を鑑文学いう観点から読む際に注意しなければならない点は、タフターウィーが掲げる同書の執筆目的が、あくまでフランスの「文明」に関する情報提供だという点である。したがって、『黄金の精錬』を読む際にはタフターウィーがフランスの「文明」について展開した諸議論に注意を向ける必要がある。彼が伝えようとした「文明」の情報について意識しながら『黄金の精錬』に込められた様々なメッセージを読み解くと、グランが述べるような統治者に対する忠言や脅迫とマクラーニが示すような一般民衆に関する提言の両方が含まれており、どちらか一方なだけではないことがわかる。

タフターウィーは『黄金の精錬』において、「文明」と正義（ʻadl）との関係を強調した[9]。ここで注目したいのが、彼がフランスについて理解していたことと、彼が読者に描き伝えたことは全く同じというわけではない点である。例えば、タフターウィーはフランスにおける「文明」の発展や繁栄と自由（liberté）との間には密接な関係があると解釈していたものの、彼はフランスの「文明」を自由との関係で正面から説明するのではなく、フランス政治に関する学びや留学中の経験を総合的に検討した結果「正義は文明の基盤である」ことを実感したとだけ報告している[10]。

正義や公平（insāf）といった言葉がイスラーム政治思想の文脈では法の下における統治者の義務や責任を想起させる意味合いを持つものであること、そして『黄金の精錬』が実際に当時の統治者ムハンマド・アリーの関心をひいていた事実を考慮すると、タフターウィーが同書でフランスの「文明」と自由との関係よりもむしろ正義との関係性を強調したことには重要な意味がある。加えて、彼が近代フランスにおける自由とイスラームの知的伝統における正義とを同質のものとして扱ったうえで「文明」における後者の意義を主張した点に注目すると、正義の概念がイスラーム政治思想における伝統的な意味合いから変容を遂げていることが明らかになる。『黄金の精錬』における正義は、法の下で公正・公平な扱いを受ける人民の権利やその意義について喚起する概念としても捉えることができるのである。タフターウィーがフランスにおける人民の政治的な役割や責任の重みに関する鋭い観察を提示していることも、示唆的である。

タフターウィーが近代フランスにおける自由主義思想に共感し、フランス政治や七月革命を評価したことは知られている。彼が『黄金の精錬』でフランスの自由（liberté）概念を紹介する際、その意義について「正義と公平（ʻadl wa insāf）」という表現を用いて説明したことも多くの先行研究で言及されている。本稿では、タフターウィーがフランスの政治やその文明との関係について、ムハンマド・アリーを筆頭に想定される『黄金の精錬』読者へ紹介する際にどのような工夫をし、何をどう伝えたのかを検討する。その上で彼は、実際にはフランスの文明と自由との関係をどのように把握していたのかを指摘したい。

一　『黄金の精錬』の背景と構成、および主題

ナポレオン・ボナパルトによる一七九八年の遠征の敗北を受けて、エジプトでは当時実権を握っていたマムルーク勢力に代わり、ムハンマド・アリーをエジプト州総督に据えたムハンマド・アリー朝が成立した。約四三年におよぶ彼の統治は主に以下のような「二重の試み」によって特徴づけられる。[11] オスマン朝からの独立を目指そうとした試みと、ヨーロッパの技術や諸科学を受容することによって近代化を進めようとした試みである。

ムハンマド・アリーは総督に就任した後、旧支配階層であるマムルーク勢力の排除、徴兵制の実施による近代的軍隊の創設、西洋近代技術修得のための各種専門学校の設立といった一連の政策を実施した。狙いはエジプトにおける自身の支配権をより強固なものにすることだった。ムハンマド・アリーが西洋近代科学の積極的な受容と活用に力を入れていたのは、それらがエジプトの各種改革に貢献し、中央集権化を進めて彼の支配を確固たるものにすると考えたからである。ムハンマド・アリーはこうした「二重の試み」を進めることによって、反発する地元の民衆やウラマー（学識者層）を抑えるとともに、遠くイスタンブルに住むオスマン朝のスルタンに対する自身の立場を強化しようと意図していた。

タフターウィーがイマーム（礼拝指導者）として参加したフランス留学もムハンマド・アリーの近代化政策の一部だった。一八一三年のイタリア派遣を皮切りとして、三五年以上にわたり多くの留学団がヨーロッパ各国へ派遣されたが、タフターウィーが同行したのは計四四人が参加した一八二六年のパリ派遣である。[12] 全体として、派遣政策の目的は当時のエジプトにとって直接「役に立つ」知識を西洋諸国から獲得することだった。したがって、留学団の派遣はムハンマド・アリーが望む分野の専門家を育成するという名目で行われた。留学生たちは軍事行政や医学など、総督自身がエジプトに必要と考えた特定の技術を学ぶよう指示された。一方で、彼らが任されたテーマの範囲を超えて、ムハンマド・アリーの専制を危うくするような思想や科学を学び持ち帰ることは警戒されていたという。

留学団の派遣には学生の他、イマームも同行した。遠い異教の地へ向かう学生たちには精神的な導きを与えるイスラーム導師の付き添いが必要だと思われた。パリ派遣を計画する際、ムハンマド・アリーは数少ない政策賛同者だったハサン・アッタール Hasan al-Aṭṭār（一七六六〜一八三五）に対しイマームを数人選出するよう命じた。[13] アッタールの推薦でその任を得たのが、当時のイスラーム教育における権威だったアズハル学院を修了して間もない彼の愛弟子タフターウィーだった。一八二六年四月一三日、タフターウィーはアレキサンドリアからフランス船「ラ・トリュイット La Truite」に乗り込み、フランスへの旅を開始する。パリでイマームから学生に転向し、一八三一年の留学終了時まで学問に没頭した彼は帰国後、近代エジプトの知的環境や教育改革に多大な影響を及ぼす存在となった。

『黄金の精錬』は、タフターウィーが旅立ちの日から書き続けた日記をもとにした旅行記である。内容は基本的に、彼がフランス国内やそこまでの旅路で見聞きした物事の報告である。『黄金の精錬』の構成は導入部と全六章からなる本編の二部に分けられる。[14] 導入部は旅の目的を明らかにし、ムスリムである著者がフランスという「不信仰と頑迷さに満ちた異教の地（diyār kufr wa ʿinād）へ留学する正当性を説明している。[15]『黄金の精錬』執筆の目的もここに記されている。本編のうち特に読み応えがある部分は、同書の約半分を占める文量を有する第三章である。第三節ではフランスの統治システムに関する詳細な記録も残されており、他の節ではフランスにおける教育といった様々な事柄が触れられている。

ここで、タフターウィーの教育に対する関心や知的探求への積極的な姿勢について少し言及しておきたい。タフターウィーが今日よく知られているのは、彼が生涯をかけて取り組んだ翻訳活動や教育活動によるところが大きい。パリで翻訳の専門教育を受けたタフターウィーはエジプトに帰国した後、校長を務めた外国語学校 Madrasat al-Alsun（一八三五設立）の弟子たちと共に膨大な量のヨーロッパ文献をアラビア語に訳した。[16] 彼はこの作業で特に、アラビア語圏の人々には馴染みのない言葉や概念について既存の用語を取り上げながら解説したり、論争の的になりかねない思想や科学をイスラームの考え方と擦り合わせて紹介したりする術に長けていた。翻訳活動を通した橋渡し的な取り組みによって、タフターウィーは近現代アラビア語の発展に大きな貢献を果たすとともに、後世の知識人たちが様々な観点から西洋近代について理解し対話を深めるための言語的基盤を用意した。

翻訳活動で新たな知識をアラビア語圏にもたらす傍ら、タフターウィーは自らの著述を通してエジプトの教育現場における学習科目の多様化を提唱した。[17] 加えて、アラビア語の文章をより簡明に書く重要性や国民(muwāṭin)が平等に教育を受ける必要性も訴えた。こうした活動からわかるのは、タフターウィーが自身の翻訳や著述を媒介として近代ヨーロッパ諸学に関する知識をイスラーム諸国にもたらし、特にエジプトにおけるその受容と適用を促進しようと尽力したことだ。西洋近代諸学への知的探求を読者に奨励する姿勢は初期作の『黄金の精錬』から晩年近くの諸作にまで一貫しており、彼が編集長を務めた教育雑誌『エジプト学校の庭園 *Rawḍat al-Madāris al-Miṣriyya*』(一八七〇~七七発行)の理念や構想にも反映されている。[18]『黄金の精錬』に関していえば、イスラーム諸国にとって未知なフランスの「文明」や発展の実態に関する情報提供が執筆目的として掲げられている。新たな知識をもたらし、その理解と受容を促し、イスラーム諸国ひいてはエジプトにおける文明の度合いをより高めるために貢献することが『黄金の精錬』の主題である。[19]

二　フランスの「文明」を支える基盤

こうしてみると『黄金の精錬』におけるタフターウィーの立場は西洋近代を範にした発展を試みるムハンマド・アリーの諸政策と親和性が高い。実際、彼は留学団の派遣といった総督の近代化政策をイスラームの信条に合致するものとして擁護する解釈を同書で提示している。ここで注意すべき点は、『黄金の精錬』がムハンマド・アリーに依頼されて書かれたものでも彼の擁護を主要な目的とする著作でもないことだ。同書はタフターウィーの日記をもとにしているが、何らかの形で留学の記録をとるよう彼に勧めたのは師のアッタールである。[20] また、タフターウィーがそうした日記や細々とした記録をまとめる作業に取り掛かったのは、留学生活の総括としてフランスの教師たちに卒業制作を提出する必要があったからだ。卒業制作として執筆された文書にフランスの教師や友人たちの感想を踏まえた加筆修正を施したものが、エジプト国営ブーラーク印刷所から出版された『黄金の精錬』のもとである。上記からわかるように、『黄金の精錬』執筆のきっかけは留学団の後援だった総督ムハンマド・アリーの意思とは無関係である。したがって、同書がムハンマド・アリーやその諸政策を擁護する内容を多分に含んでいるからといってこれを統治者の意思や政策を補強するような著作に過ぎないとみなすことは適切でない。

統治者の意に沿う内容を綴りその政策を擁護することが目的でないとすれば、タフターウィーはどのような意図をもってムハンマド・アリーを称賛したのか。タフターウィーがムハンマド・アリーを称賛する場面のほとんどは彼自身が生涯にわたって持ち続けることになる知的探求への関心に沿う政策についてである。このことはまず、タフターウィーが自分の関心に引き付けて、知識の追求や学問を支援する者として純粋にムハンマド・アリーを称賛する気持ちを持っていたことを示している。それ故に彼は西洋諸国を参考にした発展というムハンマド・アリーの望みを擁護し、その目的を遂げるために打ち出された様々な政策を称賛したと考えられる。一方で、ムハンマド・アリーの志向する「文明化」に対して肯定的な姿勢を持っていると強調したことは、タフターウィーが統治者へ教訓を提示するために敷いた布石だったと考えるのも可能である。後述のように、タフターウィーが『黄金の精錬』におけるフランスの紹介を通して、知識を増し文明を発展させるためには統治者が「正義と公平」に立脚した政治を行うことが重要だと示唆しているからである。

文明の発展には「正義と公平」に立脚した統治が不可欠だとするタフターウィーの主張を検討するため、まずは『黄金の精錬』における文明の発展段階論を簡単に紹介したい。タフターウィーが「序説」で展開している発展段階論は、彼が手掛けたヨーロッパ地理学の翻訳書『地理の探求者のための充実した翻訳 *al-Taʻrībāt al-Shāfiyya li-Murīd al-Jughrāfiyya*』（一八三四初版）に依拠している。この著作は、タフターウィーが地理学者エドメ＝フランソワ・ジョマール Edmé-François Jomard（一七七七～一八六二）の薫陶を受けながら、アレキサンダー・フォン・フンボルトの著作およびアシル・マイッサとオーグ・ミシュロの共著『新地理体系 *Nouvelle Géographie Méthodique*』（一八二七初版）を授業の一環として翻訳したものが基礎となっている。ピーター・ヒルによれば、『黄金の精錬』内の発展段階論はこの著作の「政治地理学」に関するセクションを一部抜粋したものに改めて修正や補足説明が加えられたものだという。[21] したがって、以下で見る発展段階論には当時のウラマー層で広く共有されていたアラブ世界の社会観や階層意識に加え、マルキ・ド・ミラボーを筆頭に一八世紀以降のヨーロッパで広く流布した文明論の影響も色濃く表れている[22]。

タフターウィーによれば、人間はこれまで神に発する知識を徐々に獲得し、そのうち「啓示（al-sharʿ）か理性（al-ʿaql）かがそれを有益と判断し」たものを保存することによって進歩を重ね、文明の度合いを高めてきた[23]。例えば太陽や月への崇敬を止めて唯一神を信仰するようになったり、火を扱う方法を学んだり、船や武器の製造に関わる知識を獲得したりという具合にである。タフターウィーはこの事実から、人間の文明は時代が「過去に向かって昇る（taqādum al-zaman fi-l-ṣuʿūd）」ほど劣り「現在に向かって落ちる（nazalta wa-naḍarta ila al-zaman fi-l-hubūṭ）」ほど進歩するという帰結が導き出せるという。

当代世界は三つの段階に分類できる。最も低い「野蛮」の段階（martabat al-hamal al-mutawaḥḥishīna）は最も知識量が少ない段階である。スーダンの国々（bilād al-ṣūdan）など「野蛮」の段階にある人々は宗教やその周辺の事柄について無知であり、読み書きもできず、狩猟で生活しており洗練した技術を持たない。対して遊牧民（ʿarab al-bādiya）を含む「未開」の段階（martabat al-barābara al-khushnīna）は、「野蛮」にない知識を持つ。社会の形成に必要な宗教規範を心得ているため社交と調和を重んじるし、農業の基礎や建造技術など一定の生活水準を保つための知識も有している。「未開」が持つ知識をさらに洗練させてより高い水準の生活を営んでいるのが「モラルがあり、洗練され、定住しており、文明的で、最も都市的な人々」の段階（martaba ahl al-adab wa-l-ḍharāfa wa-l-taḥaḍḍur wa-l-tamaddun wa-l-tamaṣṣur al-mutaṭarrifīna：以下「文明」の段階と略記）である。なおかつこの段階は、政治や法に関する知識、様々な装置をつくる技術、そして商業を拡大させるための航海術など「未開」よりも多くの知識を持ち合わせている。

タフターウィーの認識では、当代世界において完成の域に到達した場所は存在しない。「文明」の段階に位置するエジプトとフランスも、得意とする諸学等に違いがある。エジプトを含むイスラーム諸国（al-bilād al-islāmiyya）は、イスラーム法学を筆頭に卓越したイスラーム諸学（ʿulūm al-naqliyya）の伝統を持つ。対して、フランスを含む西洋諸国（al-bilād al-gharbiyya, al-bilād al-ifranjiyya）は自然科学を中心とする分野に秀でている。こうした違いは、イスラーム諸国と西洋諸国がそれぞれに「文明」の異なる側面を発達させたことを表している。文明の発展段階において、イスラーム諸国は「精神的（maʿanawī）」な側面に関わる知識を、西洋諸国は「物質的（māddī）」な側面に関わる知識を発達させたのである。[24]裏を返せば、どちらにも未発達な「文明」の側面がある。イスラーム諸国は西洋諸国で発達した分野の知識を欠いており、「真の宗教（al-dīn al-ḥaqq）と真の道（manhaj al-ṣidq）に向けて正しく歩まなかった」西洋諸国はイスラーム諸学に疎いという深刻な欠点がある。[25]

　タフターウィーにとって、イスラームとそれに関わる知識の有無は文明のレベルを示す重要な指標である。「正しい道（al-ṭarīq al-mustaqīm）」を歩むこと、すなわち神の規範と教えを現実に適用して従うことは人類を完成に近い域まで導く最も重要な要因だからである。したがって、イスラームのみならず宗教一般でさえも尊重しない者が多いとして彼はフランスを厳しく批判する。一方で、こうした欠点を持つフランスでもイスラーム諸国が欠いている分野の「知識と教養に恵まれて」いるため、「文明」の段階に含まれると主張する。[26]「正しい道」を歩むことが文明の度合いを高める重要な要因であるならば、なぜイスラームに疎いフランスは「文明」の段階に到達することができたのか。なぜフランスは、「正しい道」を歩んでいるはずのイスラーム諸国が欠いている様々な恩恵を現に享受しているのか。これらの問いに対して、タフターウィーは二つの理由を提示する。

　一つは、フランスの人々が理性（ʿaql）を積極的に活用して学的努力を続けたからという理由である。アブー＝ルゴドが指摘するように、タフターウィーは学校教育を修了した後も自ら学び続ける姿勢が是とされるフランス教育のあり方や、新たな知識に対する学者たちの探求心、そして女性や子供を含むあらゆる人々が知的好奇心に溢れている様に対して深い敬愛の念を示している。[27]また、パリにおける科学は絶え間なく進歩しており「新しい発見のない年は存在しない」と強調している。[28]彼はフランスの学問的発展の根本が、暗記で満足することなく理性を活用して探究を続ける姿勢や変化と革新を好むフランス人の気質にあると考えたのである。イスラーム諸国における伝統的な教育方法は、暗記を通して既存の知識を修得し、それをできるだけ正確に受け伝えることだ。[29]対してヨーロッパにおける学者の務めは、既存の知識を起点としながら理性を用いて研究を深め、新たな知識を追加したり過去の知識を修正したりしていくことだ。このような学的努力が続けられたからこそ、フランスは科学を極め「文明」を発展させることができたのだとタフターウィーは考えた。

また、彼にとって最も印象的なパリの特徴の一つは老若男女を問わず誰もが読書を楽しんでいることだった。[30] 識字率も教育の普及率も低かった社会から訪れた彼の目には、それがフランスの圧倒的な教育水準の高さを示す事柄として映った。[31] 人々が本を手にする助けになっているのはフランス語の明快さだとタフターウィーは分析する。フランス語で書かれた文章は明解で、直接的で、アラビア語ほど言葉の裏に隠れている意味を探る必要もない。そのため、「その学問の主題やそこで語られていることの本質、それに関連する考えやそこから導出し得るあらゆるものを学ぶことに対して自分のすべてを充てることができるのである[32]」。フランス語の文章の簡明さが、理性を活用して科学的に考えるために必要な思考の明晰さを鍛え、フランスの知的活動や学術的発展を支えていると彼は考えた。

以上のように、タフターウィーはフランスが様々な学問や新しい知識の探究に対する積極的な姿勢を保持することによって、イスラーム諸国とは異なる「文明」の側面に関する知識を発展させ繁栄を謳歌するに至ったと考えた。加えて、彼はフランスが「文明」の段階に到達し栄えたもう一つの理由として以下を挙げている。人々の知的活動を推進して様々な分野の発展を促す基盤となるような、「自由（hurriyya）」すなわち「正義と公平（ʻadl wa inṣāf）」に立脚した統治をフランスが重んじているからという理由である。

三　正義／自由に立脚した政治、統治者への教訓

『黄金の精錬』第三章第三節において、タフターウィーはフランスの政治構造を丁寧に解説し、付属条項を除く一八一四年憲章の全訳（アラビア語訳）を載せ、それらに関する考察を加えている。[33] そして、フランスがイスラームの秩序観で理想とされるような「驚嘆すべき正義と賞賛すべき公平」を体現しているとの結論を出している。[34] 例えば、フランスが政治の基盤に据える一八一四年憲章La Charte Constitutionelleの内容は、「正義と公平こそが諸国の文明と人々の幸

福の源泉であること」をフランスの人々が承知している証である。[35]「正義と公平」に立脚した政治を心掛けているからこそフランスは知識や富が増し、他のヨーロッパ諸国の中でも優れて繁栄するに至ったとタフターウィーは考えた。

フランスの「文明」を支えている、「正義と公平」に立脚した政治とはどのようなものだろうか。拙稿「リファーア・アル＝タフターウィーの政治思想」（二〇二一）で検討したように、タフターウィーが重視している「正義と公平」とは「生命の安全や私的財産の保障を含む個人の諸権利と尊厳が平等に尊重されること」そして「法による正当な制限が加えられない限り、それらが誰にも侵害されないこと」である。[36]また、彼にとって「正義と公平」が体現されている状態とは「法の公正で公平な適用によってあらゆる個人が尊重され、それぞれの生命や財産が守られている状態であると同時に、統治者や権力の座にある者が人々を抑圧する不正な統治が許される余地のない状態」である。[37]タフターウィーがフランスについて「驚嘆すべき正義と賞賛すべき公平」を体現しているとの感想を持った理由の一つは、上記のような「正義と公平」を尊びその理念に仕える政治を心掛けていることが、フランス政治の基盤とされる一八一四年憲章から読み取れるからである。

第一条：

すべてのフランス人は法（al-sharīʿa）の前に平等である。[38]

第一条に関するタフターウィーの考察：

「すべてのフランス人は法の前に平等である」とは、フランスに住む者は誰であれ、一切の区別なしに、法規定に従うことを意味する。司法は、たとえ国王に対してさえも行われ、他のいかなる者とも同様に国王にも判決が下される。この条項を熟慮せよ。これには、正義を樹立し、虐げられた者を助け、貧しき者たちに、彼らとて司法に関する限り十分尊重されると説得して、満足を与える効果を持つであろう。この基準は、フランス人の間で、最も普遍的な原則の一つとなっている。これは、彼らの間でいかに正義が高く評価され、いかに彼らの文化が進歩しているかを明白に示している。彼らが大事に思い、自由（ḥurriyya）と呼んでいるものは、われわれが正義（ʿadl）と公平（inṣāf）と呼んでいるものである。それは、自由に立脚した統治が、司法と法律によって平等を確立し、それゆえ統治者が、法が基準と導きである限り、誰をも虐げることができないからである。[39]

第九条：
全ての財産と土地は神聖であり、何人も他者の所有を侵犯してはならない。[40]
第九条に関するタフターウィーの考察：
第九条について言えば、それは正義と公平の源であり、強者の弱者に対する抑圧を制限するために必要不可欠である。[41]

フランスの政治は、たとえ弱者であれ、人々がみな平等に尊重されることを目的とする。そのため彼らは、たとえ強者であれ、法が公正・公平に適用されることを重視する。法によって強者の恣意的な権力行使が抑制され弱者が守られることを重んじるのである。タフターウィーが一八一四年憲章の第一条に加えた考察からわかるように、彼はこのような政治がフランスでは「自由に立脚した統治」と呼ばれていることを紹介し、それがイスラーム諸国の理想とする「正義と公平」に立脚した統治と本質的に同じものだとした。同様に、フランスが尊ぶ「自由」とイスラーム諸国が重んじる「正義と公平」は表現の方法が異なるだけで、それぞれの言葉が表している価値や理念は根本的に同じであると明言した。フランスにおける自由（liberté）の概念とイスラーム諸国における正義と公平の概念に類似性を見出したタフターウィーは、双方をすり合わせて『黄金の精錬』の読者に提示した。その延長で、彼はイスラーム政治思想で長らく理想とされてきた正義と公平に立脚した統治と相応するものとしてフランスの「自由に立脚した統治」を紹介したのである。「正義と公平」に立脚した政治は、フランスの言葉で言い換えると「自由（ḥurriyya）に立脚した統治」である。この論理に従うならば、タフターウィーが文明の基盤として提示している「正義と公平」はḥurriyyaと置き換え可能である。彼は「正義と公平」が文明の基盤であるという結論を提示したが、これをフランスの文脈に即して表すならば

hurriyya を文明の基盤とするほうがより正確である。

しかし『黄金の精錬』において、hurriyya やそれに立脚した政治がフランスの「文明」の基盤だとする明確な記述はない。タフターウィーは「文明」の要を担うものについて論じる時、フランスの「驚嘆すべき正義と賞賛すべき公平」には繰り返し言及するものの hurriyya にはさほど触れようとしない。これは必ずしもタフターウィーがフランスの「文明」における liberté の重要性を見落としたことを意味しない。本稿第四章で見るように、フランスにとっては自由が文明の基盤だということをタフターウィーは十分に承知していた。「自由」を尊び、「自由に立脚した統治」を心掛け、人々が安心して自らの諸権利や諸自由を享受するための仕組みを整えたことがフランスの「文明」を支え、彼らを繁栄に導いたとタフターウィーは考えていた。だとすれば、hurriyya という言葉を用いつつフランスの「文明」を支える基盤について論じることも可能だっただろう。『黄金の精錬』第三章の目的を「パリへの到着と、そこで我々が見たものすべて、そこについて学んだことのすべてについて」紹介することと定めていたならば、フランスの「文明」と繁栄の要は hurriyya にあると紹介したほうが旅行記としてより正確な記述となったはずである。[42]

なぜタフターウィーは hurriyya について紹介するよりも、それと ʿadl wa inṣāf の類似性を指摘し文明の発展における「正義と公平」の重要性を強調することを選んだのか。正義と公平の重要性を提言する記述はそれ自体が鑑文学における教訓や忠告の性格を帯びたものだ。[43] 正義と公平の概念は中東地域およびイスラームの政治思想において最も重視されてきた政治的な原理ないし要求の一つだからである。[44] イスラーム政治思想の文脈において、それは法（イスラーム法／sharīʿa）の下における統治者の社会的責任や義務を説くものだ。統治者はこの概念に基づいて、法を尊重しつつ、臣民の福利に配慮し、彼らの要請に応える統治を行うことが求められる。臣民がみな公正かつ公平な扱いを受けられるような社会を提供する目的で、法に基づいた賢明な統治を志すことが求められるのである。正義と公平に立脚した統治は、時代を超えて多くのウラマーたちが掲げてきた統治の理想的なあり方だ。そしてタフターウィーも、中近世のウラマー的価値観に連なるこうした考えを引き継いでいる。タフターウィーが文明の基盤について論じるとき、hurriyya よりも ʿadl wa inṣāf を強調する理由はここにある。彼はフランスの「文明」と繁栄の基盤が ʿadl wa inṣāf の体現にあると強調することによって、エジプトを含むイスラーム諸国がフランスと同様の発展を遂げるには「正義と公平」に立脚した統治が何よりも重要であることをムハンマド・アリーなど『黄金の精錬』読者が改めて確認できるよう、誘導しようと試みたのである。[45]

「正義と公平」の重要性を強調するタフターウィーの姿勢は顕著である。それはエジプトをはじめとするイスラーム諸国で「正義と公平」が体現されていない、あるいは体現されていても不十分だと彼自身が感じていたからだ。このことは「イスラーム諸国（bilād al-islām）や預言者の法に服する国々（bilād sharīʻa al-nabī）において再び確立することが望まれる」ものとして、フランスの「あらゆる知識や諸芸」と共に同国が実現させている「賛嘆する正義と驚嘆する公平」を挙げている点からもうかがえる。[46] つまり、タフターウィーは新たな知識の獲得や知的探求の活性化に加えて「正義と公平」に立脚した統治を確立することが、文明化を志すエジプトや他のイスラーム諸国にとって重要な課題だと感じていたのである。こうした問題意識から、彼はフランス「の賛嘆すべき統治が〔それから〕学びたい者にとっての教訓となる」よう執筆した『黄金の精錬』第三章第三節で、法の前の平等や法の支配といった原則を重んじるフランス政治を好意的に紹介しつつ、イスラーム政治思想の伝統的な格言を多数引用しながら「正義と公平」を強調したと考えられる。[47]

〔以下のことが〕明らかである。すなわち、フランス国王は全権（muṭlaq al-taṣarruf）を与えられているわけではないこと。フランス政治とは制限的な法（qānūn）の体系であること。王（al-malik）は諸議会（al-dawāwīn）の承認した法（qānūn）に即して行動するのでなければ、統治者（al-ḥākim）になり得ないこと。貴族院（dīwān al-bīr）は王を助け、代議院（dīwān rusul al-ʻamālāt）は臣民を守ること。

現在フランス人が従い、政治の基礎としている法典（al-qānūn）は、ルイ一八世という名の王によって作成された法（al-qānūn）である。〔…〕この法（al-qānūn）が記されている本はシャルト（al-sharṭa）という名前である。[48]〔…〕この本についてお伝えしよう。たとえその内容のほとんどが至高なるアッラーの啓典になく、使徒ムハンマドの言行

> （sunna）に含まれていないとしても。フランス人の理性がどのように、正義（al-ʿadl）と公平（al-inṣāf）こそが諸国の文明と人々の幸福の源泉であることを、彼らに確信させたかを知るために。そして統治者や臣民がそれによってどのように導かれ、彼らの国々が繁栄し、彼らの知識が増え、富が積み上げられ、心が満足するまでに至ったかを知るために。フランス人の間で不正（al-ẓulm）に関する文句を聞くことは決してない。まこと、正義は文明の基盤である。このことに関するウラマーや賢者たちの言説を引用しておこう。〔…〕誰かが言った：人民なくして力なし、財産なくして人民なし、文明なくして財産なし、正義なくして文明なし。[49]

ところで、大きな権力を持つ君主の上位規範として法が機能することを重んじる立憲君主制の考え方は、伝統的なイスラーム政治思想の観点から見てもタフターウィーや『黄金の精錬』読者にとって理解しやすかったと思われる。[50] ここで注意しなければならない点は、イスラームの思想的伝統と近代フランスとでは「法の支配」における「法」がそれぞれ異なるものを指すことである。イスラームの文脈における「法」は啓示法（sharīʿa）を指すのに対し、一九世紀フランスの文脈における「法」は啓示に依拠しない人定法を指す。したがって、法の支配の内容もそれぞれの文脈によって違いがある。イスラーム政治思想が伝統的に理想としてきた法の支配は、神が立法しウラマーが法源を通して発見した法に君主の言動や君主が作成する規則（siyāsa/qānūn）の内容も縛られる「シャリーアの支配」である。[51] 対して復古王政期／七月王制期のフランスにおける法の支配は、君主すなわち人間が立法した法（憲法）の内容に君主自身も平等に縛られる「人定法の支配」である。[52]

アミ・アヤロンが指摘するように、聖典クルアーンなどの法源から導き出される神の法ではなく、人間の立法した法が人々を拘束するような近代フランスの政治構想はオスマン朝ないしムハンマド・アリー政権の下で暮らす人々にとって馴染みのない考えだったと推察される。[53] イスラームの政治論において「法」を立法できるのは神だけであり、統治者の作成する規則などは厳密に言えば「法」とはみなされないからである。タフターウィーを含め異質な西洋の法文化に突如直面した一九世紀初頭の知識人たちは、憲法や法律といった西洋法の種類、それぞれの違いと関係性、そして西洋の法制度一般について十分に理解し説明するための語彙を持ち合わせていなかった。こうした事情も影響したためか、タフターウィーが『黄金の精錬』で一八一四年憲章やフランス政治について紹介している場面では伝統的なイスラーム法学（fiqh）に由来する用語が十分な説明もないまま混交している。したがって、彼が同書を執筆する際にイスラーム政治思想の伝統と近代フランスとの間における「法の支配」の違いをどこまで把握していたかは、一見した限りでは不明瞭である。

少なくとも、タフターウィーが正義と公平の概念を重視し、それに立脚した統治を統治者の義務とするイスラーム政治思想の古典的な考え方を継承していたことは確かである。彼はその価値観に基づき法の支配や法の前の平等を重んじる「自由に立脚した」フランス政治を好意的に評価した。そしてそれを「正義と公平」に立脚した政治に相応するものとして紹介することにより、イスラーム諸国が欠く「文明」の側面を発展させるためには「正義と公平」を体現する努力も重要であると『黄金の精錬』読者に改めて示したのである。

四　「正義の環」に基づいた文明論

フランス政治の仕組みについて学び、一八三〇年の七月革命を目撃したことは、自由がフランスでイスラーム諸国の ʿadl wa inṣāf と同じ位置づけを与えられているというタフターウィーの確信を深めた。彼は liberté をフランスの政治社会を構成するうえで人々に最も重視される根本的な価値の一つとみなし、正義と公平の概念と同様にそれが人々にとって最も重要な政治的要求だと判じたのである。繰り返しになるが、タフターウィーの記述によればフランスにおける政治の基盤は「憲法と呼ばれている」一八一四年憲章である。[54] フランス国王（ルイ一八世）が書き上げたこの法典には、「すべてのフランス人は法の前に平等である」という第一条の原則を筆頭に、国政に関する規定や様々な「市民の権利」が記載されている。[55] フランスの人々にとって、恣意的な支配や不当な抑圧から自由であることは法の下で保障されている権利である。このことを人々が自覚しているため、フランスには代議院や優れた裁判制度をはじめとする「不正

(al-ẓulm）から〔市民が〕自らを自らで守る」仕組みが整っている。[56] したがって、自由を侵害する者が現れた場合、人々はその者が権利を侵害したことを根拠に抗議することができる。一八三〇年の七月革命では実際に、一八一四年憲章に背き、その法の下で保障されるべき「市民の権利」を侵害し、人々が望んでやまない「自由」を危険にさらしたために国王（シャルル一〇世）はその座を追われた。

君主には人々の要求する「自由に立脚した統治」を重んじる義務がある。その義務を果たさず、人々の諸権利に無用な干渉などをして「自由」な環境を危険にさらした場合、その君主は統治者としての資格を失いかねない。つまり、タフターウィーが観察したところによれば、フランスの人々にとって君主が「自由」を重んじることは人々がその君主に従うための最低条件なのである。タフターウィーはフランス政治とlibertéとの関係を上記のように解釈したうえで、「自由」を尊び、「自由に立脚した統治」を心掛け、人々が安心して自らの諸権利や諸自由を享受するための仕組みを整えたことが、フランスの「文明」を支えパリを「全世界（bilād al-dunyā）における知的な首都、知識の中心地」や「商業（al-tijāra）でその名を馳せる、四つの主要都市の一つ」にしたと考えた。[57] 彼にとってフランスの政治と「自由」の関係が上記のように解釈し得ることは、「自由」がフランスの「文明」を支える基盤であることを示す重要な手がかりだった。Libertéがイスラーム諸国における ʿadl wa inṣāf と同様に、統治権力と被治者の間における関係性を規定する要因だからである。この点について理解するため、以下ではまずタフターウィーも引用している「正義の環」（The Circle of Justice）の概念について簡単に確認する。

人民なくして力なし、財産なくして人民なし、
文明なくして財産なし、正義なくして文明なし。[58]

リンダ・ダーリングによれば、中東地域における政治体制の有効性は少なくとも君主の支配力と同程度には臣民の受諾に依存している。[59] 統治者と被治者の間における政治的・経済的な相互依存関係を要約し、「環」の形で表し、理想

化したものが「正義の環」と呼ばれる詩句である。正義の環とその思想は、中東地域における政治思想の中でも最も古く、最も影響力を持ち続けているものの一つであると言われている。それについて記された最古の碑文は紀元前三〇〇〇年頃のものまで遡ることができるという。以降、正義の環は様々な著作や美術作品で引用されてきたが、それぞれの時代や地域に応じた変化を遂げながら現代の中東政治に至るまでその影響力を発揮しているとダーリングは主張する。

「正義の環」は全八節から成る詩句であり、一一世紀頃までには実際の円形で描かれるようになったことが確認されている。上記に引用した『黄金の精錬』の詩句を含め、それを引用した者の多くは全四節から成る縮約版を用いることも多かったが、正義の環に内包されている思想の円環性は絶えず認識されていたとダーリングは指摘する。この「環」は、国家が繁栄と安定を享受するために必要な要素が明示され、まとめられている概略図だと考えられていた。そこに含まれている要素のうち一つでも欠けたり機能不全に陥ったりすることは環を壊し、国家の権力を脅かす重大な要因だとされた。例えば、統治者によって「正義が提供されなければ、経済的生産性ひいては歳入が減少し、軍は給料を得ることができずそのために反乱を起こし、統治者は力を行使することができなくな」り体制の秩序を保つことが難しくなる[60]。つまり、被治者の求める正義を統治者が提供しなければ統治者は国家運営に必要な歳入を得ることができず、満足に国家を統治することができなくなれば彼はその地位を失いかねない状況に陥ってしまう。こうした連鎖の必然性を示し、統治権力に忠告を与える役割を正義の環は担っていた。

ダーリングによれば、「正義の環」における「正義」とは「社会的な均衡を保つこと」、そして「納税者の生産性および国家を支える彼らの能力と意欲を維持するために必要なものを、何でも提供すること」である[61]。統治者は被治者すなわち国家の維持に必要な歳入を納める納税者に対して、彼らの要求する内容の正義を提供する責任があると考えられていた。そうした義務や責任を統治者に想起させ、社会における正義の体現を奨励するために、正義の環は特に鑑文学などのジャンルで頻繁に引用されたという。正義の具体的な意味や内容は時代や場所によって移ろうものの、そこに示されている相互依存関係の論理は時代を超えて中東地域の政治思想に広く深く浸透していたとされる。

統治者は「正義の環」の論理を利用して自身の統治の正当化を図った。統治の正当性を担保するために、人々が国家の繁栄に貢献するための条件として人々が要求する正義を十分に提供していると強調することは珍しくなかった。対して被治者は、統治者に「不正」への不満をぶつけ、それを是正するよう訴える際の根拠として「正義の環」の論理を活用した。人々は実際に、自分たちの要請をかなえるために権力を行使するよう仕向けることを目的として、統治権力に対する抗議を行っていたという。安定した秩序を保ち、国家の繁栄を築くためには、統治権力と被治者の相互的な協力関係が不可欠である。これを示し、統治者と被治者の相互関係を良好なものに導く指針として、正義の環は機能してきたのである。

本稿第三章で引用した記述にあるように、タフターウィーはフランス政治の特徴や一八一四年憲章の意義について説明した後「まこと、正義は文明の基盤である」と述べている[62]。そして直後に「正義の環」の詩句を引用し、文明の発展における「正義と公平」の重要性をさらに強調している。このことから、タフターウィーが「正義は文明の基盤である」と言い切った時、彼はその根拠として正義の環を想定していたことが窺える。正義の環によれば、統治者と被治者は相互的な依存関係にある。そして国家の秩序と繁栄は、統治者と被治者との良好な関係の上に成り立っている。両者間の良好な関係を保つためには、まず統治者が被治者の要求する「正義」を提供することが求められる。正義の環の円環性に従えば、それらはすべて相互に連関しているからである。君主の権力や国家の力は、人々の支持や経済的援助に由来する。国家を支援する人々の能力や意欲は、彼らが有している財産に由来する。人々の財産を増すために必要な生産性の向上は、文明の発達度合いに由来する。そして、優れた文明は正義に由来する。

フランスの人々が君主に要求する「正義」とは何か。第三章で確認したように、タフターウィーはイスラーム諸国における正義と公平の概念とフランスにおける自由の概念との間に類似性を見出した。彼の観察よれば、ʻadl wa inṣāf とliberté はどちらも人々にとって最も重要な政治的要求の一つであり、統治権力と被治者とが良好な関係を築くための要である。そうした類似性が見出せることは、「正義の環」における「正義」の位置を占めるものがフランスの人々にとってはliberté であることを示している。フランスの人々が君主に要求する「正義」とは、彼らの言葉で言い換えれば「自由」である。では、フランスの人々が求めている「自由」とは何か。タフターウィーはフランスが尊ぶliberté とイスラームが伝統的に秩序の基盤として重んじてきた ʿadl wa inṣāf とを同一視し、それらの言葉が表している価値や理念は本質的に同じだとした。フランスの人々が求めている「自由」の内容は、イスラーム諸国の人々が求めている「正義と公平」の内容と同じである。タフターウィーにとって、両者の意味内容はともに「生命の安全や私的財産の保障を含む個人の諸権利と尊厳が平等に尊重されること」、そして「法による正当な制限が加えられない限り、それらが誰にも侵害されないこと」である[63]。つまりフランスの人々は、法の公正で公平な適用によって個人がみな平等に尊重され、他者からの不当な干渉や抑圧を受けることなく、自らの諸権利や諸自由を十分に享受しながら生活できる環境を求めているのである。

タフターウィーによれば「フランス人は自由の性質について知悉しており、慣れ親しんでいるため、それはもはや彼らにとって心的な特質」として定着している[64]。フランスの人々にとって「自由」は馴染み深い慣習（ʿāda, ʿurf）であり、彼らの福利に必要不可欠なものなのである。人々が大切にしている慣習を顧慮しない者は彼らにとって重荷でしかなく、忌むべき存在（baghīḍ）だ。したがって、「自由」を蔑ろにする統治者が支持を失うのは火を見るよりも明らかである。体制を維持し安定した国家運営を遂行するためには、人々の支持と協力が不可欠となる。そうした支持や協力を得るためには、彼らの希求する「自由」を尊重し、それを体現しようとする姿勢が求められる。七月革命の要因は、シャルル一〇世がポリニャック公など「自由の敵（aʿdāʾ li-l-ḥurriyya）と名高い」者たちを登用し、彼らの誤った導きのままに人々の「自由」を危険にさらしたからである[65]。具体的に言えば、彼が一八一四年憲章に違背し、その法の下で守られるべき人々の権利や自由に不当な干渉をしたからである。「もしも彼〔シャルル一〇世〕が自由をこの性質にふさわしい人々に恵与してさえいたならば、このような窮地に置かれることも、最後の試練でその座を失うこともなかっただろう」[66]。「自由」は統治者と被治者の関係性を規定する要であり、国家の安定と秩序の基盤である。その認識を欠き、法を蔑ろにして「自由」を危険にさらしたシャルル一〇世は、「正義の環」が忠告するように、人々の反感を買ってフィトナ（fitna／騒擾）を惹起し、統治者の資格を失ったのである。

フランスについて学び観察した中でもタフターウィーが特に注目したのは、「自由」を様々な不正や抑圧から守り維持するためのシステムも充実している点である。例えば、「市民の全面的な支持を受けており、誰にも文句を言われることがないような、地方からの使者である市民の代表」によって構成される代議院は「法律や政策、布告や法令について検討し、国庫収入について収入と出費〔の双方〕を検証し」、徴税に関わる諸問題について目を光らせながら不正や抑圧から人々を守っている。[67]この仕組みがあるために、人々は「不正〔zulm〕から自らを自らで守る」ことが可能となっている。雑誌や新聞といった媒体も、不正や抑圧を監視するために有用である。[68]権力を持つ者だろうとなかろうと、誰かが「素晴らしい行い、あるいは悪い行いをし」た時、それは「あらゆる人々に広く伝えられるため、雑誌や新聞に記載される」。こうした情報伝達は、高い識字率や教育水準を誇るフランスでは特に、「善い行いをした者に対する勧めと悪い行いをした者に対して制止をかける」のに大きな効果を発揮する。「善行を命じ悪行を禁じる」というイスラームの教義に関連づけて新聞や雑誌の意義を強調したタフターウィーはさらに、「このようなものは〔フランスから〕学びたい者にとって教訓になる」と読者に勧めている。[69]

フランスの人々は統治権力に「自由」の体現を要求する一方で彼らを監視し、恣意的な支配によって「自由」が脅かされないよう常に警戒を怠らない。彼らは「不正」な統治から自らの財産や身体・生命の安全を護る仕組みを整えており、それを活用しながら「自由」を維持する努力を続けている。タフターウィーによれば、フランスの優れた裁判制度も「自由」を担保する役割を担っている。フランスの裁判についてタフターウィーが『黄金の精錬』で特に詳しく言及しているのは、七月革命の際に行われたポリニャック公をはじめとする大臣たちの裁判である。[70]ポリニャック公や他の大臣たちに終身刑の判決が下された時、人々「は〔大臣たちに対して〕本当の死を要求し立ち上がった」。しかし、それは彼らが「希求する自由、正義、公平に背馳する」として人々の要求は退けられた。統治権力の側にも民衆の側にも肩入れすることなくあくまで法の前の平等を堅持する公平な裁判の様子について、タフターウィーは「フランスの文明についての、そしてその国における正義の明らかな証拠」であると述べ、繰り返し称賛している。

「自由」を尊び、それに立脚した政治は、人々が他者への従属を強制されることなく法の下で安全かつ積極的に活動できる環境を保障するものである。タフターウィーの解釈によれば、フランス政治は法によって強者の恣意的な権力行使を抑制し、弱者を守ることを重んじている。法の公正で公平な適用によってあらゆる個人が尊重され、それぞれの私的財産や生命・身体の安全をはじめとする個人の諸権利や諸自由が守られることを重んじているのである。「自由」を尊ぶこのような環境において、個人の諸権利や諸自由に不当に干渉することはたとえ君主だろうと許されない。例えば以下のような一八一四年憲章で定められている「市民の権利」を侵害する「不正」な行為をした者は、誰であろうと罰せられる：「個人的自由（al-ḥurriyya al-khuṣuṣiyya）を享受する権利」を侵害すること（第四条）。すなわち、法に定められていない罪で個人を訴追あるいは逮捕し、その身体や生命の安全を不当に脅かすこと。個人が「国家の保護の下」で信仰を安全に実践する自由を侵し、他者の信仰に干渉すること（第五条）。個人が「政治（al-siyāsāt）に関する話題や宗教（al-adyān）に関する話題」を含む様々な事柄について「意見を表明」したり、執筆したり、出版したりする自由を侵害すること（第八条）。財産や土地など「神聖な（ḥaram）」他者の所有を正当な理由なく侵犯すること（第九条）[71]。「自由」が担保されている環境において人々は、法の下にある限り誰からも不当な強制や抑圧を受けないという安心を得ることができる。上記のような諸自由や諸権利の安全への確信を持てるのである。「自由」に由来するこのような安心がフランスの人々の積極的な活動を促し、「彼らの知識が増し、富が積み上げられ、心が満足する」ための土台となっているのである[72]。

タフターウィーによれば、諸権利や諸自由を安全に享受できる環境を整えたからこそ、フランスは在住外国人を含む多くの人々の協力を得て繁栄することができた。例えば、一八一四年憲章の第八条に記されている言論の自由は「他者を害さない限り、意見（raʾi）や知識（ʿilm）、そして心に思い浮かぶものについて何でも表すことをすべての人々に奨励している」[73]。識字率の高いフランスでは、貴賤を問わず、この自由を享受する多くの人々が新聞や雑誌などで自らの意見や発見について述べている。その結果、「新しい科学的知識に関する諸問題」の他、「役に立つ忠告や有益な訓戒」などが広く共有され、人々は互いに他者の考えを学ぶことができる。フランスで文明の「物質的」側面が発展している大きな理由はこのように、人々が法に守られながら安全に、自らの理性を活用し、互いの思考や発見を共有し、学的努力を続けることのできる環境が整っているからである。

「自由」がなくては科学の発展も進まず、科学の発展がなくては文明の「物質的」側面も発展しない。「自由」を尊び、「自由に立脚した統治」を心掛けて人々が安心して自らの諸権利や諸自由を享受できる環境を整えたからこそ、多くの人々が知識の探究に集中し、技術や諸芸を磨き、商業や貿易を活性化させ、「文明」の発展に貢献できたのである。加えて、「自由」の尊重は人々が自分の利益を国家に還元する気持ちも支えている。タフターウィーによれば、フランスの課税方法は一見の価値がある。[74] フランスは「納税者に害を与えない形で」かつ「彼らの国庫の必要を満たし」、公共の福利に還元されるような課税の方法をとっている。また、「財産を所有する者たちが不正（ẓulm）や贈賄から安全であるよう」徹底している。適切な法に基づき、公正な形で納税者にとって無理のない範囲の徴税がなされている限り、人々は自分の財産から一定の額を国へ納めることに不満を持たない。統治権力によって財産を不当に奪われているのではないと得心できるからである。そのため、タフターウィーは「パリに滞在している間〔彼らのうち〕誰一人として、税金や徴税に関する不平を唱えているのを聞いたことは一度もなかった」という。「税（al-kharāj）は王国の支柱」である。そしてそれも「自由」を基盤としている。「自由」は人々の積極的な諸活動を促し、国家を支援する彼らの能力と意欲の源となり、フランスの繁栄に貢献している。「正義の環」の示すとおり、「文明」は「自由」、すなわち「正義」に由来するのである。

結論

タフターウィーはフランスにおける「文明」の基盤を自由（liberté）やそれに立脚した政治に見出した。しかし、彼は文明の発展と国家の繁栄における「自由（ḥurriyya）」の重要性を紹介するよりも、自由および正義と公平（ʿadl wa inṣāf）概念の類似性を指摘したうえで後者の重要性を読者に強調することを選んだ。イスラームにおけるʿadl wa inṣāfをフランスのlibertéと関連付けて語ることによって、彼はこの古典的な概念に新しい意味を織り込んだといえるだろう。バーナード・ルイスやエレン・マクラーニも指摘するように、『黄金の精錬』で提示されている「正義と公平」には、従来のそれとは明確に異なる点が存在する。[75]「正義と公平」が統治者の義務や責任のみを示すものではなく、公正・公平な扱いを受ける臣民の「権利」をも示すものとなっている点である。ここで重要なのは、既述のように、中東地域の臣民が「正義の環」と呼ばれる古典的な概念を根拠として正義と公平に基づいた統治を行うよう統治者に要求すること自体は珍しくなかったことである。しかし、それはあくまでも統治者に課せられた義務や責任を想起させる目的で行われた抗議活動だった。ʻAdl wa inṣāf を、フランスの政治や liberté の概念と関連付けて再び紹介することにより、タフターウィーは長い歴史を持つ政治的要求の内容に以下のような変化を組み込んだ。すなわち『黄金の精錬』によれば、人々が「正義と公平」を要求する時、それは人々が自分の有する正当な「権利」を十分に享受できるよう統治権力に求めているのである。

『黄金の精錬』の記述からは、ムハンマド・アリーが目指す文明化の道のりを「正義と公平」がなければ歩めないものとして提示しようと試みるタフターウィーの意図も見出せる。フランスにおける「文明」の発展は、フランスが自由を尊び、自由に立脚した統治を心掛け、人々が安心して自らの諸権利や諸自由を享受できる環境を整えたからこそ成し得たものである。彼はフランスの「文明」における自由の重要性をこのように認識しつつ、文明と ḥurriyya の関係性を説くよりも、ʻadl wa inṣāf が文明の基盤であると強調した。フランスはイスラーム諸国の人々にとっても馴染み深い ʻadl wa inṣāf の価値を認め尊重し、その理念に仕える政治を心掛けているからこそ優れた「文明」と繁栄を謳歌している。「正義と公平」の体現こそ、「彼らの国が繁栄し、彼らの知識が増え、富が積み上げられ、心が満足する」ことに直結した要因である。[76]

第三章で確認したように、正義と公平の概念はイスラーム政治思想で最も重視されてきた概念の一つであり、それに立脚した統治は伝統的に多くのウラマーが掲げてきた理想である。タフターウィーはイスラーム諸学に関する教育を十分に受けたアズハル学院出身のウラマーで、法の支配を重んじる価値観を継承していた。これを踏まえ、彼が文明の基盤としてあえて ḥurriyya ではなく ʻadl wa inṣāf を選んだ意味を考えると、以下が明らかとなる。すなわち、タフターウィーはイスラーム諸国の人々にとって馴染み深い正義や公平といった文言をあえて用いることによって、『黄金の精錬』読者に対し、エジプトや他のイスラーム諸国が西洋諸国と同様の発展を遂げるには「正義と公平」を体現する努力が何よりも大切であるという教訓を改めて提言しているのである。

タフターウィーが政権への明示的な忠告を避けなければならなかった理由は、当時ムハンマド・アリーの反感を買った多くのウラマーが何らかの処分を受けていたからだと考えられる。[77] ピーター・グランによれば、タフターウィーは彼の師アッタールの親友だった歴史家ジャバルティーが、ムハンマド・アリー政権への批判を含んだ作品を著したために息子を暗殺されたことについて知っていた可能性が高い。[78] こうした当時の風潮も影響し、彼は明白な形で統治者を諭すことを避けたのだろう。『黄金の精錬』がトルコ語圏を含む当時の中東地域で広く読まれていたこと、そしてタフターウィー以降の当該地域で専制批判や立憲制の確立を訴える議論が活発化したことから、その鑑文学としての側面は無視できない。[79]『黄金の精錬』の政治思想的な側面の後世への影響は今後の検討課題としたい。

（1）Aida Ibrahin Nosseir, *al-Kutub allatī Nushirat fī Miṣr fī-l-Qarn al-Tāsi' 'Ashar*, American University in Cairo, 1990, entry no. 9/156-159; Daniel Newman, *An Imam in Paris*, Saqi Books, 2011, pp. 45-46, 87.
（2）Ra'īf Khūrī, *Modern Arab Thought*, trans. Iḥsān 'Abbās, rev. and ed. Charles Issawi, The Kingston Press, 1983, pp. 102-110.
（3）Ibrahim Abu-Lughod, *The Arab Rediscovery of Europe*, Saqi Books, 2011, pp. 88-89, 157-158.
（4）Albert Hourani, *Arabic Thought in the Liberal Age*, Cambridge University Press, 1983, pp. 70-71.
（5）Hourani, Ibid, p. 73.
（6）Roxanne L. Euben, *Journeys to the Other Shore*, Princeton University Press, 2006; "'Extracting Gold' from Paris," in *Mediterranean Travels*, eds. Noreen Humble, Patrick Crowley, and Silvia Ross（Routledge, 2011）, pp. 114-133.
（7）Peter Gran, "Al-Tahtawi's Trip to Paris in Light of Recent Historical Analysis," in *Mirror for the Muslim Prince*, ed. Mehrzad Boroujerdi（Syracuse University Press, 2013）, pp. 190, 215.
（8）Ellen McLarney, "Freedom, Justice, and the Power of Adab," in *International Journal of Middle East Studies*, vol. 48（2016）, p. 26.

(9) イスラーム政治思想の鍵概念であるʻadlは、日本語では「正義」の他に「公正」と訳せる。本稿はE. Tyanの定義に従い『黄金の精錬』内のʻadlを「正義」と訳す。なお、タフターウィーにとっての「正義」が具体的に何を意味するかについては本稿の第三章と第四章、および拙稿「リファーア・アル＝タフターウィーの政治思想」を参照されたい。E. Tyan：「ʻAdlは、名詞としては正義を意味する一方、形容詞としては、直線的、公正、バランスが取れていることを意味する。」E. Tyran, "ʻAdl", in *Encyclopaedia of Islam: Second Edition*, eds. Peri Bearman et. al. (Brill Online), https://referenceworks.brillonline.com/entries/encyclopaedia-of-islam-2/adl-COM_0019?s.num=9&s.fs2_parent=s.f.book.encyclopaedia-of-islam-2&s.q=justice; 拙稿「リファーア・アル＝タフターウィーの政治思想」、『政治学研究』第六五号、二〇二一年、一〇三～一〇九頁。

(10) Rifāʻ Rāfiʻ al-Ṭahṭāwī, *Takhlīṣ al-Ibrīz fī Talkhīṣ Bārīz*, ed. Hindawi Foundation for Education and Culture, Muassasa Hindāwī li-l-Taʻālīm wa-l-Thaqāfa, 2012, p. 105.

(11) 近代エジプト史やムハンマド・アリーの支配に関する記述は以下に依拠している。Khaled Fahmy, "The Era of Muhammad ʻAli Pasha, 1805-1848," in *The Cambridge History of Egypt*, ed. M. W. Daly, Cambridge University Press, 1998, pp. 139-179; Euben, "'Extracting Gold' from Paris," pp. 116-117.

(12) ムハンマド・アリーの留学団派遣政策や一八二六年パリ派遣の情報は以下に依拠している。Alain Silvera, "The First Egyptian Student Mission to France under Muhammad Ali," in *Modern Egypt*, eds. Elie Kedourie and Sylvia G. Haim, Frank Cass, 1980, pp. 1-22; John Livingston, *The Rise of Science in Islam and The West*, Routledge, 2018, pp. 401-407.

(13) ハサン・アッタールはフランス占領下のエジプトでも西洋近代科学を好意的に捉えた数少ないウラマーの一人である。タフターウィーはアッタールとの親交を通じて、アズハル学院のカリキュラムに含まれていない様々な科目に触れる機会を得たとされている。Gilbert Delanoue, *Moralistes et Politiques Musulmans Dans l'Égypte du XIXe Siècle (1798-1882) II*, Institut Français d'Archéologie Orientale du Caire, 1982, pp. 344-348; Newman, Ibid, pp. 36-40.

(14)『黄金の精錬』の構成は原典と以下を参照した。Newman, Ibid, pp. 88-89.

(15) Ṭahṭāwī, *Takhlīṣ*, p. 13.

(16) タフターウィーの翻訳活動や近現代アラビア語の発展への貢献については以下を参照した。竹田敏行「現代アラブ世界の展開と学術用語の整備」、『Kyoto Working Papers in Area Studies』二三巻、二〇〇九年、八～一〇頁; Wael Abu-ʻUksa, *Freedom in the Arab World*, Cambridge University Press, 2016, pp. 85-86, 99-100。

（17）学習科目の多様化やアラビア語文章の簡易化を含む、教育全般に関するタフターウィーの見解については以下を参照した。Indira Falk Gesink, *Islamic Reform and Conservatism*, I.B. Tauris, 2010, pp. 28-41, 59-71; Livingston, Ibid, pp. 427-449.

（18）例えば以下の論考を参照されたい。Ṭahṭāwī, "al-Qawl al-Sadīd fi-l-Ijtihād wa-l-Tajdīd." In *Rawḍat al-Madāris al-Miṣriyya*, ed. Gāber ʻAṣfūr, Dār al-Kutub wa-l-Wathāiq al-Qawmiyya, 1997, pp. 167-190.

（19）タフターウィーは『黄金の精錬』の導入部（「前書き」と「序説」）で同書の主題や目的について述べている。Ṭahṭāwī, *Takhlīṣ*, pp. 9-33.

（20）『黄金の精錬』執筆経緯に関するこれ以降の情報は以下に依拠している。Daniel Newman, "Rifaʻa Rafiʻ al-Tahtawi," in *Christian-Muslim Relations Vol. 18 The Ottoman empire（1800-1914）*, Brill, 2021, pp. 512-521; Newman, *An Imam in Paris*, pp. 88-90.

（21）両書の比較に関する詳しい検討は以下を参照のこと。Peter Hill, *Utopia and Civilization in the Arab Nahda*, Cambridge University Press, 2020, pp. 160-170.

（22）同時代にヨーロッパ文明論の影響を受けた者として福沢諭吉なども思い起こされる。タフターウィーと福沢諭吉に関する比較研究は以下を参照。Raouf Abbas Hamed, *The Japanese and Egyptian Enlightenment*, The Institute for the Study of Languages and Cultures of Asia and Africa, 1990.

（23）これ以降に要約する発展段階論は以下に記されている。Ṭahṭāwī, *Takhlīṣ*, pp. 13-19.

（24）タフターウィーが後年の著作で述べている具体的な定義によれば、「精神的」な文明化とは「モラル、慣習、そして人間性」の向上、つまり「イスラームとイスラーム法」に関連したものの発展を指す。「物質的」な文明化とは、「農業と商業と工業」といった「公共の福利に関する」ものの発展、つまり「イスラームとイスラーム法」以外の発展を指す。Ṭahṭāwī, *Manāhij al-Albāb al-Miṣriyya fī Mabāhij al-Ādāb al-ʻAṣriyya*, ed. Hindawi Foundation C. I. C., Muassasa Hindāwī Sī Āi Sī, 2017, p. 13.

（25）Ṭahṭāwī, *Takhlīṣ*, p. 15.

（26）Ṭahṭāwī, *Takhlīṣ*, p. 83.

（27）Abu-Lughod, Ibid, pp. 123-127.

（28）Ṭahṭāwī, *Takhlīṣ*, p. 180.

（29）Abu-Lughod, Ibid, pp. 124-127; Gesink, Ibid, pp. 29-33.

（30）Livingstone, Ibid, p. 436. また、Ṭahṭāwī, *Takhlīṣ*, pp. 178-179, 192-194.
（31）Livingstone, Ibid, p. 436.
（32）Ṭahṭāwī, *Takhlīṣ*, pp. 178-179.
（33）Ṭahṭāwī, *Takhlīṣ*, pp. 102-118.
（34）Ṭahṭāwī, *Takhlīṣ*, p. 35.
（35）Ṭahṭāwī, *Takhlīṣ*, p. 105.
（36）拙稿、同上、一〇五頁。拙稿「リファーア・アル＝タフターウィーの政治思想」では自由と正義をめぐるタフターウィーの政治思想について、『黄金の精錬』のみならず『現代文学の奇跡による精神の道筋 *Manāhij al-Albāb al-Miṣriyya fī Mabāhij al-Ādāb al-ʻAṣriyya*』（一八六九初版）や『少女と少年のための誠実な案内 *al-Murshid al-Amīn li-l-Banāt wa-l-Banīn*』（一八七二初版）など他の主著も踏まえながら検討した。タフターウィーが強調する「正義」と「自由」の意味やそれらの関係性、そして両概念それぞれに関する批判的考察については以下をご覧いただきたい。拙稿「リファーア・アル＝タフターウィーの政治思想」、『政治学研究』第六五号、二〇二一年。
（37）拙稿、同上、一〇五頁。
（38）Ṭahṭāwī, *Takhlīṣ*, p. 106.
（39）Ṭahṭāwī, *Takhlīṣ*, p. 113. 日本語訳は小杉泰による。小杉泰『現代イスラーム世界論』、名古屋大学出版会、二〇〇六年、一九四～一九五頁。アラビア語転写は筆者による。
（40）Ṭahṭāwī, *Takhlīṣ*, p. 107.
（41）Ṭahṭāwī, *Takhlīṣ*, p. 115.
（42）Ṭahṭāwī, *Takhlīṣ*, p. 35.
（43）Louise Marlow, “Advice and Advice Literature,” in *Encyclopedia of Islam: THREE*, eds. Kate Fleet et. al.（Brill Online）, https://referenceworks.brillonline.com/entries/encyclopaedia-of-islam-3/advice-and-advice-literature-COM_0026?s.num=0&s.f.s2_parent=s.f.cluster.Encyclopaedia+of+Islam&s.q=Advice+.
（44）正義と公平の概念に関するこれ以降の記述は以下に依拠している。湯川武「正義と秩序」、『イスラーム国家の理念と現実』板垣雄三監修・湯川武編、栄光教育文化研究所、一九九五年、一四〇～一五〇頁; Shadaab Rahemtulla, “Justice,” in *The Princeton*

Encyclopedia of Islamic Political Thought, ed. Gerhard Bowering et al., Princeton University Press, 2012, pp. 290-291.

(45) エドワード・レインの『アラビア語辞典』（全八巻：初版は一八六三年から一八九三年にかけて出版）によれば、近代以前のḥurriyyaは「奴隷（身分）」を意味する'abdの対義語であり、「自由の身に生まれた（freeborn, free of origin）」ことや「自由な状態（a state or condition of freedom）」を意味した。フランツ・ローゼンタールによれば、ḥurriyyaはこのような法律用語としての意味に加えて性格や振る舞いの「高貴さ」を表す道徳的な意味も有した。また、ローゼンタールは一九世紀以前のアラブ・イスラーム思想におけるḥurriyyaの意味を検証した結果、ḥurriyyaが西洋思想的な観点から見た「自由」の意味を帯び始めたり政治的な用語としての地位を獲得し始めたりするのは近代以降であると結論付けた。上記を踏まえると、タフターウィーが『黄金の精錬』を執筆／出版した一九世紀初頭の時点では「（イスラーム）法の支配」に関わる意味がḥurriyyaという単語に備わっていなかったと考えられる。このことも、彼がḥurriyyaではなく'adl wa inṣāfという表現を用いた理由の一つとして考えられる。タフターウィーは読者がḥurriyyaという言葉から「イスラーム法の支配」に関する考えを読み取ることは難しいと判断し、より馴染のある'adl wa inṣāfを強調した。Edward William Lane, *Arabic-English Lexicon*, The Islamic Texts Society, 1984, pp. 538-540, 1934-1936; Franz Rosenthal, *Man Versus Society in Medieval Islam*, ed. Dimitri Gutas, Brill, 2015, pp. 34, 129-130; F. Rosenthal, "Ḥurriyya," in *Encyclopedia of Islam: Second Edition*, eds. Peri Bearman et. al. (Brill Online), https://referenceworks.brillonline.com/entries/encyclopaedia-of-islam-2/hurriyya-COM_0301?s.num=1&s.f.s2_parent=s.f.cluster.Encyclopaedia+of+Islam&s.q=Hurriyya.

(46) Ṭahṭāwī, *Takhlīṣ*, p. 35.

(47) Ṭahṭāwī, *Takhlīṣ*, p. 104.

(48) タフターウィーが使用するシャルト（al-sharṭa）という単語は、フランス語のcharte（憲章）をそのままアラビア語に転写したものである。

(49) Ṭahṭāwī, *Takhlīṣ*, p. 105.

(50) Ami Ayalon, *Language and Change in the Arab Middle East*, Oxford University Press, 1987, p. 85.「法」や「法の支配」の違いに関するこれ以降の記述は以下に依拠している。大河原知樹・堀井聡江『イスラーム法の「変容」』、山川出版社、二〇一四年、一〜二二頁、五八〜六七頁；堀井聡江『イスラーム法通史』、山川出版社、二〇〇四年、三〜一二頁、二〇七〜二三〇頁；Ayalon, Ibid, pp. 81-96.

(51) sharīʻa と qānūn の違い、およびそれぞれの性質については以下を参照した。真田芳憲『イスラーム法の精神』中央大学出版部、二〇〇〇年、六六～六八頁、一二七～一二八頁、一三七～一四二頁; Ayalon, Ibid, pp. 82-83, 85-87.
(52) Ayalon, Ibid, pp. 83-85, 87-88.
(53) Ayalon, Ibid, pp. 87-91.
(54) フランス政治および七月革命に関する記述は以下。『黄金の精錬』第三章第三節「フランスの統治について（tadbīr al-dawlat al-faransāwiyya)」Ṭahṭāwī, *Takhlīṣ*, pp. 102-118; 第五章「フランスの騒乱（fitna）で起きたこと、および我々がエジプト戻る前に起きた国王の解任について」Ṭahṭāwī, *Takhlīṣ*, pp. 229-258.
(55) Ṭahṭāwī, *Takhlīṣ*, p. 106.
(56) Ṭahṭāwī, *Takhlīṣ*, pp. 115-116; 250-252.
(57) Ṭahṭāwī, *Takhlīṣ*, pp. 26, 89.
(58) Ṭahṭāwī, *Takhlīṣ*, p. 105.
(59)「正義の環」に関するこれ以降の記述は以下に依拠している。Linda T. Darling, *A History of Social Justice and Political Power in the Middle East*, Routledge, 2013, pp. 1-12, 122-125, 151-154,157-183, 211-212.
(60) Darling, Ibid, p. 3.
(61) Darling, Ibid, p. 5.
(62) Ṭahṭāwī, *Takhlīṣ*, p. 105.
(63) 拙稿、同上、一〇五頁。
(64) Ṭahṭāwī, *Takhlīṣ*, p. 238.
(65) Ṭahṭāwī, *Takhlīṣ*, p. 235.
(66) Ṭahṭāwī, *Takhlīṣ*, p. 238.
(67) Ṭahṭāwī, *Takhlīṣ*, pp. 103-104, 115-116.
(68) Ṭahṭāwī, *Takhlīṣ*, p. 115.
(69) Ṭahṭāwī, *Takhlīṣ*, p. 115.「善行を命じ悪行を禁じる」というイスラームの教義については以下。Michael Cook, *Commanding Right and Forbidding Wrong in Islamic Thought*, Cambridge University Press, 2000.

（70）七月革命の裁判の様子については以下。Ṭahṭāwī, *Takhlīṣ*, pp. 250-252.

（71）Ṭahṭāwī, *Takhlīṣ*, pp. 106-116.

（72）Ṭahṭāwī, *Takhlīṣ*, p. 105.

（73）言論の自由とその効用については以下。Ṭahṭāwī, *Takhlīṣ*, pp. 107, 115.

（74）フランスの税制に関するタフターウィーの考察は以下。Ṭahṭāwī, *Takhlīṣ*, p. 114.

（75）Bernard Lewis, "Ḥurriyya," in *Encyclopedia of Islam: Second Edition*, eds. Peri Bearman et. al. (Brill Online), https://referenceworks.brillonline.com/entries/encyclopaedia-of-islam-2/hurriyya-COM_0301?s.num=1&s.f.s2_parent=s.f.cluster.Encyclopaedia+of+Islam&s.q=Hurriyya; McLarney, Ibid, pp. 29-31.

（76）Ṭahṭāwī, *Takhlīṣ*, p. 105.

（77）Livingstone, Ibid, p. 429.

（78）ジャバルティーの『伝記と歴史における事績の驚くべきこと *ʻAjāʼib al-Āthār fī al-Tarājim wa-l-Akhbār*』は、ムハンマド・アリーとその体制を痛烈に批判している点にその特徴がある。ムハンマド・アリーは同書で恣意的な専制を敷く暴君のように描かれたことに憤り、報復として一八二二年にジャバルティーの息子を暗殺した。Jane Hathaway, "al- Jabartī, ʻAbd al-Raḥmān," in *Encyclopedia of Islam: THREE*, eds. Kate Fleet et. al. (Brill Online), https://referenceworks.brillonline.com/entries/encyclopaedia-of-islam-3/al-jabarti-abd-al-rahman-COM_32661?s.num=1&s.f.s2_parent=s.f.cluster.Encyclopaedia+of+Islam&s.q=jabarti; Gran, Ibid, p. 215.

（79）タフターウィーを含むナフダ第一世代の専制批判と一八七〇年代後半から活躍を見せ始めるナフダ第二世代の専制批判の違いなどについては以下を参照。岡崎弘樹『アラブ近代思想家の専制批判』、東京大学出版会、二〇二一年、三七〜三九頁、四二〜四八頁。

〔政治思想学会研究奨励賞受賞論文〕

初期フンボルトにおける市民の陶冶と政治

——公共的契機としての市民の「結合」に着目して

柳田和哉

はじめに——問題の所在

「公」と「私」の間の二元的な区分は、古代から現代に至るまでの政治思想の中で多様な仕方で維持され続けてきた。ギリシア古代においては市民の生活の一切が公的な善に奉仕するものとみなされてきたのに対し、近代においては、国家の利益と個人の私的な利益とが切り離され、市民の私的な生活と国家の干渉との間の緊張関係が前景化した。近代以降の政治思想において、そのような私的領域と公的領域との間の緊張関係は、多様な仕方で問い直され、しばしばそれら二つの領域の架橋が試みられてきた。そうした潮流の一つに、国家のパターナリスティックな干渉に依拠することなく、市民の公共精神の涵養を志向するタイプの議論の系譜が存在する。その典型は、J・S・ミルやトクヴィルのように、市民の政治参加に市民的な徳の涵養の契機を見出すものである。この系譜は、国家による拘束や強制によるのではない市民の自発的な活動に公共的な陶冶の契機を見出すものとして、一定の潮流を形成してきた。本稿では、これらの系譜を念頭に置きつつ、近代ドイツのリベラリズムを代表する思想家の一人であるヴィルヘルム・フォン・フンボルト（Wilhelm von Humboldt, 一七六七—一八三五年）の政治思想の再構成を試みる。フンボルトの政治思想は、初期の著作『国家活動の限界』（原著一七九一—一七九二年。以下では『限界』と略記）に最も体系的な仕方で表現されている。『限界』の骨子は、人間の陶冶に至上の価値をおく人間学的な定式と、教育、宗教、道徳を含む市民の私的生活への国家干渉の一切の拒絶に求められる。

『限界』においてフンボルトは、デモクラシーへの参加を通じた公共精神の涵養を説いたミルやトクヴィル、また、個人と国家とを媒介する公共圏の構想によって私的領域と公的領域を媒介したハーバーマスとも異なる仕方で、市民の私的生活における自由と公共的な精神の涵養とを両立させる道を描こうと試みた。フンボルトの政治思想の眼目は、社会的動物としての人間相互の「結合（Verbindung）」を基盤として、陶冶を促進するための社会的な連帯のための契機を市民が自発的に獲得するものとして描き出している点にある。にもかかわらず、フンボルトの政治思想は、先行解釈においては、リベラリズムの思想系譜の中で明確な位置付けを与えられてこなかった。

政治思想研究においては、フンボルトはミルの『自由論』のエピグラフにおいて『限界』の一節が引用されていることによって知られるが（Mill, 1977a: 217, 七頁; Burrow, 1969: vii）、フンボルトの政治思想の内実は、ミルによるフンボルトへの賞賛の影に隠れ、ほとんど着目されてこなかった。実際、『自由論』と『限界』は、その政治的議論に関してもよく似たものであるにもかかわらず、ミルの賞賛はほぼフンボルトの卓越主義的な態度のみに向けられており、政治的な議論の内実への論究は行われていない[1]。このようなミルを経由したフンボルト受容は、政治思想家としてのフンボルトの議論の内実の検討を阻み、ドイツの古典的な人文主義者としての評価をフンボルトに与えてきたものと考えられる。フンボルトは一方では近代ドイツのリベラリズムの代表者としてみなされながら、他方で人文主義的な陶冶の理念の定式者として賞賛の対象とされる両義的な評価のなかで、その政治思想それ自体の内在的な検討を受けてこなかったのである。

むろん、ミルに影響を与えた人文主義的なリベラルとしての評価のほかに、『限界』の政治思想に対する先行解釈が存在しないわけではない[2]。第一に、『限界』のフンボルトに対しては、古典的自由主義者ないしリバタリアンとしての評価が与えられてきた（Raico, 1981; Smith, 2013; 吉永、二〇〇九）。この評価は、『限界』においてフンボルトが、許容される国家干渉の範囲を最小限に止め、私的領域における市民の自由を確保しようと試みたことに起因している。同時に、こうした解釈は、フンボルトが国家の恣意的な干渉のないところで開花すると考えていた、市民相互の結合や相互扶助のビジョンを高く評価する傾向にある（eg. Raico, 1961: 42）。第二に、リベラル＝コミュニタリアン論争の渦中において、フンボルトは、ローゼンブルームやテイラーらによって、リベラリズムに対するオルタナティブを提供するものとして参照された。彼らは、リベラリズムにしばしば（主としてコミュニタリアンによって）帰せられる「杓子定規的」あるいは「原子論的」であるとする批判に対して、リベラリズムがそれらの批判に耐えうることを示すための資源をフンボルトに見出しているのである(3)。

これらの政治思想研究における先行するフンボルト解釈は、一方ではフンボルトの政治思想の特質を的確に把握している。リバタリアン的な解釈は、フンボルトが私的領域における自由を重んじながら、市民相互の結合や扶助のビジョンを高く評価している点、リベラル＝コミュニタリアン論争の渦中におけるフンボルト解釈は、個人主義を背景とした古典的なリベラリズムが、社会的動物としての人間の生の理想といかに関与しうるのかという問いへの回答をフンボルトに見出している点で、本稿の企図と軌を一にする。

にもかかわらずこれらの解釈には看過できない問題がある。第一に、これらの解釈にはフンボルトのテキストの内在的な分析がほとんど伴っていない。それゆえに、これらの解釈が提示するフンボルト像は、一部の政治思想史の研究分野を除けばフンボルト解釈としては共有されていない。第二により重要なことに、これらの解釈は、国家の干渉を退ける古典的自由主義者としてのフンボルトと、陶冶を志向する卓越主義的な理論家としてのフンボルトとの間に存在する緊張関係に対して積極的な説明を与えていない。

通例は、政治共同体の善を重視する政治理論は、コミュニタリアニズムに典型的なように、共同体や国家の干渉を広範に是認することによってそれを保障する議論をとる。これとは反対に、消極的な意味での自由を重視するリベラリズムは、私的領域における市民の自発的な活動の内実には手をつけることができない（cf. Rosenblum, 1989: 210-212）。にもかかわらず、フンボルトは国家干渉を退けながら、私的領域における陶冶を「人間の真の目的」として語る。この、リバタリアン的な志向と卓越主義的な志向とは、いかに両立しうるのか(4)。リバタリアン的な解釈とリベラル＝コミュニタリアン論争の渦中における解釈はいずれも、内在的なテキスト分析を欠いていることを主要な要因として、この二つの要素の整合性についての説明を与えてくれないのである。(5)

したがって本稿では、これらの二つのフンボルト像を架橋するために、『限界』における市民相互の結合、および結合を契機として形成される自発的な結社の構想に着目しながら、『限界』および同時期の政治的な論考群をそれらが置かれていた同時代的なコンテキストを踏まえながら内在的に分析する。これによって、フンボルトが、市民の私的領域における活動と公共的な精神の涵養とをいかに結びつけてきたのかを解明する。

本稿は次の構成をとる。第一に、ベルリン啓蒙主義からの離脱およびフランス革命への応答を契機として形成されたフンボルトの政治思想形成の背景を確認した上で、フンボルトの陶冶理論と『限界』の政治的議論の基本的な枠組みを提示する(第一節)。第二に、『限界』における古代への参照を手がかりとして、近代の国制および政体に関する分析を再構成することで、『限界』の背景をなす国家観を明らかにする(第二節)。第三に、『限界』において市民の自発的な陶冶を可能にする原理として、「結合」を通じた一面性の克服という陶冶理論のモチーフを再構成する(第三節)。第四に、結合を契機として形成される「国民的組織」および「国民による結社」が、市民の利害と国家の利害とを一致させることで、市民の私的生活と公的生活とを結び付け、市民に共和制の徳としての「国制への愛」を抱かせるものとして構想されていることを明らかにする(第四節)。最後に、以上の議論を総括し、フンボルトの政治思想の意義と限界を指摘する。

一　『限界』のコンテクスト

1　啓蒙主義からの離脱と革命への応答

フンボルトはベルリン啓蒙主義の影響下でその思想を形成した。若きフンボルトは、エンゲル、クライン、ドームら当時の名だたる啓蒙主義者から哲学、自然法、国民経済学等の講義を受ける。啓蒙主義者らから受けた薫陶はフンボルトに『限界』に表現されたのとは異なる政治的思索を促した。啓蒙主義者としてその思想を形成していた若きフンボルトにとって、道徳の最高の原理は『限界』における立場とは異なり、人間の陶冶ではなく幸福であった（Spitta 2004: 14）。この幸福を至上とする観点は「国家が常に念頭に置き、決して見失ってはならないのは、人間としての市民の幸福（wohl des bürgers als menschen [sic]）である」と一七八八年の日記に記しているとおり（GS, XIV: 90）、国家の目的という見地からも採用されていた。啓蒙主義者として形成された市民の幸福を促進するために国家干渉をむしろ推奨する政治思想から、陶冶を至上の目的とした上で国家干渉を最小限に止める立場へとフンボルトを転換させた契機とは何だったのか。

第一にあげられるのは一七八八年七月におけるヴェルナー（J. Ch. Wöllner）による宗教勅令（Religionsedikt）の交付である。この勅令は、国家による教会および学校への監督や検閲を強化するものであり、カントの『諸学部の争い』を筆頭に、当時の多くの知識人から、信仰や言論の自由を侵害するものとして批判的に受け取られた。フンボルトもまた、宗教勅令に批判的な態度を示し（Briefe, I: 105）、『限界』の最も早い草稿にあたる「宗教について」（Über Religion）において、思想の自由（Denkfreiheit）を擁護し、宗教を国家の指導から切り離した（GS, I: 45-76）。そして、ここでフンボルトは既に、国家の手による市民の幸福の促進を是認する政治的立場から、人間の陶冶を究極の目的とし、そのために国家の役割を最小限に止める『限界』の立場を次のように示している。「全ての立法は、人間としての市民の陶冶という観点から進められなければならない。というのも、国家とは、この陶冶を促進する手段、あるいは、非社会的な状態（aussergesellschaftlichen Zustande）において陶冶に対して障害となるものを取り除くための手段にすぎないからである」（GS, I: 69）。

第二にあげられるのはフランス革命である。十八世紀末に著された政治的著作である『限界』は、必然的にフランス革命への応答の産物でもあった。啓蒙主義者としてその思想を形成した若きフンボルトは革命の理念それ自体には賛意を示していた。「今、すべてのフランス人を活気づけている精神、民兵、すべての住民の陽気で誇らしげな表情、最も身分の低い人々でさえ語る話は私に大きな喜びを与えてくれた。他の国々はいつになったらこのような模範に倣い始めるのだろうか」(Briefe, I: 210)。しかしながら、革命の理念への賛同は急進的な変革という革命の拠って立つ手段に対する賛同を意味していたわけではなかった。フンボルトは幼少期に彼の家庭教師を勤めていた汎愛派の啓蒙主義者カンペとともに革命後のパリに赴く。そこでフンボルトが目にしたのは略奪、暴虐、虐待に満ちた荒れ果てた社会の有様であった。革命からフンボルトが得た洞察は、革命への賛美よりも急進的な変革への懐疑であった。フンボルトは次のように述べる。「理性がその設計を現実化する力を妨げられないと仮定して、あらかじめ定められた計画に従って制定するようないかなる国制(Staatsverfassung)も成功することはできない。より強力な偶然と、それに対抗する理性との闘いから生まれるような国制だけが、繁栄しうるのである」(GS, I: 78, 二二二頁)。この理性の構想に従った国家体制の変革への懐疑は、『限界』の中核的な議論である国家干渉批判に連なっているといえる。

革命の視察は若きフンボルトがベルリン啓蒙主義の思想圏から離脱し、人間の陶冶を志向する立場を確立する主要な契機の一つとなった[6]。人間の陶冶を究極の目的に据えた際に、国家による幸福の保障という手段にその実現を委ねることができないとすれば、陶冶の実現への他の方途が示されなければならない。その意味で、宗教勅令や革命後のパリ視察を契機とした啓蒙主義的な政治思想からの離脱は、国家干渉の最小化の提案と同時に、陶冶を可能にする市民の自発的な活動に関する説明をも必然的に要請する。以下で示すように、フンボルトは急進的な変革を批判すると同時に、啓蒙主義が支持するパターナリスティックな統治の構想に対するオルタナティブとして、人間相互の結合を契機とした市民の自発的な陶冶に基づく社会秩序の形成の機制を見出したのである。

2 陶冶への志向

革命への応答を契機の一つとして形成されたフンボルトの政治的思索の背景には、既に述べたように人間の陶冶を基底的な人間の目的とみなす陶冶理論が存在している。後述するように、国家干渉を相当程度退けるフンボルトの政治的議論は、必然的に、放任された諸個人が十全な社会秩序を自ら構成する能力を備えており、かつ彼らがそのために必要な条件の下に置かれていることの説明を要請される。フンボルトの政治思想に通底する人間の陶冶についての議論はこのような説明の一部を担っている。全集の編者ライツマンによって「人間陶冶の理論」（原著一七九三年）と題された断片で、フンボルトは「われわれの存在の究極の課題」としての陶冶の内実を次のように説明している。

われわれの存在の究極の課題とは、われわれの人格のうちに、われわれの生きる時代、そしてその後の時代において、活気に満ちた活動の痕跡を通じて、人間性（Menschheit）の概念に可能な限り多くの内容を残すことである。この課題は、最も一般的で活発で自由な相互作用（Wechselwirkung）におけるわれわれの自己と世界との結びつき（Verknüpfung）を通じてのみ達成が可能である。（GS, I: 283-284）

この定式はフンボルトの陶冶理論の基本的視座として理解できる。「われわれの存在の究極の課題」としての陶冶は、「最も一般的で活発で自由な相互作用におけるわれわれの自己と世界との結合」によって可能になるとされる。ここでいう「世界（Welt）」には自己の外部に存在する一切の事物が含まれるが、「相互作用」が陶冶を可能にするとされていることからも、もっぱら念頭に置かれているのは個人および集合的存在としての人間、あるいは人間の精神である。したがって、政治的議論の背景をなす視座としてこの定式を理解するならば、社会や国家の中の成員たる多様な諸個人の自発的な活動が、「最も一般的で活発で自由な相互作用」をもたらすことになる。この相互作用が、個人の発展、および集合的な次元での人類の発展へと帰着するものと考えられているのである。このような視座は『限界』の政治的議論に通底している。『限界』の冒頭でフンボルトは、同書全体の政治的な判断の基準として、「人間の真の目的」を定式化する。

人間の真の目的は、（…）永遠普遍の理性が人間に指示する、その諸能力の一つの全体への最高度で最も調和のとれた陶冶（die höchste und proportionierteste Bildung seiner Kräfte zu einem Ganzen）である。この陶冶のためには自由が欠くことのできない第一の条件である。ただし、人間の諸能力の発展（Entwicklung）には自由のほかにも、自由と密接に結びついているけれども別のもの、すなわち、諸状況の多様性（Mannigfaltigkeit der Situationen）が必要である。（GS, I: 106, 一二頁）

この、人間の陶冶（Bildung）に至上の価値を置く認識は、フンボルトの活動の全体を貫くモチーフとなっている。すなわち、フンボルトにおいて陶冶とは、人間の諸能力の発展を指している。そしてそれは、最高度かつ最も調和のとれた発展でなければならない。この一節が『限界』の冒頭に置かれていることで、政治的な議論においても一貫してそのような観点が採用されていることは明らかである。政治的な議論における陶冶の位置付けは、陶冶の条件に「自由」および「諸状況の多様性」が掲げられていることからも看取できる。ここでフンボルトが念頭に置いている自由とは、さしあたって、バーリンのいうところの干渉の不在としての消極的自由と解して大過ない。すなわち、自由とは行動に対する制約が課されていない状態を指している。ただし、フンボルトが消極的自由を擁護するのは、自由に内在的な価値をみているからでも、自己支配としての積極的な自由が政治的な抑圧に帰結するとみなしているからでもない。恣意的な干渉によって、多様な状況の下で個人が自己を陶冶する契機を侵害することを避けるためである（cf. Thomä, 2022: 78-79）。自由が「諸状況の多様性」と不可分のものとみなされているのは、所与の諸状況の多様性が諸個人に与える経験が、多様な資質を備えた諸個人に諸能力の陶冶を可能にするとみなされているからである。このような認識は、たとえば、「一切の真の憐れみの情を殺してしまう」として、国家の手による救貧院の設置さえ退ける姿勢からも看取できる（GS, I: 132, 五〇頁）。フンボルトによれば「きわめて自由で自立的な人であっても、画一的な状態に置かれれば（in einförmige Lagen versetzt）、自身を陶冶することが難しくなる（bildet sich minder aus）」（GS, I: 106, 一二頁）。諸状況の多様性とはしたがって、状況が画一的ではないことを意味する。恣意的な干渉は常に画一的な状況をもたらすと考えたフンボルトは、人間が所与の状況の下で対峙することを強いられる運命に干渉することを退けるために、自由と不可分のものとしての諸状況の多様性を陶冶を可能にする外的な条件としてあげた。この意味での自由と諸状況の多様性が確保された政治的条件の下で、「人間陶冶の理論」で定式化された自己と世界の「最も一般的で活発で自由な相互作用」がはじめて可能になるとフンボルトは考えていた。

3 許容される国家活動の範囲

『限界』という書物それ自体の主題は序論において次のように提示されている。「国家制度の全体は、どのような目的に向けて活動すべきか、そしてその活動に対していかなる制限が設けられるべきか」(GS, I: 99, 三頁)[7]。これらの問いにフンボルトは、先述の人間の目的の定式を基底的な基準として、戦争、公教育、宗教、道徳、習俗等の市民生活の諸領域のそれぞれについて国家の干渉の是非を吟味してゆく。その吟味の帰結として導かれるのが「国家活動の真の領域(den wahren Umfang der Wirksamkeit des Staats)と呼ぶことができるのは、国家が[人間の陶冶を至上とする]上記の原則を犯さない限りで社会の福祉(Wohl)のためになしうることの一切」であり、「それ[国家干渉]が他人による権利の侵害に直接関わらないような市民の私事(Privatangelegenheiten)に対する国家の干渉は、すべて退けるべきである」という規定である(GS, I: 111, 二〇頁)。この規定は「他人による権利の侵害」の有無を基準にしている限りでミル的な危害原理と類似している。ただし、ミルが『自由論』で「社会が個人に対して正当に行使してよい権力の性質と限界」をより広範に問題にしたのに対し(Mill 1977a: 217, 一一頁)、ここでフンボルトはあくまでも国家が干渉する権限に議論の対象を限定している。事実、ここで「私事」に対する国家干渉が正当とみなされるのは、個人が法に触れる仕方で他人の権利を侵害した場合のみに限定される(GS, I: 179, 一一六—一一七頁)。

そのように国家干渉の範囲を限定した上で、フンボルトが唯一「国家が(…)社会の福祉のためになしうること」として認めるのは、安全の保障である。ただし、ここでフンボルトが指示する「安全(Sicherheit)」は、通常採用される危害の不在としての理解からやや逸脱している。フンボルトは次のように安全の概念を定義している。

ある国家の国民が、その人格や財産に関わる権利の行使を外部から妨害されることがない場合、私はその状態を安全であるとみなす。したがって、安全とは（…）合法的な自由の確実性（Gewissheit der gesezmässigen Freiheit）である。この安全は、人間の諸権力の活動や財産の享有を妨げるすべての行為によって妨げられるのではなく、不法に妨げられる行為によってのみ妨げられる。（…）実際に権利が侵害されたときにのみ、各個人が有しているのとは異なる力が必要とされる。この権利の侵害を阻止するもののみが、真の陶冶に利益をもたらすのであり、国家の他のあらゆる努力は、いわば陶冶への道を妨害するものである。（GS, I: 179, 一一六―一一七頁）

ここでフンボルトは、ミルが個人の自由をパターナリスティックに制限する唯一正当な理由として他人に対する危害の予防をあげたように、国家干渉の正当性の基準を非合法的な手段による権利侵害の有無に置いている。しかしながらここでいう「合法的な自由の確実性」としての安全は、治安の維持や違法な行為の予防やそれらに対する処罰に基づくものというよりも「権利の行使を外部から妨害されることがない」ことであり、それは陶冶の条件である自発的な活動に制約を及ぼさない「自由と諸状況の多様性」が確保されている状態を指す。すでにみたようにフンボルトは救貧院の設置すら国家の役割として認めなかったが、それは積極的な干渉によって国家が市民の自由を侵害することを危惧していたというより、たとえ当人が生活の維持にさえ苦しむ窮状に置かれていたとしても、国家の干渉が陶冶の条件であるところの自発的な活動に対して一面的な制約を課すことの弊害の方がより大きいと考えていたからである（GS, I: 114-116, 二一三―二一七頁）。

フンボルトは、国家干渉が課す自発的な活動に対する弊害の内実について、『限界』の第6章において公教育を題材にしながら次のように述べている。

いかなる公教育も、常に統治の精神（Geist der Regierung）がその内で優位を占めているので、人間にある一定の市民的な形式（eine gewisse bürgerliche Form）を付与する。（…）公教育はあらゆる人々の均衡を求める。（…）もし教育が、人間に付与すべき一定の市民的な形式に配慮することなく人間を陶冶することになれば、国家は必要とされ

ない。（GS, I: 144-145, 六七―六九頁）

この箇所でのフンボルトの批判の要諦は、国家の手による公教育が「ある一定の市民的な形式」を国家のすべての成員に強制することによって市民の性格の多様性を縮減し、その自発的な陶冶の可能性を圧殺してしまう点に求められる。これは組織的な教育についての議論だが、国家干渉の他の領域に対するフンボルトの批判も同様に国家の干渉それ自体が市民の精神や活動に対して「一面性（Einseitigkeit）」を強いる点に向けられている。

「われわれの存在の究極の課題」、あるいは「人間の真の目的」を人間学的な基盤として採用するフンボルトの政治思想は、自発的な活動の自由、およびそれに付随する諸状況の多様性という陶冶の本質的な条件を担保するために、国家の活動の最小化を至上の政治的な課題とした。そこで次に問題となるのは、同時代の『限界』をめぐる政治的議論においても争点であったように、『限界』において構想される国家の下で、市民が自己を陶冶するための条件が十全に保障されうるかどうかである。

二　近代における国家と国制

1　政治と陶冶の形態に関する古代と近代の区別

『限界』の全編を通じて、フンボルトはしばしば古代ギリシアの国制、およびその国制の下での市民の陶冶のあり方を参照することで、自らの帰属する社会・国家の政治的な特質を特定している。こうした仕方での古代への参照は、コンスタンやミルを筆頭に、近代の政治思想において国制を考察する手法として広く採用されていた（cf. Urbinati, 2003: 14-22）。コンスタンは政治共同体の成員として意思決定に参加する自由を「古代人の自由」、政府および一切の他人から恣意的な干渉を受けない自由を「近代人の自由」として定式化したが（コンスタン、二〇二〇、一八―一九頁）、フンボルトによる古代と近代の対比もこの二つの自由の区別と一定程度類比的に理解することができる。だがそれ以上に、ここでフンボルトの古代論への参照が求められるのは、それが市民の陶冶を可能にする国制のあり方に関する洞察を含んでいるからである。『限界』の冒頭で、フンボルトは古代の国制について次の説明を与える。

古代国家においては、市民の私的生活に関連するほとんどあらゆる諸制度が、最も真なる意味において政治的であった。というのも、古代国家の国制は強制権力（eigentliche Gewalt）をわずかしか有していなかったため、国家の存続はとりわけ国民の意志に依拠しており、国制の性格を国民の意志と合致させるために、多様な手段を考案しなければならなかったのである。古代の立法者はしばしば、そして古代の哲学者は常に、本来の意味で人間に配慮を示していたのであり、彼らは人間にとって道徳的価値が最高のものであるとみなした。（GS, I: 102, 七頁）

フンボルトによれば、古代国家においては一切のことがらが政治的な意思決定の対象となっており、市民の私的領域における自由はほとんど存在していなかった。政治的な意志決定に参加する「古代人の自由」は市民の私的自由を著しく制限することによって成立していた。フンボルトはこれを市民の内面的な生活にじかに手をつける危険なものだとしている（GS, I: 103, 八頁）。そうだとすれば、古代の国制は非合法的な権利侵害を伴う場合を例外として市民の私事に対する国家の干渉の一切を退けるフンボルトにとって、到底受け入れられないものになりそうである。しかしながらフンボルトは古代の国制をある面では極めて高く評価する。第一に、フンボルトによれば古代における自由の侵害は「人間の道徳的価値」を至上の目的としたものであり、その目的とは人間の陶冶である。フンボルトは「市民の共同的な教育」や「意図的に組織化された市民の共同生活」を通じて市民の一面性が助長されることがあったことを認めるが（GS, I: 103, 八頁）、にもかかわらず、古代の国制は市民の徳を訓練することを目的としていたために、「人間の活動的な力（thätige Kraft des Menschen）」をむしろ高めたとみなす（GS, I: 103-104, 八頁）。第二にフンボルトは、古代国家をフンボルトと同時代の「小規模の共和制国家」に並置しているように（GS, I: 102, 七頁）、古代国家の国制は小規模の政治共同体であったがゆえに実質的な強制権力を伴っていなかったとみなす。フンボルトは、古代の国制が「内面的な生活にじかに手をつけ」ることで、市民の「一面性」を助長する点で危険性を孕むものであったと考えていたため、近代の国制が古代の国制のあり方に回帰することは是認されない。にもかかわらずフンボルトは、それが市民の陶冶を促進することにおいて「偉大さ」および「想像力の開花、精神の深み、意志の強さ、全存在の統一」を達成した古代の国制を、近代の国制に優越するものとして高く評価しているのである（GS, I: 104, 九頁）。

これに対して近代に対するフンボルトの評価は冷淡なものである。フンボルトによれば、近代国家は、私的生活における自由を確保したものの、古代人のように「人間の力と陶冶（die Kraft und Bildung des Menschen）」の追求ではなく、「福祉・財産・生計能力（seinen Wohlstand, seine Habe und seine Erwerbfähigkeit）」の追求という名目の上で、法律や制度が多くの形式を市民の私生活に対して押し付けている。近代国家の諸制度は、「人間が何であるかより何を持っているか」に照準を定めているので、古代国家のように市民の諸力を訓練することなく、ある理念を画一的に法律として押し付ける（GS, I: 104, 九頁）。これによって、近代国家は、徳の源泉であり、陶冶の条件である活動的な力を抑圧しているとされる。後述するように近代の国家は大規模な行政機構であり、それが古代のように市民の私的生活に直接手をつければ、市民の陶冶はいっそう画一的で一面的なものとなる。したがってフンボルトは、急進的な革命によるのでも、国家が私的生活の一切を統制して市民の陶冶を促進するのでもなく、支配者自身がみずからその支配の手を緩め、「諸能力の自由」と「諸状況の多様性」を確保することを、近代国家のとるべき方策として提示するのである（GS, I: 101-102, 六頁）。

2　機械的国家観と民主制批判

ただし、近代の国家に関するフンボルトの分析は、古代との比較のみにおいて行われているのではない。近代における国家という機構についてのフンボルトの理解自体が、同時代のロマン主義的な思潮とは一線を画する固有のものだった。フンボルトは、ロマン主義者らのように、国家を有機体に準えて捉える視座に与しなかった。後述のようにフンボルトは「国民的組織」あるいは「国民による結社」と呼ばれる自発的な中間団体の形成を、個人と社会とを媒介する契機として組み込んでいるが、そこでは国家は、個人や社会の一体性の外部に位置付けられている。フンボルトいわく、「国務にかつて携わった人々は、眼前の問題から目を背けて形式のみに目を向け（…）問題自体には十分に目をやらずに、しばしば不利益をもたらす。（…）こうしたことの帰結として、国務に携わる人々の数は増加することになる」（GS, I: 125, 四〇頁）。フンボルトによれば、実際に大部分の国家では公務員数は年々増加し、その帰結として臣民の自由は縮減していたという。こうした官僚制の肥大の帰結として、「仕事は完全に機械的になり、人間は機械になる」（GS, I: 125, 四〇頁）。近代国家の性質がこのような仕方で理解されているがゆえに、市民の私的生活に影響を及ぼす国家の活動、および市民による国家や政治への関与は、フンボルトにとって人間の陶冶に資するものとはみなされようもなかった。

こうした国家への嫌悪は、フンボルトにおいて民主制への消極的な評価と結びつく。たとえば一七九八年の日記では、フンボルトはルソーの『社会契約論』を参照しながら「政府の意志が一般意志から逸脱すればするほど、統治機構の人員の数は少なくしなければならない」ず、したがって「大きな国家には君主制が必要である」と述べている（GS, XIV: 594）。ここでフンボルトは、市民の帰属する政治共同体の規模が大きくなればなるほど、政治への市民の参加は機械的な多数決に成り下がると考えている。もっとも、カントの民主制批判を筆頭に、この時代において民主制に対して批判的な態度をとることは一般的であった。ただし、「人間」に「機械」になることを強いるような活動としての政治への参加は「自由と諸状況の多様性」を条件とする陶冶を促す契機ではありえないとみなす点にフンボルトに固有の視座が見出される。それゆえにフンボルトは、市民の政治参加に対して冷淡な態度を示す。フンボルトにとって、近代の国家が上述のような市民に一面性を強いる特質を備えている以上、そのような国家の下で市民の政治への参加に準拠する民主制を擁護するわけにはいかなかった。だが、このような態度は、フンボルトが市民は私的領域における自己利益の追求に邁進していればいいと考えていたことを意味するわけではない。ここでフンボルトが近代国家に対してとっている態度は、望ましい国制のあり方を一般的に特定する試みの帰結ではなく、あくまでも特定の国家のあり方に対して相対的なものである。フンボルトは、彼の政治的議論が指示する「国家活動の境界線の拡張ないし限定」が政体を問わず実行可能であると述べており（GS, I: 101, 五頁）、個別の政体の望ましさについて積極的な見解を述べているわけではない。実際、最善の国制がどのようなものであるかの吟味については、「本来の政治学の理論」に帰属するものであるにもかかわらず、『限界』では詳述を避けている（GS, I: 234, 一九一頁）。したがって、ここでフンボルトが市民の政治参加を退けたのは、近代国家の政治的条件の下では、政治に参加する市民は「機械になる」ことを余儀なくされ、陶冶を阻まれるという弊害を踏まえていたためであった。

三 人間相互の結合を通じた「一面性」の克服

ここまでみてきたように、フンボルトの政治的議論は「近代国家」、すなわち啓蒙専制君主による統治下では、政治や統治への市民の参加を退け、君主制の統治自体は不問に付した上で、市民の私的領域への干渉を最小化すべきとするものだった。このような政治的議論の傾向が、現実の政治や社会から目を背けた内面的な世界への耽溺を反映しているものとみなされてきたことは理由のないことではない（cf. Spranger, 1909）。こうした非政治的な解釈に対しては、市民相互の自発的な結合に基づく「国民的組織（national Anstalten）」の構想の再構成によって応答することができる。そして、フンボルトのそのような構想は、人間の陶冶における「結合」に関する説明によって支えられている。

フンボルトは、『限界』および同時期の論考群において、人間相互の「結合（Verbindung）」が、人間の陶冶の過程において本質的な役割を果たすことをしばしば強調している。たとえば、一七九二年六月のフォルスター宛書簡では次のように述べる。「国家内の市民にとって最も好都合な状態とは、できるだけ多くの絆によって同胞市民と絡まり合っており、かつ政府からはできるだけ少ない絆によって縛られている状態であるように思われた。というのも、孤立した人間は、自身の自由を暴力的に抑制されている人間と同じように、ほとんど自己を陶冶することが難しいからである」（Briefe, II: 58, 二五三頁）。『限界』でも同様に、「人は独自性を失うためではなく、むしろ排他的な孤立の状態を解消させるために、相互に結合しなければならない」とされる（GS, I: 122, 三六頁）。これらの言及は、フンボルトが、陶冶を可能にする条件であるところの「自由と諸状況の多様性」の下で、市民が相互に結合することによってはじめてその陶冶が可能になると考えていたことを示している。事実、『限界』二章冒頭における人間の真の目的の規定の直後で、次のようにその規定および条件を補完している。

どんな人間も、活動する際にはただ一つの力しか使うことができない。（…）そこからすれば、人間は一面的であるように定められているように見える。（…）しかし、人間はこの一面性を免れることがある。往々にしてばらばらに使っている個々の力を一つにまとめ上げようとした時や、消え掛かっている火花と将来にもえあがろうとしている火花とを人生のある時期において同時に働かせるときや、自分が働きかける対象ではなくて、働く際に使う諸力を結合することで何倍にもしようとする時である。そうした場合にいわば過去と未来を現在と結びつけるものが、社会においては他者との結合として作用する。（GS, I: 106-107, 一二―一三頁）

個人の陶冶における「一面性（Einseitigkeit）」への危惧は、社会的な集団の多様性を毀損するものとしてフンボルトの政治思想に通底するモチーフである。このモチーフは、古代国家の分析における市民教育等を通じて市民に及ぼす影響への憂慮や、近代の国家が市民生活に干渉することで人間に一律に「一定の市民的な形式」を強いることへの批判に典型的に表れている（GS, I: 144, 六七頁）。だが、一面性は同時に、個人の力を高めるものとしても理解されていた。フンボルトは次のように述べる。「複数の対象に拡散して取り組む者は、そのすべての対象に対して弱々しく活動することしかできない。したがって、力と陶冶は永遠に反比例する関係にある」（GS, I: 80, 二二五頁）。人間の真の目的の規定において、陶冶は「諸力」の陶冶であると考えられていた。諸力の陶冶は同時に「調和的」なものでなければならない。にもかかわらず「複数の対象に分散して取り組む者」は、「弱々しく活動することしかできない」。このことは、人間の真の目的としての「その諸能力の一つの全体への最高度で最も調和のとれた陶冶」が、必然的に一面性を孕む個人の次元においては実現されえないものであることを示している。個人の一面性を、社会的・集合的な次元において補完する役割を担うのが、社会における「他者との結合」なのである。『限界』では、そのような結合の最も原初的な形態として、しばしば、両性、すなわち男女間の結合、およびその社会的形態としての婚姻に言及する（GS, I: 119-122, 三一―三五頁）。小論「性差及びその有機的自然に及ぼすその影響について」（原著一七九四年）において、結合に関して次のような説明が与えられている。

［自然は］有限の力のうちに宿る、偉大で卓越したもののすべてを、例外なく所有し、それらが一つの全体として結合することを欲する。しかし、これらの力は常に有限であり、時間の法則に拘束されているため、ある力が働いている限り、他方の力は打ち消されることになり、それらすべてが同時に活動することは不可能である。このことは、個々の力についてだけでなく、一般に個々の形成と全体の結合という二つのもっとも重要な作用のあり方についても当てはまる。というのも、一方で力の行使が、素材の性質にも由来する一面性をもたらすのに対し、他方で結合された形式は多面性を要求する。これらの要求のどちらか一つがなされれば、必然的にもう一つの要求は打ち消される。有限性という制約の下で無限の活動が成立するのだとしたら、同時に相容れることのない諸特質を、異なる力か、あるいは少なくとも同じ力の異なった状態に分割し、それらを相互に強く必要とさせ、相互作用を促すほかない。この二つの特質はまた、性（Geschlecht）という概念が内包している唯一の特質でもある。（GS, I: 311-312）

ここからは、諸個人の個性の帰結としての「一面性」が、「結合」という形式においてはじめて「多面性」を獲得するという、結合を基礎とした陶冶理論の特質を看取することができる。人間の真の目的の規定において、諸力の「一つの全体への最高度で最も調和のとれた陶冶」が志向されていたように、フンボルトによれば「自然（Natur）」もまた、「偉大で卓越したもののすべて」が「一つの全体として結合すること」を希求する。だが、個々の人間の生が必然的に有限であることに鑑みれば、個々の時点において自然における「卓越したもの」、人間においては「力」を同時に作用させることはできない。「時間の法則に拘束されている」所与のものとしての人間の力は、その個々の形態においてはある特定の特質のみを備えており、あらゆる力を同時に働かせることはできないという点において、必然的に「一面的(einseitig)」であらざるを得ない。だが、「同時には相容れることのない諸特質」は、両性がそうであるように、「それらを相互に強く必要とさせ」、互いに自らに欠如している特質を求めて惹かれ合うとされる。この個と個の間の相互作用が、個人の力の一面性を克服する契機として理解されているのである。

このような仕方で、フンボルトは「力と陶冶」の間の永遠の「反比例の関係」の解消を試みる。結合の原初的な形態としての両性への参照は、『限界』では、社会における「性差に基づいた二つの性の人格的結合」として、「最も自然で、国家にとっても諸個人にとっても最も重要な結合」であるところの「婚姻」として扱われている(GS, I: 119, 三一頁)。このことは、フンボルトの「結合」の議論が、一方で人間の本性に関する自然哲学的な説明であると同時に、他方で『限界』の政治的議論における市民の自発的な陶冶の条件を提供するものでもあることを示している。以下で示すように、社会における結合の形式は、婚姻という両性の結合に根ざしたものに収斂するものではなく、市民の結合が促す市民的な徳の陶冶、およびそれに基づく社会秩序の形成へと接続される。

四　国制を通じた陶冶

1　国制と国民的組織

フンボルトは国家を機械的な機構とみなし、市民の活動への干渉を控えるべきものとすることで、市民の私的領域における自由を確保することを説いていた。だがこのことはフンボルトが人間の、市民としての政治的な陶冶を等閑視していたことを意味しない。この点を明らかにするための手がかりとなるのが、『限界』において「国民的組織(Nationalanstalten)」および「国民による結社(Nationalverein)」を契機として構想される「結合」の社会的な形態である。まず、国民的組織は次のように「国家制度(Staatseinrichtung)」とは明白に区別される。

国民の個々の部分には（…）契約を通じて結合する自由が与えられなければならない。しかし、国民的組織と国家制度の間には（zwischen einer Nationalanstalt und einer Staateinrichtung）、明白に重要な差異が常に残る。前者は間接的な権力（mittelbare（…）Gewalt）をもつのみだが、後者は直接的な権力（unmittelbare Gewalt）をもつ。したがって、結合体への参入、脱退、修正に関しては前者はよりいっそうの自由を有する。発端においては、あらゆる国家の結合も全く確実にこの種の結社であった。（GS, I: 131, 四八頁）

別所では、国民的組織に類する「国民による結社」について、次のように述べている。

国制と国民による結社（die Staatsverfassung und der Nationalverein）とは、いかに密接に絡み合っていようとも決して混同してはならない。もし国制が、兵力や権力によるものであれ慣習や法律によるものであれ、一定の関係を市民に与えているとすれば、市民が自発的に選択し、無限に変化し、しばしば変化する別の関係も存在する。そして、この後者のもの、すなわち、国民自身の間での自由な相互の作用こそが、その切望が人間を社会に導くすべての財を実際に維持するのである。（GS, I: 236, 一九四頁）

前者の区別では、国民的組織と国家制度との間の、「直接的な権力」の有無、およびその帰結としての「参入、脱退、修正」の自由の有無が明示され、後者の国制（Staatsverfassung）と国民による結社の間の区別においては、国制は「一定の関係」を市民に与えることがあるとすれば、国民による結社は「市民が自発的に選択し、無限に変化し、しばしば変化する別の関係」をもたらすとされる。

ある政治共同体の権力が正当であるためにはその「結合への参入、離脱、修正」に関する自由が確保されていなければならず、直接的な権力を伴う国家制度はこれらの自由を必然的に侵害する。というのも「社会からの離脱が同時に国家からの離脱を意味するのであれば、それはほとんど不可能といってよいほどに困難である」からである（GS, I: 132, 四九頁）。ここでフンボルトは政治共同体の権力がその成員による合意によって成立していなければならないことを強調している。「安全維持を果たす役目」を担った者が「絶対的な強制権力」を持たざるを得ないことをフンボルトは否定しない。だが、一旦そのような強制権力が与えられたとき、その者は権力を「安全を得ようとする意図と他の目的を達成しようとする意図とを組み合わせ、制度がその起源から離れれば離れるほどその権力は増大し、根本契約（Grundvertrags）の記憶は消えていく」（GS. I: 131, 四八頁）。ここでいう「根本契約」は、ロック的な社会契約論における政治共同体を支えるものとしての同意と同一視してよい[8]。成員による同意によって正当な権力を与えられた政治共同体こそがフンボルトが支持する「国民的組織」・「国民による結社」である。フンボルトは、国家制度が、その強制権力によって市民の自由を侵害するか、あるいは、国制があらかじめ定まった「一定の関係」を市民に付与し得ることに対して消極的な評価を与えながら、国民的組織・国民による結社において市民が自発的に組織する関係に「人間を社会に導くすべての財を実際に維持する」ための方途を見出す。

国民的組織・国民による結社と呼ばれるものの具体的な形態は、『限界』において明示的には特定されていない[9]。ここで国民的組織の具体的な形態よりも重要なのは、国民的組織の基礎となる結合の様式において「諸状況の多様性」を構成する一切の諸個人の間の相互作用のうちに国民的組織の基礎を基づけている点である。そこでは結合は強制権力を欠いた社会における人々の自由な結びつきとして理解される。固有の個性をもった人間相互の結合が、最も自由かつ多様な陶冶の過程を促進する契機となるのである。

ただし、国民的組織・国民による結社は、私的領域における個人間の私的な結合というよりも政治的な共同体を構成する公共的な結合として構想されている。というのも、政治共同体の成員による直接的な同意を意味する「根本契約」によって成立している「国民による結社」は「安全を維持しようとする意図と他の究極目的とが相互に結びつく」以前のあらゆる国家がとっていた姿として、すなわち、政治共同体の原初的な形態としてみなされているからである（GS. I: 131, 四八頁）。この国民的組織・国民による結社においても、その規模が大きくなればなるほどその危険性は高まるとフンボルトは考えていた。だが、近代国家のように規模が大きくなったからといって、それが必然的に強制権力を一手に集中させることで市民の陶冶を阻害するとみなしていたわけではない。事実、『限界』の政治的議論の直接的な示唆は、統治者が支配の手を緩めることで市民の自発的な活動の領域を確保するという統治者の指針に対して向けられていた（Briefe, II: 34, 二三七頁）。国民的組織・国民による結社は「国家のうちにおいて与えられた所与の境遇と、自身が選び抜いた境遇との間での衝突を通じて、一部では当人が異なる形へと変えられ、また一部では国制それ自体が変化されることを余儀なくされる」と述べているように（GS, I: 143, 六六頁）、国制それ自体の在り方に対しても働きかける。

直接的な同意によって成り立つ国民的組織は、国家の強制権力の行使によってもたらされていた「指示の統一性（Einheit der Anordnung）」、すなわち、人間の陶冶という「偉大な究極目的」の達成、あるいは「重大な事故、飢饉、洪水などの予防や防止」のために必要な国民の一体性をも確保することができるものとして構想されている（GS, I: 145, 四八頁）。このようなフンボルトの構想は、近代国家の置かれた条件の下で、国家をその原初的な政治共同体のあり方に回帰させる構想として理解すべきものなのである。

2　共和制の徳としての国制への愛

国民的組織・国民による結社は、政治共同体の成立を個々の市民による同意によって成り立たせる点において、「私」の利益と「公」の利益を一致させるものである。フンボルトはゲンツ宛書簡のなかで次のように述べている。

> 私は、私的利益の強化は公的利益を低減させるとみずから述べてきたが、そこでの私の唯一の意図は、この私的利益を強化するだけでなく、大幅に拡大することにあった。そうすると、このような国家はいったいどのようにして存続しうるのだろうか。しかし私は、私的利益を大幅に拡大すると同時に、「安全を欲する」すべての市民が承認するものだけをその根拠とすることで、私的利益を公的利益と可能な限り結び付けた。（Briefe, II: 45, 二四七頁）[10]

フンボルトは「国制が国民的性格から出現してくる場合、すなわち、もし国制を失えば、国民であること—すなわち人間であることをやめなければならないような場合」、「共和制の徳」としての「国制への愛（Liebe der Konstitution）」が生じると、モンテスキューを引き合いに出しながら述べる。すなわち、国制が市民に対して一定の形式を付与するのではなく、市民の活動の帰結としての「国民的性格」によって、国制の特質や形態が規定されているような場合に、市民ははじめてその国制に対して信頼を捧げることができる。フンボルトは先に、国制が定まった「一定の関係」を市民に付与し得ることに対して消極的な評価を与えていたが、このような国制は、国家制度とは異なり、あらかじめ定まった「一定の関係」を市民に付与することがない。そして、この「国制に対する純粋な熱情」は、人間の「力を削ぐことなく花開き、それのみが自らの制約を決して忘れることがない」（Briefe, II: 36, 二四〇頁）。古代の共和制を、それが近代においては陶冶にとっての弊害をもたらすと考えたゆえに退け、さらに民主制に対して消極的な評価を下していたフンボルトが、ここで「共和制の徳」を積極的に援用するのは奇妙に思われるかもしれない。だがフンボルトは古代の共和制が、陶冶を目的としていたがために有益な帰結をもたらし得たことは積極的に評価していた（GS, I: 103-104, 八頁）。それに対して、君主制をとる近代国家においては、古代のように政治的生活と私的生活とを一致させることは困難であったために、市民の私的生活から政治共同体の干渉を退けた。そこでフンボルトは、近代の国制の下で、国家による干渉を経ることなく、市民の政治参加に依拠するのでもなく古代の共和制において実現されていた陶冶を促進する政治共同体を形成するための方途として、直接的な国制の変革によるのではない仕方で、共和制の精神のみを近代人の心中に息づかせようとしたのである。近代的な国家の下での政治参加の弊害を説いたフンボルトは、政治の領域自体からの市民の撤退を説いたわけではなかった。市民の政治的な徳としての共和制の精神は、外的な強制や直接的な政治参加を通じてではなく、私的領域での自発的な結合を通じてのみ導出される。その公共的精神が真に十全な形態において開花したとき、私的利益が公的利益と完全に一致するという意味において、共和制の徳が政治共同体の成員の胸に息づくとされる。

フンボルトは古代と近代の国家とを比較した箇所で次のように述べていた。「私的生活の自由（die Freiheit des Privatleben）は公共的な自由（die öffentliche Freiheit）が減少するのに応じて増加するが、安全は常に公共的な自由と歩調を合わせる」（GS, I: 102, 七頁）。ここでフンボルトは「公共的な自由」の内実を明らかにしていないが、古代ギリシアの国家においては合法的な国制は共和制のみであったとみなしていたフンボルトにとって（GS. I: 272）、公共的な自由とは「共和制の徳」をもって市民が国制に従事することとしての政治的な自由のことであったように思われる。古代においては市民の私生活を広範な統制の下に置き、市民を国制と同一化させることで「共和制の徳」を確保していたのに対し、近代国家においては「私的生活の自由」の維持が「公共的な自由」を確保するための条件だった。フンボルトが市民の自由を擁護したのは自由それ自体に価値があるからでも自由が市民の不可侵の権利だからでもない。近代国家の置かれた政治的条件の下では、自由を確保することのみが市民が共和制の徳を身につけるための方途であったからである。フンボルトによれば、私的領域においてであれ公的領域においてであれ、市民の陶冶は外的な干渉によって恣意的に促進されるべきではない。国制の変化や公共精神の涵養は、個人およびその帰属するところの政治共同体の成熟の段階に応じて現実に反映されるのであり、それゆえに『限界』の表立った主題であるところの非干渉主義的な統治が、市民相互の自発的な結合を促進するために要請されるのである。

五　おわりに

これまでの議論では、フンボルトが、非干渉主義的な統治の下で、私的領域に委ねられた市民の自発的な活動が「結合」を契機とした国民的組織・国民による結社の形成を経ることで、市民の陶冶を促進しながらも同時に社会秩序を確保する方途を描き出していることを明らかにした。フンボルトは『限界』においてベルリン啓蒙主義に典型的な干渉主義的な統治に対して批判的な志向を示していたが、「結合」を基盤とした市民の自発的な活動によって、諸力の発展としての人間の陶冶のみではなく、共和制の徳を市民に抱かせる政治的な構想を示すことによって、啓蒙主義的な統治に対する代替的な構想を示していた。こうした理解は、従来の政治思想史の中では十分な評価を与えられてこなかったフンボルトの政治思想に次のような位置付けを与える。

第一に、フンボルト研究では既に共有されている点ではあるものの、『限界』の非干渉主義的な政治的議論は「非政治的」志向の表れではなく、社会や国家に背を向け、私的領域における自己陶冶のみに専心することを説いたものではない。所与の近代国家のあり方が、市民の陶冶に対して画一的な影響作用を通じて弊害を及ぼす機構であるがゆえに、その権能の最小化を契機として市民の自発的な結合を最大限に促進することにフンボルトの議論の眼目があった。そして市民相互の結合は、国民的組織・国民による結社の形成という政治共同体の形成を通じて、また、それらが国制それ自体にも影響を及ぼすことによって「指示の統一性」としての社会秩序の形成をも視野に含めたものだった。このことは、フンボルトが「人間の真の目的」としての「諸能力の一つの全体への最高度で最も調和のとれた陶冶」を、基底的な価値をもつ究極目的であると同時に、政治共同体を最も実りの多い形に変容させる契機としても構想していたことを意味する。

第二に、したがって、フンボルトにおける卓越主義的な陶冶への志向とリバタリアン的な非干渉主義とは相矛盾するものではない。というのもフンボルトは、政治共同体の善を市民の自発的な陶冶を通じて実現するための方途を結合を契機とした国民的組織・国民による結社の議論を通じて描き出しているからである。ここで再びミルを引き合いに出せば、君主制を「国民に対する無制限の権力を保有し行使する」ことを利益とする君主制を退け、市民の政治参加を「公共精神」の涵養の手段としながら代議制統治を支持したミルの議論は、『自由論』のリベラリズムとの整合性を犠牲にしているようにも映る（cf. Mill, 1977b）。デモクラシーの台頭以前の思索であるという歴史的な制約を抜きにすれば、フンボルトのリベラリズムの美点は、リベラルであることと陶冶への志向とを、より純粋な仕方で両立させようと試みた点、そして、それらの両立こそが社会秩序に真の「強靭さ（Festigkeit）」をもたらすものであるとした点に求められるのである。

第三に、そのようなフンボルトの政治思想は、私的領域と公的領域との媒介をミルやトクヴィル、およびハーバーマスとも異なる仕方で試みたものとみなすことができる。フンボルトは君主制をとる近代国家の置かれた条件の下で、国家をその原初的な政治共同体のあり方に回帰させる構想を急進的な変革によるのではない仕方で提示した。国家に強制権力が伴うところでは、市民としての徳は政治参加を通じてではなく、万人の利益である安全に国家の目的が限定され、その下で市民が自由に結合することによって涵養される。加えてフンボルトはこのような市民相互の結合の帰結として、国家そのものが万人の同意によって支えられる政治共同体としてのあり方に回帰するとみなす。社会という中間領域によって「私」と「公」とを媒介するというよりも、私的領域における自発的な活動が市民相互の結合を契機として政治共同体のあり方そのものにまで作用を及ぼすものと捉えている点に、フンボルトの構想の独自性をみることができる。

とはいえ、初期の政治思想に対象を限定した本稿には、課題も残されている。ゲンツやシラーらフンボルトの友人たちによって『限界』の草稿に対して寄せられたように、また、フンボルト自身も自覚していたように、『限界』の提示する最小国家の構想が、市民に十分な自己陶冶のための条件を提供できるかどうかは、十分に明確にされているとは言い難い。実際、フンボルトは、『限界』の出版を事実上取り下げ、以降も『限界』の改稿に着手することはなかった。宗教に関する国家の関与を退け、思想の自由を説いてもいた『限界』は、検閲によって退けられてもおり、最終的な出版取り下げの理由は判然としていない(11)。しかしながら、市民の自発的な結合が「国制への愛」に帰結するかどうか、さらには国家がフンボルトの構想するような最小限の干渉にその目的を止めるものと想定することができるのか―これらの問いに関して、『限界』のフンボルトがいささか楽観的な見解を採用していることは否定できない。同時にそのことは、本稿で『限界』の核心としてみなした国民的組織・国民による結社の説明に十分な具体的な像が与えられていないことにも起因しているように思われる。しかしながら、この点については、本文でも触れたように、『限界』の議論が国制のあり方に対して相対的なものであったこと、および、後期のフンボルトが示している、市民が自発的に参加する組織の形態を参照することで応答することができると考えられる。

古代への参照においては政治共同体による自由の制限が是認されていたように、また、共和制の徳が市民の胸中に息づくことで国制それ自体もが変化を被りうることが構想されていたように、市民の統治機構の特質に対応するかたちで、個人と国家、および社会と国家との関係は変化しうるものとみなされていた。このことは、非干渉主義的な国家の形態それ自体がフンボルトにとって至上のものであったのではなく、市民と国家との関係は一定程度可変的なものと考えられていることを意味している。
さらに後期に行政官として自ら教育改革に携わったフンボルトは、政治的文書のなかで市民の政治参加に対する提言さえ行なっている（GS, XI: 95-112; GS, XII: 225-296）。たしかに、後期フンボルトが行政官として国家の手による教育改革に従事したことは、国家干渉を退けた初期の政治思想と一見矛盾する（cf. Sorkin, 1983）。しかしながら、後のフンボルトが市民と国家の関係に関してより積極的な説明を提示していることを、初期のリベラリズムの放棄ではなく、国家に対する分析を変化させた帰結とみなすこともできる（cf. Spitta, 2004: 52-54）。この意味で、『限界』以後のフンボルトの政治的思索における国民的組織・国民による結社の形態の具体的な記述をもって、初期のリベラリズムを補完することができるだろう。これに関する詳細な分析は以後の課題としたい。

凡例

フンボルトの著作からの引用については、次のアカデミー版全集に依拠し、略記号GSのもと、巻数と頁数を記し、既訳を参照した場合、下記の訳書の頁数も併記した。

Königlich Preußische Akademie der Wissenschaften (ed.), 1903-1936, *Wilhelm von Humboldts Gesammelte Schriften*, Vol. 1-17, B. Behrs.

フンボルトの書簡からの引用については、次の批判版書簡集から行い、略記号Briefeのもと、巻数と頁数を記した。

Mattson, P. (ed.), 2014-2017, *Briefe: Historische-kritische Ausgabe*, Vol. 1-3, De Gruyter.

引用部は原文に基づき訳出を行ったが、次の邦訳書を参考とした。

ヴィルヘルム・フォン・フンボルト、二〇一九年、『国家活動の限界』、西村稔編訳、京都大学学術出版会。

（1）『限界』と『自由論』の類似した議論を列挙したものとして、山下、一九七六年、四三―四五頁、およびBurrow, ed., 1969巻末の『限界』と『自由論』の対照表を参照。なお、ミルの受容は同時期の英語圏における唯一のフンボルト受容であったわけではない。例をあげれば、普遍的教養人としてのフンボルトに言及したものや（Anonymous, 1858: 317）、「政府の義務と機能のかなりの拡張に向かっている」情勢の下で『限界』の政治的議論を好意的に評価した書評がある（Anonymous, 1851; Chapman, 1858）。

（2）以下では英米政治思想史におけるフンボルト解釈の整理を試みているが、ドイツ語圏においても数は限られるもののフンボルトの政治思想に関する研究は存在する。優れたモノグラフとして、教育改革に携わった後期のフンボルトの書簡や文書と対比しながら『限界』の政治思想の体系的な再構成を行ったSpitta, 2004およびBattisti, 1987、フンボルトを現代政治理論の潮流に位置付けることを試みたPetersen, 2016がある。

（3）リベラル＝コミュニタリアン論争のなかでフンボルトが直接参照されるのは、共同体主義者の一人としてサンデルやウォルツァーらと併置されるテイラーとロマン主義の思想系譜の再解釈を通じて「もうひとつのリベラリズム」を描き出そうとするローゼンブルームの著作においてである。テイラーは「食い違い：リベラル＝コミュニタリアン論争」において、同論争が存在論における原子論と全体論の対立と、政治的主張における個人主義と集団主義の混同に基づくと指摘する。その上で、存在論上の全体論と政治的主張上の個人主義を両立させる立場の先駆者としてミルと併置してフンボルトの名前をあげる（Taylor, 1989: 159-163）。ローゼンブルームは『アナザー・リベラリズム』において、フンボルトの陶冶志向的な態度をロマン主義の思想系譜に位置付けたうえで、多面的な陶冶へのフンボルトの願望が、公的領域から隔絶した私的領域における共同的な生活への希求に帰結しているとみなす（Rosenblum, 1987: 125-126）。テイラーのフンボルト解釈においては共同体およびその成員の公共的領域への参与によって構成される共通善に基づく共同体主義的な価値の次元と、個人の尊厳や権利に代表されるリベラルな価値とを両立が目指される点、ローゼンブルームの解釈においては、共同体主義者らが志向するような公的領域への参画への拒絶が古典的自由主義の理想を徹底した先に現れるものとして理解する点に、その解釈の政治的な特質を看取することができる。リベラル＝コミュニタリアン論争における参照という整理からはやや逸脱するが、ロールズもまた『正義論』と『政治的リベラリズム』の双方において、フンボルトの『限界』から、「社会連合」の理想状態としての「他者の生来の資質が実現された総和状態」の記述を引き出している（Rawls, 1999: 459, 六八六頁; Rawls, 2005: 320-321, 三八〇頁）。

（4）近年の研究ではフェストルが、フンボルトを本質的にリバタリアンではなく卓越主義者としてみなすことによってこの緊張関係の解消を試みている。フェストルは、かりにフンボルトが民主制の国家を分析の対象としていれば、国家の活動が個人の陶冶に対してよい影響を与えることを認めただろうとみなし、フンボルトの政治思想にとって本質的であったのは国家干渉の制限ではなく、人間の調和のとれた全体への発展にあったとみなすことで、明示的に卓越主義的な解釈をとる（Festl, 2022: 107-110）。

（5）フンボルト研究がもっとも盛んに行われているのは、言語学研究を除けば教育学研究である。しかし、そこでも初期の政治思想が主題的に取り上げられることは稀である。教育学におけるフンボルト解釈の中心的な焦点は、多方面にわたるフンボルトの著作群の全体を対象とした陶冶理論の再構成と、後期のフンボルトの行政官としての教育制度改革の実績に対する歴史的な分析・評価にあるといえる（eg. Menze, 1965; Menze, 1975; Benner, 2003; Mattig, 2019; Tenorth, 2018; 宮本、二〇二三年）。教育学における初期の政治思想の軽視の理由として、シュプランガーのフンボルト解釈に典型的な、初期のフンボルトを政治や社会の現実から目を背けた人文主義者とみなす非政治的評価が、今日に至るまでのフンボルト理解に影を落としていることがあげられる（Spranger, 1909:15-16; cf. Kaeler, 1963）。シュプランガーの研究の歴史的な限界は広く認識されており、その非政治的な解釈は今日のフンボルト解釈では必ずしも踏襲されていないものの（cf. Benner, 2003: 24-25）、依然として教育学研究において『限界』の政治的議論の内在的な分析が試みられることは極めて稀である。こうした傾向のなかで教育学におけるフンボルト研究として初期の政治思想を主題的に扱っている例外的な成果がベンナーの研究である。政治と陶冶の相互依存性を前提として人間の目的としての陶冶への志向と国家論とを同列に扱い、さらには人間相互の結合が多様な陶冶の実現の媒体となることを指摘するベンナーの初期の政治思想への参照は本稿の企図と軌を一にする（Benner, 2003: 43-45; 65-66）。本稿では、結合を軸に国民的組織へと至る社会秩序の構想を、共和主義的な契機として、および政治的動物としての人間の市民的な陶冶への回帰を企図する構想として解釈する点にベンナーとの差分を見出している。

（6）若きフンボルトの思想形成上の契機としては、他にフンボルトに古代ギリシア研究の教育を通じて新人文主義的な志向へのきっかけを与えた古典文献学者のハイネによる影響や、国家の役割を安全保障のみに止める『限界』の政治的立場の形成を決定的に促した若きフンボルトに国民経済学の講義を与えたドームとの対話などがあげられる（GS, XIV: 90-91; バイザー、二〇一〇年、二四一—二四二頁）。この時期のフンボルトの思想形成の全体像についてはSauter, 1989に詳しい。

（7）この二つの問いのうち本稿では後者の問いしか扱っていない。前者の問いは、国家が実施すべき安全保障の手段としての法的措置を論じた『限界』後半部の議論のなかにみられるが、本稿では措く。

（8）「国家理論に関する英語圏の諸著作からの抜粋」と題されたノートにおいて、フンボルトはアルジャーノン・シドニーの『政府に関する言説』、ハリントンの『オシアナ共和国』と並んでロックの『統治二論』の抜粋を行い、コメントを付している。全体としては「かなり平凡な作品」と評しているものの、フンボルトは「国家は合意によってのみ成立するものであり、立法権や行政権は合意によって与えられたものにすぎず、取り消すことはできないという恒常的な主張」を評価している（GS, VII: 579-580）。

（9）同時代的な背景に鑑みれば、フンボルト自身も帰属していたような文芸サロンをある意味では国民的組織・国民による結社の具体的な形態として考えることができるかもしれない。たとえばバイザーは「フンボルトの理念とベルリンの若きロマン主義サークルの理念との（…）類似点」の一つとして、「個々人は他者との自由で開かれた交換を通じてのみ自己実現できると主張する共同体の倫理」をあげている（バイザー、二〇一〇年、二二五頁）。このような個人の自己実現の本質的な条件として他者との交流をあげる認識は、「国民自身の間での自由な相互の作用」に根ざした「国民による結社」とたしかに重なりをみせている（GS, I: 236, 一九四頁）。ただし、文芸サロン的な社交のモデルは社会的資源に恵まれた一部の人々にのみ開かれたものであった点において、『限界』における「結合」を基盤とした国民的組織・国民による結社の範例とみなすことには疑問が残る。この点は『限界』の分析のみではなく、中期および後期におけるフンボルトの政治的思索の検討によって明らかにすべきだろう。

（10）この箇所は『限界』の第15章の一節と対応している（GS, I: 234, 一九一―一九二頁）。

（11）『限界』の出版取り下げをめぐる顛末については、西村、二〇一九年を参照。

＊本研究は日本学術振興会特別研究員奨励費２２ＫＪ１８１０の助成を受けた。

参考文献

Anonymous, 1851, "Book Review: 2. – Ideen zu einem Versuch die Grenzen der Wirksamkeit des Staats zu bestimmen", *Westminster review*, vol. 1, pp. 230-237

Anonymous, 1858, "Wilhelm von Humboldt", *Saturday Review of Politics, Literature, Science and Art*, vol. 3.

Battisti, S., 1987, *Freiheit und Bindung: Wilhelm von Humboldts „Ideen zu einem Versuch, die Grenzen der Wirksamkeit des Staats zu bestimmen" und das Subsidiartätsprinzip*, Dunker & Humblot.

Benner, D., 2003, *Wilhelm von Humboldts Bildungstheorie: Eine problemgeschichtliche Studie zum Begründungszusammenhang neuzeitlicher Bildungsreform*, Juventa Verlag.

Burrow, J. W., 1969, "Editor's introduction", in: Burrow, J. W. (ed.), *The Limits of State Action*, Cambridge University Press.

Burrow, J. W., 1969, (ed.), *The Limits of State Action*, Cambridge University Press.

Chapman, J., 1854, "Art. VI. The Sphere and Duties of Government", *Westminster Review*, vol. 122.

Festl, M. G., 2022, "Zwischen Perfektionismus und Libertarismus. Auf der Suche nach dem verlorenen Humboldt und einem neuen Liberalismus", Festl, M. G. (ed.), *Wilhelm von Humboldts politische Philosophie: „Ideen zu einem Versuch, die Grenzen der Wirksamkeit des Staats zu bestimmen" (1792) mit Beiträgen von Michael G. Festl, Michael N. Forster, Friederike Kuster, Roland Reichenbach und Dieter Thomä*, wbg Academic.

Kaeler, S. A., 1963, *Wilhelm von Humboldt und der Staat: Ein Beitrage zur Geschichte deutscher Lebensgaltung um 1800*, Vandenhoeck & Ruprecht.

Mattig, R., 2019, *Wilhelm von Humboldt als Ethnograph: Bildungsforschung im Zeitalter der Aufklärung*, Beltz.

Menze, C., 1965, *Wilhelm von Humboldts Lehre und Bild vom Menschen*, A. Henn-Verlag.

Menze, C., 1975, *Die Bildungsreform Wilhelm von Humboldts. Theorie der Bildung und Reform des Bildungswesens in der preussischen Reform*, Hermann Schrödel Verlag KG.

Mill, J. S., 1977a, "On Liberty", in: Robson, J. M. (ed.), *Collected works of John Stuart Mill, Volume XVIII*, Routledge & Kegan Paul (J. S. ミル『自由論』関口正司訳、岩波文庫、二〇二〇年).

Mill, J. S., 1977b, "Considerations on Representative Government", Robson, J. M. (ed.), *Collected Works of John Stuart Mill, Volume XIX*, Routledge & Kegan Paul (J. S. ミル『代議制統治論』関口正司訳、岩波書店、二〇二一年).

Petersen, J., 2016, *Wilhelm von Humboldts Rechtsphilosophie, 3. Auflage*, DeGruyter.

Raico, R., 1961, "Great Individualist of the Past: Wilhelm Von Humboldt", *New Individualist Review*, vol. 1, no. 1.

Rawls, J., 1999, *A Theory of Justice: Revised Edition*, Belknap Press (ジョン・ロールズ『正義論：改訂版』川本隆史・福間聡・神島裕子訳、紀伊国屋書店、二〇一〇年).

Rawls, J., 2005, *Political Liberalism: Expanded Edition*, Columbia University Press. (『政治的リベラリズム：増補版』神島裕子・福間聡訳、筑摩書房、二〇二二年).

Rosenblum, N. L., 1987, *Another Liberalism: Romanticism and the Reconstruction of Liberal Thought*, Harvard University Press.

Rosenblum, N. L., 1989, "Pluralism and Self-Defence", in: Rosenblum, N. L. (ed.), *Liberalism and the Moral Life*, Harvard University Press.

Sauter, C. M., 1989, *Wilhelm von Humboldt und die deutsche Aufklärung*, Duncker & Humblot.
Smith, G. H., 2013, "The Culture of Libety: Wilhelm von Humboldt", Libertarianism.org. https://www.libertarianism.org/columns/culture-liberty-wilhelm-von-humboldt（2023/08/29最終閲覧）
Sorkin, D., 1983, "Wilhelm von Humboldt: The Theory and Practice of Self-Formation（Bildung）, 1791-1810", *Journal of the History of Ideas*, Vol. 44, No. 1, pp. 55-73.
Spranger, E., 1909, *Wilhelm von Humboldt und die Humanitätsidee*, Leuther & Reicherd.
Spitta, D., 2004, *Die Staatsidee Wilhelm von Humboldt*, Duncker & Humblot.
Taylor, C., 1989, "Cross-Purposes: The Liberal-Communitarian Debate", in: Rosenblum, N. L.（ed.）, *Liberalism and the Moral Life*, Harvard University Press.
Tenorth, H.-E., 2018, *Wilhelm von Humboldt: Bildungspolitik und Universitätreform*, Brill Schoningh.
Thomä, D., 2022, "Humboldts Theorie der Freiheit", Festl, M. G.（Hg.）, *Wilhelm von Humboldts politische Philosophie: „Ideen zu einem Versuch, die Grenzen der Wirksamkeit des Staats zu bestimmen“（1792）mit Beiträgen von Michael G. Festl, Michael N. Forster, Friederike Kuster, Roland Reichenbach und Dieter Thomä*, wbg Academic.
Urbinati, N., 2002, *Mill on Democracy: From the Athenian Polis to Representative Government*, University of Chicago Press.
コンスタン、バンジャマン、二〇二〇年、「近代人の自由と古代人の自由」『近代人の自由と古代人の自由 征服の精神と簒奪 他一篇』堤林剣・堤林恵訳、岩波書店。
西村稔、二〇一九年、「解説：第二部『国家活動の限界』の周辺」『国家活動の限界』西村稔編訳、京都大学学術出版会、五一三―五四〇頁。
バイザー、フレデリック、二〇一〇年、『啓蒙・革命・ロマン主義：近代ドイツ政治思想の起源 1790-1800』杉田孝夫訳、法政大学出版局。
宮本勇一、二〇二三年、『フンボルトの陶冶理論と教育改革：学問中心カリキュラムの再考』春風社。
山下重一、一九七六年、『J・S・ミルの政治思想』木鐸社。
吉永圭、二〇〇九年、『リバタリアニズムの人間観：ヴィルヘルム・フォン・フンボルトに見るドイツ的教養の法哲学的展開』風行社。

〔政治思想学会研究奨励賞受賞論文〕

ウィリアム・コノリーの涵養の倫理について

――涵養・豊饒性・悲劇

佐藤竜人

本稿の目的は、アメリカの政治理論家であるウィリアム・コノリーの論じる倫理 - 政治的実践をなすための契機について明らかにすることである。コノリーの倫理 - 政治的実践は、彼の研究に関するもののなかでも最も議論されているトピックの一つである（Campbell and Schoolman 2008; Chin 2020; Deveaux 1999; Dolan 1998; Finlayson 2010; Kioupkiolos 2011; Livingston 2012）。こうした実践を、広範な文脈に置き直せば、一九九〇年代以降の欧米圏における存在論的転回と倫理的転回の二つの転回の重なりに位置づけられる。一方では政治的な試み、他方では倫理的な試みは切り離されて論じられていたのではなく、むしろかかる結節点のなかでは分かちがたく論じられてきた。そうした結節点を倫理 - 政治的なもの ethico-political として代表的に論じてきたのがコノリーである。例えば彼の著作のなかでも有名な『アイデンティティ／差異』では、アイデンティティの構造を系譜学によって批判することを通じて、政治的なモーメントを浮き彫りにすると同時に、他者とのより良い関係を築く倫理的な実践、これら二つの試みを行うことが倫理 - 政治的実践として論じられてきた。

もちろんコノリーの論じる倫理 - 政治的実践がいかなるものであるのか、ということは重要であるが、本稿が取り組みたいのはその契機についてである。コノリーは「なぜ」ではなく、「いかに」実践をなすことができるのか、という点に着目し、その実践の動機付けを充足する契機として涵養の倫理 ethics of cultivation を提起してきた。以下で詳述するが、この倫理は世界に生成する偶然性、例えば自然や非人間的なものの躍動力、生の活力といった事柄を実践のための源泉として享受し、肯定できる感性を養うことを通じて、実践の動機付けを満たすことを狙いとしている。つまり涵養の倫理は、偶然性の肯定的な受容とその感性の形成、すなわち涵養からなる。

しかしコノリーの論じる実践の契機について二つの批判が投げかけられてきた。第一の批判は理論的観点に関わり、エートスや感性が実践のために必要だとしても、一方ではそれらの涵養のためには良い政治が必要とされ、他方では良い政治のためには涵養が必要とされる、という循環的な問題がある。第二の批判は、コノリーの実践の構造として実行可能性に関わるだけではなく、気候変動に起因する自然の破壊性の出現という今日的問題にも関わっている。ディミトリ・レベデフは、コノリーが実践の重要な契機として捉えている偶然性の受容が人新世ではより困難になっていると指摘している。

これらの批判は政治理論という枠組みで考えたとき、次の二つの理由から重要だと考えられる。まずコノリーは理想的な状況を前提としつつも、偶然性がいかなる存在、試みの限界性を露呈させること、そして偶然性の力それ自体が涵養に繋がり、実践の契機を構成すると論じてきた。コノリーはポスト構造主義や新しい物質主義の政治理論家として一般的に捉えられるが、多くのそうした理論家も偶然性や自然の力の受容を重視してきた。しかし同じくポスト構造主義を重視しながらも、スティーブ・ホワイトは偶然性に基づいた実践の規範的拘束力の脆弱性を批判し、ハーバーマスに依拠し、超越論的な枠組みによる責任という、より強固な拘束力を論じてきた（White 1991）。ホワイトによる試みは、超越論的という点ではコノリーや関係する理論家のこれまでの議論との連続性を考えると、容易に首肯しえないが、契機を規範的拘束という観点から考察することの重要性を示している。次に、自然の破壊的な現象への応答は今日重要性を増しており、政治理論においても動態的な自然を組み込んだ理論の構築が行われている。レベデフは、ドライゼクら（Dryzek and Pickering 2019）やムフ（Mouffe 2020）による議論を例示しているが、それらでは自然が政治の外的な要因にとどまっていたり、論じられる政治的行為が人新世以前の枠組みから引き継がれていたりと、その不十分さを指摘している（Lebedev 2021, 133）。そのため、気候変動の破壊的影響への応答が重要であるのはさることながら、レベデフが「人新世が、どこまでも人間の生命が煩雑なその政治を含めて、あらゆる種類の非人間的な存在や力によって構成され、媒介されていることを明らかにしている」と主張していることを鑑みれば、理論において自然や非人間的なものをどのように組み込むか、という点も重要であろう。そのためレベデフの主張や特に新しい物質主義の取り組みを考えれば、人新世における破壊的影響への応答だけではなく、重要性の一点目に関連する実践を人間同士の関係に限定せず、自然や非人間的なものを含めた関係のなかで考察する必要があると考えられる。

本稿では、涵養の倫理について偶然性の受容を豊饒性と悲劇という二つの観点に分節化し、分析することによって、上記の批判に応答することを目指す。そのために本稿では次のように論じる。第一節では、倫理‐政治的実践および涵養の倫理、それらの中心的な位置にある偶然性が豊饒性として論じられてきたことを確認する。第二節では、涵養の倫理への批判を吟味するとともに、偶然性に悲劇が豊饒性と分かちがたく結ばれていることを見る。第三、四節では、偶然性の受容を豊饒性という観点から考察する。豊饒性をもたらす躍動力の経験それ自体が涵養に繋がるというコノリーの主張について、第三節ではそれがどのような状態であるのか、ということを検討する。続く第四節では、自然や非人間的なものについて新しい物質主義において積極的に議論してきたマリア・プイグ・デ・ラ・ベラカッサに依拠し、義務 obligation を検討することによって、規範的拘束力のある実践の契機を構想する。第五節では、悲劇への応答について考察する。コノリーは、悲劇を悲劇と悲劇的ヴィジョンに分節化し、後者を未来の出来事を予知したイメージとして重要視していた。本稿は、悲劇的ヴィジョンを分析し、それが破壊的な影響に応答する規範的構想と是正の実践を導出するきっかけとなることを明らかにする。

一　倫理‐政治的実践と涵養の倫理

本節では、コノリーの論じる倫理‐政治的実践および涵養の倫理について概説する。コノリーの倫理‐政治的なものを簡単に振り返れば、後期近代や人新世における超越論的な枠組みに基づいた道徳律の行き詰まりに、倫理‐政治的実践と涵養の倫理が対抗的に提起されてきた。コノリーにとって重要な点は、道徳や倫理と関わるなかで偶然性をどのように受容するか、ということである。この偶然性の受容をめぐって、コノリーは特にカント主義的な道徳に基づいた実践を一貫して批判してきた。

コノリーはカントの試みを超越論的な命令に基づいた道徳の純粋化として捉え、その純粋化の維持のために共通感覚が重要な役割を果たしていると見ている。コノリーは、カントにおける道徳の純粋化を特に悪への傾向と意志との関係に見出している。コノリーによれば、カントの議論において悪への傾向が道徳への意志と同じ場所に位置づけられるとするならば、道徳への意志の純粋性は危機に陥るという。それゆえ、カントの図式に従えば意志は自由であり、悪への傾向を有しているにも関わらず、「この傾向の源泉は不可解」であり、「私たちはそれに責任を有する」という（WINS, 166-167）。くわえてコノリーは、こうした道徳の純粋化をさらに下支えするものとして、共通感覚があると論じている。コノリーによればカントの共通感覚としての「美の普遍的な判断における明示は、カントの二世界的形而上学の信頼性にとって、不可欠な能力についての暗黙の了解に関するカント的信仰を支持する一方で、美の普遍的な判断を可能にする」ものでもある（WINS, 172）。ここで道徳の純粋化とはすなわち、叡智界と現象界の区別を前提として、道徳への意志を前者に、悪への傾向を後者に振り分けることで道徳性を保護することであり、その純粋性は、共通感覚という普遍的な判断によって主観的判断が拘束されることで、より安定したものとなっている[1]。

しかし、コノリーは主に次の二つの点から、カントの論じる道徳の純粋性の保持が困難になっていると論じる。一点目として、「後期近代によって、人々、考え、文化、決定、軍事的武器、商品の動きがさらなる速度へと加速しているときに、共通感覚というカント的観念は必然的なもっともらしさという時間的な条件を失うように」なりつつあることである（WINS, 173）。後期近代とは、国家や諸事物のネットワークが相互依存的に築き上げられると同時に、国家の対処能力を超える要素、つまり偶然性が生じる時代として捉えられていた。こうした後期近代において生じる様々な次元での多元化は、共通感覚の存立を危うくしてきた。なぜならば共通感覚が、諸個人が位置する共同体の一員としてそれぞれの立場に立って自身を考えることだとするならば、共同体の価値観が多元化されており、そうした考え方が困難になっているからである。もう一点は、道徳律そのものの存否に関わる。コノリーは生成という観念に依拠し、その点を論じている。コノリーは生成を多様な力が現われ、重ね合わさり、そして物事を変化させていくプロセスとして論じ、さらに生成から構成される世界のあり方を生成の世界として提起してきた。この生成に依拠したとき、カントの議論を支える道徳律や進歩という歴史的観念は、叡智界に属するのではなく、現象界すなわち世界のうちに存在する一つの力として位置づけられ、その純粋性は世界のうちの様々な力と競合関係にあることにより、有効性を失っているという。(2)

このように道徳律のモデルを隘路に陥れる力こそが偶然性であり、コノリーの論じる倫理 - 政治的実践と涵養の倫理にとって、重要な源泉となっている。クレイトン・チンはコノリーの存在論における偶然性とは、歴史性、可謬性、人間の社会的に位置付けられた本性など他の概念の説明にたんにおさまるのではなく、「人間の知識や言語を制限するだけではなく、支配を越えたり、それに抵抗したりもする、世界において機能する何か」であるとまとめている(Chin 2020, 8)。この「世界において機能する何か」という偶然性を中心に組み立てられる実践の全体像を素描すれば、第一に、強固な基礎や超越論的源泉を明らかにすることを通じて、私たちの倫理 - 政治的観点におけるパラドクス、競争性に基づいた関係性を築くこと。第二に、倫理的源泉の不在に対する実存的ルサンチマンを抑制するために自己の技芸を実践すること。第三に、わずかながらにでもある存在の豊饒性への感謝を涵養すること、この三点である。議論の全体像を図式的に示せば、実践のための動機をなす涵養の原理と、自己への介入や他者との協調のための倫理 - 政治的実践からなる。

本稿の目的を鑑みて、ここでは涵養に関わる三点目に着目する。コノリーは実践と涵養を論じるために、ジェイムズ、ホワイトヘッド、ドゥルーズなどの思想家に依拠してきたものの、その大枠をニーチェとフーコーに求めてきた。コノリーは「ニーチェ的な『生の豊饒性』の肯定とフーコー的なアイデンティティと差異へのケアを結び付けること」(ID, 10=16)、あるいは「実存的ルサンチマンへ対抗する倫理的重要性はニーチェによって強調され、倫理的感受性の政治化はフーコーによって強調されている」(AI, 144) と主張してきた。ホワイトは、ニーチェ = フーコー主義的な試みについて、「存在の偶然性の肯定は、一方では豊かさや豊饒性として経験され、コノリーの存在論的源泉として中心的な役割を担い、他方ではドグマ的アイデンティティや強い存在論の批判のために必要とされている」とまとめている

（White 2000, 114）。もちろんフーコーに関する議論も重要だが、ここではニーチェに焦点を当てて偶然性と豊饒性との関係がどのように論じられているのか見ていく。

ニーチェに関する議論のなかで重要な点は、偶然性を生の豊饒性として肯定することである。道徳律の純粋性に危機をもたらす偶然性を、コノリーはポスト・ニーチェ主義として次のように捉えている。

> ニーチェの源泉を生 life と呼ぼう。それらは、どのような特定のアイデンティティを越え出る一連の捉えどころのないエネルギーと可能性、存在、原理、設計でもなく、いかなるアイデンティティや共同体といった用語にも決して網羅されることのない可能性の豊饒性 abundance である（AI, 37-38）。

コノリーがニーチェから取り出そうとするのは、超越論的あるいは目的論的な枠組みから溢れ出す生と呼ばれる力やエネルギーである。彼はこうした力を自身が依拠する倫理的源泉として設定している。「翻訳や判断を可能とする命令あるいは設計を提供するものを道徳的源泉 moral source」と呼ぶ一方で、豊饒性に依拠し「非有神論的、非目的論的源泉から翻訳への鼓舞」を引き出すものを「倫理的源泉 ethical source」と位置付けている（AI, 38）。コノリーの狙いとは、命令や法という支配的なものから逸脱する偶然性を、ニーチェに依拠することによって、生それ自体の豊饒性、そして生を豊饒にする力として捉え直し、それらによって喚起される倫理的感性を焦点化することである。

偶然性をこのように捉え直す必要があるのは、偶然性がニヒリズムやルサンチマンをもたらす可能性があるからだけではなく、道徳的源泉で前提とされてきた超越論的・目的論的イメージに依拠して偶然性を理解することが、それらを苛烈にもたらすことに繋がるからである。コノリーは現代のニヒリズムの感覚が、人新世によってもたらされる有機的な帰属の感覚の消失、すなわち進歩や豊饒性といった馴染みのある概念が極めて短期間のうちに危機に曝されたことに起因していると見ている（FP, 165）。ここでニヒリズムとは、存在や道徳の基礎付けが偶然性によって不確実になったゆえにもたらされている。それゆえニヒリズムに陥らないために、この不安定さに晒された状態の肯定、すなわちその原因たる偶然性を受容し、不安定さを豊饒性の経験としてとして肯定することが求められるのである。

ニーチェ＝フーコー主義に基づいた倫理‐政治的実践とはまとめれば、世界や諸存在それ自体ないし、それらを支える基礎が偶然性に晒された不安定な状態に依拠する実践である。この依拠を通じて、ホワイトがまとめたように一方では倫理的源泉としての豊饒性の肯定、他方では自己や他者への介入が目指される。

二　涵養の倫理への批判と倫理的源泉

コノリーの倫理的‐政治的実践において問われる点の一つが、偶然性の豊饒性としての肯定と実践とのあいだの繋がりについてである。この点について、理論的、現実的観点から二つの批判がある。まず理論的観点として乙部延剛は、循環した関係があると読み取っている。その循環とは、ルソーが述べた「生まれたばかりの人民が、政治の健全なる格率を好み……国是の基本規則に従いうるためには結果が原因とならなければならない」（Rousseau 1978, 46=65 quoted in PL, 134=226）というものである。コノリーはこの点について、次のように述べる。

> ここで私版のルソー的パラドクスに立ち入るのはよそう。民主的な徳は民主的な生の様式を前提とするが、この生の様式は翻ってそれに先行すべき徳を前提とする、というパラドクスは措こう。デモクラシーとその徳はともに、すでにある程度までは発展してきていると見なそう。われわれは所得の不平等が減じられている等々といった仮想世界をすでに実現しているとしよう（ID, 193-194=359）。

コノリーはこのパラドクスの重要性について度々言及しつつも、立ち入るのを避け、理想的な条件が一定程度存在することを示唆している。乙部はこうした主張に対して、解決策の不十分さを指摘している（乙部 2019, 44-46）。またエラ・マイヤースは肯定と実践の繋がりについて、「自己自身のなかにある多様な要素に直面したなかで、あるいは自分自身以外の信仰に対してより忍耐し、寛大になるための過程のなかで行われる反省的関係の特定の関連を動機づけるものは何か?」と問い、動機づけの不十分さを批判する（Myers 2013, 42）。理論的批判を要約すれば、肯定的感性を会得するためにはその環境を作り出す実践が必要とされ、その実践のためには感性が必要とされる循環的問題、さらにその循環のなかでも規範的実践へと方向づける拘束力の問題である。

現実的問題と関わりレベデフは、偶然性の発露が時代を経て質的に変化していると指摘している。先に見たニーチェらに関する議論が結実したのは、概ね一九九〇年前後であり、コノリーはそうした議論の時代背景を後期近代と定めていた。一方で、コノリーの議論では二〇一〇年以降取り上げられるようになった人新世においては、偶然性、つまり自然の破壊性はより根源的なものとして現れている。コノリーは後期近代と人新世について、「断続的で惑星的な不安定性が資本主義や国家主権の脆弱な実践と折り合わされた」出来事が現われる、偶然性の地球化という観点で一貫して捉えている（RE, 134）。つまり後期近代、人身性のどちらであろうとも偶然的な出来事は世界的なものであり、質的な変化はないのである。しかしレベデフは、コノリーが一九九〇年代に結実させた政治モデルに固執しているように見え、「普遍的な惑星的なもろさという矛盾への彼〔コノリー〕の着目は、『手に負えない世界』が意味を持つように、世界へと愛着をもつこと、まさにその能力を断続的に否定していることを明らかにしている」と批判する（Lebedev 2021, 146）。この批判を要約すれば、コノリーは人新世においても人間を超出するその力から生への愛着を引き出せると見ているが、洪水や火災など気候変動の影響による破壊的な出来事は、後期近代よりも苛烈な力として、生への愛着をむしろ阻むことになっている。

コノリーが肯定と実践との関係を架橋するものとして論じてきたのが、涵養の倫理である。先の説明と重複する部分があるもののコノリーは、次のように述べている。

倫理の圏域において、内在的自然主義は神、超越論的主体、あるいは調整された行為者間の擬制的契約によって権威づけられた命令の道徳性ではなく、世界へのケアに結び付けられた涵養の倫理を隠し持っている。こうした適合がその最も傑出した仕事をなすのはケアの涵養と、公的な諸原則についての確立された解釈が想定していない状況の発生とが共起する点においてなのである（CCAS, 84-85）。

涵養の倫理における最も重要な点は、先の道徳的源泉と倫理的源泉との対比のように、後者の偶然的で豊饒性を湛えた世界に根を持つことである。こうした倫理的源泉は、傑出した仕事をなす場、つまり道徳律と実践とのあいだに不和がもたらされるところである。

問題はこの涵養が何を意味するのか、という点である。ポイントは、私たちが世界に対してわずかながらでもすでに抱いている肯定的な感覚と幸運である。

私たちは第一に、なぜ道徳的であるべきかとは尋ねない。私たちはある基準まで私たちにすでに吹き込まれているアイデンティティを越え出る生の豊饒さへのケアをどのように活気づけ、涵養することができるのかということを問うのである。もしあなたが幸運ならば、ある基準まで沸騰し、さらなる仕事を可能とするだろう（Connolly 2005, 28）。

先に引用したルソーのパラドクスのようにコノリーは、循環や動機づけの根幹に関わりうる、なぜ道徳的であるべきかという問題を避けて通り、すでに一定程度共有されている肯定的感覚に訴えかける。ここで涵養とは、少なからず存在する肯定的感覚をより大きくし、身に付けることを通じて、実践を可能とする感性を育もうとする過程である。くわえて、この涵養の過程は自動的になされるものではなく、幸運が必要とされている。こうした幸運は、「カントが抱いていた恩寵という点にほとんど近く位置づけられ」、もしこの要素をなくそうとするならば、「生から創造性を搾り取るような道徳になってしまいがち」であるとコノリーは述べる（FT, 132）。カントにおいて恩寵が、先に見た共通感覚と同様に、理論を構成するための重要な梃子として導入されていたように[3]、コノリーは幸運の要素を理論化しえない生を構成する重要なものとして取り入れている。

涵養の倫理のより困難な点は、誰しもが可能なわけでもなく、必ず成功できるわけでもない点である。「涵養の倫理のために、蒔いた偶然性の種子がつねに育ちうることを保障できない」とコノリーは繰り返し述べてきた(FT, 132)。なぜならば、幸運だけではなく、「生成の世界に位置づけられた涵養の倫理ゆえに、そのうちに悲劇の可能性を含んでいる」からでもある(FT, 133)。世界が人間の力を超出する偶然性で満ちているならば、そこには豊饒性として経験できるものだけではなく、悲劇としか解しようのない出来事も存在する。

コノリーは涵養の倫理を阻害しうる悲劇について、これまでバーナード・ウィリアムズ、ジェイムズ、ソフォクレス、そしてニーチェに着目し、偶然性と関連付けて論じてきた。このなかでも、特にニーチェは偶然性の両義性を強く主張してきた人物である。コノリーによればニーチェとは、「豊饒性の哲学を『楽観主義』と同一視する愚か者を誤りだと示し、悲劇的なヴィジョンを諦念の気質へと自動的に結びつける人々に疑問を付しながら、存在の豊饒性と悲劇的ヴィジョンへの感謝を抱いていた」人物である(CCAS, 134)。こうしたニーチェの位置づけは、偶然性の両義性に対するコノリーの態度を端的に表している。つまり、豊饒性を奉ずるからといって、それが必ずしも成功に結び付くわけではないと考える点で楽観主義ではなく、悲劇を論ずるからといって単純な悲観主義を意味するわけでもなく、豊饒性と悲劇との分かちがたい関係を看取している。

その分かち難さを読み解くためにコノリーは、ニーチェの『権力への意志』おける次のアフォリズムを引用している。

> 悲劇的芸術家の深みは、その美的本能がはるか遠い帰結をも見渡すということ……大規模の経済を肯定するということのうちにあるが、この大規模の経済は、怖るべき、悪意ある、疑わしいものを是認する、しかも、是認する——のみではないのである(Nietzsche 1968, no.852, 450-451=365-366)。

ニーチェは悪を偶然、不確実なもの、突如たるものの三種類に分類したうえで、これまで「悪のうちに善意がひそんでいるとの信念」の確立によって、それらの解消が試みられてきたことを論じている。それに対して求められるべき態度は、悲劇的芸術家の深み、つまりこれらの要素を含みうる大規模な経済としての世界を是認することである。

コノリーは、ニーチェの引用からいくつかの要素を読み取っているが、ここで次の二つが重要である。まず、「ニーチェは苦しみと悪を神の摂理の最終的な勝利に結び付けたり、あるいは摂理的に課された法への背反に還元したりする神義論に対抗している」と把握されている。くわえて、「彼〔ニーチェ〕は、悲劇的可能性が時間の異なる層に据えられた力のあいだの不確かな衝突や接合に繋ぎ合わされるものとして解釈している」という（CCAS, 137）。こうしたニーチェの解釈とは、大規模な経済のある世界に自身が提起する生成の世界を重ね合わせることを通じて、超越論的に把握された世界像と、以下で論じる悲劇の解釈を拒絶し、表裏一体的に存在する豊饒性と悲劇を肯定していると捉えられる。

涵養の倫理とはまとめれば、循環の問題を前にして、少なからず存在する所与の肯定的感覚に訴えかけ、道徳律では解しえない偶然性を豊饒性としてさらに肯定できる感性を育み、これによって実践の動機付けを充足していくことである。しかしこの涵養の過程は、幸運という要素によってその成否が分かれる可能性があるだけではなく、世界に必然的に含まれる悲劇的な可能性によって阻害されることもある。涵養の倫理のポイントは二つあり、一つは豊饒性の経験がいかなるもので、それがいかに実践の契機となるのかについて、もう一つは涵養を阻害しうる悲劇への応答である。以下ではまず一点目について検討する。

三　充溢か躍動力か

本節と次節ではポイントの一つ目である涵養の倫理における豊饒性の経験と、その経験と実践との繋がりを検討する。ここでそのために対比したいのは、コノリーと、コノリーが自身と同様に涵養の倫理を追求していた論者として挙げるチャールズ・テイラーである。コノリーは、テイラーの論ずる「命令、擬制的契約、あるいは超越論的な主張から必ずしも引き出されない寛大のエートス」に負ってきたことを述べ、くわえてテイラーにおける道徳的源泉が「あなたの内部や周囲にすでに循環している不透明な源泉の涵養を含んでいる」点に共感している（Connolly 2020, 140）。しかし、こうした共感を示したうえでコノリーは、テイラーにおいて源泉として重要視されるものが充溢 fullness である一方で、自身が重要視するのが躍動力 vitality であると述べている。

コノリーはテイラーの『世俗の時代』から次の文章を引用し、充溢について論じている。

> 私たちはみな、自分の人生および／あるいはその人生を生きる際の空間を、ある一定の道徳的／霊＝精神的な spiritual な形象を備えたものとして理解している。ある行為や状態のどこかに、充溢ないし豊潤性 richness が横たわっている。つまり、そうした場所（行為もしくは状態）において、人生はより満ち溢れたものであり、より豊かなものであり、より深淵なるもの、より価値あるもの、より称賛に値するもの、よりそうあるべきものとなるのである。これは力のみなぎる場所と言うこともできよう（Taylor 2017, 5=6）。

テイラーは『世俗の時代』において、人間の開花繁栄を超え出る最終目標や存在への何らかの忠誠心を受容せず、人間の開花繁栄のみに焦点を当ててきた立場を排他的人間主義と呼び、彼らに反対してきた。ここで彼が支持する充溢とは、神などの超越的な存在が人間の生に高次の善の方向性を示すことによって、人々の霊性＝精神性を満たすものである。

一方、コノリーが倫理的源泉として重要視するのが生の豊饒性としての躍動力である。この躍動力はここまで論じてきたニーチェだけではなく、ベルクソン、ホワイトヘッド、ジェイムズ、ドゥルーズ、ベネットらによっても追求されてきた。彼／女らは生成の世界に基づいて「テイラーが追求した充溢を躍動力への評価へと変換」し、「良き生のための不可欠な条件や側面として存在の躍動力」を論じてきた（Connolly 2020, 142）。依拠する思想家によって躍動力はその説明の強調点が異なるものの、先に見たチンが整理したところの偶然性、すなわち支配に抗する世界において機能する何か、ニーチェにおける生に関する議論と重なる。躍動力とは、生のように目的や法則といった枠組みには網羅されえない諸事物が有する創造性を持つ活発な力である。カントの超越論に支えられた道徳的源泉とテイラーの論じる神によって充足された充溢は同一ではないものの、どちらでもが現在共有されている、すでに現動化された秩序が重要とされているとするならば、躍動力ではその下部に流れる潜在的な力がより重要視されているといえよう。

こうした躍動力の概念に依拠し、コノリーは躍動力の経験それ自体が生にとって価値あるもの、すなわち肯定しうるものであり、その経験が実践に結び付くと論じている。彼によれば、「もし私たちは断続的に変貌するような多様で交差する力場によって構成される、生成するより大きな宇宙のマイナーな参加者であるとするならば、世界へ属しているという私たちの経験の一部は、躍動性のそうした経験や、私たちが参与している現実的創造性の小さく、大きくもある瞬間へと結びついている」(Connolly 2020, 147)。それゆえ、「人間の躍動力は私たちの特徴、より大きな過程への慎み深い参加を示す」ものであり、「人間の躍動力とコスモスへの愛着の仮説的な感覚とがともに結び合わされたもの」として、「躍動力の経験は生を価値に値するものとする一つゆえに、世界へのケアの涵養が躍動力へと真っ先に結び付けられる」と主張されている(Connolly 2020, 144)。これらの主張から躍動力を世界において機能する何かや生というやや抽象的な力ではなく、より具体的なものとして特定することができる。躍動力は人間の生に限定されず、大きな宇宙、コスモスという言葉によって示唆されるように、自然や人間以外の存在も有する力である。それと同時に、人間はそれ自体で完結して存在するのではなく、多様な躍動力の集合体であり、また人間も別の集合体の一部として存在している。このとき躍動力の経験とは、地球やコスモスという世界と人間との互恵的で有機的な一体性が生じている状態だといえる。それゆえこの有機的な統合は、人間の躍動力の肯定それ自体が世界の肯定を意味し、涵養の倫理において必要とされる肯定の基礎を形作ることとなる。(4)

このときコノリーは、「躍動力が充溢を屈折させるということは、つまり抹消させることを意味しない。むしろ洗練させ、展開させること」なのであり、「『充溢』は今や断続的な振動、躍動力を倫理‐政治的過程のまさに活力のある状態へと引き上げる振動を含みうる」ものとなる、と主張する(FT, 146-147)。換言すれば、テイラーにおける充溢とは神との超越論的な関係において充足される状態であったのに対して、コノリーは充溢を躍動力の経験という内在的な関係における豊饒性として再規定し、くわえて倫理と政治がその状態に支えられていることの重要性を主張している。

しかし、肯定がなされたとしてもいかに実践がなされるのか、ということが問題となる。なぜならばコノリーは有機的な関係を経験し、肯定することができれば、実践へと繋がると、経験、肯定、実践を直線的に結び付けていると考えられるからである。[5] 本稿の最初で記したように、人新世において人間以外との関係を論じることは重要であり、この点についてコノリーの論じる躍動力の経験は示唆的であるものの、実践を規範的に拘束することには結び付いていない。次節では、肯定の基礎にある躍動力の経験を分析することによって、いかに実践がなされるのかを検討する。

四　義務としての配慮＝関心

本節では、躍動力の経験、すなわち人間と自然や非人間的なものとの有機的な一体性において、実践がいかに生じるかを検討する。そのために、マリア・プイグ・デ・ラ・ベラカッサの議論に着目する。プイグ・デ・ラ・ベラカッサは、コノリーと同様に新しい物質主義と呼ばれる潮流に属し、自然や非人間的なものと関係的に存在する人間のあり方を論じてきた一人である。

彼女は関係的な主体のあり方に着目し、ケアを論じてきた。ここで着目したいのはケアそのものがいかなる実践であるか、という点ではなく、ケアを行うための契機、つまり義務 obligation の要素である。彼女は「私たちはケアすべきか」ということがうまくいくためには、義務が生じることによってエートスが変化していくことが必要だ、と論じる(Puig de la Bellacasa 2017, 147)。つまり、ケアがなされるためには、義務を構成要素として、エートスを涵養していくことが求められている。

ケアと義務について、彼女はパーマカルチャーにおける人間とミミズの関係を嚆矢としている。パーマカルチャーをはじめとする農業において、ミミズは土壌改善にとって重要な役割を果たしている。「ミミズをケアする義務を可能なように生成すること」は、パーマカルチャーの諸実践、「土、好奇心、『他者』の必要性への愛に手をつけることによって育まれる」と論じる（Puig de la Bellacasa 2017, 147）。こうした義務は、一見すると人間が行うパーマカルチャーの利益になるからミミズをケアすると論じる功利主義や、ミミズそれ自体のためにケアするという利他主義と捉えられるかもしれない。しかし、彼女は自身の論じるケアが、これらと対立する実践であると位置づけている。なぜならば、こうした関係的な義務が成立することは、「それに依存して生きること living-on やそのために生きること linving-for というより共に生きる living-with」ということを意味するからである（Puig de la Bellacasa 2017, 148）。コノリーやプイグ・デ・ラ・ベラカッサが支持する主体を考えれば、それは功利主義や利他主義が想定するような、関係に先立って存在する主体ではない。それは、関係から生成するのであり、それゆえ共に生きるということしか想定されえないのである。そのため、ケアにおける義務とは、何らかの存在との関わりを所与として、そのプロセスのなかで生じてくるものと考えられる。[6]

プイグ・デ・ラ・ベラカッサが論じるケアは倫理的義務として、上記のような立場だけではなく、義務論にも対置されている。コノリーの論じる倫理‐政治的実践がカント主義によるものと対置されていたように、ケアも「道徳的命令というより、物質的、情動的制約から生じる偶然的な必要性を有する」ものである（Puig de la Bellacasa 2017, 152）。こうしたケアのあり方をプイグ・デ・ラ・ベラカッサは、状況に置かれた倫理 situated ethics と呼んでいる。倫理が状況に置かれているということは、道徳的命令という観点から理解される実践ではなく、絡み合いのなかにおける物質的・情動的な関係のなかで求められるということを意味する。このプロセスについて、彼女は次のように描き出している。

> エートスが生じさせるコミットメントによるケアへの倫理的義務は、進行中の関係的な制約への関与を通じて起きる。面倒を見ているときやケアをしているとき、あるいは誰かや何かが私たちをケアしているとき、特定の行為が義務となる。彼／女らは、要求や依存性を創造、再創造し、彼／女らは、特定の世界で生きていくために必要となり、そしてその世界に住まうようにどのようにしてか義務を課す。互恵的で、つかの間の双方向的なケア労働の網は、行為体たちが意図的に倫理的ではないときでさえも、倫理性を完全に満たす（Puig de la Bellacasa 2017, 155）。

プイグ・デ・ラ・ベラカッサによるこうした描出は、義務が生じる過程を端的に表している。ポイントは、義務は関係に先立たない点にある。関わりのなかで存在するということは、上記の躍動力に基づいた充溢が示唆するように存在論的な面だけではなく、物質的な面においても他の存在と関わらざるをえないことを意味している。関係を条件として他者から要請される特定のニーズに応答することが、義務の端緒となる。そうした特定のニーズの要請に対する応答を繰り返すことによって、互恵的に義務を賦課しあう関係となる。

プイグ・デ・ラ・ベラカッサの論じるケアにおける義務は、豊饒性や躍動力の経験と実践との関係を、内在的な規範的拘束という観点から捉え直すことを可能にする。コノリーだけではなく、プイグ・デ・ラ・ベラカッサも道徳律という超越論的な枠組みに基づいた実践の拘束を退けていた。ここで描出される義務は、人間と自然や非人間的なものとの内在的な関係に基づき、存在論的・物質的両面において相互依存的に共に生きていかざるをえないことをその基礎としている(7)。義務を媒介することによって、循環および契機の批判にいかに応答できるだろうか。超越論や外部の存在に訴えかけずに、内在的な関係に基づいて循環の問題を解消することは非常に難しいが、その環を緩めることはできるだろう。コノリーにおいて問題となる循環は、肯定的感性と実践とのあいだにあった。ここまで本稿は、私たちが存在するということは、何らかの関係に常に埋め込まれており、そのなかで他の存在を必要とし、生きていかなければならない、その関係に依拠した義務を論じてきた。無論、始めに関係あり、という設定は、コノリーが設定した所与の肯定的感覚や幸運と重なると捉えられるかもしれない。しかし、私たちは相互依存的な関係のなかで共に生きていかざるをえず、そうした切迫した状態が他の存在へと働きかけることを求める義務を生み出す。それゆえ、相互依存的な関係は、私たちが肯定すべき事柄ではあるものの、全てに先立つ条件として、循環における一側面である実践を導くことができると考えられる(8)。

またここで検討してきた「義務」という用語はコノリーのこれまでの議論に容易に馴染まないが(9)、彼の馴染みのあるタームである多元性と多元化という用語を捉え直すことも可能とする。多元性とは一般的には多様な価値が共存している状態であるが、コノリーにおいては人間だけではなく非人間的なものも含めた多様な存在が共存している状態を意味する。それに対して多元化は、現に存在する多元的な状態を新たな多元性と作り変えようとする政治的モーメントである。多元性は多様な存在の共存ではありつつも、一時的に充足された状態に過ぎず、何らかの排除を必然的に含み、その外側や下部には抑圧や苦しみが常に存在する。こうした多元性に対して、多元化は「文化的に認められ、制度的に規定されてきたアイデンティティと再交渉する過程にある人々を対象に」働く（WINS, 62）。つまり多元化とは、多元性を再構成するように働きかける人々を目標にし、より良い状態へと導くことを狙いとしている。ここで議論は人間に限られているものの、より良い多元的な関係を非人間的なものとも結ぶ必要を考えれば、多元性の再構成を訴求する声に対して応答する実践を義務として拘束することによって、多元化の規範性を高めることができると考えられる。

五　悲劇と悲劇的ヴィジョン

本稿では、涵養の倫理において、私たちが何らかの肯定的な感覚と幸運を有するという前提に対して、豊饒性の経験を分節化し、相互依存的な関係に基づいた義務を論じてきた。しかし、レベデフが批判したように人新世の破壊性を考えると、容易に首肯しえない。彼は、人新世の破壊性を強調し、それがコノリーの理論に断絶をもたらすと批判してきた。先述したように、コノリーは涵養と関わって破壊性を悲劇と関連付けて論じてきた。しかし、悲劇が生じうることは、単に悲観的な観点からのみ捉えられてはならない。なぜならば以下で論じるように、悲劇は実践に対して先導的な役割を有しているからである。そのため、レベデフらの批判を吟味するためには、そうした悲劇の役割を明らかにする必要がある。

コノリーの論じる悲劇は、一つはアイデンティティに、もう一つはより広い出来事の二つに関わる。まずアイデンティティという観点から見れば、コノリーにとって悲劇は、ニーチェを論じるにあたって生じてきた問題の一つである。悲劇そのものを焦点化する、というより、アイデンティティや涵養との関係において、悲劇は論じられてきた。[10] また人新世という問題が焦点化されてからは、人間だけではなく、他の諸生物にとっても破滅的な出来事が主眼とされるようになってきた。

本稿がコノリーの悲劇に関する議論のなかで特に着目したいのは、涵養と関わり、実践に対して悲劇の役割が明確にされている部分である。そうした役割がより明確に論じられているのは、アイデンティティではなく、破滅的な出来事に関わる箇所であり、こうした議論は二〇〇八年以降の近年の著作で取り上げられてきた。それゆえ本稿では、これらの著作に着目して、悲劇の役割を解きほぐしていく。

悲劇的なものを論じるにあたって重要となるのが、悲劇と悲劇的ヴィジョンとの区別である。コノリーはソフォクレスに依拠しつつ、悲劇とは「ある演劇のなかに集約された悲劇的結末」であり、悲劇的ヴィジョンとは「存在のその根本的な構想のなかにそのような一連の可能性を打ち立てること」であると二つの形態に区別している[11]（CCAS, 121）。悲劇のこの二つの区別のなかで、コノリーは悲劇的ヴィジョンのほうが重要であると考える。その理由は、それぞれが形作られる布置の相違にある。悲劇的ヴィジョンが形成される布置について次のように述べられている。

もしあなたが時間の摂理的なイメージを疑い、人間が生に課される全ての力を支配できるという代償的な考えを拒否し、私たちの利益のために設計されておらず、思いのままになるほどに可塑的でもない世界についての知識を涵養することを追求し、最も悪いなかで起こりうる出来事のあれやこれの連鎖への一時的な感性を涵養するならば、あなたは悲劇的ヴィジョンに接近できる（CCAS, 121）。

コノリーは悲劇的ヴィジョンに近づくためには、摂理的なイメージや人間の支配性のイメージを拒否していくことが必要だと考えているが、具体的には、悲劇と悲劇的ヴィジョンとをどのように区別できるだろうか。まず超越論的な枠組みと対比することが最適だと考えられる。そうした秩序を揺るがす出来事や最悪のことが起こったとき、秩序の論理によって規定されている悪と、生じた出来事によってもたらされた苦しみが結び合わされることで、出来事は悲劇と意味付けられる。それゆえ悲劇は、超越論的な枠組みに従って意味付けられる最悪の出来事と理解できる。対する悲劇的ヴィジョンについて、先に引用したコノリーによるニーチェの読解が理解を助けてくれる。ニーチェの議論とはまさに悲劇と最悪の出来事を結びつけるような枠組みや論理を相対化する試みとして捉えられていた。こうした相対化こそが悲劇的ヴィジョンの一つの大きな狙いであると考えられるが、具体的にはどのように捉えられるだろうか。以下では、悲劇的ヴィジョンの内実、そしてそのヴィジョンを読み取れる予言者、そして予言者に重ねられる政治理論家の役割を検討する。

悲劇的ヴィジョンの形成と認識という点で、コノリーの議論のなかで重要な役割を果たすのが予言者 seer である。コノリーは予言者として、ギリシア悲劇におけるテイレシアスを挙げている。『アンティゴネー』は、国家の法を表象するクレオーンと、国家外の神々の法を表象するアンティゴネーをめぐる物語である。このような対立のなかで、一方の英雄や支配者がその強欲性や支配性のために出来事のペースの変化や、世界への適切な応答を失敗するのに対して、「ペースやタイミングの試練は予言者にとって重要」なものであり、テイレシアスはそうした変化を見定めることができる存在として捉えられている（WB, 153）。

コノリーはクレオーンとテイレシアスとの対話の場面に着目し、次のテイレシアスの台詞を引用する。

> 私の占いの兆しを読めば、お分かりになるだろう。あらゆる鳥の集まるところ、占いのためのとても古い私の椅子に座っていた時のことだ。すると突然、今まで聞いたことのないような音がした。パニックに陥った金切り声と耳を聞こえなくするような意味の分からない大混乱が、血まみれの爪で互いに引き裂きあうのが、……全てが兆しとして私に衝撃を与えた（Sophocles 1996, 236-237, quoted in WB, 154）。

物語では、テイレシアスは読み取った兆しをもとにクレオーンに助言し、クレオーンはこの助言を聞くものの、その後に拒絶することとなる。コノリーはテイレシアスの台詞のなかで、突然、聞いたことのないような音がしたこと、そして鳥のざわめきとそこから広がるイメージに特に着目する。

コノリーが出来事の変調や鳥と関連する自然の動きに着目するのは、それが偶然的な力によって構成される世界の運動と類比的に捉えられるからである。テイレシアスという予言者によって聞かれる自然のざわめきは、物語上の形象としてだけではなく、より実在的な出来事として、偶然的な力で構成される世界における自然の動乱に重ね合わせられている。[12] この重ね合わせを念頭に置いたとき、動乱が起きる世界のなかでの予言者の位置づけと、コノリーがこれまでに依拠してきた思想家との繋がりを理解することができる。

まず予言者の位置について、「それは、分岐していく瞬間 forking moment のなかで互いに押し合ったり、ぶつかり合ったりする部分的に形成された潜在性の巣のうちに住まう予言者を提案している」と論じられている（WB, 158）。くわえて予言者は、権威の中心にではなく、不確実性と周縁性を伴うような「権力と出来事の淵に生きている」という（WB, 159）。こうした主張を読み解くにあたって、重要な点が「分岐」という言葉である。生成の世界においては、多様な力がぶつかり合い、新たな力が生まれていくことが焦点となっていた。コノリーが分岐という言葉を使うとき、この過程のなかでも、今までのあり方が崩れ、他なるあり方が見え始める瞬間に重きを置いている。つまり、分岐とは不確かでありながらも、現在とは別の方向性が垣間見える瞬間である。[13] 予言者とは『アンティゴネー』に引き寄せて考え直したとき、クレオーンとともにあるような権力の中心地に居座るのではなく、その中心に回収されないような立場にありながら、鳥のざわめきによって示唆される不調和がもたらされ、時間が分岐するその瞬間をヴィジョンとして受け取るのである。

またコノリーは様々な思想家に依拠して、生成という観念を論じてきたが、これらの思想家も分岐を読み取れる感性を有しているとも論じている。「新たな不均衡が現われ、確立された知識や道徳的判断の形態が不十分になったとき、近代的生における運命的な契機のなかの自然的、文化的兆しを読むように努める感性的な思想家と予言者は親和性を」持っているという（WB, 156）。ニーチェやホワイトヘッド、ドゥルーズ、ジェイムズといった思想家をあげることができるが、このなかでも先に悲劇について概観した際に取り上げたニーチェが最も明瞭である。コノリーによれば、ニーチェが偶然的な世界を肯定したのは、「時間の切っ先 razor's edge of time における悲劇的な出来事に取り組む力を動員する」ためであった（CCAS, 137）。時間の切っ先、言い換えれば時間が分岐する瞬間を読み取ろうとする感性が、テイレシアスと同様に他の諸思想家にもあったと読み込まれているのである。

では、このような周縁に位置し、時間の分岐を読み取ろうとする予言者は、いかなる技術や能力を有しているのだろうか。コノリーは、世界の不調和な出来事に応答する予言者の能力として、不確かな未来についての予感を示すだけではなく、「古い認識、習慣、判断の基準の集まりが現れつつある状況に対して不十分になったとき」、これらの道具を作り変え、「思いがけない瞬間における新しい格率、判断、概念や戦略に必要不可欠」なものとして備えることができると論じている（WB, 164-165）。予言者とは悲劇的なものに関連させて言い換えれば、次の二つの技術を有する存在である。第一に、予測不可能な物事をもたらす世界のなかに位置づき、そうした物事のはっきりとした把握を不可能だと理解しつつも、時間が分岐する瞬間、すなわち悲劇的ヴィジョンを捉えることができる。第二に、その分岐によってもたらされうる悲劇的な可能性に応答する備えを整えるために、既存の概念や判断を作り変える技術と感性を有する。

予言とはともすると奇怪な能力であるが、コノリーは予言者に政治理論家を重ね、その現代的な役割を論じている。コノリーは、理論家が神的あるいは設計された兆しを、テイレシアスが鳥から兆しを読み取ったようにすることはできない、と留意しつつも、「私たちには自由に使うことのできる経験的データと予測する力がある」と述べる。その例示として、「気候科学者は、彼らが統計の水準や幅広いヴァリエーションの範囲内で予測しえたとしても、非行動の結果が深刻な結果をもたらしうる、と信じていい理由がある」とコノリーは挙げている（WB, 156）。気候科学者であれば、そのように経験的データを用いて深刻な未来がもたらされうる、ということができるが、一方で政治理論家はどのようなことができるのだろうか。

コノリーにとって、予言者としての政治理論家の役割は、これまで拒絶してきた超越論的な枠組みとは異なる観点から世界を把握することを通じて、悲劇ではなく、悲劇的ヴィジョンを形成することが一つの目的といえる。コノリーは理論家、特に偶然性を重要視する生成の理論家の推論過程について、次のように述べる。

いまやあなたは、活性化の淵にある可能性を、それと競い合う他のものよりも優先性を与えながら、創り出そうとするようになる。なぜなら、あなたはこの潜在性を存在へと引き出すことが、私たちの新しい状況へと肯定的に語り掛ける方法で生成に参加することだと感じているからである。分析とドラマ化はつねに、結び付けられているが、両者の強調の適切な配分は時によって変わってくる（WB, 162）。

この引用を敷衍したい。理論家の試みは、コノリーが主眼としてきた分岐という物事が不安定になる瞬間において、最も傑出したものとなる。一方では、分岐が生じない、相対的に安定した時間では現在の物事を分析する試みが優勢となっているが、他方では分岐が生じる瞬間においては、ドラマ化、すなわち他の物事よりもある物事のほうがあたかも重要であると強調することによって、その生成を促そうとする実践だといえる。

では、悲劇的ヴィジョン、予言者、政治理論家という概念に依拠したとき、人新世や気候変動による破壊的出来事へどのように応答できるだろうか。コノリーが暫定的な未来 interim future という概念に訴えかけているのは示唆的である。

あなたは最初に、広義の資本主義において実質的な進歩が二つの面でなされた暫定的な未来を想像するだろう。暫定的な未来を企図することの重要性は、生成の世界においては暫定的な地平線を超えて建設的な想像ができない私たちの無能力さに、幾人もの人々の今すぐに取り除く必要があることに、そして地球温暖化の退廃していく可能性と折り合う時間があまり残されていないことに特に結び付いている。あなたはそうしたら、イメージを現動化しうる具体的な改革を指し示す点を逆算するだろう（CCAS, 94）。

政治理論家の役割を予言者に重ねて考えれば、二つの役割を持つといえるだろう。第一に、理論家は自身の規範的な構想として暫定的な未来を企図する。第二に、破壊的出来事が起こりうる瞬間である悲劇的ヴィジョンを把握し、そのヴィジョンを強調するドラマ化と同時に、暫定的な未来を規範的な参照点として、「イメージを現動化しうる具体的な改革」すなわち既存の道具立てを作り変えることである。この二点について検討したい。

一点目の暫定的な未来としていかなる規範的構想をすることが、人新世や気候変動への応答になるのだろうか。ここではコノリーの規範的構想を詳述することはできないが、彼はエコ‐平等主義的資本主義を構想している。この構想は、「低所得層が住宅、教育、医療、文化的体験、廃棄物処理、そして老後の様式に対する国家的、社会的支援を含む確立された消費のインフラによって可能となる良い生活に参加すること」、これを狙いとする（CCAS, 93）。ここでの「エコ」の意味として、特に電力供給や廃棄物処理、環境効率といった消費を支える構造に着目し、それらの環境収奪的ではない形態が目指されている。

規範的構想という政治理論家の仕事という点で、参考に値するのは、コノリーがこの点を論じるにあたって着想源としてきたシェルドン・ウォリンの論じる「職業 vocation としての政治理論」である。ウォリンは方法を習得し、遂行する方法主義者に対して、政治理論家に相応しい形態である叙事詩的理論家 epic theorist を位置づけてきた。叙事詩的理論家の特徴として、スケールの大きさであり、「一つの思想行為によって、政治世界全体の再統合を追求する」ことである。それはつまり、世界を新しい仕方で見ることであり、「固有の認識的および規範的基準を備えた見方」をするものである（Wolin 2016, 26-27=144）。再統合という点に関わるさらなる特徴として、理論がその構造として、「公的関心」を有するものであり、この関心こそが「政治理論に従事することとそれ自体に本質的なことである」（Wolin 2016, 27=145）。くわえて理論と現実の関係について、方法主義者と叙事詩的理論家は異なる比重を与えるともいわれている。一方の方法主義者は、現実世界ではなく、理論内部に誤謬を探索するのに対して、他方の叙事詩的理論家は「理論的知識の諸欠陥に関連する問題というより、むしろ世界内部の出来事ないし自体から生まれたきわめて重要な実際の問題群」に焦点を当ててきた（Wolin 2016, 28=148）。現実の諸問題を起点として、それを理論的な問題として再構成し、再構成された問題を参照点として、「世界それ自体を変革しようとする」ものこそが、叙事詩的理論家である（Wolin 2016, 30=151）。ウォリンの議論に依拠したとき暫定的な未来とは、ここではエコ‐平等主義的資本主義として気候変動に端を発して規範的に構想され、現実の問題を是正する参照点として機能するものである。

二点目はこの是正に関わり、コノリーはこれまで市民や理論家のなすべき行動を多く例示してきた[14]。市民について例えば、インドやバングラデシュに住む科学者やライターであれば、西洋諸国が排出した二酸化炭素の影響が自身の地域に表れていることや採掘主義の被害を被っていることを公表すること、あるいは中産階級の消費者であれば、地産地消運動、都市農業へ参加すること、が挙げられている（FP, 127）。肝心の理論家はその仕事を、参加している講義、執筆している投稿、受けるインタビュー、設計し、教える授業のなかで発揮すべきだと論じられている（Connolly 2019, 762）。気候変動や人新世に即して理論家の仕事を具体的に考えてみよう。その仕事は、特に執筆という行為に顕著に表れるだろう。コノリーの近年の著作はまさに気候変動に応答するために執筆されたのであり、例えばカント的な枠組みに依拠したままではこれらの事象を適切に把握できないことを批判し、一つの代替的応答として人間と自然や非人間的なものと関係を構想してきた。こうした構想や概念の再構成とは、まさに予言者の技能の一つであった。それと同時に、大学に属するという点で、新たな構想に基づいた授業を設計し、学生に教えることは、未来の危機に応答するための知恵を広げ、気候変動の大きな原因である資本主義や社会のあり方を変革するきっかけをもたらすだろう[15]。

ここまでの議論を悲劇的ヴィジョンと政治理論家の役割を中心にまとめよう。まず悲劇的ヴィジョンとは、現在の秩序を不安定化させ、時間の線を分岐させうる未来の最悪の出来事が到来する瞬間、そのイメージである。政治理論家は、この悲劇的ヴィジョンに依拠し、次の二つを実践することが求められる。第一に、悲劇的ヴィジョンに基づいて、そのヴィジョンの到来を阻止することのできるような現在の構想に代わる暫定的な未来を規範的に構想すること、第二に暫定的な未来を参照点とし、世界それ自体の変革や是正を行うために、既存の概念や知識を再構成し、それを市民に伝達していくことが求められる。

本節は人新世や気候変動による破壊的出来事を問う批判に応答することを狙いとしてきた。たしかにレベデフが問うように、まさに生じている破壊的出来事そのものを享受することや、それに応答することは困難である[16]。しかし、そうした出来事が生じうるということは、必ずしも悲観的なことではない。その未来の可能性は、悲劇的ヴィジョンとして措定されることによって、その可能性を阻止する規範的構想、そして現実的問題を是正する契機をもたらす。それゆえ、破壊的出来事から直接的に実践を導出する肯定的感性を涵養するのではなく、その可能性を契機として市民を実践へと誘う、規範的構想をする政治理論家の仕事を要請すると考えられる。

おわりに

本稿では、コノリーが提起する倫理‐政治的実践の概要と、涵養の倫理について検討し、その実践における循環や動機づけを問う批判への応答を試みてきた。コノリーはこれまで、涵養の倫理を身に付けるために必要とされる肯定の感覚が、一定程度所与のものとして存在すると捉え、この問題を回避してきた。そのうえで幸運の要素があるため、必ずしも直線的にではないが、生成のなかに身を置くことによって得られる躍動力や豊饒性の経験が、動機づけを即時的に満たしうると論じてきた。しかし、コノリーも看取していたように、ここには同時に悲劇の問題も存在する。レベデフが指摘するように悲劇は、人新世によって一層強められ、豊饒性の受容や肯定的感性の涵養に断絶をもたらす可能性がますます高まっている。そのため、本稿では偶然性を豊饒性と悲劇の両面から再検討し、両者の実践における役割を検討した。一方は、豊饒性の経験という観点に基づいて、躍動力という自然や非人間的なものが人間へと応答を迫る義務についてであり、他方は人新世や気候変動における破壊的出来事を悲劇的ヴィジョンとして捉えることである。一点目の義務は、もちろんコノリーが述べるように、幸運の要素やいくばくかの肯定的感性に依存するが、相互依存的な関係に基づいて生きていかなければならない、という条件によって醸成され、倫理‐政治的実践を遂行するための規範的拘束力として機能すると考えられる。

二点目の悲劇的ヴィジョンは、どのように涵養の倫理に関わるだろうか。一つは、破壊的出来事の可能性を悲劇と捉える傾向を抑制すると考えられる。そうした出来事の到来を運命的に避けがたい悲劇と考えることは、現在の人々の考え方をより悲観的な方向へと傾け、改善するための実践をより阻害することになる。悲劇的ヴィジョンはそうした考え方を相対化し、最悪の出来事を肯定への障壁と考えるのではなく、どうしたら破壊的な未来を避けることができるのか、あるいはよりましな未来を作り出すことができるのか、と人々が想像していくことを可能にする。もちろん悲劇的ヴィジョンとして措定できることそれ自体が、豊饒性の肯定に依存しているが、両者は相補的に涵養の契機となると考えられる。また義務は他者に対して応答するように主体を方向付けていたように、悲劇的ヴィジョンは、暫定的な未来という規範的構想を通して行為の方向性を定めるものとしても働きうる。人々は自身の感性において、悲劇的ヴィジョンを把握し、互いに伝達しあうことによって、知識を形成し、改善すべき方向性を見出すことができると考えられる。

しかし、涵養のために、義務と悲劇的ヴィジョンのみでは終わるわけではない。例えば、二つの契機に共通する点として、絡み合いのなかで非人間的なものによる呼びかけに耳を澄ませること、悲劇的ヴィジョンを投影するためには予言者が鳥の鳴き声に耳を澄ませること、こうした傾聴する姿勢が求められる。くわえて、コノリーは「より多くの人が予言者としての能力を磨き、断続的にそれらを動かすことが重要である」と述べる（CCAS, 175）。それゆえ、涵養の実行可能性をより高めるためには、人々の傾聴や予言という能力の修練を必要とするだろう。こうした修練については、コノリーがフーコーの自己への配慮に依拠して展開する自己の技芸の検討が今後要されるだろう。

（1）ハンナ・アーレントの共通感覚 sensus communis に関する議論は、コノリーが析出しようとするカントの論じる普遍的な判断についての理解を助けてくれる。アレントによれば共通感覚は、自分で考えること（啓蒙の格率）、他のあらゆる人の立場に立って考えること（拡大された心性の格率）、自分自身と一致して考えること（一貫性の格率）を満たしているものである（Arendt 1992, 71=132）。趣味判断を支える基準は、共同体に自身を置いて考える共通感覚を通して普遍性を獲得しているといえよう。

（2）カントは、歴史の進歩が自然の意図によってもたらされると考えていたが、コノリーはこうした想定が経験的な証拠ではなく、「私たちがそれ自体で普遍的で抹消できない純粋な道徳を保護し、安全なものとするために企図しなければならない想定」であったと捉えている（FT, 114）。しかし、生成の世界を鑑みれば、「人間の支配あるいは存在があらかじめ設計されていることというどちらもの考えに結びついている時間的な進歩の想定を疑問に付すようになる」（FT, 26）。

(3) コノリーは、カントの議論において物質的な決定から行為者の自律性を守るために、恩寵が重要な役割を果たしていたと見ている。この恩寵は、コノリーが論じるところによれば、道徳性を支える諸要素、自律的主体とその意志のあり方、そして歴史の進歩において役割を果たしていると私たちが想定しなければならない概念である（FT, 114）。

(4) 人間と世界の躍動力との重ね合わせや有機的な帰属それ自体に、困難がつきまとっている。例えばコノリーは、「躍動力の経験それ自体は、人間と世界とのあいだの有機的な結びつきの観念のなかで言い過ぎている部分がある」とも認めている（FT, 148）。

(5) コノリーの議論では一方で生成の世界における有機的な繋がりを強調する側面と、他方で生成による断絶を強調するどちらの側面も見られる。特に後者の視点に立って、肯定的感性の涵養を論じる際に、ドゥルーズの論じる「世界の信」に着目もしている（WB, Chp. 2）。そのため、涵養の倫理を論じるにあたって、世界の信に関する議論を深めることもできたが、本稿では新しい物質主義との繋がりから、非人間的なものからの義務に着目する。

(6) プイグ・デ・ラ・ベラカッサはこうした義務を、イザベル・ステンゲルスの論じる義務と要求 requirement に依拠して主張している（Stengers 2010, 50-53）。ステンゲルスは、これらの義務と要求を、義務論に基づいた権利と義務 duty から区別し、超越論的な命令に従うものではなく、人間以外のものを含みこむ互恵的な関係から生じるものとして論じている。プイグ・デ・ラ・ベラカッサは、ステンゲルスの論じる倫理的観点に着目し、そのなかでも特に関係性から生じる義務を抽出している。

(7) プイグ・デ・ラ・ベラカッサによる議論は、安定した条件のもとでのみ可能と捉えられるかもしれない。しかし、ケアにおける関係が、非対称的であるだけではなく、破局のなかでさえも成り立つと論じられている。破局といったとき、全てのものが駄目になる状況が想定されることが多い。しかし、破局では、必ずしも全てが壊れるわけではなく、一部は生き残る。それゆえ彼女は、そこには両義的な側面として、一方では関係が破壊され、他方ではこうした生き残った地点から義務が生じ、ケアの端緒をなす側面があると論じる（Puig de la Bellacasa 2021, 212-213）。

(8) 乙部（2019）は、ホーニッグの議論に依拠し循環の問題に応答しており、この点に示唆を受けた。

(9) たしかにコノリーは多くの場合、義務や命令という用語を超越論的な枠組みに結び付けて捉え、否定的に捉えていた。だからといって彼が、それらの語を肯定的に使用していなかったわけではない。例えば、「新しい接続を交渉することもまた命令である」（FT, 41）という主張や、「実存の根本的な用語であるルサンチマンを克服することは命令である」（WB, 166）といった主張がなされてきた。肝心な点であるこれらの命令がいかなる枠組みに依拠しているかは不明ではある。そのため本稿の議論を、こうした命令を内在的な関係に端を発する義務として論じるものと捉えることができる。

（10）例えば、『アイデンティティ／差異』では、悲劇的な可能性として、個人の変えられない破壊的な性向や、死への思いが挙げられている。そのうえで、こうした生の核心にある悲劇的な可能性の経験は生を肯定するすべを教えると論じられている（ID, 169=314）。

（11）コノリーはここでは悲劇的ドラマと悲劇的ヴィジョンを対比させているが、他の著作では悲劇と悲劇的ヴィジョンを対置しており（CFT, 103n13）、また他の文献では、「悲劇は摂理によって支配されていない世界における最も悪い出来事の連鎖」であり、「悲劇的ヴィジョンは最も悪いことが不可避であると主張することなく、私たちの前にその可能性を提示したままにしておく」ことであると述べられている（Connolly 2010, 153）。これらを鑑みて本稿では、悲劇と悲劇的ヴィジョンという用語を用いる。

（12）悲劇における描写を受け取り方について、コノリーの議論では変化が見られる。一方では、ギリシア悲劇における怒りと神の描写を形象として捉えるべきだと論じられていたが（CCAS, 120-121）。他方では、そうした出来事をシンボルとして捉えるのではなく、より実態的な力として捉えるべきだと主張されていたこともある（CFT, 22）。

（13）コノリーは、ギリシア悲劇を理解するにあたって、ジャクリーヌ・ド・ロミリーに依拠している。ド・ロミリーは、悲劇を時間と関連付けて理解している。彼女によれば、ソフォクレスにおける時間とは、「諸物や人々の実在する本性が最終的に明るみ出るところ」である。ここで「明るみに出る」とは、何かが明らかになるだけではなく、「私たちが見、判断することを可能にする」ことも意味する（de Romilly 1968, 107）。劇において、物語が進行するにつれて、「無視、誤り、誤解のうえに生じる罪の宣告」が明るみに出され、悲劇として焦点化されるようになる（de Romilly 1968, 109）。こうした過去の出来事の蓄積と持続が、時間により曝け出され、時間の不調和や断絶をもたらす悲劇のあり方が、まさに生成の世界の様相と重ねられていると考えられる。

（14）コノリーは是正について規範的実践を構想するというより、例示に留まることが多い。是正を支える理論として、コノリーが悲劇的ヴィジョンと関連させて論じている、ウィリアム・ジェイムズの改良主義 meliorism が示唆的である。ジェイムズの改良主義は悪の問題に端を発してきた。従来の悪の問題とは、神義論として大文字の神の存在と悪の存在とをいかに折り合わせるかという理論的な関心から展開されてきた。しかし、ジェイムズにとっての悪の問題は、人間とともに世界の内に存在する小文字の神と関わることで、全く異なった様相となっている。ジェイムズにとって、「悪の問題は思弁的な問題ではなく、実践的な問題」であり、「私たちが考えるべき問題は、なぜ悪が存在するのか、ということではなく、その実質的な総量をどのようにして減らせるか、ということである」（James 1977, 60）。

（15）政治理論家のなす暫定的な未来の企図と是正という点について、コノリーが参照するピーター・ユーベンの議論は示唆を与えてくれる。ユーベンはギリシア悲劇を検討し、その政治的、理論的役割を明らかにしている。ユーベンによれば悲劇的演劇とは、「市民の集合的な生の包括的な理解へと市民を押し上げ、正義と腐敗のシステム的理解を提供する」だけではなく、「文化的な批判」をもなす側面を持つ（Euben 1990, 57）。さらに、演劇と市民の関係において悲劇的演劇は、「観客にそうであったこと、またはなしてきたことを評価する能力を養うように求める」（Euben 1990, 58）。ユーベンの議論とはつまり、悲劇的演劇はポリスの出来事を劇化したものであり、参照点とされることで現実の秩序のあり方を批判し、相対化する役割を有している。また市民に対する演劇を通した教育的効果を持つことによって、市民が実際に現実の秩序を変革するための契機を提供している。

（16）摂理的な世界における悲劇は論じられてきたが、生成の世界における悲劇そのものについてはほとんど論じられていない。いわく、「わずかな好機のあいだで賢く行動することに失敗したとき、それは別様になり得た場所へと悲劇的結末を固定してしまう」という（CFT, 89）。悲劇的ヴィジョンの重要な点が、オルタナティブを示すことにあったとするならば、悲劇とはその実現の失敗といえる。レベデフらの批判に応答するならば、こうした隘路として現れる悲劇こそ考察する必要があるが、この点は今後の検討課題とする。

参考文献

本稿で引用するコノリーの主要な文献については以下の略記号を用いる。

ID: *Identity / Difference, Expanded Edition*, Minneapolis: University of Minnesota Press., 2002a（ウィリアム・コノリー『アイデンティティ／差異』杉田敦、齋藤純一、権佐武志訳、岩波書店、一九九三年）

AI: *The Augustinian Imperative, New Edition*, England: Rowman & Littlefield Publishers, 2002b.

WINS: *Why I Am Not a Secularist*, Minneapolis: University of Minnesota Press, 1999.

PL: *Pluralism*, Durham: Duke University Press, 2005（ウィリアム・コノリー『プルーラリズム』杉田敦、鵜飼健史、乙部延剛、五野井郁夫訳、岩波書店、二〇〇八年）

CCAS: *Capitalism, Christianity, and American Style*, Durham: Duke University Press, 2008.

WB: *A World of Becoming*, Durham: Duke University Press, 2010.

FT: *Fragility of Things*, Durham: Duke University Press, 2013.

FP: *Facing the Planetary*, Durham: Duke University Press, 2017.

CFT: *Climate Change, Fascist Drives and Truth*, Durham: Duke University Press, 2019.
RE: *Resounding Event: Adventures of an Academic from the Working Class*, NY: Fordham University Press, 2022.
Connolly, William E., “White Noise,” *The Hedgehog Review*, 7 (2), 26-34, 2005.
————, “William Connolly’s Reply to Daniel Barber’s Review of his Book,” *Political Theology*, 11 (1), 152-154, 2010.
————, “Staying with Possibilities,” *Theory & Event*, 22 (3), 759-768, 2019.
————, “Taylor, fullness, and Vitality,” in *Interpreting Modernity: Essays on Works of Charles Taylor*, Daniel M. Weinstock and Jocelyn Maclure, McGill-Queen’s University Press, 138-148, 2020.

他の参考文献

Arendt, Hannah, *Lectures on Kant’s Political Philosophy*, Chicago: University of Chicago Press, 1992（ハンナ・アーレント『完訳カント政治哲学講義』仲正昌樹訳、明月堂書店、二〇〇九年）
Campbell, David and Morton Schoolman (eds.), *The New Pluralism: William Connolly and the Contemporary Global Condition*, Durham: Duke University Press, 2008.
de Romilly, Jacqueline, *Time in Greek Tragedy*, Ithaca, NY: Cornell University Press, 2009.
Deveaux, Monique, “Agonism and Pluralism,” *Philosophy & Social Criticism*, 25 (4), 1-22, 1999.
Dolan, Frederick M., ”Paradoxical Responsiveness,” *Philosophy & Social Criticism*, 24 (1), 83-91, 1998.
Dryzek, John S. and Johnathan Pickering, *The Politics of the Anthropocene*, Oxford: Oxford University Press, 2019.
Euben, J. Peter, *The Tragedy of Political Theory: The Road Not Taken*, New Jersey: Princeton University Press, 1990.
Finlayson, Alan (ed.), *Democracy and Pluralism: The Political Thought of William E. Connolly*, Oxford: Routledge, 2010.
Kioupkiolos, Alexandros, “Keeping it Open: Ontology, Ethics, Knowledge and Radical Democracy,” *Philosophy & Social Criticism*, 37 (6), 2011.
Lebedev, Dmitry, ”Democracy and Planetary Fragility in the Anthropocene: on William Connolly’s Political Ontology,” *Stasis*, 11 (1), 131-155, 2021.
Livinston, Alexander, “Avoiding Deliberative Democracy? Micropolitics, Manipulation, and the Public Sphere,” *Philosophy &*

Rhetoric, 45, 269-294, 2012.
Nietzsche Friedrich, Walter Kaufmann and R. J. Hollingdale (trans.), *The Will to Power*, NY: Vintage, 1968(フリードリヒ・ニーチェ『権力への意志　上・下』原佑訳、ちくま学芸文庫、一九九三年)
Mouffe, Chantal, "Why a Populist Left Should Rally around a Green Democratic Transformation," *Open Democracy*, 2020, https://www.opendemocracy.net/en/rethinking-populism/left-populist-strategy-post-covid-19/ 2023/12アクセス
Myers, Ella, *Worldly Ethics*, Durham: Duke University Press, 2013.
Puig de la Bellacasa, Maria, *Matters of Care*, Minneapolis: University of Minnesota Press, 2017.
———, "Embracing Breakdown: Soil Ecopoethics and the Ambivalences of Remediation," in *Reactivating Elements*, Dimitris Papadopoulos, Maria Puig de la Bellacasa, and Ntasha Myers (eds.), Durham: Duke University Press.196-230, 2021.
Rousseau, Jean-Jacques, Judith Masters (trans.), On the Social Contract, NY: St Martin's, 1978(ジャン＝ジャック・ルソー『社会契約論』桑原武夫、前田貞次郎訳、岩波文庫、一九五四年)
Sophocles, Paul Roche (trans.), *The Oedipus Plays of Sophocles: Oedipus the King, Oedipus at Colonnus, Antigone*, New York: Basic Books, 1996.
Stengers, Isabelle, *Cosmopolitics I*, Minneapolis: University of Minnesota Press, 2010.
Taylor, Charles, *A Secular Age*, Cambridge: Harvard University Press, 2017(チャールズ・テイラー『世俗の時代　上・下』千葉眞監訳、木部尚志、山岡龍一、遠藤知子訳、名古屋大学出版会、二〇二〇年)
White, Stephen K., *Political Theory and Postmodernism*, Cambridge: Cambridge University Press, 1991(スティーブ・ホワイト『政治理論とポスト・モダニズム』有賀誠、向山恭一訳、昭和堂、一九九六年)
———, *Sustaining Affirmation*, Princeton: Princeton University Press, 2000.
Wolin, Sheldon, "Political Theory as a Vocation," in Nicholas Xenos (ed.), *Fugitive Democracy and Other Essays*, New Jersey: Princeton University Press, 3-32, 2016(シェルドン・ウォリン「職業としての政治理論」『政治学批判』千葉眞、中村孝文、斎藤眞訳、みすず書房、九一～一五六頁、一九八八年)
乙部延剛「エートスの陶冶とは何か――成熟の理論としての闘技デモクラシー論」『年報政治学』日本政治学会、三六～五七頁、二〇一九年

◆書評

カント以前の多彩な平和論

●——安藤裕介

川出良枝『平和の追求——18世紀フランスのコスモポリタニズム』（東京大学出版会、二〇二三年）

本書の表紙に掲げられた図版は印象的である。それは「人間の原罪の結果、戦争と平和、窮乏と繁栄がいつまでも繰り返される」様を表しているという。この人間という不完全で「曲がった木材」（カント）からいかにして平和という壊れやすい建物を築くのか。戦争と平和の苦々しい循環から人々はどうやって抜け出すのか。これが一八世紀フランスのコスモポリタニズムの思想に焦点をあてて問われる、本書の一貫したテーマである。

本書の最大の特徴は、カント以前の多彩な平和論を、換言すれば、〈サン＝ピエール・ルソー・カント〉という定番の流れに還元できない平和思想の豊かな鉱脈を掘り起こした点にある。本書を手にした読者は、質量ともに圧倒的な記述で一八世紀フランスの平和構想に肉薄するのみならず、各思想家の研究としても数々のアップデートを果たした本書の迫力に息を呑むことだろう。フィジオクラットを研究してきた評者自身、第四章で扱われる一七五〇年代（ケネーと邂逅する以前）のミラボーの議論の中に、すでに自由貿易体制の推進や損益計算による奴隷制批判という後のケネーの弟子たちの視点が先取りされていることを知って大いに驚かされた。さらに本書は、英仏関係とその歴史的転換点たる七年戦争に着目することで、様々な思想家の論争状況やアイデアの発展・継承関係だけでなく、個々の思想家の立場がどのように揺れ動いたかも鮮やかに活写している。フジュレ・ド・モンブロンによる対英評価の変節（第二章）やルソーにおける人類愛から祖国愛への転回（第五章）はまさにその好例である。

このように本書の魅力や見所は尽きないが、書評に与えられた役割の一つとして、ごく簡単に本書の構成と各章で論じられる主題を見ておきたい。序論で示されるとおり、本書は一八世紀の平和構想を大きく三つの類型に整理して各章を配置している。すなわち、①「世界の市民」という理想を掲げる道徳的な平和構想、②国家間の法制度を整える「法による平和」の構想、③諸国民の自由な交易に期待する「商業による平和」の構想である。

①の類型では、まず古代からのコスモポリタニズムの来歴が確認されたうえで、祖国愛の連続線上に人類愛を位置づけようとするフェヌロン（正確にはラムジーの描くフェヌロン）の思想が検討され、それが百科全書派を通じてどのような発展や分岐を遂げたかが包括的に辿られる（第一章）。さらに、ル・ブランとフジュレ・ド・モンブロンという二人の対照的な思想家の足跡によって浮かび上がるのが、「国民間の憎悪」にどう向き合うべき

かという対外関係の変化と帰属意識に根差す重要な問題である（第二章）。前章のコスモポリタニズムがストア派の系譜であったとすれば、この章で批判的に扱われるのはいかなる祖国も帰属先も持たないキュニコス派のそれである。

②の類型では、世界君主政の野望に対抗する国際秩序構想として、フェヌロンの独特な勢力均衡論、サン＝ピエールの国家連合案、モンテスキューの連邦共和国の思想が紹介される（第三章）。とくにサン＝ピエールの連合構想では、現状維持の原則によって各国の政治体制や領土が不問にされる一方（当初はトルコも視野に入っていた）、モンテスキューによる連邦共和国のアイデアは、政治体制の違いに無関心ではありえず、君主政の精神と共和政の精神を相容れないものとしていた点が興味深い。

③の類型では、モンテスキューに代表される「穏和な商業」の言説が検討されるとともに、商業の政治的影響を国力増強の観点から捉えたムロンやフォルボネの議論にも紙幅が割かれる（第四章）。ここで著者は、「征服の精神」から「商業の精神」へと移り変わるヨーロッパの新時代を画す議論と同時に、その陰に隠れがちな奴隷制や植民地の問題も扱うことを忘れていない。後者は当時のヨーロッパが拡大させた対外商業の暗部であり、被害者としての非ヨーロッパ圏にも視線を及ぼす議論である。そして同章の後半では、フェヌロンの影響のもと人類の「普遍的同胞愛」を説き、これを商業の自由と接続させたミラボーの思想が詳述される。ここでは、ミラボーが非キリスト教圏（イスラーム）までをその射程に入れていたことを強調しておきたい。

七年戦争を契機に①や③の類型に懐疑の念を抱きつつ、②の類型にあたる連合構想に期待したのがルソーである（第五章）。サン＝ピエールの『永久平和論』を批判的に読み解きながら、「ヨーロッパ」がもつ潜在的な絆に着目したルソーが最終的に見出したのが、戦争と暴政を防ぐための小共和国による連合構想であった。

ところで、本書が結論で強調するように「平和の追求」が同時に「自由の追求」でもあるべきだとするならば、この両者の間にある緊張関係にもまた視線が注がれるべきであろう。サン＝ピエールやミラボーのような経済的利益に訴えかけて非ヨーロッパ圏をも包摂する思想家とは異なり、共和政という政治体制に強いこだわりをもつルソーの平和構想では、オスマン・トルコのような国をどのようにして平和の連合に組み込むのかという重大な問題が生じることになる。また、モンテスキューやルソーが共有していた「ヨーロッパの自由」「アジアの隷従」という風土論的な対照性を想起すると、自由や共和政はアジアでは成立しないことになり、こうした政治体制や政治文化を平和連合の加盟要件とする構想にはそもそも排他性が宿ることにもなりかねない。ここに平和と自由のある種の緊張関係を見ることも可能であろう。

とはいえ、こうした問題は本書が誘発する知的刺激の副産物でもある。本書の随所にはカント以前の多彩な平和論を辿ることで多くの知の種が蒔かれている。イシュトファン・ホントとの出会いが著者にとって本書執筆のきっかけとなったように、本書との出会いが次なる世代にとって新しい政治思想史研究の出発点となることを強く願っている。

◆書評

プルードンの一貫した思想像

●――髙山裕二

金山準『プルードン――反「絶対」の探求』（岩波書店、二〇二二年）

本書は、日本で初めてプルードンの一貫した思想像を描き出した力作である。これまでプルードンは主にアナーキズムの祖として、あるいはマルクスとの関係で論じられてきたが、どちらかといえば首尾一貫しない異端の社会主義者として扱われてきた。そもそも彼の思想はきわめて多面的で、時局的でもある。これに対して、一貫した観点から彼の思想を読み解くことに成功した本書は、そのこと自体で高く評価されるべき学術的な精華である。

本書はすでに学会や複数の学会誌で評価され、専門家による批評もなされている（第四七回社会思想史学会（二〇二二年一〇月）のセッションや『社会思想史研究』第四七巻（田中ひかる評）と『フランス哲学・思想研究』第二八巻（宮代康丈評）で紹介されている。なお、本評者は第三一回フランス政治思想研究会（二〇二二年九月）で川上洋平氏による本書の批評に接する機会に恵まれた）。また本書は第三九回渋沢・クローデル賞奨励賞の受賞作でもある。本書評では、改めて本書によるプルードンのテクスト読解の個々の論点を評価するのではなく、その背景にある広い問題構成に着目し、その観点から本書の内容を紹介したい。

では、本書がプルードンを「一貫性をもって」解釈することを可能にしたものは何か。それは反「絶対（主義）」の観点である。本書によれば、プルードンの多面的な思想はこの観点からのみ一貫して解釈しえる。ただこの語句は彼自身によるものではない。本書で示唆されるように、バルザックの著書『絶対の探求』（一八三四年）から想を得たものだ。

同書は、主人公のバルタザールが万物に共通の物質、「絶対」を発見するため家庭を顧みず実験に没頭するという物語である。一八〇九年生まれのプルードンが少年期を過ごした復古王政期の一地方が舞台だが、それは「絶対」志向、大革命によって絶対なるものが瓦解するなか、それに代わる「絶対」が探求された、ポスト革命期の社会習俗、いわば時代精神を見事に描き出している。

本書の読者は、プルードン自身が対峙したのがこの時代だったことを見逃すべきではない。もっとも、本書の問題構成を用意したのはバルザックら同時代の思想家というより、二〇世紀を生きた文芸批評家ポール・ベニシューだろう。本書によれば、ベニシューはその著『預言者の時代』（一九七七年）で、「カトリシズムに取って代わるいわば新しい宗教としての人類＝人間性（humanité）の信仰」が渇望される時代を描き、それに抗った思想家としてプルードンを評価した。つまり人類であれ社会であれ、それらを絶対化する欲求とその教義を批判し、それに代わる社会的結合（本書では「集合」）を模索したのがプルードンだった。

前置きが長くなったが、本書で描き出されるプルードンの一貫した思想像は、こうして新たな（絶対的）「精神的権力」が渇望された時代を後景にして描かれてゆくことをまずは確認しておこう。

本書は、序論と結論を除くと五部構成で、補論「プルードンとミソジニー」が付されている。第一章では、前期作品を中心に、所有権の絶対性の批判や「均衡」理念が検討される。所有とは物に対する絶対的な権利であって、それは人間の意志の主権性（＝恣意性）の現れであるという。これに代わる秩序理念が「均衡」で、不完全で自己のうちに矛盾や対立を抱え込む人間は、人や物に対して絶対的な権利を主張しえず、矛盾や対立を抹消せずに均衡させる秩序をプルードンは模索したとされる。

第二章では、その種の秩序を生み出す方法論として「セリー論」が検討される。「セリー」とは、多様な要素を「一貫した観点から系統的に関連付け」ることを意味し、個々の実体ではなく「関係」に着目して秩序を生み出す方法とされる。

第三章では、晩年の連合主義論が検討される。ここでプルードンは国家の存在を認めたとしてその変節が指摘されるが、著者によれば主権＝絶対の批判という点でやはり一貫していた。「連合」とは無数の主体によって契約が連鎖的になされることを指し、それは絶えず主権を解体しそれに取って代わる運動である。さらに「連合化」の能力として「集合理性」が第四章で分析される。それは一方で社会の集合を通じて（人間が本来有する）「絶対」（の傾向）を打ち消し合い、他方で「機能（分業）に基づく集団内および集団間での交渉を通じて生成される」。

第五章では、個々人の関係を作り出す論理として正義と理想が論じられる。プルードンによれば、正義とは「尊厳」を認め守る能力であるとされ、自他の尊厳を認めるように「人を積極的に動かす動因が理想である」と考えられる。つまり、自尊の感覚は「互いに『美しくなること』によって確証される」のである。結局、プルードンの構想する秩序を根底で支えているのはこの「非理性的な能力」であると言うことができ、そこに著者は「ロマン主義的傾向」が退潮する時代にその残滓を認めている。

以上、残念ながら紙幅の事情で、現代政治思想にもつながる示唆深い個々の論点は紹介できず（たとえば、分配的正義を正当化する「社会への負債」の発想）、また評者にはテクスト読解について批評する用意がないため、最後にひとつだけ大きな問いを投げかけて結びに代えたい。本書のタイトルはなぜ、「反『絶対』の思想家」であってはいけなかったのか。

バルザックやおそらくベニシューにとって、この時代の表徴は絶対の「探求」でなければならなかった。ポスト革命期のフランスには確かにそのような欲求があり、その情熱に取り憑かれた人間の偉大と悲惨の物語が多く紡がれた。そうだとすれば、絶対への（「傾向」を超えた）探求という衝動は何に由来するとプルードンは考えたのか。彼が晩年「ロマン主義的傾向」に共振する面があったとすれば、なおさらこう問わないではおれない。この問いに取り組むことは、「反『絶対』の探求」の思想家自身の基底にある根本的な問題構成をも浮かび上がらせるのではないか。

◆書評

現実主義と理想主義の共存

●——松尾哲也

河村厚『スピノザとフロイト——「不信仰の同志」の政治思想』（関西大学出版部、二〇二二年）

スピノザの哲学・政治思想には、現実を直視しつつも、理想を失わない強靭さがある。著者は、スピノザとスピノザから影響を受けた人々の論述を詳細に分析し、「現実主義」と「救済salus」等をキーワードとして、スピノザの哲学・政治思想の特色を明らかにしている。

本書は、全六〇七頁の大著である。そこで紙幅の都合から、ここではスピノザと現代の政治思想について論じた第二部とレオ・シュトラウスのスピノザ解釈について批判的に検討した第三部を中心に論評したい。

「第七章　スピノザと現実主義《リアリズム》国際政治学」では、E・H・カー、ハンス・モーゲンソーなどの国際政治をめぐる議論と対比する形で、スピノザの「現実主義」の特徴を明らかにしている。著者の見解では、スピノザの徹底して冷徹な現実主義《リアリズム》から、永久平和や世界国家などの「理想」が生まれる余地はない（三四九頁）。著者によれば、スピノザが重視したものは、「安定性や均衡」である。その「安定性や均衡」も、スピノザにとってあくまで「国家内部の問題（個人の心の安定も含む）」であった（三四九頁）。

本書において、スピノザの哲学と政治思想を読み解く際のキーワードの一つは、「salus」の概念である（三六九頁）。「salus」は、「宗教的な意味での救済」という意味に限定されない多義的な言葉であり、「安全」、「安寧」、「安定性」、さらには自己保存的なニュアンスも含まれていると著者は指摘している（三六九―三七〇頁）。著者によれば、スピノザの『政治論』に出てくる「国家のsalus」は、「国家の安全とか安定とか自己保存」という意味で解釈すべきであり、国家および国家のシステムが安定的に存続するための方策をスピノザは考えた（三七〇頁）。ここで著者は、スピノザとフロイトとの関連性を指摘する。つまり、安定・安全・自己保存といった意味を持つ「salus」は、フロイトの精神分析学の根底にある原理に非常に近い（三七〇頁）。

「スピノザには常に理想主義的なところと現実主義的なところがある」（三八二頁）。著者は、そのように主張した後、「救済salus」の観点から、スピノザの著作を分類する。スピノザは、『エチカ』では賢者の「救済salus」（哲学的救済）を描きつつ、『神学政治論』では「無知なる者ignarus」の「救済salus」（宗教的救済）を考えていた（三八二頁）。ただ、著者によると、スピノザは、無知なる者は一生無知なるもの、賢者は賢者という決定論をとっていない（三九九頁）。万人が認識論的に向上していく余地をスピノザは認めていたのである。

多数者《マルチチュード》＝民衆を含めた万人が認識論的に向上する可能性をスピノザが認める根拠は、著者によれば、「コナトゥスの自己発展性」にある（三九九―四〇〇頁）。著者は、「コナトゥス」について、人間も含めた有限様態の全て（万物）のそれぞれの「現実的本質」としての、「自己保存の傾動・努力」と定義している（二六三頁）。外的な条件が整えば、自分の内的な必然性＝「コナトゥスの自己発展性」により、「限りにおける」コナトゥスが向上して認識論的に上昇していき、多くの知性が豊かになったり、深化したりしてより高い生の様式に到達することは可能であるという（三九九―四〇〇頁）。そうした見地に立つ著者からすれば、レオ・シュトラウスのスピノザ解釈は批判されるべきものであった。なぜなら、シュトラウスは、そのスピノザ解釈において、大衆《マルチチュード》と賢者との間に、架橋できない「深淵」を設定したからである。その「深淵」こそが、シュトラウスにとってスピノザの政治的リアリズムの特徴を示すものであった（四五五頁）。

著者によれば、シュトラウスは、大衆《マルチチュード》と賢者の間の深淵が解消される可能性についても語っている（四五五頁）。その可能性は、「自由への意志・愛」にあるが、その「自由への意志・愛」によっても、「大衆《マルチチュード》」と「賢者」の間にある深淵は、埋まらないと著者は主張する（五三三―五三四頁）。大衆《マルチチュード》と賢者との架橋できない深淵が、本当の意味で架橋されるためには、大衆《マルチチュード》にも理性への道が開かれなければならない（五六二―五六三頁　注八一）。それが著者の見解であり、その理性への道を開くのは、「コナトゥスの自己発展性」である。

スピノザの哲学および政治思想の魅力は、「現実主義」と「理想主義」とが共存するところにあるだろう。人々の感情が織り成す政治の現実を見据えつつも、人々の「救済」に向けた理想を語るスピノザ。そのスピノザの理想は、スピノザの平和概念にも見いだすことができる。

著者は、ホッブズと比較して、スピノザの方が「平和」の内実について高い洞察をしているというシュトラウスのスピノザ解釈に着目する（五四一頁）。そのシュトラウスのスピノザ解釈とそれに基づく著者の論述から、スピノザの平和概念について、次のようにまとめることができるであろう。つまり、神権政治や絶対君主制でさえ保障するような砂漠の荒れ果てた平和においても、ホッブズ的な自己保存は可能であるが、スピノザにとって真の平和とは、そうした荒れ果てた平和ではなく、人々が、誰か他の者のためではない、自分自身の生を生きるような平和であった（五三七―五四四頁）。

著者は、全体的にシュトラウスのスピノザ解釈を批判的に検討しているが、その批判的な検討の過程において、改めてスピノザの理想主義的側面が明確になったともいえるだろう。本書は、スピノザとスピノザに影響を受けた人物たちの議論を綿密に比較検討した書であり、その比較検討から、改めてスピノザという稀有な哲学者への理解を促す書でもある。

◆書評

「貧民のユートピア」と規律管理権力としての福祉国家

●――田中拓道

金田耕一『貧民のユートピア――福祉国家の思想史』(風行社、二〇二二年)

本書は十七世紀のJ・ロックから二十世紀のW・ベヴァリッジに至る貧困や救貧をめぐる思想を「福祉国家の思想史」として辿った労作である。

本書の第一の特徴は、伝統的な政治思想史の方法を用いて、各時代の著名な論者のテクストを内在的かつ緻密に辿り、各々の思想の中で貧困への認識、救貧政策の構想を位置づけた点にある。個々の思想について本書が新しい資料や解釈を提示しているとまでは言えないが、全体を通読することで近現代イギリス救貧思想史の大きな流れを一望することができる。

内容上の要点を挙げる。第一章と第二章ではJ・ロックとA・スミスの思想が検討される。ロックは、通商植民委員会での救貧提言に見られる通り、矯正院での強制労働による貧民の規律化・道徳化を企図した。一方スミスは、商業の発展とともに貧困問題が改善すると考え、救貧法には言及しなかった。第三章と第四章ではJ・ベンサムとH・スペンサーの救貧論が検討される。ベンサムは公的「勤労院」において貧民の行動・労働習慣を徹底的に管理規律するという「功利主義的ユートピア」を語った。一方スペンサーは「平等な自由」という原理に基づいて公的救貧を否定し、私的慈善を通じた貧民の性格改善を企図した。第五章と第六章では十九〜二十世紀転換期の救貧論が検討される。ウェッブ夫妻は社会有機体論を背景として、個人の権利保障よりも官僚の科学的知に基づく統制と「国民的効率」の改善を追求した。一方本書で「ニュー・リベラリズム」として括られるT・H・グリーン、B・ボザンケ、L・T・ホブハウス、W・ベヴァリッジに共通するのは、共通善を内面化した「良き市民」の育成という目的であった。中産階級の私的慈善に期待するボザンケに対して、ホブハウスは国家によるシヴィック・ミニマムの保障を唱え、ベヴァリッジは市民のニーズの画一的保障を提言した。

本書の第二の特徴は、以上の思想史を踏まえ、福祉国家をテクノクラートによる行政管理、トクヴィルの言う「後見的権力」「民主的専制」の仕組みと解釈することである。本書の結論部ではH・アレントによるアメリカ革命とフランス革命の対比が参照される。アメリカ革命では「政治的自由」が論点となったが、フランス革命では貧困問題の解決が論点となり、「社会的なもの」が公的領域に侵入することで、「政治」が家政=行政管理の問題へと変質した。その延長上に現れた福祉国家は経済的再分配を主題とすることで本来の「政治」を忘却させる「貧民のユートピア」であったとされる。著者は福祉国家に代えて、「贈与」の原理に基づく市民の相互承認という「品位ある社会」像を対置する。

以上のように、本書は三世紀に渡るイギリス救貧思想史を叙述するだけでなく、福祉国家に関する独自の解釈も示している。これらの成果を確認したうえで、以下若干の疑問点を提起したい。

第一は、このテーマで伝統的思想史の手法を用いることの妥当性である。伝統的思想史では時代ごとの著名な思想家や論者を点と点でつなげて「思想史」を語るという手法が採られる。しかし、イギリス貧困・救貧史は歴史学の中で最も研究蓄積が厚い分野の一つである。エリザベス救貧法から一八三四年救貧法改正に至る論争史には多数の研究があり、貧民の規律化という企図だけでは括れない公的救貧・チャリティ・友愛組合など「福祉の複合体」史に関する研究も進んでいる。[1] 本書で参照されるロック、スミス、ベンサムは救貧法をめぐる論争の中心に位置していたとも言い難い。さらに十九世紀後半から二十世紀初頭の論争史は特に国内外で研究蓄積が厚い分野である（国内では、本書で「おおいに参考にした」とのみ言及されている江里口拓、寺尾範野、小峯敦、山本卓、柴田秀幹、梅澤裕介らの研究）。本書で「ニュー・リベラリズム」として一括されるボザンケ、ホブソン、ホブハウスとウェッブ夫妻の思想を詳細に対比した研究もすでにある。[2] イギリス救貧思想史を再構成するには、今日までの社会史研究（さらに言えばイギリス帝国と植民地に関するグローバルヒストリー）の蓄積を踏まえ、同時代の文脈、著名な論者以外の論者への目配りも必要ではなかったか。

第二に、第六章までの内在的なテクスト読解に比べ、結論部での「福祉国家」に関する意味づけはやや図式的な印象を受けた。市民が尊厳を持って生きるための基礎的ニーズや条件、市民的権利と義務の対応、労働と余暇・政治活動の関係などは、まさに「共同世界」を構築するための重要な政治的論点ではないだろうか。これらを「私的」な問題として捨象したところに成り立つ「政治」とは、過度に抽象的で内実の乏しいものとなるように思われる。[3]

（1）Fideler, P. A., *Social Welfare in Pre-Industrial England*, Palgrave Macmillan, 2006; 高田実、中野智世編『近代ヨーロッパの探求一五 福祉』ミネルヴァ書房、二〇一二年など。

（2）本書で参照されていない古典的研究としてHimmelfarb, G., *Poverty and Compassion*, Alfred A. Knopf, 1991; Harris, J., *Private Lives, Public Spirit*, Oxford University Press, 1993; Mcbriar, A. M., *An Edwardian Mixed Doubles*, Clarendon Press, 1987など。

（3）国は違うが、十九世紀フランス救貧思想史をフーコー的な規律・管理論によってとらえることへの批判として、拙著『貧困と共和国』人文書院、二〇〇六年も参照されたい。

◆書評

規範的政策分析の意義と可能性

●——佐野　亘

松尾隆佑『3・11の政治理論——原発避難者支援と汚染廃棄物処理をめぐって』（明石書店、二〇二二年）

本書はこれまで民主主義論を中心に精力的に研究を進めてきた松尾隆佑氏の最新の力作である。東日本大震災に対する政府の対応について詳細な解説をおこなうとともに、その政策（過程）に関して規範的な観点から分析をおこなっている。第一部では原発事故からの避難者の問題、第二部では放射性廃棄物の処理の問題が扱われる。いずれも法律や制度、実態について丁寧な紹介がなされるが、特に後者では政策過程についても詳しい説明がなされている。前者については特に正義（権利保護）の観点から、後者については特に民主主義や参加の観点から、規範的政策分析がなされている。

たいへんな労作であることは間違いなく、具体的事実に関しても教えられることが多かった。そもそも政治理論・政治哲学の議論を実際の政策問題に適用・応用する試みは意外と少なく、その点でも貴重な成果である。これまでにも応用倫理学でみられるような議論、すなわち抽象的・仮想的問題を設定し、それについて規範的分析をおこなうようなことはなされてきた。だが具体的政策についてここまで詳しい分析がなされることは珍しい。評者自身、規範的政策分析の必要性を説きながら実際に自分でやってきたわけではない。その意味でも本書のようなすぐれた実践事例が出てきたことがなによりもうれしい。第二部の規範的分析の分量が少な目でやや物足りなく感じたが、これは今後の（松尾氏のみならず規範理論研究者全体にとっての）課題と考えるべきだろう。

以上の評価を前提としつつ、以下では本書の内容に絡めながら特に規範的政策分析に関して三つの点を指摘したい。いずれも本書に対する批判というより、規範的政策分析のあり方をめぐって今後さらに議論を深めていくための問題提起である。

第一に、本書は主にリベラリズム的な正義や権利の観点から分析をおこなっており、他の価値については「合理性」という概念で一部カバーされているもののほとんど言及されることがない。だが、たとえば功利主義やコミュニタリアニズム、あるいはリバタリアニズムの観点から分析した場合どのような結論が導き出されるか、という点も気になった。というのも、コミュニタリアンや功利主義の立場からも、もしかしたら（一部ではあれ）同じ政策的含意が導き出せるかもしれないからである。逆に、同じリベラリズムでも異なった解釈を採用すると、まったく別の結論が導き出されることもありえよう。単一の観点からの深い分析ももちろん重要だが、複数の観点から分析をおこない、それらを比較検討するやり方もあったかもしれない。

ここでこのような指摘をおこなう理由は、私見では、規範的政策分析の目的は、分析により、多くの人々に共有された固定化したイメージを揺るがせ、政治的議論を複雑化し、討議を活性化させることにあると考えられるからである。多くの人が前提とする単純な二項対立に亀裂を入れ、従来とは異なった対立点をつくったり、意外な共通点を見つけ出したりすることで、従来の思考枠組みから離れた議論を可能にすることが政策分析の大事な役割だと考えるのである。残念ながら、この点で本書はやや従来型の二項対立の構図にほどよく収まってしまっているように見えた。

二つ目は、政策に関わるタテマエとホンネ、ないし言説と実態のズレをどう扱うか、ということである。本書では政治家や専門家の発言、法律の文言が紹介され、それにもとづいて議論がなされているが、現実にはそれらは政策の真の狙い（ホンネ）を示しているとは限らない。たとえば「創造的復興」ということばは「ショック・ドクトリン」を隠すためのものであったかもしれないし、単に復興予算を確保するための方便に過ぎなかったのかもしれない。同じことは法律の文言についても言える。たとえば法律では権利保障をうたいながらじつは経済成長が真の狙い、といったことは珍しくない。それゆえ、政策においてこうしたタテマエとホンネが存在するとして、規範的政策分析はそのどちらに注目するのかという問題がまず存在する。そのうえで、何がホンネであるかは実態をみればおのずと明らかになるという考え方もありえよう。たとえば日本の公共事業は、タテマエとしての「事業目的」とは別に、実態としては社会保障の機能を果たしてきたと指摘されることがある。ではこうした言説と実態の乖離があった場合、規範的政策分析はそのどちらを対象にすべきだろうか。この点、本書はやや対象があいまいな印象を受けた。

三つめは「実現可能性」を実際の分析の中でどう考慮するのかという問題である。そもそも抽象的な価値と具体的な政策を結びつけることは（一般に想像されている以上に）難しく、そのときどきの状況や文脈（またその未来予測）により、いかなる政策が適切かの判断は異なりうる。また現在から過去を振り返れば「あのときああすればよかった」と簡単にいえるが、その当時にはわからなかった、ということも少なくない。本書の例でいえば、放射性廃棄物について国は県ごとに処理する方針にこだわったが、その狙いは「廃棄物をとにかく福島県に集中させないようにする」ことにあったのかもしれない。県別処理の原則をなくすと当時の政治状況では福島にすべて運び込まれることになったかもしれない。少なくとも政策当事者はそのように判断したのかもしれない。だとすれば、最善ではないが最悪を避ける、もっともめぐまれない者を最優先する、というセカンドベストの発想にもとづくものとして評価する余地も生じうる。もちろん実際には国が本気で努力すれば、福島に集中させることなく国民の多くが納得する広域的処理が可能だったかもしれない。この点については意見がわかれるところだろうが、いずれにせよ今後はこうした実現可能性の観点をも分析の対象に含めることが期待される。

◆書評

認識的デモクラシーとその数理的分析の可能性？

●――井上　彰

坂井亮太『民主主義を数理で擁護する――認識的デモクラシー論のモデル分析の方法』（勁草書房、二〇二二年）

今日、各所でデモクラシーの信頼性が揺らいでいる。そうしたなか政治哲学においては、デモクラシーは認識的に正しい（「真である」ないし「真理に接近する仕方で」）集合的意思決定をおこなうことに貢献しうるとする議論が盛んである。認識的デモクラシーは、そうした議論の総称である。

本書は、その認識的デモクラシーにおいて重要な役割を担ってきた数理的分析の有効性を改めて示し、望ましい政治制度について検討・考察をくわえるものである。数理的分析を支えてきたのは、周知のように、集合知の観点から多数決投票の有効性を数理的に証明する「コンドルセの陪審定理」や、認知的多様性が課題解決に寄与することを数理的に証明する「多様性が能力に勝る定理」といったモデルである。ところが、こうしたモデルを通じた分析については、内的妥当性と外的妥当性の観点から根本的な疑問が投げかけられてきた。

数理的分析の内的妥当性については、モデルが抱える仮定の単純性や論争性、そして、そうした問題を回避すべくモデルを複合化するにあたってつきまとう選択バイアスの存在が指摘されている。外的妥当性については、モデルの成立条件と現実世界での実現可能な条件との齟齬が指摘されている。この二つの問題は、認識的デモクラシーのなかにおいてさえ、数理的分析の有効性に対し懐疑的な見方を生む背景となっている。

本書で著者はまず、この二つの問題を克服（軽減）しうる数理的分析を示すべく、認識的デモクラシーについての要を得たサーベイをおこなう。そのうえで、二つの問題が起こる最たる要因として、モデル内外の複数性や多面性をうまく分析に織り込めていない点を挙げる。この点をふまえ著者は、複数モデル間の共通部分（因果的特性）を明らかにする「ロバストネス分析」を通じて、二つの数理的分析を取り巻く根本的問題に対応しようとする。

まず内的妥当性の問題については、単一モデル分析では欠落してしまうモデルの多様性をロバストネス分析によって保証することにより、解決を目指す。くわえて、モデル群の収集に際して選択バイアスが介在するのを避けるべく、サンプル収集を網羅的かつ中立的におこなうシステマティック・レビューの手法を用いる。外的妥当性の問題については、複数モデルの共存を許容する多重モデルをロバストネス分析と組み合わせることにより、デモクラシーの多面性を総合的に捉えようとすることで、その軽減を図る。

注目すべきは、著者が先行研究のサーベイとそれに基づくロバストネス分析の提案だけで本書を終わらせていないことである。その証左として著者は本書の第五章で、実際にロバストネス分析を通じて、課題の予測可能性に応じた専門家と素人の可変的な組み合わせを熟議の制度構想として提示する。本書のオリジナリティは、そうした具体的な分析を展開している点にある。

もっとも、著者の議論が認識的デモクラシーのロバストネス分析の可能性を疑いようもなく示すものとなっているかについては、疑問の余地をなしとしない。

まず、ロバストネス分析が数理モデルの内的妥当性の問題を克服することに貢献しているとする著者の議論には、過大評価があると思われる。そもそも、単一モデル分析につきまとうとされる選択バイアスは、ロバストネス分析単独ではなく、システマティック・レビューにより対応することが提案されている。問題はシステマティック・レビューも、レビューをおこなう者の認知バイアスや利害関心、能力からの影響を受けないわけではない点だ。著者は本書の議論をパイロット・スタディーとして位置づけており、その姿勢はまったくもって正しい（一三九頁）。だが、著者のバイアス（のリスク）が、著者が重視していると思われるレビューの網羅性だけで十全に対応できるわけではない。

また、ロバストネス分析の有効性はデモクラシーの多面性を捉えられる点にあると著者はみるが、分析対象の多面性と分析のためのモデル内の多様性は同一視できるものではない。ロバストネス分析によって得られた因果的特性は、多様なモデルを統合する仕方での仮説生成には寄与する。しかし、それが分析対象の多面性を担保するかどうかは定かではない。このことからもわかるように、そもそもロバストネス分析を通じて得られた仮説の経験的確証性は明らかではない。そうした批判に対し、著者は「ロバストネス分析の結果をまだ現実化していないが重要性をもつ要因と見なし、現実の改善に向けたより確実性の高い参照点として利用することができる」と主張する（一一三頁）。しかし、その「望ましさ」にかんしては、本書で慎重に検討されているわけではない。

こうした点は、ロバストネス分析が数理モデルの外的妥当性の問題を軽減しうるとする著者の主張に対しても疑問を投げかける。著者の眼目は、多様なモデルを多重モデルによる理想化を通じて総合することで、モデルの外的妥当性を高める点にある。しかし、経験的確証性に欠けるロバストネス分析が多重モデルの総合性によって外的妥当性を高めると主張するためには、それが現実世界での実現可能な条件をどう充たす（ことに貢献しうる）のかを示す必要がある。その観点からすると、なぜ多重モデルが外的妥当性を高めると言えるのか、すなわち、なぜ多重モデルがそうした条件を充たす（ことに貢献しうる）基盤になると言えるのかが判然としない。そもそも、ロバストネス分析によって導出される仮説を「現実改善に向けた参照点」とすることにより、モデルの外的妥当性と向き合う姿勢は弱いものとなってしまうからだ。

評者としてはこうした疑問を抱くものの、著者の議論にその疑問に応じる余地がないとまでは言わない。むしろ、こうした疑問をはねのけるロバストネス分析の有効性を示す議論は、著者のロバストな能力をもってすれば可能だろう。今後に期待したい。

◆書評

正義を民主的実践に委ねるグローバルな正義

●――上原賢司

山田祥子『グローバルな正義と民主主義――実践に基づいた正義論の構想』（勁草書房、二〇二二年）

他の多くの分野と同じくグローバル正義論も、研究蓄積にともなう論点の専門化・分散化が進行し続けている。そうした中で本書は、その表題が示す通り、グローバルな正義と民主主義との架橋を試みる研究となっている。その架橋は、「集合的な行為主体」によって営まれる「実践」を正義の形成要因として位置づけ、その実践における民主主義の必要性を強調する形でなされる。実践という人びとの関係性を理論前提に据える点で、本書の立場はいわゆる「関係論」の一つに位置づけられる。ただし、そこでの関係性は、国家といった制度的関係でもなく、ナショナリティの共有といった文化慣習的関係でもない。つまり、（比較的）静的で所与のものとみなせる関係にではなく、動的かつ民主的な関係にもとづいてグローバルな正義もまた把握、案出されるべきだというのが、本書を通しての主張となっている。正義と民主主義との接合だけでなく、その議論の射程があらゆる論点に及ぶという点で、相当に野心的なグローバル正義論であるとみなせるだろう。

こうした本書の主張は、先行するいくつもの議論への批判的検討によって導出される。序論では、コスモポリタニズム対国家主義の論争の「混迷状況」を前にした本書の位置づけが示される。それは、「現実」を重視する「実践依存アプローチ」を採りつつも、両立場のいずれとも異なる「第三の潮流」とみなしえる、社会運動を含めた「集合的主体による実践」を強調する立場である。そこでは「確定的な正義の構想ではなく、「正義の可能性」が模索されることとなる」（一五頁）。第1章では、実践依存アプローチの方法論的特徴や内容が、A・サンジョヴァンニやA・ジェームスらの議論を手がかりに示される。第2章は、サンジョヴァンニによる制度主義、その「政治」の狭さが批判される。そうした制度主義に対して、所与の制度を変更せしめる可変性と、それをなしうる越境的で動的な集合行為という「政治」の存在が強調される。第3章では同じく制度主義に位置づけられるジェームスの議論が取り上げられる。そこでもやはり、人間の知識や行動の可変性が、理論構築にあたって前提とすべき「現実」であると論じられる。第4章では、文化慣習主義としてのD・ミラーとM・ウォルツァーが批判される。そこでは一方で、政治に可変性をもたらす能動的で集合的な行為主体に依拠している両者の議論が積極的に評価される。他方で、そうした主体がナショナルな「私たち」の共同体に縛られてしまうという閉鎖性が批判される。第5章では、グローバルな正義の主体をめぐって、O・オニールやT・ポッゲの正義の義務主体をめぐる議論への批判が展開される。そこでは、先進諸国の市民への責任追及の限界とともに、不正の受け手となる多様な人びとの主体性の軽視が問題視される。こうした問題を踏まえて、不正の犠牲者ないしは貧しい人びとを、能動的な行為主体として積極的に承認する必要性が主張される。第6章において、正義の実現における行為主体性を強調するL・イピの議論を通して、「人民主権」への依拠と「哲学者／理論家」の正義形成における役割が批判される。そこから、J・ドライゼク／A・タナソカやM・デヴォーらの議論を参照しつつ、「正義の形成的主体」——正義にまつわる問いと答えを確定していく「道徳的な調停者」——として、多様な人びと（主体）は位置づけられるべきだと論じられる。そして、そうした形成が不正をもたらさないようにするために、その過程においては「民主的な熟議」が求められる。かくして、正義と民主主義とは接合し、「集合的主体による実践の中に正義の規範を見出していく」アプローチが現実を見据えたグローバルな正義として提示される（一九二頁）。

以上からも分かるように、本書はグローバル正義論に関連する研究を網羅的に踏まえており、それぞれの理解や説明も的確なものとなっている。それゆえ本書は、従来のグローバル正義論への読者の理解を助けるという点でも価値あるものだといえる。もちろん、本書の最大の貢献は、正義の実践依存アプローチと民主主義との接合の必要性と意義を明示的に示している点にある。そこで本書は、グローバルな正義と周縁といった今後より探求されるべきテーマにとっても、重要な参照点の一つとなるだろう。

本書の野心的な試みに応えて、結論で触れられている課題とは異なる二つの論点を挙げる。第一に、確定的な正義の構想の忌避である。本書は一貫して、この構想を「哲学者／理論家」が案出することを否定的に評価し、「集合的行為主体による実践」に委ねるべきだとする。しかし、確定的な正義の構想を手がかりとせずに、人びとはどうやって何らかの正義を形成していけるのだろうか。「哲学者／理論家」は独裁者ではなく、民主的に熟議する人びとと二項対立的な存在ではない。この点に重なるJ・ロールズの議論を著者は肯定しているように思えるが（一九四頁）、まさにロールズこそが、確定的な国内外の正義の構想を示し、それによって人びとの「現実」理解の変容を助ける理論家だったはずである。

第二に、実践依存アプローチの保守性への懸念である。民主主義の実践に正義を委ねる本書の含意は、著者の思惑とは真逆に、国家主義の正義構想により親和的なものとなるだろう。というのも、今の世界の「現実」として、民主主義は理念として「人民主権」に固く結びつけられ、越境的な社会運動もそれを根本から否定するものとしては実践されていないからである。本書で好意的に参照されているダッカの女性もまた、当人たちを取り巻く特定の場所の規範に根差した実践例だろう。あくまで越境的な民主主義＝グローバルな正義の擁護を真に狙うのであれば、むしろ実践独立アプローチこそ最適だったかもしれない。

さらなる問いをこうして提起できるという点こそが、本書の卓越さを示している。その意味でも本書は、日本におけるグローバル正義論において今後欠かせない一冊であると言えるだろう。

◆書評

戦後歴史学の継承と展開

●——濱野靖一郎

東島誠『「幕府」とは何か——武家政権の正当性』（ＮＨＫ出版、二〇二三年）

武家政権の歴史とその正統性は、新井白石『読史余論』や頼山陽『日本外史』以降、今も大きなテーマである。徳川政権の正統性は「御威光」の支配と現在理解されている（渡辺浩『東アジアの王権と思想』）。しかし、鎌倉幕府と室町幕府はどうだったのだろうか。そもそも「幕府」とはいかなるものを指すのか。本書は、豊富な中世史研究の成果を駆使して、「為政者はなぜ善き政治を行うのか」、「武家政権はどのように支配の正当性を確保しようとしたか」を論証していく。

第一章「平家政権と〈いくつもの幕府〉」、第二章「鎌倉幕府、正しくは東関幕府」、第三章「足利将軍家の時代」、第四章「織豊政権」、第五章「江戸幕府は完成形なのか」、これが本書の構成である。冒頭に〈いくつもの幕府〉としながら、章タイトルには「鎌倉（東関）幕府」と「江戸幕府」しか見られない所にも筆者の主張は明らかにされている。

サブタイトルに「武家政権の正当性」とあるのは、著者が「正統」を『神皇正統記』同様「しょうとう」と読み、「伝統的支配としての血統や由緒正しさ」に限定して使用するためである。この見解には賛同できないが、ひとまずおく。

帯に「かつてないスケールの歴史書」と書かれているのも、誇大広告ではない。日本中世各政権の正当性を論じて徳川の半ばまで至る、という武家政権期の通史ともいえるものは、他にあまり思いつかない。では、本書はこれまでにない斬新な研究理論のみで構成されているかといえば、おそらく著者の意識の上でもそうではない。むしろ本書を貫いているのは、「戦時への反省に立つ戦後歴史学」の意識である。鎌倉幕府論を述べるにあたり「幕府」をどう捉えるかが「権門体制論」と「東国国家論」とを選択する根幹だと示し、「両学派ともチューニングが必要」とはいえ〈死んだ言説〉になってしまっている現状を問題視する。

佐藤進一、黒田俊雄以外にも石母田正や網野善彦など中世史家の学説を振り返り、先人達の学問を再確認してそれをいかに現代にも通ずる議論としてよみがえらせるか。「〈生きた言説〉として継承」しなければ、という問題意識は前面に出ている。そのためか、他の研究者に対して、先人の説を〈死んだ言説〉にする見解だ、との批判は散見される。あたかも、歴史学の「しょうとう」を示すかのように。本書への評価は、「戦後歴史学」をめぐる評価とつながっていよう。

「幕府」とは何なのだろうか。鎌倉幕府の誕生時期を議題にそれは語られる。「正当性根拠」から検討すれば、その最も重要なのは一一八六年であった。守護地頭の任免権でも、征夷大将軍任命でもない。「武家政権誕生の原点」とは、「一大消費地としての京都」にあった。「生産地の豊凶」ではなく「流通」を原因に「すぐ飢える都市」としての京都による「都市王権」と呼ぶべき権力構造」が、武家政権ひいては鎌倉幕府を生み出す。京都への食料輸送の生殺与奪は自分が握っている、と暗に示した一一八六年の頼朝奏状こそ、「戦争を繰り広げ適量を奪うだけの私権力から、現地の秩序維持をコントロール下におく公権力への脱皮」の宣言であった。

上である朝廷にはこうして手にした実権により、下の武家達には「貴種」故に、源氏が統治の「正当性」を得た。加えて頼朝が「機構などの〈非-人格的〉な支配の重要性に目覚めた」ことが、鎌倉幕府が成功した要因である。ならば血統的背景を欠く北条氏は、どのようにしてその「正当性」を手にしたのか。それは「統治権的支配の分野」としての「法や合議制」であった。しかし、その「幕府支配の正当性」は「不断に更新していく必要」がある。それが、「善き政治」を行わねばならない理由であった。

第三章の題を「足利将軍家」とするのは、本書の「幕府」という言葉の定義に関わる。中世の用語を検討すると、鎌倉幕府や関東公方を「東関幕府」や「関東幕府」の名称で呼んだ事例はあっても、「室町幕府」と記した同時代史料はない。そのため、中世で「幕府」とは「東国に誕生した武家政権に限って用いられた語」と結論づける。

しかし、「幕府」でないからではなかろうが、本書の足利政権論は「正当性」への言及に精彩を欠く。織田・豊臣は「正当性」自体語られていない。「江戸幕府」は「正当性から正統性」への転換は語られても、「正当性」獲得については言及されない。それは本書が「都市王権」の誕生として武家政権の確立を語ろうとする試みである以上、「都市王権」的性質が中核ではなくなった足利以降は、突発的な飢饉・災害などでの「都市王権」的性質を「定点観測」することになる、との著者の言及にも表れている。結果として足利将軍家の記述は、政権期の様々な変動を豊富な研究の成果を整えて論じているところに魅力があり、「幕府」および「正当性」という論点は後退している。織豊期は中世の終わりから近世の始まり、という移行期論に重点は置かれており、「江戸幕府」はそれ以降を踏まえた論と思われる。

本書は武家政権時代の変遷を見据え、様々な研究を整理して作り上げた武家政権通史と言えよう。その見通す範囲は広く、史学を専門としない評者にとって色々と勉強になった。ただし、「宋学」が研究対象の一つである評者からすると、「正統」という言葉の取り扱いや、『孟子』や「亜聖」に関する記述など、首をかしげる箇所は少なくない。また、個性が強い文体には賛否が分かれるだろう。

そうした疑問を感じて尚、本書は貴重な成果と思われる。武家政権の「正当性」と「幕府」という形態の本質を問うている本書は、思想史と中世史を架橋する大作といえるだろう。同書への活発な反応が双方から出てくることを期待したい。

◆書評

「官学アカデミズム」という Supervillain

●――水野博太

杉山亮『井上哲次郎と「国体」の光芒――官学の覇権と〈反官〉アカデミズム』（白水社、二〇二三年）

本書は、明治末期から昭和初期にかけて井上哲次郎が中心となり刊行した雑誌『東亜の光』を主な分析対象に、その「国体」論の変遷を追っている。著者によれば、発行団体の東亜協会は「井上の東京帝国大学の同僚や門下生が多く参加し」（二六九頁）、東京帝大などの教員が多く寄稿したことから、同誌は「帝国大学内外の人々に帝国大学の研究を伝える、いわば『紙上の東京帝国大学文学部』の役割を果たしていた」という（二八七頁）。

分析の中心は一貫して井上に置かれるが、各章では同誌に寄稿した、あるいは井上の周囲を動いた思想家との比較を通じ「官学アカデミズム」の国体論の追跡を試みている。第一章は、日清・日露戦争後の思想状況の中で、あくまでも唯物論・社会進化論に立脚しつつ新たな国体論を模索する加藤弘之と、現象即実在論を基礎に「形而上の世界を否定しない」（七一頁）国民統合の姿を探る井上との論戦に焦点を当てる。第二章は、明治末期、一時期『東亜の光』へ寄稿していた福来友吉が象徴する「生命主義的国体観」（一一七頁）が、千里眼事件を機に「官学アカデミズム」から拒絶される経緯を描く。第三章は、明治末期から大正初期にかけて宗教学研究が進展する中で、神社論・神道論が国体論に与えた影響を、加藤玄智・吉田熊次・田中義能らに着目しつつ検討する。第四章は、大正期に「デモクラシー」と国体の折り合いを模索する井上自身の姿を検討する。第五章は『東亜の光』から離れ、井上哲次郎不敬事件の顛末を、「青史」（官学＝井上）に対する「稗史」（在野＝松平康国・牧野謙次郎ら）すなわち「草の根国体論」（二二三頁）からの攻撃という視点で描く。

著者によれば、本書の意義は、従来の研究が「国体論という磁場の極」に焦点を当てたのに対し、「磁場の中心」を取り上げる点にある（一三頁）。本書の分析対象が「中心」と言えるのは、国民に注入する「国体」観念を形成したのは「官学アカデミズム」であり、井上はそこに君臨したからである。著者は言う。

> 国体の観念を一般国民に注入する最大の回路は小中学校での修身教育だった。この修身教育を担当する教員は大学や師範学校で育成された。彼ら修身教員の教育、修身教育の再生産を担当したのは東京帝国大学の大学院を修了した博士たちだ。修身教育が使う教科書の多くもやはり帝国大学の教員が作成に関わっていた。国体論を生産し、一般への伝播を担っていたのは東京帝国大学文学部であり、彼らを中心とする修身

教員・教科書会社・学校関係者のサークルだったのだ。このサークルのことを本書では便宜上〈官学アカデミズム〉と呼ぶことにしよう。
そして、この官学アカデミズムに長らく君臨したのが井上哲次郎である。（一三頁）

評者の考える本書の意義は、従来等閑視されがちだった「官学」の思想史を、同じくこれまで分析の手薄だった雑誌メディアを通じて丹念に検討した点にあり、この先駆的貢献は、雑誌メディア史が専門の長尾宗典氏による書評でも詳説されている（『日本史学集録』第四四号）。一方で、本書の根幹をなす「官学アカデミズム」という概念については、分析概念としての妥当性はともかく、より注意深い運用が必要であったように思われる。

例えば、本書は井上と『東亜の光』上の議論を以て直ちに「官学アカデミズム」を代表させているように見える。同誌は「紙上の東京帝国大学文学部」であったから「官学アカデミズム」を代表し得るという主張は、ミクロには同誌の流通・受容状況や類似雑誌との比較、マクロには近代雑誌メディア史といった視点から考察を深めていれば、より高い説得力を持ち得ただろう。また、本書は「官」と「民」の境界を自明のものとして引いているように見えるが、例えば東京帝国大学教授・姉崎正治も尽力した帰一協会について、本書も簡単に言及するものの（一四七頁）、「官学アカデミズム」とはどのように関係づけられるのだろうか。

加えて、本書は井上の現象即実在論を、もっぱら加藤弘之の唯物論的立場との距離を示すものとして扱うが（四八頁）、それは井上哲次郎に限らず、井上円了、清沢満之、ひいては西田幾多郎へと繋がる「明治アカデミー哲学」（それは必ずしも本書の言う「官学アカデミズム」と一致しない）の基本的特徴でもあった（郭馳洋「明治期の哲学言説とネーション」『年報地域文化研究』第二一号）。総じて、分析の焦点を井上哲次郎と『東亜の光』に絞り、かつ「官学アカデミズム」をそこに代表させようとした結果、思想史全体との繋がりが見えづらくなっているように感じた。制度・組織名の誤記も散見される。些細な点ながら、「官学」を扱う以上は制度史にも細心の注意を払って欲しかった。

本書は同時代の井上への評価を「Cheap な villain」と表現するが（二〇頁）、従来「官学」「御用学者」とされてきた「悪役《ヴィラン》」たちに向き合うことの難しさと、同時に挑戦のしがいを、本書は改めて教えてくれたように思う。アカデミア内外における存在感と活動量が群を抜いていたからこそ、彼らは「villain」たりえた。そして、他の「主役《ヒーロー》」級の思想家たちと比べて先行研究の数にも乏しい中、彼らの活動をどう切り抜いても、その存在感や全体性はこぼれ落ちてしまう。あらゆる思想史研究が同様だとは思うが、この「悪役《ヴィラン》」たちを分析するためには、彼らの世界に研究対象としての敬意を払いつつ、その当代屈指の知的水準と議論に食らい付き、最後には研究として俯瞰的かつ批判的な記述を完成させることが求められる。評者自身それが十分に出来ているとは到底言えないが、「官学アカデミズム」とはそれほど骨の折れる、それ故に立ち向かう価値のあるSupervillainなのだと思う。

二〇二三年度学会研究大会報告

◇二〇二三年度研究大会企画について

企画委員長　安武真隆（関西大学）

第三〇回（二〇二三年度）研究大会は、二〇二三年五月二七日（土）、二八日（日）に、京都大学吉田キャンパス・法経済学部本館にて、京都大学法学研究科との共催にて開催された。統一テーマは「政治思想の国際論的転回」である。企画委員は、木村俊道（九州大学）、古田拓也（二松学舎大学）、松元雅和（日本大学）、安武がつとめた。新型コロナウィルスに対する懸念は根強かったが、五月より「五類感染症」扱いとなり、政府・行政が様々に要請・関与をしていく仕組みが後退する中で、対面での開催（全体での懇親会は不開催、会場出入り口付近に消毒液の設置、空調や換気に配慮した運用）となった。まずは企画委員会を代表して、森川輝一会員をはじめとする開催校の京都大学の方々、報告、討論、司会を担当くださった会員の方々、参加くださった会員・非会員の皆さんに、この場を借りて御礼申し上げたい。

統一テーマに即して本委員会では四つのシンポジウムを企画した。シンポジウムⅠ「近代ヨーロッパの国際論的転回」では、西欧史学の成果との対話も意識しつつ、主権国家に収斂する以前の近世ヨーロッパにおける複合国家・複合君主政への関心や、新大陸アメリカの革命が、フランスの主権国家再編の動きに与えたインパクトを検討した。報告は西欧史学から中澤達哉氏（早稲田大学、非会員）、永見瑞木会員（大阪公立大学）に、討論者は犬塚元会員（法政大学）にお願いし、司会は木村会員が担当した。

初日の午後には国際シンポジウムとして「政治思想の国際論的展開」を世界的に牽引するデイヴィッド・アーミテイジ氏（ハーバード大学）を招聘し、"Gulliver's Travails: Treaties in the Making – and Breaking – of the Modern World"と題した報告を行なって頂いた。また討論者として上村剛会員（関西学院大学）と柳愛林会員（九州大学）が登壇し、司会は古田会員が担当した。アーミテイジ氏とは全く面識がなかったが、桜美林大学の大中真教授に仲介して頂いた結果、スムーズに登壇に向けて話を進めることができた。この場を借りて御礼申し上げたい。

シンポジウムⅡ「戦間期の国際政治思想：国際関係論の台頭」では、国際関係論や国際政治学において「国際関係論」が明示的に登場するようになった戦間期の動向に着目することとした。報告は、三牧聖子氏（同志社大学、非会員）、浜由樹子氏（静岡県立大学、非会員）、西村邦行会員（南山大学）に、討論者は宇野重規会員（東京大学）にお願いし、司会は安武が担当した。

シンポジウムⅢ「領有権と市民権をめぐる政治思想」では、シリア情勢やウクライナ情勢を念頭に置きつつ、現代規範理論におけるグローバルな展開、特に国家の領有権や人々の越境など、従来の国際関係像を問い直すような論点に着目した。報告は、瀧川裕英氏（東京大学、非会員）、白川俊介会員（関西学院大学）、柄谷利恵子氏（関西大学、非会員）に、討論者は押村高会員（青山学院大学）にお願いし、司会は松元会員が担当した。

自由論題報告については、近年採用されている方針を踏襲し、報告テーマの多様化、報告時間の公平化、参加者の便宜等を考慮し、報告・質疑応答の時間を一報告あたり五〇分（＋休憩一〇分）で統一し、審査を経た合計九の自由論題報告を、三つの分科会に配置した。また、辻康夫会員（北海道大学）、伊藤恭彦会員（名古屋市立大学）、重田園江会員（明治大学）に司会を担当いただいた。報告の中には「国際論的転回」に関わる論点を扱ったものや、シンポジウムの報告内容と連動するものも幾つかあり（第二・三シンポにとどまらず、近年の国際情勢を強く意識した報告も少なくなかった）、今回の研究大会を契機に個別報告が有機的に連関していく様子が窺えた。

学会プログラム全体を改めて振り返ると、ニューズレターでの「企画趣旨」の説明不足もあり、今回の企画が「国際論的転回」のどの部分を構成しているのか（何が論じられなかったのか、そもそも「国際論的転回」という表現で何をイメージ・期待していたか）を改めて確認する必要性を痛感している。幾つかの報告でも示唆されたように、「国際論的転回」自体が発展途上であり、それが従来の思想史研究の方法論を革新するのか、それとも対象の変化にとどまるのかは改めて問われうるし、コンテクスト主義や国際関係論との関係も再検討の余地があろう。また思想史研究と現代規範理論の双方における「転回」の関連も問われよう。

さらには（「企画趣旨」で言及した以外に）本企画以前になされた先駆的な試みと比べて、扱われる論点や、前提となる研究動向に変化があったのか、改めて精査する必要もあろう（I・ノイマン／I・クラーク『国際関係思想史―論争の座標軸』新評論、二〇〇三年、『思想』二〇〇三年一月（九四五）号の特集「帝国・戦争・平和」、太田義器『グロティウスの国際政治思想―主権国家秩序の形成』ミネルヴァ書房、二〇〇三年、松森奈津子『野蛮から秩序へ―インディアス問題とサラマンカ学派』名古屋大学出版会、二〇〇九年、『思想』二〇〇九年四月（一〇二〇）号の特集「暴力・連帯・国際秩序」、小田川大典・五野井郁夫・高橋良輔（編）『国際政治哲学』ナカニシヤ出版、二〇一一年など）。

なお、本大会企画の立案の前後にも、本企画と密接に関連しそうな一連の研究が公刊されている（管見の限りではあるが、西平等『法と力：戦間期国際秩序思想の系譜』名古屋大学出版会、二〇一八年、『思想』二〇二〇年七月号における特集「グローバル・ジャスティス」、高橋良輔・山崎望『時政学の挑戦―政治研究の時間論的転回』ミネルヴァ書房、二〇二一年、葛谷彩・小川浩之・春名展生（編）『国際関係の系譜学：外交・思想・理論』晃洋書房、二〇二二年、日本政治学会編『幕末・明治期の国際関係再考』年報政治学二〇二二年第二号の特集、川出良枝『平和の追求：18世紀フランスのコスモポリタニズム』東京大学出版会、二〇二三年など）。これらの業績も、今回の大会企画と重ねて検討されんことを望む。

【シンポジウムⅠ】

近代ヨーロッパの国際論的転回

司会　木村俊道（九州大学）

本シンポジウムでは、統一テーマである「政治思想における国際論的転回」の観点から、近代ヨーロッパの政治思想史を捉え直すことを試みた。現在でも続くグローバル化やヨーロッパの統合、そして国民国家の揺らぎ（や揺り戻し）を背景として、政治思想研究においても、主権国家体制の見直しに加え、「国際」政治思想や政治理論、帝国や複合国家、国境を越える思想などの重要性が認識されるようになっている。シンポジウムⅠでは、これまでの議論の蓄積を踏まえつつ、「近代ヨーロッパ」を対象に、隣接分野との対話を通じて新たな視点や議論の展開を探るとともに、政治思想史研究における「国際論的転回」の意義を再考した。

報告者は中澤達哉氏（早稲田大学・非会員）と永見瑞木会員（大阪公立大学）、討論者は犬塚元会員（法政大学）にお願いした。

中澤氏からは、歴史学の観点から、これまで見過ごされがちであった中・東欧に着目する「ハンガリー・ジャコバンの「王のいる共和政」論と主権分有論」と題する報告をしていただいた。歴史学においては、ウェストファリア型の中央集権的・絶対主義的な主権国家像の相対化が進んでいる。こうしたなか、かつては「後進」的とされた中・東欧の諸国家の国制が、むしろ対内主権の重層性を示す典型として見直されている。中澤氏の報告は、そのうえで、対内主権の動態をさらに解明するために、中世後期から近世後期にかけて選挙王政の経験を有するハンガリー王国の主権分有論に注目し、とくにハンガリー・ジャコバンのレスプブリカ respublica 概念を検証した。そのための主要な検討対象とされたのが、ヨゼフ・ハイノーツィによる「王のいる共和政」論が展開された『論議』（一七九〇）と「構想」（一七九三）である。その結果、インペリウム imperium、マイェスタース majestas、コローナ corona といった主権概念のヴァリアントがあるなかで、レスプブリカ概念の淵源の一つが、君主と区別される国家（聖王冠）の主権を意味するコローナであることが示された。また、貴族や民衆だけでなく、王も国民として含まれる「王のいる共和政」論と主権分有論の歴史的な変遷を追うことによって対内主権の重層性の動態が明らかとなった。中・東欧の諸国家の歴史は、近代的な主権国家や民主共和政とは異なる、主権を分有する重層的な近世国家論の展開や共和主義の別個の水脈を示すのである。

永見会員からは、越境する思想を見据えつつ、国際論的、あるいはグローバル的な転回の意義を問い直す「「グローバルな視座」は政治思想史に何をもたらすか?―アメリカ建国を見つめる同時代フランスの議論から考える」と題する報告をしていただいた。時空を超えたテキストとの対話の蓄積である政治思想の歴史は、もともと「国際性」を備えていたのではないか。このような疑問をもとに、まずは一八世紀フランス研究、とりわけ歴史学（革命史）におけるグローバル・ヒストリーに対する様々な反応や論点、そして政治思想史研究において注目される研究動向が参照される。本報告ではさらに、具体的な事例として、『フェデラリスト』の仏訳者の一人であるラマールの『均衡論』（一七九五）が取り上げられる。一八世紀末のフランスでは、革命の混乱に対する批判や新たな秩序の模索がなされるなかで、アメリカの建国への関心が再び活性化していた。そのうえでラマールは、英国とは区別されたアメリカの権力均衡のシステムを民主的な共和国の制度に生かそうとしたのである。このような大西洋を跨いだ思想的な対話の事例は、一国史的な枠組みを前提としない政治思想の越境的な性格を反映している。だとすると、あえて挑発的な問いを立てるならば、グローバルな視座や国際論的な転回を新たに主張せずとも、伝統的な方法の枠内でグローバルな側面を捉えることは十分可能ではないか、というのが本報告による問題提起であった。

続いて討論者の犬塚会員からコメントがなされ、中澤報告に対してはまず、歴史学と政治思想史学との距離感が表明された。それによれば、一方の政治思想史学においては主権や主権国家をめぐるナラティヴは中心的でなく、永見報告などでも指摘されたように思想史研究そのものは本来、越境的で国際的である。加えて、これらの二つの学問分野の対話に向けて、歴史学においても主権国家・国民国家モデルはすでに十分に批判されているのではないかという疑問に加え、「主権」や「分有」、「重層化」などの理解をめぐる、政治思想史学の観点からの問題が詳細に議論された。さらに、永見報告に対しては、その懐疑的な視点に多く賛同しつつも、「国際論的転回」が「グローバル」な視座や要素に還元できるかどうか、あるいは逆にその内容や意義を過小評価していないか、といった指摘がなされた。

以上のコメントに対し、中澤氏からはヨーロッパ史学の現状、とくに「複合国家」や「王のいる共和政」などへの仏史学の反応の弱さや、若い世代による国家論・国制論への回帰と更新、選挙王政に関心を向ける中・東欧史学の特異性などが説明された。また、主権分有や重層化の理解に関しても、改めて複数の主権概念の違いや、とく分有と占有の濃淡が変化するコローナ論の特徴、一五世紀における占有の過程についても丁寧な応答がなされた。加えて、永見会員からは、国際論的転回の好例（アーミテージ『独立宣言の世界史』）や、対外的な認識が対内的な言説に影響を与えた例（ルソー『戦争法の諸原理』）が挙げられるとともに、従来の方法を駆使してグローバルな空間を描き出した研究こそが日本政治思想史研究ではないか、といった回答がなされた。

司会者の不手際でフロアからの質問時間が僅かになってしまったが、国際論的転回の課題や意義を分野の「境界」を超えて再考するとともに、近代ヨーロッパや政治思想史研究の本来の姿を改めて見直し、立ち帰るための極めて有意義で充実したシンポジウムとなったように思われる。

【シンポジウムⅡ】

戦間期の国際政治思想：国際関係論の台頭

司会　安武真隆（関西大学）

シンポジウムⅡでは、「戦間期の国際政治思想：国際関係論の台頭」をテーマに設定し、「国際関係論」が明示的に登場するようになった戦間期に着目した。三牧聖子氏（非会員・同志社大学）には、「戦争違法化体制再考―それは暴力をなくすのか」、浜由樹子氏（非会員・静岡県立大学）には、「ユーラシア主義とウクライナ問題の原点」、西村邦行会員（南山大学）には「〈国際関係論〉は国際論的転回を促すか―あるいは、国際論的転回は思想史を深めるか」と題して報告いただき、討論者として宇野重規会員（東京大学）に登壇いただいた。

三牧報告は、国際社会の歴史において、どのような暴力が違法とされ、禁じられ、他方で不問に付され、許されてきたのかに着目する。戦争違法化運動や「法の支配」の主張が展開された戦間期においてすら、ダブルスタンダードや語られざる暴力が潜在しており、ロシアによるウクライナ軍事侵攻に限らず、それが現在の国際情勢の中で顕在化している。

三牧氏は、近年の国際関係論研究の中でも、戦間期の戦争違法化の試みに対する『国際主義者たち』による再評価の動きを紹介しつつも、それに疑問を呈する。戦争違法化体制を骨抜きにした当時のドイツや日本の他、アメリカもラテン・アメリカに対して軍事介入しながら「警察」行為として問題化されなかった。巨大な経済力を保持する国家が経済制裁を行う際には慎重さや責任感が求められる筈であるが、ドローン攻撃による民間人の殺害なども含め、あからさまな「戦争」でないものを併用しつつ強調される「法の支配」に対しては、グローバルサウスと呼ばれる新興国を中心に、批判や違和感の表明もある。現行の「法の支配」には、自らが奮ってきた暴力と向き合うことを回避し、必要な謝罪や精算を行わずに主張される側面が看過できない。

浜報告は、一九二〇年代、ロシア革命によって祖国を追われた亡命者たちの間に生まれたユーラシア主義を扱う。それはロシアを、多民族性を特徴とする「ヨーロッパでもアジアでもないユーラシア」と定義する思想であり、西欧をモデルとした国民国家体制が、非ヨーロッパ世界の多様性を破壊し、画一化・平準化し、エリート層と民衆層との分断と、ヨーロッパへの従属を強化する「偽のナショナリズム」をもたらすとして批判するものであった。

かかる多民族の一体性を強調するユーラシア主義と、ウクライナ民族の独立性の強調とは、緊張関係にあり、亡命者コミュニティでの議論の中で「一体性論」と「別民族論」との対立が先鋭化し、受け入れ社会でのアイデンティティの模索と重なりつつ、本国の現実と切り離されて展開した。そこでは、ウクライナとロシア文化との相関の程度、二〇世紀初頭まで一般化していなかった「ウクライナ人」の存在を過去に遡及することの是非、ユーラシアとヨーロッパとの境界線を両国の間に設定することの是非が争われた。その背景には、本国でのウクライナ共和国の樹立とソ連邦形成の動きがあった。

戦間期に展開した亡命者たちのこうした思想・歴史観は、ソ連解体後に再発見・解凍される。ユーラシア主義は西側批判の思想として読み直され、二〇〇〇年代以降、NATOの東方拡大やカラー革命などを受け、ロシア外交の方向転換の中で、「一体性論」が再び姿を現した。ウクライナでは北米ディアスポラのウクライナ移民の影響を受けた独立闘争を強調する歴史観が台頭した。

西村報告は、国際論的展開と戦間期の国際関係論の萌芽的形態とを対照させるにあたり、文脈主義（その対としてのテクスト主義）との関連を手がかりとする。アーミテイジのいう国際論的転回は、文脈主義の後継であり方法論上の画期をもたらしたわけではない。確かに文脈と空間との対比を指摘する場合もあるが、それは相対的な比重の違い以上のものではない。ただし国際論的転回がグローバル知性史と接続するならば、一定の時間と空間で展開される「政治」の周縁化ともなり、既存の文脈主義との緊張関係も潜在している。

他方で国際関係論は、アウグスティヌスに由来する支配欲の観念を基礎に、普遍的な問題への応答を志向する点で、スキナーのモーゲンソー批判に看取されるように、テクスト主義的であり、文脈主義的な国際論的展開とは緊張関係にある。とはいえ戦間期の国際関係論の中でもバタフィールドのそれは、注目に値する。アーミテイジによって没歴史的と退けられているものの、一般理論化を忌避し、国際「政治」的なものを、予測し難い変化の中で先行する取り組みを「中継ぎ」していく歴史的営みと認識した点で、文脈主義と通ずる面を持つからである。政治的なものの探究の点で、国際関係論の黎明期であった戦間期を安易に斥けることは賢明とはいえないだろう。

以上の三報告を受けて宇野会員は、戦間期に相次いだ一連の作品群を提示しつつ、戦間期の重要性の背景として、(1)ヨーロッパの没落と、アメリカとソ連の台頭、「世界大戦」の時代、(2)学問像の見直しや「国際関係論」と「思想史」の登場、(3)個人の意志を踏みにじる力への着目、を指摘した。その上で、問われるべき論点として、(1)現在と戦間期は似ているのか？ (2)国際関係論と思想史の関係、(3)「戦間期」それ自体の新たな解釈の可能性を提起した。

続いて三牧報告については、『国際主義者たち』の評価として「戦争違法化論」を見直すべきなのか、「現実主義」対「理想主義」の背景にある「政治」観は何か、「法の支配」言説の西洋中心主義をどう乗り越えるかが問われた。浜報告については、なぜユーラシア主義は戦間期に、亡命知識人によって形成されたのか、ロシア／ウクライナにとっての戦間期とはどのような時期だったのか、ユーラシア主義は今後も影響を持ちうるのか、が問われた。西村報告については、国際論的転回は文脈主義なのか〈国際関係論〉の思想＝アウグスティヌス／シュミットの今日性、国際関係論と思想史はいかなる関係に立つべきなのかが問われた。フロアーからはデモクラティック・ピース論や構造的暴力との関連、テロとの戦いという括りの妥当性などの論点が提起された。

【シンポジウムⅢ】

領有権と市民権をめぐる政治思想

司会　松元雅和（日本大学）

本シンポジウムは、全体テーマの「政治思想の国際論的転回」を主として現代規範理論の観点から問い直すことを本旨として企画された。こうした分野においては従来より、正義論を国際的文脈に展開するグローバル正義論が活況を呈しており、近年ではわが国でもそれを主題とする研究テーマや研究書が相次いでいる。その一方で、国際関係は赤裸々な権力政治が支配する領域であり、正義や規範の効力が及びにくいとの印象も根強い。それゆえ、こうした国内社会と国際社会のあいだの構造的差異を踏まえて、そこにいかなる規範的議論の余地を見出せるかが基底的な問題意識となっている。

とりわけ、今日こうした問題を考えるにあたり、二〇二二年二月に勃発したウクライナ戦争の情勢を念頭に置かないわけにはいかない。同戦争は、今世紀の国際社会で、今なお領土を焦点とする主権国家同士の武力衝突が現実に生じうることを顕わにした。そこで、本シンポジウムでは、国際紛争の原因・背景の一つとなる領有権の問題や、兵役義務も含めた国家と市民の結びつき、戦争によって生じる避難民の問題といった現在進行形の論点を踏まえつつ、「領有権と市民権をめぐる政治思想」をテーマとして掲げ、以下のような研究報告および討論を依頼した。

第一報告では瀧川裕英氏（東京大学：非会員）より、「領域への責任と国境での権利」と題する報告を頂いた。領有権の問題において、人々が居住できない地域である「アネクメーネ」がどの国家に帰属するかが問われる。本報告は、領有権正当化論としてロック主義と自決権論をとり上げ、こうした議論の不十分性を指摘する。次いで、領有権の概念から資源所有権、領域管轄権、境界管理権を区別し、管轄権の割当をカント主義的な議論から掘り下げる。すなわちそこでは、法的状態実現義務の観点から、各国家は領域への権利よりも領域への責任をもつと理解され、その観点から境界管理権の意味も新たに解釈される。

第二報告では白川俊介会員（関西学院大学）より、「領土の一体性・自衛・武力行使――戦争の道義性の一側面に関する若干の考察」と題する報告を頂いた。現代正戦論では伝統主義と修正主義のあいだの論争が生じている。修正主義の陣営にあるセシル・ファーブルは、コスモポリタニズムの見地から正戦論を改鋳しており、その結果、私的戦争権の擁護や正当な権威条件の見直しといった、一連の論争的議論を展開している。本報告はこうした議論の妥当性を批判的に問い直したうえで、国際レジームのような何らかの枠組みによる権威的承認を軸とした制度的コスモポリタニズムを探求する必要性を指摘している。

第三報告では柄谷利恵子氏（関西大学：非会員）より、「軽いシティズンシップ・国家・成員――成員資格の販売と成員資格の剥奪から考える」と題する報告を頂いた。近年のシティズンシップ研究で注目を集める「軽いシティズンシップ」は、従来の国家と成員資格の緊密な結びつきを掘り崩し、一方で望まれる非成員の勧誘と他方で望まれない成員の追放といった二重の状況を生み出している。本報告では、こうした状況をEUやイギリスの事例研究も交えながら実証的に描き出したうえで、成員資格の基盤として、「出生地」や「血縁」の要素に加え、新たに「時間」の要素に注目すべきだとの論点を提起している。

また本シンポジウムでは、これまでわが国における国際政治思想分野を牽引してこられた、押村高会員（青山学院大学、本学会元代表理事）より、三報告に関する討論を頂いた。第一報告については、ある領域に対する実効支配や既得権の観点から、領有権の認定権限に関する問題提起がなされ、第二報告については、ガザ地区のような状況を念頭に置きつつ、暴力行使の独占によって、私戦を禁じ、公戦を正当な戦争とするという近代以降の戦争のあり方が報告内容とどのように関連するかが問われた。また、第三報告については、成員資格を認定・付与する際の、何らかのリストや閾値（threshold）について、問題提起がなされた。

以上の三報告および討論ののち、各報告に対して質問用紙や直接の発言によるフロアからの活発な質疑が続いた。質疑応答の内容は多岐にわたるが、それぞれの報告内容に対してその論旨を深堀りするものであり、討論者よりさらなるコメントも交えつつ、全体として本シンポジウムにおける国際関係と政治思想の接点を現代的視点から問い直すものとなった。とりわけ、昨今のウクライナ情勢を踏まえたうえで、西側からの様々な供与や支援が規範的にどのように正当化されるか、また戦争の停止に向けていかなる努力が必要であるか、といった点についても話題が及ぶことになった。

本シンポジウムの狙いは、主に現代規範理論の観点から、今日の国際情勢も交えつつ領有権や市民権の政治思想を問い直すことであった。昨今のメディアでは、赤裸々な力の政治や国益中心的思考に回収されがちな世界情勢が伝えられる。ともすれば、規範や正義の問題を問い直すことは現実離れしていると捉えられるかもしれない。しかしながら、同時に国際社会で見られた様々な連帯の姿に鑑みれば、私たちの思考がこうした規範意識のなかで形作られ、またそれが現実に大なり小なり影響を及ぼしていることも事実である。

そうしたなか、本シンポジウムは百名を超える参加者を得つつ、こうした規範的テーマをあらためて原理的に位置づけることの意義を検討する機会となった。領有権や市民権という、一見すると抽象的な問題について、最新の学術的知見や今日の国際社会の動向も織り交ぜながら、多岐にわたる示唆が報告・討論・質疑応答を通じて示されたと考えている。終了後も、なお多くの参加者が登壇者を囲んで議論を重ねていたのが個人的にも印象的であった。登壇をお引き受け頂いた各報告者や討論者、当日シンポジウムにご参加下さった皆様にはあらためて深く御礼申し上げたい。

【国際シンポジウム】

司会　古田拓也（二松学舎大学）

本年度の国際シンポジウムは、ハーバード大学のデイヴィッド・アーミテイジを京都大学に迎えて開催された。アーミテイジは今大会の全体テーマ「政治思想の国際論的転回」を牽引した歴史家である。最初の単著『ブリテン帝国のイデオロギー起源』以来、今に至るまで「国際的なもの」への彼の関心は変わっていない。「帝国」からの分離は、「独立」の形を取るであろう。そのとき「内戦」を伴うかもしれない。分離独立した国と国の間には、「国際」思想が必要になるだろう。そこに共存が必要なら、「条約」なしではすみそうもない。かくして今回の報告Gulliver's Travails: Treaties in the Making - and Breaking - of the Modern Worldは、これまでの彼の研究の新しい展開と位置づけられる。目を覚ましたガリヴァーを強国に、それを縛り付ける小人達のロープを条約とする比喩を用いて、条約が歴史のなかでいかなる姿をとってきたかを描く――それが本報告の試みである。

アーミテイジは、個別的な条約の歴史研究は多いが、「条約作成」「条約破砕」といった現象そのものの研究は乏しいと指摘する。条約は紙上の文字かもしれないが、「条約作成」はそれ以上のものである――その準備であり、締結のイベントであり、それが編纂され流通する過程であり、音楽と芸術を伴う儀式でもある。アーミテイジの言葉ではないが、条約の「全体史」に挑戦すべきだ、と言い換えてもよいだろう。これが本報告の「総論」である。特にアーミテイジは、条約の「物体的」側面、つまり、条約が条約集の形をとって、当事者以外の手元に届く過程に注目している。（彼が本報告で「コンテクスト」と言うとき、それは、以上のような全体史的手法の必要性を指す。）

こうした「条約作成」と「条約破砕」の歴史に、政治思想史家は充分な貢献をしていない。「我々はいまだ条約を思想史の資源として活用」できておらず、「思想史家と政治思想史家もまた、条約を扱うべきである」。この実践を、主としてジョン・ロックとイマヌエル・カントに即しておこなうのが、本報告の「各論」にあたる。ロックは「条約意識（treaty consciousness）」が高まった時代を生きた外交の実践者かつ思想家として、さらには条約集の「仲買人」として、政治思想家と全体史の関わり方を示すよい例である。彼の実践経験は『統治二論』の「連合権（Federative Power）」につながった。条約締結能力を、立法権と執行権と並ぶ、主権団体の本質的権限とみなしたのである。この主権団体は西洋の国家とは限らない。アメリカ先住民もまたそうである。すぐに忘れられた「連合権」ではあるが、いまも見るべきものがある。もう一人はカントである。『永遠平和のために』は、条約に頻出する「永遠平和」という文言へのからかいをこめつつ、当の条約文を模して書かれた作品である。ロックの「連合権」と違って、カントの永遠平和論は多くの後継者を有した。特にカントの要求する「公開性」は、第一次世界大戦には秘密外交と秘密条約への批判と共鳴し、第二次世界大戦後には、国連加盟国の条約を事務局に登録するよう義務づける国連憲章の条文に結実した。

以上のような「総論」と「各論」の二本立て構成をとるアーミテイジの報告に続いて、上村剛・柳愛林の二人から問題提起がなされた。上村の提起した論点は三つある。ひとつ目は、「条約」の定義の不在である。アーミテイジのやり方では、「条約」の範囲が極端に広がってしまう。この論点については、フロアからも補足質問がなされた。アーミテイジはライプニッツ編纂の「条約集」に触れたが、それは単なる二国間条約の集成ではない。やはり、より明確に「条約」の範囲を示すべきである。

上村の第二の論点は、「条約」を独立させ、その現れ方を思想家のなかに追いかけていく叙述方法についてである。思想家に注目するとしても、各々の条約への評価は、条約を取り巻く情勢に左右される部分が大きいはずである。にもかかわらず「条約」を状況から独立させるのは問題がある。

最後に上村は、『ガリヴァー旅行記』解釈に疑問を提起した。スウィフトにとってリリパットの国はイングランドであって、アーミテイジの比喩は成立しない。この論点は、次の討論者である柳の第二の議論にもかかわっている。柳は、西洋諸国とアジア諸国の対等でない「条約」関係に触れ、巨人の国ブロブディンナグを西洋列強に、そこに迷い込んだガリヴァーをアジア諸国に比して考えることもできるのではないかと提案した。

続く柳のコメントは、今述べたものに加えて、アーミテイジの「各論」を、福澤諭吉にも適用する試みであった。東アジアにおける「条約」についての重要な先行研究を紹介しつつ、しかし確かに、アーミテイジの言うとおり、古典的政治思想家の条約観は、日本の文脈においても十分な精査の対象となっていなかったと柳は指摘する。そうした欠落を埋めるために福澤の条約観を予備的に論じたのが、柳のコメントである。

福澤の条約論の要点は、条約を約束の一種と捉え、個々人の「約束」から、被治者と政府の「約束」を経て、最終的には国と国の「約束」まで、秩序形成を一貫して約束の観点から説明できるよう提示したところにある。福澤は約束の秩序機能を重視する。約束から生じる法なしには、混乱と無秩序が待っているだけである。だが秩序を作る場所が一国か万国かで、「約束」の意義は変わらざるをえない。国家の法への抵抗は「殉教」までしか許されないが、国家間には戦争の選択肢も残される。「幾冊の和親條約は一筐の弾薬に若かず」との言葉からは、「約束」に期待しつつ、その困難をも認識している福澤のリアリズムがよく現れている。

その後アーミテイジからの応答、フロアからの活発な質問が続いた。上村に対しては、あくまで近代の二国間条約を考えているとの返答があり、柳に対しては、今後の柳の研究を大いにたのしみにしているとの返答があった。全体として、質疑応答の時間を十分に確保できなかったのは失敗であった。報告時間は四〇分と設定すべきであったと反省した（私の依頼が不十分だったためであり、報告者の責任ではない）。こうした個人的不手際を除けば、「政治思想の国際論的転回」の新たなテーマの掘り起こしがなされた、非常に意義深いシンポジウムであった。

〔自由論題　第1会場〕

司会　辻　康夫（北海道大学）

本分科会では、佐藤高尚会員（日本大学・成蹊大学）による「アダム・スミスの統治機構論：『法学講義』を中心にして」、深貝保則会員（横浜国立大学・名誉教授）による「フーコー、パノプティコン、そしてベンサム：災厄のもとでの自由、安全、データをめぐって」、山下雄大会員（パリ・シテ大学大学院）による「人民の名に耐えうる立法者：93年のジャコバン主義における統治概念の誕生」の、三つの報告が行われた。

佐藤会員の報告は、アダム・スミスの思想において、『道徳感情論』を中心とした倫理学と、『国富論』に見られる経済学のいずれにも還元されない政治の意義を明らかにするという問題意識のもとに、『法学講義』をとりあげ、その統治機構論を分析するものである。報告は、はじめに、『道徳感情論』『法学講義』『国富論』の関係、およびスミスの学問体系における「法学」の位置づけと、その諸要素を確認し、統治の原理としての「権威」と「功利」、政体分類などの議論を概観する。これをふまえてスミスによる歴史叙述がたどられ、イングランドを中心に、議会制度と司法制度（とくに陪審制度）が、自由の保障の観点から高く評価されていたことが指摘されるとともに、『諸国民の富』の記述との比較から、議会をめぐるスミスの評価の重層性が指摘される。

深貝会員の報告は、フーコー、ベンサムのそれぞれにとっての「パノプティコン」の意味を検討し、それらの重なりとずれを検討する試みである。かつてベンサム研究者にはフーコーのパノプティコン解釈を恣意的なものとみなす傾向が強かったが、近年はより柔軟な検討が行われつつある。すなわち、ベンサムにとってのパノプティコンの意義は、監獄の建築プランにとどまらず、功利主義的な統治論の全体との関係で検討される必要がある。フーコーのパノプティコン論も、監視下における習慣づけ・訓練という観点のみでなく、彼の生権力論や、さらにはビッグデータによる管理など今日的状況をふまえて再解釈する余地がある。これをふまえて、両者を往復する視点の有効性が示唆される。

山下会員の報告は「93年のジャコバン主義」の思想的意義の再評価をめざすものであり、ジャコバンの論者が、ルソーの思想の再定義を通じて、独自の思想にいたった論理を示す。すなわち、元来、ルソーの思想は君主制を許容しており、革命期のフランスの脈絡では、立憲君主制を支持するものと解釈することも可能であった。ジャコバンの論者たちは、これをより共和主義的に再解釈し、「治者と被治者の同一性」の観点をおし進め、支配者が「徳」を根拠に、「人民の名において」語るという観念にいたる。また、ルソーは、「政府＝執行権」が人民の権力を簒奪する危険を指摘したが、ジャコバンの論者たちは、さらに、執行権を「立法者」が統制するというビジョンを示す。この解釈においては、国王や執行評議会は、執行権の行使者にすぎず、人民を代表する立法者の独裁が正当化されることになるのである。

会場からは多くの質問・コメントがよせられ活発な議論が行われた。報告者および参加者の皆様に感謝申し上げたい。

〔自由論題　第2会場〕

司会　伊藤恭彦（名古屋市立大学）

本分科会では、小林卓人会員（早稲田大学）「政治的道具主義への異議」、仲井間健太会員（立命館アジア太平洋大学）「暫定協定と寛容の尊敬構想―両立性問題に着目して」、松尾隆佑会員（宮崎大学）「腐敗に抗する―政治資金規正の規範理論」の三つの報告がおこなわれた。

最初の小林報告は政治的手続きが道具的に正当化されるべきとする政治的道具主義への批判がもつ問題性を明らかにしようとした。非民主的な統治形態が民主主義よりも道具的によりよく機能するならば、非民主的な統治形態が選ばれなければならないという懸念が道具主義に投げかけられ、政治的道具主義への批判をまきおこしてきた。小林報告は政治的道具主義に対する批判を緻密に検討し、道具主義への既存の批判の多くが論点先取りになっており、批判が成功していないことを明らかにした。その上で道具主義に対するより強力な異論として「実質的異論」、すなわち道具的な手続き的価値を支える道徳的関心が非道具主義的な手続き的価値を支える関心よりも重要でないことを示す批判が検討され、この異論は全ての道具主義を退けるわけではないが、政治的手続きの正当化基準の具体化へと途を拓くと論じた。

続く仲井間報告は広義の暫定協定、すなわち、対立の当事者達が各々の多様な理由から受容し平和的共存や実行可能な妥協を可能とする制度編成の成立条件を寛容の行為者の観点から検討した。報告ではR・フォアスト、J・ホートンという暫定協定に関する最新の知見を丹念に検討しながら、寛容と暫定協定の両立性問題に切り込んでいった。フォアストでは当事者間の戦略的相互性が成立する構想が寛容の暫定協定であり、暫定協定と寛容が相互補完関係にある。これに対してホートンは暫定協定をあらゆる資源を使った政治的調整であり、その過程で寛容の徳が発揮される構想と理解している。この比較を通して暫定協定概念の明晰化が果たされたが、同時に政治的リアリズムとの哲学的な対話の可能性が今後の課題として拓かれると論じられた。

最後の松尾報告はリベラルで民主的な社会における望ましい政治資金規正のあり方を規範的政治理論の観点から論じた。報告は主要国の政治資金制度を概観した上で、政治資金規制の規範的な根拠としてあげられる「腐敗の防止」「政治的平等」「熟議と代表」「法人の政治活動」を規範理論的に吟味した。その上で政治資金は市民が政治に参加する重要な形態であることを明らかにし、政治資金を民主的な規範と両立させるための制度が検討された。そして政治献金のみに使える専用のバウチャー制が現実的で望ましい制度として提案された。バウチャー制を導入すれば富と権力の集中を抑止し、J・ロールズらが言う財産所有デモクラシーに近づくことができると論じられた。

各報告の後で会場では活発な意見交換が行われ、各報告の内容を深く共有できた。

〔自由論題　第3会場〕

司会　重田園江（明治大学）

本分科会では、高橋侑生（京都大学）「チャールズ・テイラーと一九七〇年代カナダ——ヘーゲル論の文脈をめぐって」、岡崎弘樹（亜細亜大学）「現代シリアにおける「市民社会」構想とその展開」、今野元（愛知県立大学）「「過去の克服」から「プーチン理解者」追及へ——ウクライナ問題を巡るドイツの思想状況」の三つの報告が行われた。

高橋報告は、チャールズ・テイラーが一九七〇年代に展開した政治思想を、当時のカナダ政治の文脈の中に置き直す試みである。これは、一九七五年に出版された『ヘーゲル』を、カナダ新民主党という社会民主主義政党におけるテイラーの活動と関連づけて考察することを意味する。テイラーは、ケベック独立運動の過激派が、一九七〇年に英国外交官とケベック州副首相を相次ぎ誘拐した事件（後者は殺害された）を受けて、左派の過激化に憂慮と危機感を持った。そのことが彼のコミュニティ論の方向づけに影響を与え、社会民主主義の再検討を促したのである。

岡崎報告は、現代シリアにおける「市民社会」についての思索としてどのような争点が提起されてきたかをサーベイし、それらが多様な主義主張をどのようにして調停しようとしてきたかを明らかにしようとする。現状、シリアは深刻な内戦と独裁政権による抑圧状態にあるが、一九九〇年代から活発になった市民社会をめぐる議論と思索は、決して全てが無に帰したわけではないことが強調された。民・同胞（アフリー）の社会か市民（マダニー）の社会か、またそれらの混成としてシリアの市民社会を捉えることは可能なのか。また、市民社会の内実を、オリエンタリズムとも西欧化とも異なる形で構想することはできるのか。歴史的にも現状としても、伝統と市民性との対立が、独裁国家権力や宗教集団による抑圧の道具として露骨に利用されてきた中で、それとは異なるやり方で新しい「市民社会」を志向できるのかが問いかけられた。

今野報告は、ロシア・ウクライナ戦争をめぐって現在ドイツで生じている論争の争点が、戦後ドイツの言論のあり方の延長として理解できることを示している。ドイツ史を「普遍」対「固有」の闘争という観点から読み解くことができるとするなら、今回の親ウクライナ派も親ロシア派もいずれの言説も、この二つの価値観の闘争の一エピソードとして位置づけうる。また、戦後ドイツが旧ソ連およびロシアに対して取ってきた外交上の立場も、かつての対戦国であるロシアに対して、ドイツがどのような政策を選ぶべきかという観点から見ると、今回の戦争が始まってから親ロシアと責められたメルケルの政策選択なども理解できるようになる。

いずれの報告にもさまざまな質問が寄せられ、議論は活発であった。とりわけ、岡崎報告と今野報告に共通するテーマとして、西欧的普遍対それに抗う固有という図式が浮かび上がった。この点に関して、たとえばアラブ世界で宗教的伝統とされるものが実は政治的な都合で作られた伝統ではないのか、ドイツにおける固有は一枚岩でなく、何層にも重なり、あるいは対立し合う固有が拮抗しているのではないか、といった議論が提起された。

執筆者紹介〔掲載順〕

永見瑞木
一九八〇年生まれ。大阪公立大学法学部教授。法学（博士）。『コンドルセと〈光〉の世紀――科学から政治へ』（白水社、二〇一八年）。

三牧聖子
一九八一年生まれ。同志社大学大学院グローバル・スタディーズ研究科准教授。博士（東京大学、学術）。『戦争違法化運動の時代――「危機の20年」のアメリカ国際関係思想』（名古屋大学出版会、二〇一四年）。"Law Against Empire, or Law for Empire? - American Imagination and the International Legal Order in the Twentieth Century," *The Journal of Imperial and Commonwealth History* 49 (3), pp. 553-575.

西村邦行
一九八〇年生まれ。南山大学教授。Ph.D.（Political Science）。『国際政治学の誕生――E・H・カーと近代の隘路』（昭和堂、二〇一二年）、「〈政治哲学の死〉の影で――冷戦期アメリカ国際関係論の精神史」（『南山法学』第四四巻第二号、二〇二一年）。

浜　由樹子
一九七五年生まれ。静岡県立大学大学院国際関係学研究科准教授。博士（国際関係学）。『ユーラシア主義とは何か』（成文社、二〇一〇年）、塩川伸明編、松里公孝・大串敦・浜由樹子・遠藤誠治著『ロシア・ウクライナ戦争――歴史・民族・政治から考える』（東京堂出版、二〇二三年）。

白川俊介
一九八三年生まれ。関西学院大学総合政策学部教授。博士（比較社会文化）。『ナショナリズムの力――多文化共生世界の構想』（勁草書房、二〇一二年）、『政治哲学――グローバル化のなかの共生倫理を考える』（法律文化社、二〇二四年）。

デイヴィッド・アーミテイジ David Armitage
一九六五年生まれ。ハーヴァード大学歴史学部教授（Lloyd C. Blankfein Professor of History）。PhD.（ケンブリッジ大学）。『思想のグローバル・ヒストリー――ホッブズから独立宣言まで』（法政大学出版局、二〇一五年）、『〈内戦〉の世界史』（岩波書店、二〇一九年）。

安武真隆
一九六八年生まれ。関西大学政策創造学部教授。博士（法学）。「ヨーロッパ初期近代における宗教ガバナンス――「世界君主政」をめぐるユグノーの教義と連帯」（遠藤乾編『グローバル・ガバナンスの歴史と思想』有斐閣、二〇一〇年）、「フランス政治思想史における複合国家論と主権論」（岩井淳、竹澤祐丈編著『ヨーロッパ複合国家論の可能性――歴史学と思想史の対話』ミネルヴァ書房、二〇二一年）。

上原賢司
一九八〇年生まれ。藤女子大学文学部准教授。博士(政治学)。『グローバルな正義——国境を越えた分配的正義』(風行社、二〇一七年)。

水谷　仁
一九八四年生まれ。名古屋経済大学准教授。博士(法学)。『「使命」としての政治——マックス・ヴェーバーにおける政治と「生の意味」』(風行社、二〇二〇年)、「マックス・ヴェーバーの国際政治思想における帝国主義論」(日本政治学会編『年報政治学』第七一巻第一号、二〇二〇年)。

久野譲太郎
一九八一年生まれ。ハイデルベルク大学客員研究員・同志社大学嘱託講師。博士(文化史学)。『恒藤恭の平和主義とナショナリズム——「世界民」と民族』(晃洋書房、二〇二三年)、「「総力戦体制」下の恒藤法理学——「統制経済法」理論をめぐって」(『ヒストリア』第二三一号、二〇二一年)。

ウェルズ桜
一九九七年生まれ。立命館大学大学院国際関係研究科博士後期課程。「リファーア・アル゠タフターウィーの政治思想——正義の追求における個人の位置づけ」(『政治学研究』第六五号、二〇二一年)、「リファーア・タフターウィーの西洋思想観」(『政治学研究』第六二号、二〇二〇年)。

柳田和哉
一九九五年生まれ。京都大学大学院教育学研究科博士後期課程。「教育はだれが行うのか？——「公教育」について」(國崎大恩・藤川信夫編『実践につながる教育原理』北樹出版、二〇二二年)。

佐藤竜人
一九九二年生まれ。博士(学術)。「共生における悪の問題——ウィリアム・コノリーの政治思想から」(亀山純生・増田敬祐編『風土的環境倫理と現代社会』農林統計出版、二〇二〇年)、「絡み合った主体の構想に向けて」(『総合人間学』第一六号、二〇二二年)。

安藤裕介
一九七九年生まれ。立教大学法学部准教授。博士(政治学)。『商業・専制・世論——フランス啓蒙の「政治経済学」と統治原理の転換』(創文社、二〇一四年)、*The Foundations of Political Economy and Social Reform: Economy and Society in Eighteenth Century France*(共編著, Routledge, 2018).

髙山裕二
一九七九年生まれ。明治大学政治経済学部准教授。『憲法からよむ政治思想史』(有斐閣、二〇二二年)、『トクヴィルの憂鬱』(白水社、二〇一二年)。

松尾哲也
一九七七年生まれ。大阪大学大学院人文学研究科准教授。博

士（学術）。『神々の闘争と政治哲学の再生――レオ・シュトラウスの政治哲学』（風行社、二〇一八年）、「政治哲学と生活世界――レオ・シュトラウスの政治哲学の基盤をめぐって」（九州大学政治研究会『政治研究』第六四号、二〇一七年）。

田中拓道

一九七一年生まれ。一橋大学大学院社会学研究科教授。『福祉政治史』（勁草書房、二〇一七年）、『福祉国家の基礎理論』（岩波書店、二〇二三年）。

佐野　亘

一九七一年生まれ。京都大学大学院人間・環境学研究科教授。博士（人間・環境学研究科）。『公共政策規範』（ミネルヴァ書房、二〇一〇年）、『政策と規範』（共著、ミネルヴァ書房、二〇二一年）。

井上　彰

一九七五年生まれ。東京大学大学院総合文化研究科国際社会科学専攻教授。Ph.D.（Philosophy）『正義・平等・責任』（岩波書店、二〇一七年）、『ロールズを読む』（ナカニシヤ出版、二〇一八年、編著）。

濱野靖一郎

一九七七年生まれ。島根県立大学准教授。博士（政治学）。『頼山陽の思想――日本における政治学の誕生』（東京大学出版会、二〇一四年）、『「天下の大勢」の政治思想史――頼山陽から丸山眞男への航跡』（筑摩選書、二〇二二年）。

水野博太

一九八八年生まれ。東京大学附属図書館特任研究員。博士（文学）。「井上哲次郎における「日本哲学」の存在証明とその失敗」（『日本思想史学』第五二号、二〇二〇年）、「井上哲次郎の東洋哲学と服部宇之吉の儒教倫理」（牧角悦子・町泉寿郎編『講座近代日本と漢学第四巻　漢学と学芸』戎光祥出版、二〇二〇年）。

●政治思想学会規約

第一条　本会は政治思想学会（Japanese Conference for the Study of Political Thought）と称する。

第二条　本会は、政治思想に関する研究を促進し、研究者相互の交流を図ることを目的とする。

第三条　本会は、前条の目的を達成するため、次の活動を行なう。
（1）研究者相互の連絡および協力の促進
（2）研究会・講演会などの開催
（3）国内および国外の関連諸学会との交流および協力
（4）その他、理事会において適当と認めた活動

第四条　本会の会員は、政治思想を研究する者で、会員二名の推薦を受け、理事会において入会を認められたものとする。

第五条　会員は理事会の定めた会費を納めなければならない。会費を滞納した者は、理事会において退会したものとみなすことができる。

第六条　本会の運営のため、以下の役員を置く。
（1）理事　若干名　内一名を代表理事とする。
（2）監事　二名

第七条　理事および監事は総会において選任し、代表理事は理事会において互選する。

第八条　代表理事、理事および監事の任期は二年とし、再任を妨げない。

第九条　代表理事は本会を代表する。
理事は理事会を組織し、会務を執行する。
理事会は理事の中から若干名を互選し、これに日常の会務の執行を委任することができる。

第十条　監事は会計および会務の執行を監査する。

第十一条　理事会は毎年少なくとも一回、総会を召集しなければならない。
理事会は、必要と認めたときは、臨時総会を招集することができる。
総会の招集に際しては、理事会は遅くとも一カ月前までに書面によって会員に通知しなければならない。
総会の議決は出席会員の多数決による。

第十二条　本規約は、総会においてその出席会員の三分の二以上の同意がなければ、変更することができない。

付則
　本規約は一九九四年五月二八日より発効する。

【論文公募のお知らせ】

『政治思想研究』編集委員会では、第二五号の刊行（二〇二五年五月予定）にむけて準備を進めています。つきましては、それに掲載する論文を下記の要領で公募いたします。多数のご応募を期待します。

1　**投稿資格**

査読用原稿の提出の時点で、本会の会員であること。また原則として修士号を取得していること。ただし、『政治思想研究』本号に公募論文もしくは依頼論文（書評や研究大会報告などは除く）が掲載された者は、次号には応募することができない。

2　**応募論文**

応募論文は未刊行のものに限る。ただし、インターネット上で他者のコメントを求めるために発表したものはこの限りではない。

3　**エントリー手続**

応募希望者は、二〇二四年七月十五日までに、編集委員会宛（jjpt2025@gmail.com）に、①応募論文のタイトル（仮題でも可）、②執筆者氏名、③メールアドレス、④現職（または在学先）を知らせること。ただし、やむを得ない事情があってこの手続きを踏んでいない場合でも、下記の締切までに応募した論文は受け付ける。

4　**審査用原稿の提出**

原則として、電子ファイルを電子メールに添付して提出すること。

締切　二〇二四年八月三十一日

メールの「件名」に、「公募論文」と記すこと。

次の二つのアドレスの両方に、同一のファイルを送付すること。

jjpt2025@gmail.com　sugawarahikaru@isc.senshu-u.ac.jp

5　**提出するもの**：ファイルの形式は、原則としてWord形式にすること。

（1）論文（審査用原稿）

審査における公平を期するために、著者を特定できないように配慮すること（「拙稿」などの表現や、特定大学の研究会や研究費への言及を避けること。また、電子ファイルのファイル情報（プロパティ欄など）の中に、作成者名などが残らないように注意すること）。

ファイル名には、論文の題名をつけること。題名が十五文字を超える場合には、簡略化すること（ファイル名には著者の名前を入れないこと）。

例：「社会契約説の理論史的ならびに現代的意義」→「社会契約説の意義.docx」

（2）論文の内容についてのＡ４用紙一枚程度のレジュメ

（3）以下の事項を記載した「応募用紙」

（「応募用紙」は本学会ホームページからダウンロードできるが、任意のＡ４用紙に以下の八項目を記入したものでもよい）。

①応募論文のタイトル、②執筆者氏名、③連絡先の住所とメールアドレス、④生年、⑤学部卒業年（西暦）月、⑥修士以上の学位（取得年・取得大学）をすべて、⑦現職（または在学先）、⑧主要業績（五点以内。書誌情報も明記のこと）。

6　**審査用原稿の様式**

（1）原稿の様式は、一行四〇字、一頁三〇行とし、注や図表等も含め、全体で二七頁以内とする（論文タイトルとサブタイトルを除く。また、この様式において、字数は、改行や章・節の変更にともなう余白も含め、三万二四〇〇字以内となる）。二七頁を超えた論文は受理しない。なお、欧文は半角入力とする。

（2）論文タイトルとサブタイトルのみを記載した「表紙」を付けること。「表紙」は字数に含めない。

（3）本文及び注は、一行四〇字、一頁三〇行で、なるべく行間を広くとる。注は文章末にまとめる。横組みでも縦組みでもよいが、A4用紙へのプリントアウトを想定して作成すること。詳しくは「執筆要領」に従うこと。

（4）図や表を使用する場合には、それが占めるスペースを字数に換算して、原稿に明記すること。使用料が必要なものは使用できない。また印刷方法や著作権の関係で掲載ができない場合もある。

7　**審査**

編集委員会において外部のレフェリーの評価も併せて審査した上で掲載の可否を決定する。応募者には十月下旬頃に結果を通知する。また編集委員会が原稿の手直しを求めることもある。

8　**最終原稿**

十二月初旬に提出する。編集委員会から修正要求がある場合には、それに対応することが求められるが、それ以外の点については、大幅な改稿は認めない。

9　**転載**

他の刊行物に転載する場合は、予め編集委員会に転載許可を求め、初出が本誌である旨を明記すること。

10　**ホームページ上での公開**

本誌に掲載された論文は、原則としてホームページ上でも公開される。

以上

【政治思想学会研究奨励賞】

本賞は『政治思想研究』に掲載を認められた応募論文に対して授与されるものである。

・ただし、応募時点で政治思想に関する研究歴が一五年程度までの政治思想学会会員に限る。
・受賞は一回限りとする。
・受賞者には賞状と賞金（金五万円）を授与する。
・政治思想学会懇親会で受賞者の紹介をおこない、その場に本人が出席している場合は、挨拶をしてもらう。

【執筆要領】

1 入稿はWord形式のファイルで行うこと。ただし特殊なソフトを使用しているためPDF形式でなければ不都合が生じる場合は、PDF形式も認める。

2 見出しは、大見出し（漢数字一、二……）、中見出し（アラビア数字1、2……）、小見出し（⑴、⑵……）を用い、必要な場合にはさらに小さな見出し（ⅰ、ⅱ……）をつけることができるが、章、節、項などは使わないこと。

3 注は、文末に（1）、（2）……と付す。

4 引用・参考文献は、以下のように示すこと。

①洋書単行本の場合

著者名、タイトル（イタリック）、出版社、発行年、を明記する。なお、邦訳書を併記する場合は、カッコを付して③の要領で示す。

（例）Habermas, J., *Legitimationsprobleme im Spätkapitalismus*, Suhrkamp, 1973（ユルゲン・ハーバーマス『後期資本主義における正統化の問題』山田正行・金慧訳、岩波文庫、二〇一八年）.

②洋雑誌掲載論文の場合

著者名、タイトル、掲載誌（誌名イタリック、および巻・号等）、発行年、を明記する。

（例）Tokei, F., "Lukács and Hungarian Culture", in *The New Hungarian Quarterly*, vol. 13, no. 47, 1972.

＊編著掲載論文等の場合も、同様に示す（編著の示し方は①に準じる）。

（例）Pocock, J. G. A., "Theory in History: Problems of Context and Narrative", in *The Oxford Handbook of Political Theory*, (eds.) J. S. Dryzek et al., Oxford University Press, 2006.

③和書単行本の場合

著者名およびタイトル（『 』）、出版社、発行年、を明記する。

（例）丸山眞男『現代政治の思想と行動』増補版、未來社、一九六四年

④和雑誌掲載論文の場合

著者名およびタイトル（「 」）、掲載誌（誌名『 』、および巻・号等）、発行年、を明記する。

（例）坂本慶一「プルードンの地域主義思想」、『現代思想』第五巻第八号、一九七七年

＊編著和書掲載論文等の場合も、同様に示す（編著の示し方は③に準じる）。

（例）福田有広「共和主義」、『デモクラシーの政治学』福田有広・谷口将紀編、東京大学出版会、二〇〇二年

5 引用・参考文献として欧文文献を示す場合を除いて、原則として数字は漢数字を使う。

6 「、」や「。」、また「 」（ ）等の括弧類は全角のものを使う。

7 校正は印刷上の誤り、不備の訂正のみにとどめ、校正段階での新たな加筆・訂正は認めない。

8 『政治思想研究』は縦組みであるが、本要領を遵守していれば横組み入力でも差し支えない。

9 「書評」および「学会研究大会報告」は、一ページの字数が二九字×二四行×二段（すなわち二九字×四八行）という定型を採用するので、二九字×〇行という体裁で入力する。

10 その他、形式面については第六号以降の方式を踏襲する。

二〇二二—二〇二三年度理事および監事（二〇二二年度第一回総会において承認）

［代表理事］
木部尚志（国際基督教大学）

［理事］
伊藤恭彦（名古屋市立大学）
井上彰（東京大学）
梅田百合香（桃山学院大学）
大久保健晴（慶應義塾大学）
岡崎晴輝（九州大学）
小田川大典（岡山大学）
鹿子生浩輝（東北大学）
苅部直（東京大学）
木村俊道（九州大学）
菅原光（専修大学）
辻康夫（北海道大学）
中田喜万（学習院大学）
野口雅弘（成蹊大学）
森川輝一（京都大学）
山岡龍一（放送大学）
犬塚元（法政大学）
宇野重規（東京大学）
梅森直之（早稲田大学）
大澤麦（東京都立大学）
岡野八代（同志社大学）
重田園江（明治大学）
鏑木政彦（九州大学）
川添美央子（慶應義塾大学）
河野有理（法政大学）
田村哲樹（名古屋大学）
堤林剣（慶應義塾大学）
長妻三佐雄（大阪商業大学）
早川誠（立正大学）
安武真隆（関西大学）

［監事］
安藤裕介（立教大学）
川上洋平（専修大学）

政治思想の国際論的転回（政治思想研究　第24号）

2024年5月1日　第1刷発行

編　者　政治思想学会（代表理事　木部尚志）
学会事務局　〒070-8621　北海道旭川市北門町9丁目
北海道教育大学旭川校　田畑真一研究室内
E-mail：jcsptoffice@gmail.com
学会ホームページ：http://www.jcspt.jp/
発行者　犬塚　満
発行所　株式会社 風 行 社
〒101－0064　東京都千代田区神田猿楽町1－3－2
Tel.・Fax. 03-6672-4001／振替 00190-1-537252
印刷／製本　中央精版印刷株式会社
装丁　古村奈々

ISBN978-4-86258-155-6　C3031　Printed in Japan